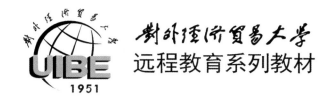

对外经济贸易大学
远程教育系列教材

世界贸易组织(WTO)概论
（修订版）

World Trade Organization Textbook

主 编 薛荣久　　副主编 屠新泉 杨凤鸣

U0360864

清华大学出版社
北 京

内 容 简 介

本书旨在客观反映世界贸易组织和中国加入 WTO 后的最新发展动态、重大进展,使高等院校学生更系统全面地了解和掌握世界贸易组织的相关知识。主要内容包括:世界贸易组织确立与发展的基础,世界贸易组织的建立,世界贸易组织的宗旨、地位与职能,世界贸易组织成员,世界贸易组织的运作,世界贸易组织的协定与协议,特殊产品与领域规定,关税减让谈判,非关税措施协议,公平竞争与补救措施协议,《服务贸易协定》《与贸易有关的知识产权协定》《贸易便利化协定》,世界贸易组织业绩,中国与世界贸易组织。

本书属于概论性质的教材,是世界贸易组织其他课程的基础课和先行课,适合本科生以及有志于研究世界贸易组织和多边贸易体制的其他人员作为参考入门读物。

图书在版编目(CIP)数据

世界贸易组织(WTO)概论/薛荣久主编. —修订版. —北京:清华大学出版社,2019(2024.1重印)
(对外经济贸易大学远程教育系列教材)
ISBN 978-7-302-51307-0

Ⅰ.①世… Ⅱ.①薛… Ⅲ.①世界贸易组织—概论—高等学校—教材 Ⅳ.①F743.1

中国版本图书馆 CIP 数据核字(2018)第 222516 号

责任编辑:周　菁
封面设计:郑焕良
责任校对:王荣静
责任印制:宋　林

出版发行:清华大学出版社
　　　　　网　　　　　址:https://www.tup.com.cn, https://www.wqxuetang.com
　　　　　地　　　　　址:北京清华大学学研大厦 A 座　　　　邮　　编:100084
　　　　　社　总　机:010-83470000　　　　邮　　购:010-62786544
　　　　　投稿与读者服务:010-62776969,c-service@tup.tsinghua.edu.cn
　　　　　质　量　反　馈:010-62772015,zhiliang@tup.tsinghua.edu.cn
印　装　者:三河市君旺印务有限公司
经　　　销:全国新华书店
开　　本:185mm×230mm　　印　张:30　　插　页:1　　字　　数:629 千字
版　　次:2007 年 7 月第 1 版　2019 年 1 月第 2 版　　印　次:2024 年 1 月第 4 次印刷
定　　价:65.00 元

产品编号:046873-03

P

总　序

　　2012 年正值对外经济贸易大学远程教育学院（以下简称贸大远程）成立 10 周年。10 年来，贸大远程在组织结构、管理体制、招生网络、教学管理、技术平台、教材建设、课件开发等方面已形成了自己的特色。远程教育的名人名师战略、西部战略，以人为本、终身学习的服务理念，以及多元互动的国际化办学特色已在社会上产生了较大的影响力，成为业内公认、全国知名的优秀网院之一。2010 年在全国远程教育十周年庆典表彰活动中，贸大远程一举荣获网络教育教材建设奖金奖、国家网络精品课程（网络教育）建设组织奖银奖、优秀网络课程推广奖银奖、优秀论文奖和远程教育贡献奖 5 项大奖，成为全国 69 家现代远程教育试点高校获奖最多的高校之一，受到了教育部和全国高校现代远程协作组的充分肯定和高度赞誉。

　　《国家中长期教育改革和发展规划纲要（2010—2020 年）》强调指出："要大力发展现代远程教育，建设以卫星、电视和互联网等为载体的远程开放继续教育及公共服务平台，为学习者提供方便、灵活、个性化的学习条件。"中国现代远程教育经过十余年发展，为实现教育大众化、促进教育公平、加快教育教学改革、推进教育信息化等做出了重要贡献。在远程教育系统中，教材无疑是与远程学习者关系最为密切的一个要素。抓好教材建设是办好远程教育的一项十分重要的工作，应充分认识教材建设在远程教育工作中的必要性和重要性。近年来，随着现代远程教育工程试点工作的展开，作为教学资源建设的一个重要组成部分，远程教育教材的研发也越来越为各办学机构所重视。早在 2006 年，即"十一五"规划开局之年，贸大远程就率先组织本校具有丰富教学经验的优秀教师，以所开设的两个学历层次的 7 个特色专业为依据，以现有的导学课件为基础，编写了一套"对外经济贸易大学远程教育系列教材"。本套教材共分为经济贸易、工商管理、法律、金融与会计、行政管理、外语、综合7大系列,全面覆盖贸大远程相关专业的上百门课程。到目前为止,本套系列教材已经编写出版了近90种。其中,《商品学》《投资管理》《公共关系学》《经济法学》和《商务英语写作》先后被评为"北京高等教育精品教材";《公文写作》《世界贸易组织概论》《大学英语》《国际商法》等教材经多次重印仍畅销不衰。本套系列教材以品种全、质量高、成规模、销量大而著称,其选用者不仅限于贸大远程,而且包括其他高校远程学院和培训机构;不仅在学校教学中发挥了重要作用,而且在社会上也具有良好的使用效果,产生了一定的社会效益和经济效益。

对于远程教育的教材而言,"质量与特色"是一个至关重要的问题。教材是否具有远程特色,是否适合远程学习者学习,直接关系到学习者的学习成效,也关系到远程教育的质量。贸大远程在系列教材的策划初期,就高度重视学生在开放教育环境中的个性化学习需求,突出成人教育和远程教育的教学规律,专门为远程学生量身定制。在系列教材的编写与出版过程中,学院高度重视教材建设,始终与作者和出版社保持密切联系,注重收集来自教师与学生的反馈信息,对教材进行及时有效的评价与更新,注重教材的系统性、针对性,确保教材的质量。在系列教材的使用过程中,随着国家政治经济形势的不断变化,国家法律、法规的不断颁布与修订,学科的不断发展与知识的不断更新,以及学习者需求的不断变化,贸大远程审时度势,及时根据学院"十二五"教材建设规划做出了对第一版系列教材进行修订再版的决定,以顺应形势的变化、学科的发展以及学习者的需求,适应学院事业发展的新战略。工作着眼点从追求教材的"数量和规模"逐渐转为注重教材的"质量和特色",着力打造贸大远程优质教材品牌。

第二版远程教材的修订,除了要继续保持和发扬第一版教材在编写体例、结构形式、版式设计等技术层面的原有特色外,更加注重对教材内容及体系的更新和创新,使之更加突出现代远程教育人才培养模式与教学规律;更加体现远程课程体系、教学内容和教学方法方面的改革创新;更加注重理论联系实际和对学员应用能力的培养;更能适应成人教育对象业余学习并以自学为主的特点和需要。较之第一版教材具有更强的针对性、实用性和可操作性。现代远程教育的一个本质特征就是教的行为和学的行为在时空上的相对分离,并以计算机、多媒体、网络为主要媒体的教育形式。在这种新的教育体制下,传统的纸介质教材虽然不再是教学活动的主要媒介,但是在当前技术条件还十分有限的情况下,它仍然是远程教学活动必不可少的辅助工具。有鉴于此,本次远程教材的修订工作,更是有针对性地提出了交互性、一体化的修订策略。力争在导学教材自身的交互性方面有所突破,并力争在媒体建设上实现一体化。将纸质教材与多媒体教学资源有机结合,充分发挥远程教育电子媒体教学资源的优势,减少纸质教材的篇幅。纸质教材要求简洁明了、重点突出。在纸质教材讲清楚基本概念、基本知识、基本技能的基础上,将阅读参考资料,与课程内容相关的法律、法规,工具模板,操作范例等以多媒体网络资源的形式提供给学生。伴随第二版教材的修订工作,与之

相配套的导学课件也将进入新一轮的更新制作阶段。

一套教材只有经过市场的考验,不断修订、完善与更新,才能打造成为精品之作。随着第一版远程系列教材的出版,已经整整过去 6 年了,经过贸大远程广大师生两至三轮教与学的使用与实践,经过社会大众学习者多年的选用与检验,教材的组织者、编写者和出版者从中积累了丰富的编写与出版经验。随着学院对教材工作的更加重视,相信在不久的将来,将会有一批体系更加成熟、内容更加实用、形式更加新颖的新版教材陆续问世。步入"十二五"新的历史发展阶段,贸大远程将与时俱进、不辱使命,本着对学生、对社会高度负责的精神,及时推出第二版远程教育系列教材,这是我们贸大远程人为推动中国远程教育的进一步发展所尽的一份教育者的责任。

"读书百遍,其义自见。"希望广大学员养成读书的好习惯,多读书,读好书,并且学以致用。衷心祝愿本套教材的修订再版能够进一步满足接受远程教育的广大学子日益增长的教育需求,伴随大家不断成长和进步。

对外经济贸易大学远程教育学院院长

2012 年 7 月于北京

修订版前言

在党和国家几代领导人的领导下，经过 15 年漫长而艰苦的谈判，2001 年 12 月 11 日，我国成为世界贸易组织（WTO）第 143 个成员。加入 WTO 使我国改革开放进入一个新的历史阶段。

WTO 是当今世界唯一专门协调和管理贸易问题的重要国际组织，为全球经济贸易活动建立了一套稳定和可预见的多边贸易体制，对世界经济贸易发展起着不可替代的作用。

我国加入 WTO 以来，在充分享受权利的同时，认真履行义务，对外贸易取得高速发展，社会主义市场经济体制加速建立和完善，综合国力大幅提升，国际地位不断提高，国际影响力加强，对世界经济贸易发展的贡献加大。与此同时，我国成为 WTO 核心成员，地位和作用日益显著与重要。

WTO 内容已经成为我国对外经济贸易人才知识不可缺少的部分。为使对外经济贸易大学学生了解和掌握 WTO 方面的理论、知识和规则，经我创意，在国内大学中，对外经济贸易大学首先开设了 WTO 课程。我主编了相应的教材《世界贸易组织（WTO）教程》，于 2003 年由对外经济贸易大学出版社出版。

2006 年对外经济贸易大学远程教育学院邀我主编《世界贸易组织（WTO）概论》教材，并由清华大学出版社出版。它们都是我教学、研究和参与 WTO 研究团体活动的成果。

20 世纪 70 年代初期，我有幸借调到外贸部国际小组（后为国际司），为邓小平参加第六届联合国特别大会准备发言稿资料，开始比较深入地接触关贸总协定的内容，进而激发起研究的兴趣，并开始跟踪研究。

1986 年中国提出"复关"后，我的研究范围转向中国"复关"大计。1991 年经外经贸部批准，在对外经贸大学校领导的支持下，创建关贸总协定研究会，我担任会长。1993 年起，开始招收和培带国内第一批关贸总协定/世界贸易组织方向的博士生。1996 年关贸总协定研究会更名为世界贸易组织研究会，我任会长。2000 年 1 月对外经贸大学世贸组织研究中心建立，我担任主任。2000 年 8 月，对外经贸大学世界贸织研究中心被教育部批准为全国高校人文社会科学百所重点研究基地之一，我先后担任主任和学术主任。

2003 年，我与中国复关/入世谈判首席代表佟志广等谋划，成立中国 WTO 研究会。该会成为国家民政部批准、由商务部主管的全国性社团组织，我一直担任副会长。

在 WTO 研究中，我于 1997 年出版了承担的国家教委"八五"重点课题研究成果《世贸组织与中国大经贸发展》，获 1998 年"安子介国际贸易研究奖"。2001 年出版专著《中国加入 WTO 纵论》，2004 年完成并出版对外经贸大学世界贸易组织研究中心重大课题"WTO 多哈回合与中国"，2005 年完成教育部课题"新多边贸易体制下的世界市场竞争"，2011 年出版《关贸总协定/世贸组织卷》文集（耕耘第二卷）。2017 年出版专著《中国恪守 WTO 规则与求进》。与此同时，在对外经贸大学为本科生、远程教育学生、研究生和博士生相继开设世界贸易组织方面的课程，如"世界贸易组织概论""世界贸易组织专题"和"世界贸易组织与中国"，并培养世贸组织方向的博士生。

此次《世界贸易组织（WTO）概论（修订版）》注重以下几点。

第一，以原《世界贸易组织（WTO）概论》精华为基础调整主体架构。新的整体架构为：世界贸易组织确立与发展的基础，世界贸易组织的建立，世界贸易组织的宗旨、地位与职能，世界贸易组织成员，世界贸易组织的运作，世界贸易组织的协定与协议，特殊产品与领域规定，关税减让谈判，非关税措施协议，公平竞争与补救措施协议，《服务贸易总协定》《与贸易有关的知识产权协定》《贸易便利化协议》，世界贸易组织业绩、中国与世界贸易组织。

第二，更新和补充新内容。将《世界贸易组织（WTO）概论》2007 年出版后的世界贸易组织的新内容有机融入新修订版本，更新部分约占原版本的一半以上。

第三，针对远程教育特点编写。首先，力求释义清楚，容易理解和掌握。其次，方便自学。为此，围绕各章主体，附加了大量的解析与案例分析，其中包括学习目标、重点难点提示、本章小结、重要概念、案例分析、同步测练与解析。

本书得到屠新泉教授、杨凤鸣副研究员两位副主编的大力协助。他们都是我培养过的博士生，毕业后，都一直从事 WTO 的研究和教学，成为世界贸易组织研究领域的后起之秀。

本书以本科生为使用对象，但对有志于深入研究世界贸易组织和多边贸易体制的其他人士也有参考价值。

最后，热诚欢迎使用修订版的同学、教师、读者提出宝贵的意见，以进一步修订。

对外经贸大学教授　博士生导师
中国世界贸易组织研究会副会长
薛荣久
2017 年 8 月 29 日于耕斋

目　录

C 第一章

世界贸易组织确立与发展的基础

学 习 目 标

通过本章学习,掌握 WTO 确立和发展的五个基础:有节制的自由贸易理论、市场经济体制、经济全球化、可持续发展和国际贸易利益协调。

重 点 难 点 提 示

- ◉ 自由贸易理论的产生与发展;
- ◉ 有节制的自由贸易理论与政策;
- ◉ 市场经济的基本特征与体制框架;
- ◉ WTO 对市场经济体制的确认与促进;
- ◉ 经济全球化需要更有作为的多边贸易体制的建立;
- ◉ 可持续发展纳入多边贸易体制;
- ◉ WTO 对国际贸易利益协调的加强。

第一节　有节制的自由贸易理论

世界贸易组织(World Trade Organization,WTO)确立与发展的理论与政策基础是有节制的自由贸易理论与政策。

一、自由贸易理论的产生与发展

(一) 自由贸易理论的产生

随着西欧,尤其是英国资本主义的发展,重商主义学说已不再适应工业资产阶级的经济发展和对外贸易扩张的需要,于是一些资产阶级思想家开始探寻对外贸易与经济发展的内在联系,试图从理论上说明自由贸易对经济发展的好处,由此产生了自由贸易理论。

自由贸易理论(Free Trade Theory)起始于法国的重农主义,成论于古典派政治经济学,后来又不断加以丰富和发展。在古典派政治经济学前,法国的重农主义(Physiocracy)与英国学者大卫·休谟(David Hume)已经提出自由贸易的主张。重农主义提倡商业的自由竞争,反对重商主义的贸易差额论,并反对课征高额的进出口关税。休谟主张自由贸易,并提出"物价与现金流出入机能"的理论,批驳重商主义的贸易差额论。

古典政治经济学派代表人物亚当·斯密(A. Smith)在其名著《国民财富的性质和原因的研究》中首先提出为获取国际分工利益,实行自由贸易的理论。后由大卫·李嘉图(D. Ricardo)加以继承和发展。一些经济学家如穆勒、马歇尔等人进一步对自由贸易理论加以阐述和演绎。

(二) 自由贸易理论的利益

1. 形成互相有利的国际分工

在自由贸易下,各国可以按照自然条件(亚当·斯密)、比较利益(大卫·李嘉图)和要素丰缺(俄林)的状况,专心生产其最有利和有利较大或不利较小的产品,进行各国的分工专业化。这种国际分工可以带来下列利益:①通过分工与专业化,增进各国各专业的特殊生产技能;②通过分工使生产要素(土地、劳动与资本等)得到最优化的配合;③通过分工可以节省社会劳动时间;④通过分工可以促进发明和市场的发育。故各国参与分工的范围越广,市场就越大,生产要素配置就越合理,获取的利益就越多。

2. 扩大国民真实收入

在自由贸易环境下,每个国家都根据自己的条件发展最擅长的生产部门,劳动和资本就会得到合理的分配和运用。再通过贸易以较少的花费换回较多的东西,就能增加国民财富。

3．减少国民消费开支

可进口廉价商品,减少国民消费开支。

4．阻垄断

可以阻止垄断,加强竞争,提高经济效益。

独占或垄断对国民经济发展不利。其原因是:独占或垄断可以抬高物价,使被保护的企业不求改进,生产效率降低,长期独占或垄断会造成产业或企业的停滞和落后,削弱竞争力。

5．有利于提高利润率,促进资本积累

李嘉图认为,随着社会的发展,工人的名义工资会不断上涨,从而引起利润率的降低。他认为,要避免这种情况,并维持资本积累和工业扩张的可能性,唯一的办法就是自由贸易。他写道:"如果由于对外贸易的扩张,或由于机器的改良,劳动者的食物和必需品能按降低的价格送上市场,利润就会提高。"①

（三）WTO 建立前的贸易自由化

贸易自由化是指国家之间通过多边或双边的贸易条约与协定,削减关税壁垒,抑止非关税壁垒,取消国际贸易中的障碍与歧视,促进世界货物和服务的交换与生产。

1．贸易自由化存在与发展的基础

贸易自由化存在与发展的基础:①"二战"后美国对外经济扩张的需要;②世界经济的恢复与发展;③生产的国际化与资本的国际化;④国际分工向广化与深化的发展;⑤各国经济相互联系、相互依靠的加强。

2．贸易自由化的主要表现

贸易自由化的主要表现:①《1947 年关税与贸易总协定》(*General Agreement on Tariffs and Trade* 1947,以下简称"GATT 1947")缔约方通过多边贸易谈判,大幅度地降低了进口关税税率。通过多边贸易谈判发达和发展中缔约方进口平均税率已分别降到 5% 和 15% 以下。②经济贸易集团内部逐步取消贸易壁垒,推行贸易与投资自由化。③一些经济集团给予周边国家和发展中国家以优惠关税待遇,如欧洲联盟与非、加、太地区发展中国家通过《洛美协定》给予优惠待遇。④在 1968 年第二届联合国贸易与发展会议上,通过了普惠制决议,发达国家答应给予发展中国家普遍的、非歧视和非互惠的优惠待遇。⑤发达国家主动放宽进口数量限制,放宽或取消外汇管制。

3．贸易自由化的特点

1）贸易自由化的基础雄厚

与历史上的自由贸易政策相比,第二次世界大战后的贸易自由化具有如下特点:① 美

---

① 　李嘉图:《政治经济学及赋税原理》,112～113 页,北京,商务印书馆,1983。

国是战后贸易自由化的倡导者与推动者。② 经济与贸易的大发展。推动贸易自由化的力量,除去美国对外扩张,还有其他原因,诸如生产的国际化、资本的国际化、国际分工在深度与广度上的发展、西欧和日本经济的迅速恢复和发展。这些因素反映了世界经济和生产力发展的内在要求,而历史上的自由贸易反映了英国工业资产阶级资本自由扩张的利益与要求。③ 跨国公司的要求。战后贸易自由化是在跨国公司巨大发展的背景下发展起来的,它反映了大企业的利益。而历史上的自由贸易则代表了资本主义自由竞争时期英国工业资产阶级的利益与要求。战后贸易自由化主要是通过多边贸易条约与协定即《关税与贸易总协定》在世界范围内进行的。此外,区域性关税同盟、自由贸易区、共同市场等地区性经济合作,也均以促进国际商品的自由流通、扩展自由贸易为宗旨。而历史上自由贸易政策是以英国为主推动的。

2) 贸易自由化发展很不平衡

在经济发展不平衡规律作用下,加上社会主义国家和发展中国家的兴起,以发达国家为主的贸易自由化发展很不平衡。

(1) 发达国家之间贸易自由化超过它们对发展中国家和社会主义国家的贸易自由化。发达国家根据 GATT 1947 等国际多边协议的规定,较大幅度地降低彼此之间关税和放宽相互之间的数量限制。但对于发展中国家的一些商品,特别是劳动密集型产品却征收较高的关税,并实行其他的进口限制。而且发达国家在对社会主义国家的关税壁垒,非关税壁垒都高于和多于对发展中国家的关税壁垒和非关税壁垒,发达国家对社会主义国家还实行出口管制。

(2) 区域性经济集团内部的贸易自由化超过集团对外的贸易自由化。

(3) 货物的贸易自由化程度也不一致,工业制成品的贸易自由化超过农产品的贸易自由化,机器设备的贸易自由化超过了工业消费品的贸易自由化。

4. 贸易自由化的深化

为了推动贸易自由化,1983 年 11 月 GATT 总干事阿瑟·邓克尔(Arthur Dunkel)邀请 7 名国际知名专家学者,用了近两年的时间,对世界现行的贸易制度和政策进行深入研究,写出了名为《争取较好未来的贸易政策》的报告。报告从正反两方面审查了自由贸易政策和贸易保护主义。该报告指出,保护主义只顾眼前利益,其代价是长期的、昂贵的,而"开放性的国际贸易是经济持续延长的关键"。其理由是:"贸易可以使各国集中从事于效益最佳的生产……贸易将许多国家的个别优势变为所有国家的最高生产率";"贸易对工人和资本进行最有成效的使用不断地给予指导,因为贸易是作为传递新技术和其他形式革新的媒介(从而促进储蓄和投资)";"开放和扩大贸易意味着缓和国家间的摩擦,并有助于其他领域的国际合作";贸易可以"帮助世界经济进行变革"。7 人小组认为"贸易限制再也不能继续下去了"。①

二、WTO 理论与政策取向：有节制的自由贸易理论与政策

(一) WTO 的定位

WTO 秘书处在其编著的《贸易走向未来》指出："WTO 有时被称为'自由贸易'组织，但这并不完全准确。更确切地说，这是一个致力于公开、公平和无扭曲竞争的规则体制。"②公开是指 WTO 成员按照 WTO 协定与议定书履行义务，相互进行货物贸易、服务贸易逐步自由化，扩大市场准入度；公平是指贸易对象在市场经济下，通过供求形成的实际成本进行贸易，对知识产权加强保护；无扭曲是指贸易企业不借助垄断和特权等行为进行业务经营活动。为达到此目标，必须对以 GATT 1947 为基础的旧贸易体制下出现的不公平的竞争行为和背离现象，进行改革和赋予新的内容。

(二) WTO 有节制的自由贸易的特点

1. 把贸易自由化作为 WTO 的基本目标

(1) 在 WTO 有关的文件中反复表明，WTO 接受 GATT 所实现的贸易自由化的成果。

(2) 把贸易自由化作为实现 WTO 目标的重要途径。WTO 追求的目标是"以提高生活水平、保证充分就业、保证实际收入和有效需求的大幅度增长以及扩大货物和服务贸易为目的"。

(3) 有关 WTO 建立和负责实施管理的贸易协定与协议中的基本原则体现了自由贸易的思想。非歧视原则保证了贸易自由化成果在所有 WTO 成员间一致适用；互惠性是进行贸易的基本前提，体现了贸易应具有的本性；关税保护和关税减让，非关税壁垒取消、抑制与规范使贸易自由化趋势加强；不断扩大市场准入原则使贸易自由化从货物延伸到投资和服务贸易；促进公平和无扭曲竞争原则使各成员的企业有平等的贸易环境等。

2. 贸易自由化范围受到局限

贸易自由化范围受到局限，即与贸易有关的知识产权排除在 WTO 贸易自由化的范围之外。

WTO 贸易自由化的范围局限在货物与服务领域。而与贸易有关的知识产权，因是私权，不列入贸易自由化范围。国际货物和服务贸易基本上是指跨越国界而形成的交易，而知识产权的保护受一定地域限制。这是因为知识产权是一种必须经过申请而获得有关国家批准方能成立的具有独占性质的私人财产权利，它只是在特定国家或区域内、特定期限内有效。WTO 负责实施管理的《与贸易有关的知识产权协定》(*Agreement on Trade-Related*

---

① 《争取较好未来的贸易政策》，英文版，日内瓦，1985 年 3 月。
② WTO 秘书处：《贸易走向未来》，7 页，北京，法律出版社，1999。

Aspects of Intellectual Property Rights,TRIPS)指出,其目的是"期望减少对国际贸易的扭曲和阻碍,考虑需要促进对知识产权的有效和充分保护,并保证实施知识产权的措施和程序本身不成为合法贸易的障碍"。当然,货物与服务贸易自由化的程度关系能否抓住利用国外知识的机会,这些知识包含于货物贸易和服务贸易中。

3. WTO 贸易自由化政策实施要结合两大因素

(1) 贸易自由化与可持续发展有机结合,即"依照可持续发展的目标,考虑对世界资源的最佳利用,寻求既保护和维护环境,又以与它们各自在不同经济发展水平的需要和关注相一致的方式,加强为此采取的措施"。

(2) 防止发展中国家边缘化,在自由化过程中,还要"保证发展中国家、特别是其中的最不发达国家,在国际贸易增长中获得与其经济发展需要相当的份额"。

4. WTO 允许自由贸易与正当保护贸易并存

(1) 与贸易有关的知识产权排除在贸易自由化之外。

(2) 发展中成员的保护程度高于发达成员。

(3) 允许 WTO 成员根据产业发展情况和竞争能力水平,对产业作出不同程度的保护。

(4) 允许 WTO 为做到可持续发展和保护国民身体健康等原因,实施保护措施。

(5) WTO 允许 WTO 成员以关税作为保护措施。

(6) 在 WTO 负责实施管理的贸易协定与协议中,保留了许多例外,这些例外涉及非歧视、最惠国待遇、国民待遇等,对诸边贸易协议可自愿接受等。

(7) 在因履行义务,导致进口激增,使国内产业受到严重伤害时,可采取保障措施等。

5. 贸易自由化政策的确定与途径

(1) 政策要做到互惠互利,即通过对外贸易求得双赢局面。

(2) 贸易政策的手段,削减关税和其他贸易壁垒,消除国际贸易关系中的歧视待遇。

第二节　市场经济体制

WTO 追求贸易自由化的目标,根源于市场经济的要求与发展,《马拉喀什建立世界贸易组织协定》(以下简称《建立 WTO 协定》)与 WTO 负责实施管理的贸易协定与协议基本上反映市场经济体制的基本要求。而这些贸易协定与协议的实施,又促进 WTO 成员市场经济的发展与完善。WTO 成员市场经济的发展与完善程度直接关系 WTO 贸易自由化推进的情况。

一、市场经济体制的含义

市场经济体制(Market-based Economy System)是指一个国家在管理社会经济活动过

程中,利用市场机制配置资源,从而促进社会经济目标实现的管理体制、制度和措施。市场经济体制是对市场经济客观机制和规律的主观运用,具有主观性和可变性的特点。在世界各国建立市场经济体制过程中,由于各国的国情以及对市场机制作用的认识不同,形成不同的市场经济模式。目前市场经济体制主要模式有美国的竞争型市场经济模式、德国的社会市场经济模式、法国的有计划市场经济模式以及日本的政府主导型市场经济模式。

二、市场经济体制的基本特征

(一) 市场主体的自主性

市场经济的主体必须是参与市场活动的当事人,即商品生产者、经营者和购买者。他们都有独立的物质利益,并在此基础上形成自己独立的意志,对自己行为具有独立的决策权,并承担自负盈亏的后果。

(二) 市场过程的趋利性

追求尽可能多的增值,获得利润最大化,这是市场经济产生和发展的内在动力。市场过程的所有活动都是围绕这一目的进行的。生产为了获利,为此就要不断提高生产率,降低成本,生产出既符合市场需求又有竞争力的商品和服务。交换是为了实现利润,为此企业必须不断开拓市场,争取现实和潜在的顾客,扩大市场份额,与其他市场主体展开激烈的竞争。分配则是利益的分割,消费是享受利益。因此,在市场经济中,利润的大小决定了生产要素和社会经济资源的流向,决定了劳动量投入的大小。追求利益,实现价值,像一只无形的手,指挥市场经济的全部活动。

(三) 市场关系的平等性

市场经济关系的平等性表现在:①参加市场活动的任何经济主体,没有高低贵贱之分,没有社会地位的差别,在市场上的地位是平等的;②在市场交易活动中,实行等价交换原则,任何人不能通过非经济手段和方式占有其他当事人的利益;③市场交换活动遵循自愿交换原则,买卖双方在自愿的基础上讨价还价,不能强买强卖,欺行霸市;④市场主体具有平等的宏观环境,具有平等的竞争条件和发展机会。

(四) 市场环境的开放性

市场经济应是一种开放性的经济。市场经济要求市场向所有的商品和服务生产者、经营者和购买者开放。开放是社会分工和协作的要求,是扩大商品和服务交换范围、进行信息和技术交流、提高劳动生产率的要求,是在更大范围内配置、合理开发和利用资源的要求,是扬长避短、优势互补,获取比较利益的要求。只有对外开放,才能摆脱地区经济和民族经济

闭关自守的孤立状态,利用各种有利的因素发展自己的经济。开放不仅要开放和开拓国内市场,而且还要开放和扩展国外市场。

（五）市场行为的规范性

市场经济的运行,必须有科学而规范的市场规则和市场秩序,调节和规范市场主体与市场活动,约束和管理各类市场主体的行为,引导市场健康发展。市场的交易和经济活动,还必须遵循国家的法律和政策,遵循国际的规则和惯例。

（六）市场活动的竞争性

市场竞争是市场经济的突出特点。在市场经济中,市场主体必然为争夺有利的生产、经营、交换条件及最大的经济利益而展开竞争。市场竞争迫使每个企业必须不断了解和跟踪市场需求与变化,研究市场状态,提高商品和服务质量,降低产品成本。

（七）市场结果的分化性

市场竞争严酷无情,适者生存、优胜劣汰是不以人们意志为转移的客观必然。商品和服务生产者之间不仅存在由于生产条件不同而导致的商品和服务个别价值与社会价值和国际价值的差别,而且还存在由于市场发展程度的不同而导致的商品和服务价值实现程度的差异。因而有些企业在竞争中利用优势发展起来,而另外一些企业在竞争中遭受破产被淘汰的厄运。这是市场经济的正常现象,这种分化性能激励企业和经营管理者素质的提高,使整个社会经济机体充满活力。

三、WTO 对市场经济体制的确认与促进

WTO 规则和运行机制来源于市场经济体制,通过 WTO 规则加强和完善了 WTO 成员的市场经济体制。

（一）WTO 规则根源于市场经济

WTO 在实施于管理的贸易协定和协议中,贯穿了一些基本原则,这些原则体现了市场经济的基本要求。

1. 非歧视原则

非歧视原则(Trade without discrimination)要求 WTO 成员不应在其贸易伙伴之间造成歧视,他们都被平等地给予"最惠国待遇"。一个成员也不应在本国和外国的产品、服务或人员之间造成歧视,要给予它们"国民待遇"。在 WTO 负责实施管理的贸易协定与协议中都包括了非歧视原则。非歧视原则是市场经济中平等性的表现。

2. 扩大贸易自由化的原则

在 WTO 负责实施管理的货物贸易与服务贸易协定和协议中,均体现了扩大贸易自由化的原则。其特点是:贸易自由化扩及所有的货物贸易领域;进一步降低关税,减少非关税措施对国际贸易的不利影响,如取消一部分非关税措施,规范一部分非关税措施,不许重新设置非关税措施;服务贸易采取逐步扩大市场准入的办法。总之,使贸易壁垒不断减少。它体现了市场经济开放性、国际化的规则。

3. 可预见的和不断增长的市场准入程度原则

WTO 建立的多边贸易体制是各成员政府想要给投资者、雇主、雇员以及消费者提供某种商业环境的一种机会。这种商业环境在鼓励市场上的可选择性和低价格的同时,也鼓励贸易、投资和工作机会的创造。这样的一种环境需要稳定和可预见性,尤其是在企业准备投资和发展时,更是如此。

为此,WTO 负责实施管理的贸易协定与协议要求 WTO 成员如实履行承诺的义务,对承诺的义务(包括关税、非关税措施及其他措施)不随意增加;要"约束"关税税率;采取通告制度,对紧急措施或自设的规则要及时通告所有 WTO 成员;定期审议 WTO 成员贸易政策等。

可预见的贸易条件的关键往往在于国内法律、规章与措施的透明度。许多 WTO 协议包括透明度条款,要求在国家层次上进行信息披露,例如通过官方杂志的出版或通过查询要点的方式,或在多边层次上通过向 WTO 进行正式通知的方式进行披露。WTO 各机构的许多工作与审查这些通知有关。通过贸易政策评审机制对各国贸易政策进行的日常监督为同时在国内以及在多边层次上鼓励透明度提供了进一步的方式。它体现了市场经济下市场行为规范的要求。

4. 促进公平竞争

WTO 负责实施管理的贸易协定与协议要求 WTO 成员在竞争中享受公平待遇。非歧视规则是用来谋求公平的贸易条件的,那些关于倾销和补贴的规则也是如此。WTO 农产品协议旨在给农业贸易提供更高的公平程度。知识产权的协议将改善涉及智力成果和发明竞争的条件,服务贸易总协定则将改善服务贸易竞争的条件。有关政府采购的诸边协议将针对在许多国家中数以千计的政府机构的采购活动扩展竞争规则。还有许多其他 WTO 条款的例子,它们旨在促进公平的和非扭曲的竞争。此项原则体现了市场经济下平等竞争的要求。

5. 鼓励发展和经济改革

在 WTO 负责实施管理的贸易协定与协议中,对市场经济发展不足和经济转型的国家都提出了鼓励发展和经济改革的一些措施。其内容包括:对发展中成员给予更多的时间进行调整,具有更多的灵活性和特殊权利;对经济转型国家一方面给予高于发达成员而低于发展中成员的一些待遇,鼓励继续改革,扩大市场化率;与此同时,对申请加入 WTO 的经济转

型国家按市场经济条件提出承诺的义务。它们都体现市场经济下的自由企业制度和完善的市场体系的要求。

(二)WTO 通过运行机制体现市场经济体制要求

在 WTO 运行机制中,程度不同地体现了市场经济体制的一些要求。

1. WTO 负责实施管理的协定与协议都是通过谈判达成的

WTO 成员在享受权利的同时,要履行相应的义务,如果不履行义务,对别的 WTO 成员构成歧视、不公平和伤害,该 WTO 成员必须以各种方式补偿;否则,另一方可通过贸易争端解决,在争端解决授权下,可采取报复等措施。它体现市场经济下的契约关系。

2. WTO 成员的资格、加入与退出体现了市场经济下的平等性、自由性和开放性

(1)WTO 成员可以自由申请加入,也可自由退出。

(2)WTO 是个开放性的国际组织,任何主权国家都可以申请加入 WTO;同时,任何单独的关税区也可以申请加入 WTO,只要能证明其在对外商业关系上和 WTO 规则规定的其他事项上享有充分的自主权。

3. WTO 决策程序体现了市场经济下的自主性和平等性

WTO 在进行决策时,主要遵循"协商一致"的原则,只有在无法协商一致时才通过投票表决决定。在部长级会议和总理事会上,每个 WTO 成员均有一票投票权,这是 WTO 同国际货币基金组织和世界银行决策机制的差别。而国际货币基金组织(International Monetary Fund,IMF)和世界银行(World Bank,WB)的决策是实行股份公司式的投票制度,即各成员的投票权数量取决于其缴纳的基金的数量。WTO 决策权只体现了市场经济下的自主权和平等性,但未体现市场经济下公司决策的股权性。

(三)WTO 促进成员市场经济体制的发展与完善

建立 WTO 协定和 WTO 负责实施管理的贸易协定与协议促进 WTO 成员市场经济的发展与完善。

(1)根据《建立 WTO 协定》,WTO 成员必须一揽子接受乌拉圭回合达成的所有贸易协定与协议。

(2)WTO"每一成员应保证其法律、法规和行政程序"与 WTO 各种协定与协议的规定义务一致。

(3)WTO 成员对《建立 WTO 协定》的任何条款不得提出保留。对多边贸易协定与协议任何条款的保留应仅以这些协定与协议规定的程度为限。对某个诸边贸易协议条款的保留应按该协议的规定执行。

(4)在新成员加入谈判中,新成员要作出承诺,不断改革不符合 WTO 规则的国内贸易法规,以促进这些成员的市场化率不断提高。如中国在加入 WTO 议定书中,对有违于

WTO 规则的贸易法规、进出口管理措施、司法程度、国营贸易和市场价格等都作出改革的承诺。

第三节　经济全球化

推动 WTO 建立的动力来源于经济全球化,WTO 也促进和发展经济全球化。而经济全球化中的矛盾和问题又困扰 WTO 并影响它的进程和作用,成为 WTO 存在和发展的制约因素。

一、经济全球化的概念

1996 年联合国贸易和发展会议秘书长鲁本斯·里库佩鲁(Rubens Ricupero)在第九届贸发大会上指出,经济全球化(Economic Globalization)是指"生产者和投资者的行为日益国际化,世界经济似由一个单一市场和生产区组成,而不是由各国经济通过贸易和投资流动连接而成,区域或国家只是分支单位而已"。目前国际比较通用的是 1997 年国际货币基金组织提出经济全球化概念:"全球化是指跨国商品与服务交易及国际资本流动规模和形式的增加,以及技术的广泛迅速传播使世界各国经济的相互依赖性增强。"[①]本书认为,经济全球化是指以市场经济为基础,以先进科技和生产力为手段,以发达国家为主导,以最大利润和经济效益为目标,通过贸易、分工、投资和跨国公司,实现世界各国市场和经济相互融合的过程,它是全球化的基础和重要组成部分。这个概念在于说明,市场经济体制的普遍实行是经济全球化的体制条件,追求资本利润最大化是经济全球化的驱动力,科学技术革命是经济全球化的利器,分工、贸易、投资和跨国公司是经济全球化的途径和载体,各国市场和世界经济的融合是经济全球化的结果。它本身是一个历史过程,是全球化的初步阶段。

经济全球化主要表现为贸易活动全球化、生产活动全球化、金融活动全球化、投资活动全球化、企业作用全球化、消费活动全球化和经贸文化全球化。

二、经济全球化需要更有作为的多边贸易体制的建立

（一）经济全球化要求世界经济运行规则的规范化、趋同化

虽然世界各国程度不同地进入经济全球化的行列,但各国有自身的特色,市场经济体制与模式不完全相同。在经济全球化的作用下,世界各国的经贸法规不断向国际标准靠拢,出现趋同化。经贸集团成员间相互遵守的经贸法规也在不断制定。但在国家存在的前提下,

---

①　国际货币基金组织:《世界经济展望》,45 页,北京,财经出版社,1997。

各国仍然有意地保留了各自具有特色的经贸政策与措施。为了使世界各国的经济活动走向国际化和规范化,需要加速已有经贸政策的趋同化和规范化,扩大全球性的经贸政策的制定来引导和规范各国的经贸行为,而 GATT 管辖的贸易协议不是一揽子接受,协议中存在"灰区措施",对缔约方内部的经贸政策缺乏约束力。

(二)经济全球化是全球利益结构重新调整的过程

以市场经济为基础的经济全球化,首先促进了世界经济的发展。

1. 在经济全球化条件下,生产资源得以在全球范围内有效配置

作为全球经济组成部分的各个国家有可能在全球经济密切交往中实现优势互补,从而促进各国和全世界经济的发展与经济效益的提高。

2. 世界市场进一步统一

在全球化条件下,世界市场不断扩大和趋于统一,各国与全球市场的联系更紧密、更直接,这就使各国及其企业在更大程度上摆脱本国市场狭小的限制,更充分发挥本身的优势,根据全球市场的需求,扩大生产规模,增大生产能力,实行规模经营,收到规模经济的实效。与此同时,各国和各种企业都参与世界市场竞争。这种强有力的市场机制,迫使企业改进经营管理,提高生产率,降低成本,积极开发新产品,从而促进生产的更大发展。

3. 带动科学技术的国际传播

现代科学技术的研究和开发需要大量资金,许多高科技项目的完成,需要多种专业人才的共同参与,科技研究与开发已不是个别企业或个别国家的事,它越来越需要广泛的国际参与和多国合作,因而科技研究与开发也将随着经济的全球化而实现全球化。这必将促进科技更快发展,科技成果在全球更快传播,从而促进全球生产力的更快发展。

4. 催化国际服务贸易的发展

在经济全球化推动下,各国普遍在产业结构调整中大力发展服务业,使服务业在国民经济中的份额和就业人员的比重大幅度提高。在跨国公司全球经营和发展的过程中,许多跨国公司深感服务业对其获取竞争优势的重要性,加速了服务国际化的速度。跨国公司在金融、信息和专业服务上都是重要的供应者,其中许多跨国公司迅速扩大,向全球出售服务。在经济全球化推动下,国际经济合作方式多样化,也为国际服务合作的扩大创造了条件。

5. 经济全球化为世界各国提供了加快经济发展的历史机遇

特别是当今世界为数众多的发展中国家,生产力水平低下,经济落后。在全球化条件下,这些国家有可能通过对外开放,加强与他国的合作,扩大对外贸易,引进外国资本和先进技术,学习和借鉴他国的先进管理经验,实现其"后发优势",加快经济发展和现代化进程。然而,经济全球化也给世界各国带来一些不利影响,这是因为经济全球化源于资本主义生产方式的新的发展,因此,资本主义生产方式的内在规律、首先获取最大利润的规律,必会有更充分的表现,资本主义发展不平衡规律的作用必将更为突出,资本主义的固有矛盾以及由此引发的摩擦、冲突、震荡和危机,也必然更为广泛和深刻。

　　上述经济全球化的两重性,给世界经贸发展带来两大矛盾需要解决:①如何推进与处理全球化的风险机制之间的矛盾;②发达国家加速经济全球化的需要与发展中国家快速融入经济全球化可能性之间的矛盾。从贸易层次上,经济发达国家与发展中国家存在的差距与矛盾,GATT 逐渐予以关注,但面不宽、内容不具体,需要更能有所作为的国际贸易组织解决经济全球化中的矛盾。WTO 各种协定与协议中对发展中国家均给予了各种特殊待遇,在一定程度上可以缓解经济全球化的这些矛盾。

　　在经济全球化等的推动下,更有作为的 WTO 于 1995 年成立,在缓解经济全球化矛盾的同时,也受到经济全球化过程中出现问题的困扰。

第四节　可持续发展

一、可持续发展的含义

　　对持续发展(Sustainable Development)有许多不同的看法。世界环境与发展委员会认为:"需要一种新的发展途径,这种发展途径使人类进步不局限于区区几处,寥寥几年,而是要将整个星球持续到遥远的未来。"该委员会把可持续发展定义为:"满足当代人类的需求,又不损害子孙后代满足其自身需求的能力。"[1]。1991 年,世界环境保护联盟等机构在《保护地球》一书中把可持续发展进一步定义为"在支持生态系统的负担能力范围内,提高人类生活的质量",是必须在经济、人类、环境和技术等许多方面取得全球进展的一个过程。[2]环境与发展之间是一种相互依存、相互促进而又相互制约的辩证关系,实现持续发展就是促使两者协调和谐,共同取得进步。

二、实现持续发展的途径与措施

　　由于历史、经济和文化等差异性的存在,各国达到持续发展的具体方法有所不同,但共同之处都是转变观念,打破旧的增长模式,实施可持续发展战略。其途径如下。

(一)建立国家持续发展能力

　　能力建设意味着发展一国的国民、科学、技术、组织、机构和资源的能力,积极开发环境无害技术。

---

　　① 世界环境与发展委员会:《我们共同的未来》,4、8 页,英国牛津,牛津大学出版社,1987。

　　② 世界环境保护联盟、联合国环境规划署:《保护地球》,10 页,1991。

（二）把发展人而非改造人作为发展的中心

"人类处于普受关注的可持续发展问题中心。他们应享有与自然相和谐的方式和过上健康而富有生产成果的生活的权利。"[1]通过满足人类的基本需要摆脱贫困，同时保护和促进人类健康。

（三）改变现有的经济发展和增长战略

不再盲目追求经济发展的高速度，而是追求考虑协调生态环境的适度增长，寻求适当的生产和消费模式。

（四）实行为可持续发展服务的环境和资源管理

各国注意把环境管理重点由放在环境后果上的环境管理转到放在产生这些后果的根源；由排污口管理转向生产过程管理和产品生命周期管理，向绿色企业管理转变；由治理环境污染转变到减少环境污染，直至杜绝环境污染；注意改变导致生态环境保护与经济社会发展相分离的组织机构体系，把环境政策放到国家机构的关键部位；建立促进可持续发展的综合决策机构和协调管理机制，建立持续发展委员会。

（五）建立与可持续发展相适应的环境和发展法规体系

国家应逐步建立可持续发展的政策体系。

（六）建立新的、公正的全球伙伴关系[2]

建立新的、公正的全球伙伴关系，国际社会应做好以下几点：

（1）树立全球环境意识，克服片面追求本民族和国家利益，不顾他国和全球环境利益的行为。

（2）妥善处理资金与环境技术转让问题。为了可持续发展，所有国家需要获得保护和保护环境的技术及其使用这些技术的能力。考虑"污染者付费"的原则，发达国家帮助发展中国家实现持续发展，既是对人类共同利益的贡献，也是对自身利益的一种投资。发达国家与发展中国家都应增加对环境保护的投入。

（3）妥善处理环境保护与经济发展的关系，两者应该是辩证统一的，而不是对立的。

（4）实现全球可持续发展只有在整个国际社会都积极、有效参与下才有意义。因此，必

---

[1] 中国环境报社：《迈向 21 世纪——联合国环境与发展大会文件汇编》，29 页，北京，中国环境科学出版社，1992。

[2] 中国环境报社：《迈向 21 世纪——联合国环境与发展大会文件汇编》，9～10 页，北京，中国环境科学出版社，1992。

须充分考虑发展中国家的特殊情况,特别是在经济发展方面的特殊需要,并且对主要危害发展中国家的环境问题予以足够的重视。

（5）联合国等国际组织必须发挥其在环境与发展方面应有的作用,如达成国际多边协议,以推动国际可持续发展的实现。

（6）考虑世界各国家之间政策的协调,建立和实施国与国之间实施可持续发展的行动准则,加强并建立有关可持续发展的国际协议,共同合作维护全球共有的财富。

（七）各国应执行的政策内容与含义

（1）在经济政策上,要赋予适当的资源定价,确定资源的享有权。

（2）在有关国民政策的制定上,要明确优先关注的领域,加大对人类发展的投资。如提供更多更好的教育、卫生保健和有关的社会服务,提高人类素质是实现可持续发展的基本。

（3）在环境政策制定上,要稳定和改良气候,使农业发展有持续能力,保护生物的多样性。

（4）创造可持续发展的系统。鼓励减少污染和废物利用,积极进行技术开放与合作。

三、可持续发展纳入多边贸易体制

（一）环境保护逐渐为 GATT 重视

1. GATT 对生态保护有了认识

在 GATT 创立时,环境问题还未提上国际社会日程。1971 年联合国为准备第一次人类环境大会,要求 GATT 秘书处提交一份书面报告。秘书处准备了一份题目为《工业污染控制和国际贸易》报告,开始关注生态环境问题。

2. 成立组织,进行专门研究

1971 年,GATT 设立了"环境措施与国际贸易小组",但没有真正开展活动。随着环境保护主义者不断批评 GATT 的规则没有把环境保护问题考虑进去,特别是根据 1992 年环境与发展大会准备工作的需要,GATT 缔约方全体在 1991 年年底开始考虑贸易与环境同GATT 体系的内在联系。从 1991 年 11 月起,该小组开始工作,研究三个议题:同 GATT原则和条款相对的多边环境协定中的贸易条款;对贸易可能产生影响的国家环保法规的透明度问题;旨在保护环境的新的包装、标签要求对贸易的影响。此后该小组已召开了十几次环境与贸易方面的研究会。

（二）可持续发展正式纳入 WTO 下的多边贸易体制

1. WTO 协定序言承认保护环境和可持续发展的必要性

在《建立 WTO 协定》开始,WTO 规定了其宗旨,内容为:"本协定各成员,承认其贸易

和经济关系的发展,应旨在提高生活水平,保证充分就业和大幅度稳步提高实际收入和有效需求,扩大货物与服务的生产和贸易,为可持续发展之目的最合理地利用世界资源,保护和维护环境,并以符合不同经济发展水平下各自需要的方式,加强采取相应的措施。"

2. 实施管理协议体现了可持续发展要求

WTO实施管理的协议中体现可持续发展的要求。

3. WTO正式成立贸易与环境委员会

1995年年初,WTO总理事会正式成立了一个贸易与环境委员会。该委员会广泛的职责范围包括多边贸易体系的所有领域——货物、服务和知识产权。它的目标是:为促进持续发展而明确贸易措施和环境措施之间的关系,为多边贸易体系的规定是否应该修改提供适当的建议。两个重要的前提指导委员会的工作:①WTO在该领域的政策协调的职权仅限于贸易;②如果政策协调中出现的问题是通过WTO的工作认定的话,它们必须在支持和保障多边贸易体系的基础上加以解决。委员会在1996年年底向WTO部长级会议的第一次会议提交一个工作报告。

该委员会在工作计划中首先考虑如下七个主要问题。

(1) 多边贸易体系条款与为达到环境目标的贸易措施(包括那些依据多边环境协定制定的措施)之间的关系。

(2) 与贸易有关的环境政策和产生重大贸易影响的环境措施与多边贸易体系条款的关系。

(3) 多边贸易体系条款与下列问题的关系:为达到环境目的的收费和税收;为达到环境目的而与产品的有关要求,包括标准与技术规定、包装、标签和循环使用。

(4) 多边贸易体系条款与那些用于环境目的和对贸易产生重大影响的环境措施和要求的透明度的关系。

(5) 多边贸易体系中的争端解决机制与多边环境协定中的争端解决机制的关系。

(6) 环境措施对市场准入,特别是对发展中国家,尤其是对其中的最不发达国家的影响,以及消除贸易限制和扭曲所带来的环境利益。

(7) 国内禁止产品的出口问题。

该委员会认为,服务贸易和环境决议制订的工作计划同与贸易有关的条款是其工作中不可分割的一部分。

第五节　国际贸易利益协调

一、国际贸易利益协调的含义

国际贸易利益协调(Harmonization of International Trade Interests)是指世界经济主体

之间互相协调其贸易政策、共同对国际贸易的运行和国际贸易关系的发展进行干预和调节，以便解决其中存在的问题，克服面临的困难，促进国际贸易关系和国际贸易正常发展的行为。

二、国际贸易利益协调的必要性

（一）对外贸易给国家带来众多的利益

（1）在解决整个社会的再生产中成为媒介；

（2）有利于社会产品的实现；

（3）降低生产成本；

（4）成为国际经济"传递"的通道；

（5）维护和改善国际环境的重要手段；

（6）获取经济全球化利益的枢纽。

（二）国际贸易利益协调机制的滞后

第二次世界大战后，国际贸易利益协调是在贸易政策协调基础上，在不同层次、不同范围内进行，有的是两国或几国之间的协调，有的是在区域经济组织内部进行的地区协调，最重要的是在全球范围内由关税及贸易总协定进行的国际贸易的协调。

《关税与贸易总协定》（*General Agreement on Tariffs and Trade*，GATT）是 1948 年 1 月 1 日临时生效的多边贸易协定。最初，该协定的签字国有 23 个，到 1990 年 12 月，其正式成员有 100 个，带有"准国际贸易组织"性质。一方面，在国际贸易的长期实践和各国协商一致的基础上，GATT 缔约方制定了多边贸易的规则，引导国际贸易走向规范化和有序化；另一方面，又通过多边贸易谈判，削减关税，排除贸易障碍，使世界贸易朝着自由化方向前进。《关税与贸易总协定》适应了第二次世界大战后生产力的飞跃发展和国际分工深化的要求，对世界资源的有效分配、世界经济的增长、就业的增加，起了积极促进作用。但随着经济全球化时代的来临，在国际贸易利益协调方面，GATT 存在以下不足，出现了贸易规则滞后的现象：

（1）削除非关税壁垒方面成果远不如关税减让；

（2）解决国际贸易争端方面远远不能适应客观要求；

（3）农产品的补贴措施以及纺织品服装协议等背离贸易自由化方向；

（4）贸易规则未包括新兴的服务贸易、直接投资、知识产权和技术壁垒等；

（5）GATT 只是"事实上"而非"法律上"的国际组织，权威性不足；

（6）对发展中国家关注力度不够；

（7）对缔约方国内的贸易政策法规约束力不强；

(8) 对可持续发展关注不足,未把贸易利益与可持续发展有机结合起来。

(三) 国际贸易重大变化要求加大贸易利益的协调

20 世纪 80 年代以后,国际贸易发生了以下重大变化。

(1) 国际分工向纵深发展,形成了世界分工,世界各国都成为世界分工的一个环节。

(2) 产业内部贸易成为国际贸易的主要形式。

(3) 国际贸易主体多元化。

(4) 市场经济体制成为国际贸易的基础。

(5) 技术进步、运输革命和电子商务使交易成本减少。

(6) 国际贸易与环境和可持续发展密切结合。

(7) 形成大经贸的观念,贸易与经济发展模式和结构调整密切相关,世界各国相互依靠空前加强。

(8) 传统的自由贸易理论与政策受到挑战。传统的自由贸易理论和政策是建立在一系列假设条件基础上的,这些条件与国际经贸竞争的现实不相符合,这使得世界各国都不能实行纯粹意义上的自由贸易,不可能无任何限制地允许货物和服务贸易自由进出口,也不可能从贸易中"公平合理"地获得贸易利益。在国家存在的前提下,自由贸易只能成为人们的理想愿望。与此相反,传统的贸易保护主义推行"奖励出口,限制进口"以邻为壑的措施,在短期内可以获取暂时的贸易利益,但会加剧国家之间的贸易矛盾和摩擦,结果会两败俱伤。

因此,协调管理国际贸易成为一种可能和必然。历史要求世界各国以多边贸易谈判为平台,对世界各国对外经贸和国际贸易以权利和义务平衡为手段,协调贸易利益,求得双赢和共同发展;要求已有的 GATT 为基础的多边贸易体制进一步发展和完善。

(四) 经济全球化对 GATT 提出了更高的要求

经济全球化要求国际贸易关系在已有的基础上进行更为深入的调整,在以下方面要有所突破。

(1) 要求成立一个国际贸易组织,取代临时性生效的 GATT。

(2) 对背离贸易自由化的做法予以纠正。

(3) 把国际贸易规则从货物延伸到服务、投资和知识产权等方面。

(4) 增加贸易规则接受的普遍性,减少谈判成果与规则接受的任意性。

(5) 达成的贸易规则要对国际贸易组织成员的内部经贸政策有约束力。

(6) 对发展中国家尤其是最不发达国家给予更多的、切实的帮助。

(7) 贸易规则的制定与世界可持续发展密切结合。

(8) 加强贸易争端和政策审议机制,提高处理贸易问题的能力。

(9) 加强与其他国际组织的合作,发挥更大的作用。

这些需求推动了 GATT 乌拉圭回合谈判的启动,并达成建立 WTO 的决定。

三、WTO 对国际贸易利益协调的加强

(1) WTO 成员国内与 WTO 贸易协定与协议相关经贸法规要符合 WTO 的规范。建立 WTO 协定指明,各成员方对建立 WTO 的协定的任何规定不可有保留,并须保证其国内有关的立法和政策措施与 WTO 协定及其附件的义务相一致。

(2) WTO 负责实施管理的贸易协定与协议从 GATT 的货物领域扩及投资、服务和知识产权领域,使国际贸易利益协调扩展到整个世界经贸领域。

(3) 提高基本原则的统一性。最惠国待遇(MFN)是保证无歧视的基本原则,是无条件的。GATT 存在过的"条件性守则"和选择性协议已逐步取消,从而提高了最惠国待遇在 WTO 法律框架中的统一性。

(4) WTO 体系中的权利、义务规范趋于"量化",更加便于衡量判断,也便于监督检查。其做法概括起来有以下三种:用经济指标表示权利和义务;明确实施权利和履行义务的时限性;履行义务的标准"货币化""价格化"。

(5) 对 WTO 中发达国家与发展中国家的贸易利益加强协调:①在建立 WTO 协定的前言中,把促进发展中国家贸易发展提高到重要地位;②在 WTO 负责实施管理的贸易协定与协议中,对发展中国家均给予各种特殊待遇;③WTO 通过各种方式援助发展中国家。

(6) WTO 重视与其他国际组织和非政府组织的合作与联系,为 WTO 本身贸易利益协调创造良好的外部环境。

(7) 监督、约束机制的加强。为此,WTO 建立贸易争端解决机制和政策审议机制。

本章小结

1. WTO 于 1995 年建立,取代 GATT 成为多边贸易体制的组织和法律基础。有节制的自由贸易理论的发展,市场经济体制的同化,经济全球化的高速发展,可持续发展的实现和国际贸易利益的协调,既是 WTO 建立的基础,也影响 WTO 的发展。

2. WTO 有节制自由贸易的理论和政策有如下特点:①把贸易自由化作为 WTO 的基本目标,要逐步推动但抑制回退;②把 GATT 背离贸易自由化的农业、纺织品服装协议纳入贸易自由化;③与贸易有关的知识产权排除在 WTO 贸易自由化范围之外;④WTO 贸易自由化政策实施中要结合可持续发展和防止发展中国家边缘化;⑤允许自由贸易与正当保护贸易并存。

3. WTO 有节制贸易自由化的体制根源,来自市场经济体制正当发展、抑制市场失灵的要求。一方面 WTO 负责实施管理的贸易协定与协议基本上反映市场经济体制的基本要

求;另一方面加以规范,从而促进 WTO 成员市场经济的发展和完善。WTO 成员市场经济的发展与完善程度直接关系 WTO 有节制贸易自由的推进。

4. WTO 有节制自由贸易的推动来源于经济全球化。经济全球化在促进和发展成员经济的同时,也带来一些弊病。有节制是指贸易在发挥经济全球化的积极作用的同时,对经济全球化中的弊病进行抑制。二者相辅相成。

5. WTO 的有节制自由贸易、市场经济体制根源和经济全球化的动力的落实中,要纳入可持续发展的因素,做到有机结合,求得最佳效益。

6. 上述各种因素的结合,会加大国际贸易的利益。如何把扩大的国际贸易利益在成员间进行公正、公平的分配和协调成为多边贸易体制能否正常发展的关键。GATT 关注国际贸易利益的协调,但力度不足。因此,要求新的多边贸易体制加强贸易利益的协调。

重要概念

自由贸易理论(Free Trade Theory)

贸易自由化(Trade Liberalization)

比较优势学说(Theory of Comparative Advantage)

市场经济体制(Market-based Economy System)

经济全球化(Economic Globalization)

可持续发展(Sustainable Development)

国际贸易利益协调(Harmonization of International trade Interests)

案例分析

WTO 秘书处在其编著的《贸易走向未来》中指出:"WTO 有时被称为'自由贸易'组织,但这并不完全准确——更确切地说,这是一个致力于开放、公平和无扭曲竞争的规则体制。"这就是对 WTO 的定位。WTO 提出自由贸易宗旨,把贸易自由化作为 WTO 的基本目标,有关 WTO 建立和负责实施管理的贸易协定与协议中的基本原则都体现了自由贸易的思想。然而,这里的自由贸易是"有节制的自由贸易"。从 GATT 到 WTO 的历史进程中,我们看到贸易自由与贸易保护在矛盾斗争与协调中谈判了近半个世纪,不断清除与解决贸易壁垒,又不断产生新的贸易壁垒,不断推进贸易自由的原则,又不断规定有关的例外条款和保障措施。在 WTO 的思维逻辑、谈判过程、具体规则的实际运用中,体现了自由贸易与保护贸易这对矛盾的有效统一和共存,体现了市场开放与适度保护相统一的基本理念,WTO框架内的贸易自由和贸易保护是二元博弈、相互制衡与相互兼容的关系。WTO 正是在这种博弈中向前发展推动贸易自由化,各成员国也是在此中探寻必要对策,维护国家利益。

资料来源:WTO 秘书处:《贸易走向未来(中译本)》,张江波等译,北京,法律出版社,1999。

分析讨论

1. WTO 为什么要允许正当贸易保护的存在？

【解析】 WTO 以推进贸易自由化为己任,然而,由于世界经济,特别是各成员国的经济发展不平衡,贸易自由化只能是一个渐进的过程。不论是 GATT 还是 1995 年以来的 WTO,都没有也不可能对纳入框架的所有贸易产品和服务实现完全的自由贸易,WTO 管理实施的贸易协定与协议,体现了贸易自由化与正当贸易保护的措施。

(1) 成员利益有差别,国家保护有其正当性。亚当·斯密提倡自由贸易时,就提出了国家保护的合理性问题。为什么国家有时会偏离自由贸易的原则？原因是自由贸易理论的假设存在缺陷,国家政策从来没有今后也不会仅从稀缺资源的有效配置的角度出发。国家政策是建立在对政治、社会、经济、军事等综合考虑的基础上,与经济效益最大化相比,国家的安全、国内秩序的维护等依然是政府优先考虑的问题。WTO 是以国家为成员的组织,各成员国之间在政治、经济文化等多方面存在巨大的差异,参加 WTO 的活动必然考虑本国的利弊得失,着眼于国家的长远利益。WTO 要能有效运转,就必须承认和尊重国家主权,体现一国的基本政治意图。WTO 中的磋商、再磋商和透明度原则等就表现了允许成员体现政治意图的要求。

(2) 成员间贸易得益分配不均,贸易保护有其必要性。一般来说,一个国家越是能够以比较高的价格出口本国的产品而以比较低的价格进口产品,按照经济学术语就是贸易条件越是有利,就越能够从贸易中获得较多的利益。这就是贸易利益在不同国家之间的分配,是产生贸易保护的主要渊源。有学者用扩展后的李嘉图模型对发展中国家的贸易条件恶化现象和南北收入差距的扩大做模型分析,指出国家之间的自由贸易虽然确实对贸易双方都有好处,但贸易双方因自由贸易得到的好处是不均等的。一般来说,发达国家在与发展中国家的自由贸易中,发达国家得到的好处比发展中国家得到的好处要多,这样发展中国家想追赶发达国家,实现本国复兴的愿望很难实现。于是国家之间在对贸易利益的争夺过程中,必然会出现保护贸易政策的实行。WTO 对发展中国家的优惠和例外条款等保护性措施起到了纠正贸易利益分配不公的作用。

(3) 保护幼稚工业论。GATT 1994 第 18 条 A 节和 C 节中规定允许发展中成员为建立尚不具备竞争能力的工业,实施关税保护和数量限制措施。这就是保障条款之一的幼稚产业保护条款。其经济学上的依据就是由来已久的"幼稚产业说"。该学说的代表人物为美国的亚历山大·汉密尔顿和德国的费里德里希·李斯特。他们的主要观点是,一个处于发展早期的国家,应该通过保护性关税和配额,来保护其有关产业尤其是制造业,直到相关产业发展到一定的规模和先进程度,能与进口产品竞争或能出口。当本国的新生工业发展到足够强壮可以与外国同类产业进行竞争时,就撤销贸易保护。

2. WTO框架下的正当贸易保护与贸易自由化的辩证关系是什么？

【解析】 正当贸易保护和贸易自由化是一国国际贸易政策对立统一的两个方面。任何一国的国家贸易政策都是基于本国利益制定的，其贸易保护程度和自由化程度完全取决于这两种程度对本国利益的影响。就长期的动态利益而言，贸易自由化强化和主流趋势加强，但贸易保护和正当贸易保护不会消失，会继续程度不同地存在。

3. 从WTO协议的条款分析，很多地方体现了正当贸易保护的思想，并规定了具体的保护措施，这些措施有哪些？

【解析】 具体保护措施包括：①与贸易有关的知识产权排除在贸易自由化之外；②发展中成员的保护程度高于发达成员；③允许WTO成员根据产业发展情况和竞争能力的水平，对产业作出不同程度的保护；④允许WTO成员为做到可持续发展和保护国民身体健康等原因，实施保护措施；⑤WTO允许WTO成员以关税作为保护措施；⑥在WTO负责实施管理的贸易协定与协议中，保留了许多例外，这些例外涉及非歧视，最惠国待遇、国民待遇等，对诸边贸易协议可自愿接受等；⑦在因履行义务导致进口激增，使国内产业受到严重伤害时，可采取保障措施等。

同步测练与解析

1. WTO确立与发展的基础是什么？

【解析】 WTO确立与发展的基础来自有节制的自由贸易理论、市场经济体制、经济全球化、可持续发展和国际贸易利益的协调。

2. WTO确立的理论基础是什么？

【解析】 有节制的自由贸易理论和政策。

3. WTO确立的经济体制是什么？

【解析】 市场经济体制。

4. 经济全球化对WTO的建立起了什么作用？

【解析】 经济全球化是WTO建立的动力来源，WTO建立促进和发展经济全球化。

5. WTO为何要考虑可持续发展？

【解析】 可持续发展之目的有利于最合理地利用世界资源，保护和维护环境。

6．WTO 在国际贸易利益协调中起了何种作用？

【解析】　WTO 对国际贸易利益协调的加强表现在：①WTO 成员国内与 WTO 贸易协定与协议相关的经贸法规要适应 WTO 的规范。《建立 WTO 协定》指明，各成员方对建立 WTO 的协定的任何规定不可有保留，并须保证其国内有关的立法和政策措施与 WTO 协定及其附件的义务相一致。②WTO 负责实施管理的贸易协定与协议从 GATT 的货物领域扩及投资、服务和知识产权领域，使国际贸易利益协调扩展到整个世界经贸领域。③提高基本原则的统一性。最惠国待遇（MFN）是保证无歧视的基本原则，它是无条件的。④WTO 体系中的权利、义务规范趋于"量化"，更加便于衡量判断，也便于监督检查。⑤对 WTO 中发达国家与发展中国家的贸易利益加强协调。⑥WTO 重视与其他国际组织和非政府组织的合作与联系，为 WTO 本身贸易利益协调创造良好的外部环境。⑦监督、约束机制的加强。

C 第二章

HAPTER TWO

世界贸易组织的建立

学 习 目 标

通过本章学习,了解 GATT 的产生背景和八轮多边贸易谈判简况;明确乌拉圭回合启动的背景、目标和主要议题;掌握 WTO 的建立背景、《建立 WTO 协定》的构成以及 WTO 和 GATT 1947 的关系;掌握以 WTO 为基础的多边贸易体制的特点。

重 点 难 点 提 示

- GATT 前七轮多边贸易谈判;
- 乌拉圭回合的主要成果;
- 《建立 WTO 协定》的构成;
- WTO 和 GATT 的关系;
- 以 WTO 为基础的多边贸易体制的特点。

第一节 《关税与贸易总协定》的
产生及后续谈判

一、GATT 的产生

WTO 建立前,GATT 是协调、处理缔约方之间关税与贸易政策的主要多边协定。其宗旨是,通过彼此削减关税及其他贸易壁垒,消除国际贸易上的歧视待遇,以充分利用世界资源,扩大商品生产和交换,保证充分就业,增加实际收入和有效需求,提高生活水平。

(一) 产生背景

20 世纪 30 年代,世界经济陷入危机,资本主义国家间爆发了关税战。美国国会通过《1930 年霍利—斯穆特关税法》(*Smoot-Hawley Tariff Act*)将关税提高到历史最高水平,其他国家纷纷效仿。高关税阻碍了商品的国际流通,造成国际贸易额大幅度萎缩。

为扭转困境,扩大国际市场,1934 年美国国会通过授权总统签署互惠贸易协定的法案。随后,美国与 21 个国家签订了一系列双边贸易协定,将关税水平降低 30%～50%,并根据最惠国待遇原则,把这些协定扩展到其他国家。这一举措对缓解当时的经济危机起到了重要作用。

第二次世界大战期间,许多国家面临经济衰退、黄金和外汇储备短缺等问题。美国为在战后扩大世界市场份额,试图从金融、投资、贸易三个方面重建国际经济秩序。1944 年 7 月,在美国提议下召开了联合国货币与金融会议,分别成立了国际货币基金组织(International Monetary Fund,IMF)和国际复兴开发银行(International Bank for Reconstruction and Development,IBRD,简称为世界银行);同时,倡导组建国际贸易组织(International Trade Organization,ITO),以便在多边基础上,通过相互减让关税等手段,逐步消除贸易壁垒,促进国际贸易的自由发展。

1946 年 2 月,联合国经济及社会理事会成立了筹备委员会,着手筹建国际贸易组织。同年 10 月,在伦敦召开了第一次筹委会会议,讨论美国提出的《国际贸易组织宪章》草案,并决定成立宪章起草委员会对草案进行修改。1947 年 1～2 月,该宪章起草委员会在纽约召开专门会议,根据《国际贸易组织宪章》草案中的贸易规则部分,完成了关税与贸易总协定条款的起草工作。

1947 年 4～8 月,美国、英国、法国、中国等 23 个国家在日内瓦召开了第二次筹委会会议。会议期间,参加方就具体产品的关税减让进行了谈判,并达成了协议。这次谈判后来被称为关税与贸易总协定第一轮多边贸易谈判。

1947 年 11 月至 1948 年 3 月，在哈瓦那举行的联合国贸易和就业会议，审议并通过了《哈瓦那国际贸易组织宪章》（*Havana Charter for an International Trade Organization*），又称《哈瓦那宪章》。

《哈瓦那宪章》的目标是，建立一个全面处理国际贸易和经济合作事宜的国际组织。该宪章共 9 章和 1 个附件，主要内容有：宗旨与目标，就业和经济活动，经济发展与重建，一般商业政策，限制性贸易措施，政府间商品协定，国际贸易组织的建立，争端解决，一般规定等。

由于美国国会认为《哈瓦那宪章》中的一些规定限制了美国的立法主权，不符合美国的利益，因而拖着不批准《哈瓦那宪章》。受其影响，56 个《哈瓦那宪章》签字国，只有个别国家批准了《哈瓦那宪章》，建立国际贸易组织的计划由此夭折。

（二）GATT 的"临时适用"

在联合国贸易与就业会议期间，美国联合英国、法国、比利时、荷兰、卢森堡、澳大利亚和加拿大，于 1947 年 11 月 15 日签署了《关税与贸易总协定临时适用议定书》（*Protocol of Provisional Application of the General Agreement on Tariffs and Trade*，PPA），同意从 1948 年 1 月 1 日起实施关税与贸易总协定的条款。1948 年，又有 15 个国家签署该议定书，签署国达到 23 个。这 23 个国家成为 GATT 创始缔约方，它们是澳大利亚、比利时、巴西、缅甸、加拿大、锡兰（斯里兰卡）、智利、中国、古巴、捷克斯洛伐克、法国、印度、黎巴嫩、卢森堡、荷兰、新西兰、挪威、巴基斯坦、南罗得西亚（津巴布韦）、叙利亚、南非、英国、美国。各缔约方还同意，《哈瓦那宪章》生效后，以宪章的贸易规则部分取代关税与贸易总协定的有关条款。

由于绝大多数国家最终没有批准《哈瓦那宪章》，GATT 一直临时适用，直到 1995 年 1 月 1 日世界贸易组织（WTO）建立。1947—1994 年，GATT 共进行了八轮多边贸易谈判。在第八轮多边贸易谈判（乌拉圭回合）基础上，建立了 WTO。

二、前七轮多边贸易谈判简况

（一）第一轮多边贸易谈判

第一轮多边贸易谈判 1947 年 4～10 月在瑞士日内瓦举行，下调关税是其主要成果。23 个缔约方就 123 项双边关税减让达成协议，关税水平平均降低 35%。

众多商品达成较大幅度的关税减让协议，促进了战后资本主义国家经济贸易的恢复和发展。该轮谈判在 1947 年关税与贸易总协定草签和生效之前举行，但被视为第一轮多边贸易谈判。

（二）第二轮多边贸易谈判

第二轮多边贸易谈判 1949 年 4～10 月在法国安纳西举行。这轮谈判的目的是,给处于创始阶段的欧洲经济合作组织成员提供进入多边贸易体制的机会,促使这些国家为承担各成员之间的关税减让作出努力。这轮谈判除在原 23 个缔约方之间进行,还与丹麦、多米尼加、芬兰、希腊、海地、意大利、利比里亚、尼加拉瓜、瑞典和乌拉圭 10 个国家进行了加入谈判。本轮谈判总计达成 147 项关税减让协议,关税水平平均降低 35%。

（三）第三轮多边贸易谈判

第三轮多边贸易谈判 1950 年 9 月至 1951 年 4 月在英国托奎举行。本轮谈判的一个重要议题是,讨论奥地利、联邦德国、韩国、秘鲁、菲律宾和土耳其的加入问题。缔约方增加后,所占贸易额超过当时世界贸易总额的 80%。在关税减让方面,美国与英联邦国家(主要指英国、澳大利亚和新西兰)谈判进展缓慢。后者不愿在美国未作出对等减让条件下,放弃彼此间的贸易优惠,因此未能达成关税减让协议。本轮谈判共达成 150 项关税减让协议,关税水平平均降低 26%。

（四）第四轮多边贸易谈判

第四轮多边贸易谈判 1956 年 1～5 月在瑞士日内瓦举行。美国国会认为,前几轮谈判,美国的关税减让幅度明显高于其他缔约方,故对美国政府代表团的谈判权限进行了限制。本轮谈判,美国对进口只给予了 9 亿美元的关税减让,而其所享受的关税减让约 4 亿美元。英国的关税减让幅度较大。本轮谈判使关税水平平均降低 15%。

（五）第五轮多边贸易谈判

第五轮多边贸易谈判 1960 年 9 月至 1962 年 7 月在日内瓦举行,共有 45 个参加方。这轮谈判由美国副国务卿道格拉斯·狄龙倡议,被称为"狄龙回合"。谈判分两个阶段:前一阶段是 1960 年 9～12 月,着重就欧洲共同体建立所引出的关税同盟等问题,与有关缔约方进行谈判。后一阶段于 1961 年 1 月开始,就缔约方进一步减让关税进行谈判。本轮谈判使关税水平平均降低 20%,但农产品和一些敏感性商品被排除在协议之外。欧洲共同体六国统一对外关税也达成减让,关税水平平均降低 6.5%。

（六）第六轮多边贸易谈判

第六轮多边贸易谈判 1964 年 5 月至 1967 年 6 月日内瓦举行,共有 54 个缔约方参加。这轮谈判因美国总统肯尼迪倡议,又称"肯尼迪回合"。本轮谈判使关税水平平均降低 35%。

本轮谈判首次涉及非关税壁垒。GATT 第六条规定了倾销的定义、征收反倾销税的条件和幅度。但各缔约方为保护本国产业,滥用反倾销措施的情况时有发生。本轮谈判中,美国、英国、日本等21个缔约方签署了第一个实施关税与贸易总协定第六条有关反倾销的协议,该协议于1968年7月1日生效。

为使发展中国家承担与其经济发展水平相适应的义务,在这轮谈判期间,GATT中新增"贸易与发展"条款,规定了对发展中缔约方的特殊优惠待遇,明确发达缔约方不应期望发展中缔约方作出对等的减让承诺。

本轮谈判还吸收波兰参加,开创了"中央计划经济国家"参加GATT的先例。

(七)第七轮多边贸易谈判

第七轮多边贸易谈判1973年9月至1979年4月在日内瓦举行。因发动本轮谈判的贸易部长会议在日本东京举行,故称"东京回合"。又因本轮谈判由美国总统尼克松倡议,也称"尼克松回合",本轮共有73个缔约方和29个非缔约方参加了谈判。

本轮谈判成果较多。

(1)开始实行按既定公式削减关税,关税越高减让幅度越大。从1980年起的8年内,关税削减幅度为33%,减税范围除工业品外,还包括部分农产品。这轮谈判最终关税减让和约束涉及3000多亿美元贸易额。

(2)产生了只对签字方生效的一系列非关税措施协议。其中包括补贴与反补贴措施、技术性贸易壁垒、进口许可程序、政府采购、海关估价、反倾销、牛肉、国际奶制品、民用航空器贸易等。通常被称为《东京回合守则》。

(3)通过了对发展中缔约方的授权条款,允许发达缔约方给予发展中缔约方普遍优惠制待遇,发展中缔约方可以在实施非关税措施协议方面享有差别和优惠待遇,发展中缔约方之间可以签订区域性或全球性贸易协议,相互减免关税,减少或取消非关税措施,而不必给予非协议参加方这种待遇。

关税与贸易总协定前七轮关税减让谈判总结,见表2-1。

表2-1 关税与贸易总协定前七轮关税谈判情况

谈判回合	谈判时间	谈判地点	参加方/个	关税减让幅度/%	影响贸易额/亿美元
第一轮	1947年4～10月	瑞士日内瓦	23	35	100
第二轮	1949年4～10月	法国安纳西	33	35	—
第三轮	1950年9月至1951年4月	英国托奎	39	26	—
第四轮	1956年1～5月	瑞士日内瓦	28	15	25
第五轮	1960年9月至1962年7月	瑞士日内瓦	45	20	45
第六轮	1964年5月至1967年6月	瑞士日内瓦	54	35	400
第七轮	1973年9月至1979年4月	瑞士日内瓦	102	33	3 000

资料来源:WTO秘书处。

第二节　乌拉圭回合与 WTO 的建立

一、乌拉圭回合

乌拉圭回合(Uruguay Round)是第八轮多边贸易谈判的别名。因发动这轮谈判的贸易部长级会议在乌拉圭埃斯特角城举行,故称乌拉圭回合。从 1986 年 9 月开始启动,到 1994 年 4 月结束。参加这轮谈判的国家,由最初的 103 个增加到 1993 年年底的 117 个。本轮谈判成果众多,最突出的成果是达成建立世界贸易组织的协定。

(一)乌拉圭回合背景、目标和主要议题

进入 20 世纪 80 年代,以政府补贴、双边数量限制、市场瓜分等非关税措施为特征的贸易保护主义重新抬头。为了遏制贸易保护主义,避免全面的贸易战发生,需要建立一个更加开放、持久的多边贸易体制。美国、欧洲共同体、日本等共同倡导发起了这轮多边贸易谈判。1986 年 9 月,各缔约方和一些观察员的贸易部长们在乌拉圭埃斯特角城,经过激烈争论,最终同意启动这轮谈判。

乌拉圭回合有四个主要目标:①通过减少或取消关税、数量限制和其他非关税措施,改善市场准入条件,进一步扩大世界贸易;②完善多边贸易体制,将更大范围的世界贸易置于统一的、有效的多边规则之下;③强化多边贸易体制对国际经济环境变化的适应能力;④促进国际合作,增强 GATT 同有关国际组织的联系,加强贸易政策和其他经济政策之间的协调。

乌拉圭回合的谈判内容包括传统议题和新议题。传统议题涉及关税、非关税措施、热带产品、自然资源产品、纺织品服装、农产品、保障条款、补贴和反补贴措施、争端解决等。新议题涉及与贸易有关的投资措施、服务贸易和与贸易有关的知识产权等。

(二)乌拉圭回合主要成果

1. 货物贸易

1) 关税减让

发达成员承诺总体关税削减幅度在 37% 左右,对工业品的关税削减幅度达 40%,加权平均税率从 6.3% 降至 3.8%。发达成员承诺关税减让的税号占其全部税号的 93%,涉及约 84% 的贸易额。其中,承诺减让到零关税的税号占全部关税税号的比例,由乌拉圭回合前的 21% 提高到 32%,涉及的贸易额从 20% 上升至 44%;税率在 15% 以上的高峰税率占全部关税税号的比例,由 23% 下降为 12%,涉及贸易额约 5%,主要是纺织品和鞋类等。从关税约

束范围看，发达成员承诺关税约束的税号占其全部税号的比例，由 78％提升到 99％，涉及的贸易额由 94％增加为 99％。

发展中成员承诺总体关税削减幅度在 24％左右。工业品的关税削减水平低于发达成员，加权平均税率由 20.5％降至 14.4％；约束关税税号比例由 21％上升为 73％，涉及的贸易额由 13％提高到 61％。乌拉圭回合后，大部分发展中成员扩大了约束关税的范围，如印度、韩国、印度尼西亚、马来西亚、泰国等约束关税的比例在 90％左右。

关于削减关税的实施期，工业品从 1995 年 1 月 1 日起 5 年内结束，减让表中另有规定的除外。无论发达成员还是发展中成员，均全面约束了农产品关税，并承诺进一步减让。农产品关税削减从 1995 年 1 月 1 日开始，发达成员的实施期为 6 年，发展中成员的实施期一般为 10 年，也有部分发展中成员承诺 6 年的实施期。

2）规则制定

第一组是《1994 年关税与贸易总协定》（简称 GATT 1994），它包括 GATT 1947 的各项实体条款，1995 年 1 月 1 日以前根据 GATT 1947 作出的有关豁免、加入等决定，乌拉圭回合中就有关条款达成的 6 个谅解，以及《1994 年关税与贸易总协定马拉喀什议定书》。

第二组是两项具体部门协议，即《农业协议》和《纺织品与服装协议》。

第三组包括《技术性贸易壁垒协议》《海关估价协议》《装运前检验协议》《原产地规则协议》《进口许可程序协议》《实施卫生与植物卫生措施协议》《与贸易有关的投资措施协议》7 项协议。

第四组包括《保障措施协议》《反倾销协议》《补贴与反补贴措施协议》3 项贸易救济措施协议。

2. 服务贸易

乌拉圭回合之前，关税与贸易总协定谈判只涉及货物贸易领域。随着服务贸易不断扩大，服务贸易在国际贸易中的重要性日益增强，而许多国家在服务贸易领域采取了不少保护措施，明显制约了国际服务贸易的发展。为推动服务贸易的自由化，发达国家提出，将服务业市场准入问题作为谈判重点，发展中国家有所顾虑，不愿列入。经过讨价还价，做出妥协，列入谈判议题，最终达成《服务贸易总协定》，并于 1995 年 1 月 1 日正式生效。

《服务贸易总协定》将服务贸易分为跨境交付、境外消费、商业存在（跨境设立商业或专业机构）、自然人流动四种形式。《服务贸易总协定》包括最惠国待遇、透明度原则、发展中国家更多的参与、国际收支限制、一般例外、安全例外、市场准入、国民待遇、逐步自由化承诺等主要内容。《服务贸易总协定》还承认发达成员和发展中成员之间服务业发展水平的差距，允许发展中成员在开放服务业方面享有更多的灵活性。

3. 与贸易有关的知识产权

知识产权是一种无形资产，包括专利权、商标权、版权和商业秘密等。随着世界经济的发展、国际贸易范围的不断扩大以及技术开发的突飞猛进，知识产权与国际经济贸易的关系日益密切,但已有的国际知识产权保护制度缺乏强制性和争端解决机制,对知识产权未能实行有效保护。在发达国家强烈要求下,将与贸易有关的知识产权纳入了乌拉圭回合的谈判之中。

乌拉圭回合达成了《与贸易有关的知识产权协定》。该协定明确了知识产权国际法律保护的目标;扩大知识产权保护范围,加强相关的保护措施,强化了对仿冒和盗版的防止与处罚;强调限制垄断和防止不正当竞争行为,减少对国际贸易的扭曲和阻碍;做出了对发展中国家提供特殊待遇的过渡期安排;规定了与贸易有关的知识产权机构的职责,以及与其他国际知识产权组织之间的合作事宜。《与贸易有关的知识产权协定》是乌拉圭回合一揽子成果的重要组成部分,所有世贸组织成员都受其规则的约束。

4. 完善和加强多边贸易体制

根据多边贸易体制强化需要,本轮谈判突破原有谈判议题达成《马拉喀什建立世界贸易组织协定》(*Marrakesh Agreement Establishing the World Trade Organization*),简称《建立 WTO 协定》,以 WTO 取代 GATT,完善和加强了多边贸易体制。它成为乌拉圭回合最突出的成就。

二、WTO 的建立

(一)建立 WTO 的背景

乌拉圭回合启动时,谈判议题没有涉及建立世界贸易组织问题,只设立了一个关于完善关税与贸易总协定体制职能的谈判小组。在新议题的谈判中,涉及服务贸易和与贸易有关的知识产权等非货物贸易问题。这些重大议题的谈判成果,很难在 GATT 的框架内付诸实施,创立一个正式的国际贸易组织的必要性日益凸显。为此,欧洲共同体于 1990 年初首先提出建立一个多边贸易组织的倡议,得到美国、加拿大等国的支持。

1990 年 12 月,布鲁塞尔贸易部长会议同意就建立多边贸易组织进行协商。经过 1 年的紧张谈判,1991 年 12 月形成了一份关于建立多边贸易组织协定的草案。时任关税与贸易总协定总干事阿瑟·邓克尔(Arthur Dunkel)将该草案和其他议题的案文汇总,形成《邓克尔最后案文(草案)》,成为进一步谈判的基础。1993 年 12 月,根据美国的动议,把"多边贸易组织"改为"世界贸易组织"。

1994 年 4 月 15 日,乌拉圭回合参加方在摩洛哥马拉喀什通过了《马拉喀什建立世界贸易组织协定》。

(二)《建立 WTO 协定》的构成

《建立 WTO 协定》由案文 16 条和 4 个附件组成。案文就 WTO 的结构、决策过程、成员资格、接受、加入和生效等程序性问题作了原则性规定。有关协调多边贸易关系和解决贸易争端以及规范国际贸易竞争规则的实质性规定涵容在 4 个附件中。附件 1 由 3 个次附件构成,即附件 1A《货物多边贸易协定》,其中包括 13 个协定与协议:GATT 1994,《农业协议》《实施卫生与植物卫生措施协议》《纺织品与服装协议》《技术性贸易壁垒协议》《与贸易有关的投资措施协议》《关于实施 1994 年 GATT 第 6 条的协议》《关于实施 1994 年 GATT 第 7 条的协议》《装运前检验协议》《原产地规则协议》《进口许可程序协议》《补贴与反补贴措施协议》《保障措施协议》。附件 1B《服务贸易总协定》。附件 1C《与贸易有关的知识产权协定》。附件 2《关于争端解决规则与程序的谅解》。附件 3《贸易政策审议机制》。附件 4 诸边贸易协议,其中包括《民用航空器贸易协议》《政府采购协议》《国际奶制品协议》《国际牛肉协议》。此外,还有部长决定与宣言等。

(三) WTO 与 GATT 关系

1. 继承

二者具有内在的历史继承性。前者继承了后者的核心与精华,包括宗旨、职能、基本原则及规则等。后者是 WTO 负责实施管理的 GATT 1994 的基础,是规范各成员间货物贸易关系的准则。

2. 升华

(1) 组织性质提升。GATT 以"临时适用"的性质存在,不具有法人地位;WTO 是具有法人地位的国际组织。

(2) 管辖范围扩大。GATT 只处理货物贸易问题;WTO 不仅要处理货物贸易问题,还要处理服务贸易和与贸易有关的知识产权问题,其协调与监督的范围远远超过 GATT。

(3) 争端解决强化。GATT 的争端解决机制,遵循协商一致的原则,对争端解决没有规定时间表;WTO 的争端解决机制,采用反向协商一致的原则,明确争端解决和裁决实施的时间表,裁决具有有效的执行力。

3. 转化

GATT 1947 转化为 GATT 1994,成为世贸组织负责实施管理的多边货物贸易协定,不再具有"准国际贸易组织"的性质,不再是多边贸易体制的组织和法律基础。

第三节　以 WTO 为基础的多边贸易体制特点

一、多边贸易体制的含义

多边贸易体制(Multilateral Trade System)是"为各国相互处理贸易关系时必须遵守的

一系列国际规则的集合"。①多边贸易体系建立于 20 世纪 40 年代,其组织基础和法律基础是 GATT;1995 年 1 月 1 日 WTO 建立,取代 GATT,成为新多边贸易体制的组织基础和法律基础。

二、以 WTO 为基础的多边贸易体制的特点

(一) WTO 多边贸易体制更为完整

1. WTO 历史使命更高

GATT 未明确提出建立多边贸易体制的目标。而 WTO 则把建立新的多边贸易体制作为它的主要目标。《建立 WTO 协定》在序言中指出,WTO 就是"决定建立一个完整的、更可行的和持久的多边贸易体制,以包含 GATT,以往贸易自由化努力的结果以及乌拉圭回合谈判的全部成果"。②《1994 年 4 月 15 日马拉喀什宣言》进一步指出:"世贸组织的建立开创了全球经济合作的新纪元,反映了各国为其人民的利益和幸福而在更加公平和开放的多边贸易体制中运作的普遍愿望。"

2. 法律地位更高

GATT 只是临时性生效的多边贸易协定,没有经过缔约方立法机构法律批准,没有组织创立的规定。而 WTO 是国际法人,是个永久性的国际组织,可订立一个总部协定。

3. 组织结构健全

GATT 只有一个缔约方会议和秘书处。而 WTO 相当健全,最高权力机构是部长级会议,就 WTO 决策作出决定;下有总理事会,在部长级会议休会期间,代表部长级会议行使职能,还有处理解决争端的机构和贸易政策审议机构;下设立货物贸易理事会、服务贸易理事会和与贸易有关的知识产权理事会,履行各自协定和总理事会制定的职能;各理事会可设立附属机构。日常工作由总干事领导的秘书处负责,总干事由部长级会议任命。WTO 的职能明确。《建立 WTO 协定》规定它有五大职能:应便利建立 WTO 协定和多边贸易协定的实施、管理和运用,并促进其目标的实现,还应为诸边贸易协定提供实施、管理和运用的体制;为 WTO 成员就多边贸易关系进行的谈判和进一步的谈判提供场所,并提供落实此类谈判结果的体制;管理《争端解决谅解》;管理《贸易政策审议机制》;酌情与国际货币基金组织和国际复兴开发银行及其附属机构进行合作。

4. 管理覆盖面大

GATT 只涉及货物贸易。前 5 个回合谈判均以关税减让谈判为主,第 6 回合和第 7 回

---

① 联合国贸易与发展会议/世界贸易组织国际贸易中心、英联邦秘书处:《WTO 企业指南》(*Business Guide to the World Trading System*),1 页,北京,企业管理出版社,2001。

② 对外贸易经济合作部国际经贸关系司:《世贸组织乌拉圭回合多边贸易谈判结果法律文本》,4 页,北京,法律出版社,2000。

合在关税谈判的基础上，开始加入非关税壁垒。而 WTO 负责实施管理的贸易规则从货物的关税和非关税壁垒延伸到服务贸易、知识产权和投资领域。

5. 约束力更强

WTO 成员必须全部接受 WTO 负责实施管理的多边贸易协定与协议。而且，强调 WTO 成员国内相关政策法规要与它们保持一致。《建立 WTO 协定》第 16 条规定，WTO "每一成员应保证其法律、法规和行政程序与所附各协定对其规定的义务相一致"。"不得对本协定的任何条款提出保留。"①

6. 成员广泛

WTO 成员包括国家和单独关税区。参加 WTO 成员资格既有国家，也包括单独关税区。《建立 WTO 协定》第 12 条明确规定："任何国家或在处理对外贸易关系及在本协定和在多边贸易协定规定的其他事项方面拥有完全自主权的单独关税区，可按它与 WTO 议定的条件加入本协定。"②

（二）WTO 多边贸易体制具有更强的可行性

1. 目标与实现途径全面深刻

GATT 的宗旨是："提高生活水平、保证充分就业、保证实际收入和有效需求的大幅度稳定增长、实现世界资源的充分利用以及扩大货物的生产和交换。"实现目标的途径是"通过达成互惠互利安排，实质性削减关税和其他贸易壁垒，消除国际贸易中的歧视待遇"。③ 对发展中国家的关心与待遇只字未提，1965 年后才把有关内容通过第 36 条到第 38 条加进协定。

WTO 提出的多边贸易体制宗旨更高并具有可行性。《建立 WTO 协定》序言明确指出，WTO 成员在处理相互之间的贸易和经济领域的关系时，"应以提高生活水平、保证充分就业、保证实际收入和有效需求的大幅度增长以及扩大货物和服务的生产和贸易为目的，同时应依照可持续发展的目标，考虑对世界资源的最佳利用，寻求既保护和维护环境，又以与它们各自在不同经济发展水平的需要和关注相一致的方式，加强为此采取的措施，进一步认识到需要作出积极努力，以保证发展中国家特别是其中的最不发达国家，在国际贸易增长中获得与其积极发展需要相当的份额，期望通过达成互惠互利安排，实质性削减关税和其他贸易壁垒，消除国际贸易关系中的歧视待遇，从而为实现这些目标作出贡献，因此决定建立一个完整的、更可行和持久的多边贸易体制，以包含 GATT，以往贸易自由化努力的结果以及

---

① 对外贸易经济合作部国际经贸关系司：《世贸组织乌拉圭回合多边贸易谈判结果法律文本》，14 页，北京，法律出版社，2000。

② 对外贸易经济合作部国际经贸关系司：《世贸组织乌拉圭回合多边贸易谈判结果法律文本》，12 页，北京，法律出版社，2000。

③ 对外贸易经济合作部国际经贸关系司：《世贸组织乌拉圭回合多边贸易谈判结果法律文本》，424 页，北京，法律出版社，2000。

乌拉圭回合多边贸易体制的全部成果,决心维护多边贸易体制的基本原则,并促进该体制目标的实现"。①

2. 各方利益兼顾、权利义务整体平衡

以 WTO 为基础的多边贸易体制兼顾各方面的利益,求得整体的平衡。

(1)在 WTO 决策上,实行"协商一致"与投票决定相结合的办法。在 WTO 决策中,力求"协商一致",在 WTO 成员协商不能一致的情况下,诉诸表决;在表决时,WTO 成员各拥有一票表决权。

(2)贸易自由化与正当保护并存。WTO 在鼓励其成员在货物、服务自由化的同时,强调对知识产权的保护;允许 WTO 成员根据经济发展水平、产业竞争能力、人民身体健康和环保的需要对本身市场实施正当的保护。

(3)多边贸易体制与地区经济一体化并存。一方面 WTO 致力于建立"一个完整的、更可行的和持久的多边贸易体制",另一方面也允许经贸集团成员和区域经贸集团参加,其前提是不违背非歧视原则。

(4)履行义务与暂时中止义务相结合。WTO 要求 WTO 成员如实履行承诺的义务,但在履行义务过程中,如出现大量贸易逆差、国际收支赤字严重、产业受到严重伤害时,也可通过谈判,采取保障措施,暂时中止义务的履行。

(5)允许 WTO 自愿加入与自愿退出。

(6)允许 WTO 成员在开始时相互采取"互不适用"办法,保留本身的意见。

(三)WTO 多边贸易体制更能持久

1. 体制基础比较牢固

WTO 具有如下地位性能:①WTO 具有国际法人资格,每个成员均应给予 WTO 履行其职能所必需的法定资格;②WTO 每个成员均应给予 WTO 履行其职能所必需的特权和豁免;③WTO 每个成员应同样给予 WTO 官员和各成员代表独立履行与 WTO 有关职能所必需的特权和豁免;④WTO 每个成员给予 WTO、其官员及其成员的代表的特权和豁免应与 1947 年 11 月 21 日联合国大会批准的《专门机构特权及豁免权公约》所规定的相似的特权和豁免;⑤WTO 可订立总部协定。②

2. 争端解决能力强而有力

1947 年 GATT 争端解决机制存在许多缺陷:①完成争端解决程序时间过长,一些案件久拖不决。②争端解决程序进行上障碍过多。由于采取"一致同意原则",败诉方可以阻止

---

① 对外贸易经济合作部国际经贸关系司:《世贸组织乌拉圭回合多边贸易谈判结果法律文本》,4 页,北京,法律出版社,2000。

② 对外贸易经济合作部国际经贸关系司:《世贸组织乌拉圭回合多边贸易谈判结果法律文本》,8 页,北京,法律出版社,2000。

专家小组报告的通过,使争端解决程序不通畅。③争端解决适用的规则不统一。④争端解决局限于货物贸易领域,且又把纺织品和农产品排除在外。⑤未设置强有力的争端裁决执行机构。专家组的报告通过后,没有强制执行的效力。

WTO对上述贸易争端解决机制的缺陷进行改革:①设立了争端解决机构,隶属 WTO 总理事会,负责整个争端解决的事宜。②建立统一的争端解决程序,且覆盖 WTO 负责实施管理的所有多边和诸边的贸易协定。③引入自动程序。WTO 争端解决机制对争端解决的各个阶段都确定了具体的工作时间。④增设上诉机构和程序。任一当事方均有上诉权,上诉机构可维持、修改或推翻专家组的结论。⑤加大了裁决的执行力度。⑥引入交叉报复的做法。⑦设立对最不发达成员的争端解决的特别程序。

《关于争端解决的规则与程序的谅解》(以下简称《谅解》)指出:"世贸组织的争端解决制度是保障多边贸易体制的可靠性和可预见性的核心因素。"

WTO成员承诺,不应采取单边行动以对抗其发现的违反贸易规则的事件,而应在多边争端解决制度下寻求救济,并遵守其规则与裁决。

WTO总理事会作为争端解决机构召集会议,以处理根据乌拉圭回合最后文件中的任何协议提起的争端。这样,争端解决机构具有独断的权力以建立专家小组,通过专家小组作出上诉报告,保持对裁决和建议的执行的监督,在建议得不到执行时授权采取报复措施。

《谅解》强调,争端的迅速解决对于 WTO 有效的运作是基本的要求。因此,它非常详细地规定了解决争端所应遵循的程序和时间表。

WTO争端解决机制的目的在于"为争端寻求积极的解决办法"。因此,对于成员之间的问题,它鼓励寻求与世贸组织规定相一致的、各方均可接受的解决办法。通过有关的政府之间的双边磋商,找到解决办法。因此,争端解决的第一阶段要求进行这样的磋商。如果磋商失败了,并经双方同意,在这个阶段的案件可以提交 WTO 的争端解决机构。

3. 监督能力高于原多边贸易体制

除去争端解决机制,WTO 还对成员贸易政策进行定期审议。其目的有二:首先,了解成员在多大程度上遵守和实施多边协议(在可能的情况下,包括诸边协议)的纪律和承诺。通过定期审议,确保其规则的实施,以避免贸易摩擦;其次,提供更大的透明度,更好地了解成员的贸易政策和实践。

贸易政策审议的频率取决于各成员在世界贸易中所占的份额。最大的四方每 2 年审议一次,接下来的 16 个成员每 4 年审议一次,其余成员每 6 年审议一次,最不发达成员审议间隔期限更长。

提供成为审议的文件包括两份,一份是接受审议的成员准备的全面报告;另一份由秘书处准备的报告,包括有关成员提供的情况及其他通过访问该成员得到的有关情况。

总理事会承担贸易政策审议机构工作。审议结束后,公布成员报告、秘书处准备的报告以及讨论的记录。

（四）WTO 多边贸易体制影响力更大

（1）WTO 与有关成员的政府和国际组织合作，提高新世界贸易体制的决策力和影响力。

WTO 总理事会"应就与职责上同世贸组织有关的政府间组织进行有效合作"，"可就与涉及世贸组织有关事项的非政府组织进行磋商和合作"。

WTO 与 IMF 和 IBRD 合作，以实现全球决策的更大的一致性。

（2）WTO 可以给成员带来十大利益：

有利与 WTO 成员之间的经贸合作；

WTO 运行是基于规则而非强权，有利于发展中成员免受歧视性待遇；

比较客观公正地解决 WTO 成员间的贸易争端，减少贸易战；

有利于 WTO 成员比较优势的发挥，使资源得到合理配置；

有利于知识产权的保护和科技成果的传播；

有利于 WTO 成员间展开"开放、公平和无扭曲竞争"，提高经济效率；

有利于 WTO 成员实际收入的提高，使需求变成有效需求；

有助于 WTO 消费者多样化需求的实现；

有利于 WTO 成员参与经济全球化；

有利于 WTO 成员政府管理水平的提高。

本章小结

1. WTO 建立前，GATT 是协调、处理缔约方之间关税与贸易政策的主要多边协定。其宗旨是，通过彼此削减关税及其他贸易壁垒，消除国际贸易上的歧视待遇，以充分利用世界资源，扩大商品生产和交换，保证充分就业，增加实际收入和有效需求，提高生活水平。因国际贸易组织未能建立，GATT 于 1948 年临时生效后，肩负该组织的某些职能，具有准国际贸易组织性质，成为多边贸易体制的组织和法律基础。在其主持下，在 WTO 建立前，进行了八轮多边贸易谈判。除了轮次，这些多边贸易谈判有的是以谈判倡导者和发起地名命名。

2. 乌拉圭回合是 GATT 主持下的第八轮多边贸易谈判，历经 8 年，取得一系列重大成果。如进一步降低关税，达成内容更广泛的货物贸易市场开放协议，改善了市场准入条件；就服务贸易和与贸易有关的知识产权达成协议；在农产品和纺织品服装贸易方面加强了多边纪律约束等。最重要的成果是达成《建立 WTO 协定》，1995 年建立 WTO，取代 GATT，具有国际法人资格。

3. WTO 与 GATT 具有双重关系：①WTO 继承了 GATT 的合理内核和成果。②WTO 升华了 GATT，使其"准国际贸易组织"成为名副其实的国际组织；扩展了宗旨，提

出建立和维护多边贸易体制的目标,称谓出现质的变化。③GATT 1947 转化为 GATT 1994,成为世贸组织负责实施管理的多边货物贸易协定。

4. 多边贸易体制是"为各国相互处理贸易关系时必须遵守的一系列国际规则的集合"。以 WTO 为基础的多边贸易体制更为完整,具有可行性,更能持久,其影响力、权威性高于和强于 GATT 为基础的多边贸易体制。

5. 以 WTO 为基础的多边贸易体制将给 WTO 成员带来十大利益。

▥ 重要概念

《1947 年关贸总协定》(General Agreement on Tariffs and Trade 1947,GATT 1947)

乌拉圭回合(Uruguay Round)

《马拉喀什建立世界贸易组织协定》(Marrakesh Agreement Establishing the World Trade Organization)(简称《建立 WTO 协定》)

世界贸易组织(World Trade Organization,WTO)

多边贸易体制(Multilateral Trade System)

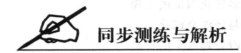 同步测练与解析

1. GATT 为何成为准国际贸易组织?

【解析】 在联合国贸易与就业会议期间,美国联合英国、法国、比利时、荷兰、卢森堡、澳大利亚和加拿大,于 1947 年 11 月 15 日签署了《关税与贸易总协定临时适用议定书》,同意从 1948 年 1 月 1 日起实施关税与贸易总协定的条款。因国际贸易组织未能成立,故一直临时生效,肩负国际贸易组织的某些职能,成为准国际贸易组织。

2. GATT 前七次回合谈判取得什么成果?

【解析】 1947 年 4～10 月第一轮多边贸易谈判最重要的成果是下调关税。

1949 年 4～10 月第二轮多边贸易谈判的成果是达成 147 项关税减让协议,关税水平平均降低 35%。

1950 年 9 月至 1951 年 4 月第三轮多边贸易谈判的成果是达成 150 项关税减让协议,关税水平平均降低 26%。

1956 年 1～5 月第四轮多边贸易谈判未取得成果。

1960 年 9 月至 1962 年 7 月第五轮多边贸易谈判使关税水平平均降低 20%。

1964 年 5 月至 1967 年 6 月第六轮多边贸易谈判使关税水平平均降低 35%,首次涉及

非关税壁垒。

1973 年 9 月至 1979 年 4 月第七轮多边贸易谈判成果众多：①开始实行按既定公式削减关税,关税越高减让幅度越大；②产生了只对签字方生效的一系列非关税措施协议；③通过了对发展中缔约方的授权条款,允许发达缔约方给予发展中缔约方普遍优惠制待遇。

3. 乌拉圭回合启动的背景是什么？

【解析】　为了遏制贸易保护主义,避免全面贸易战发生,力争建立一个更加开放、持久的多边贸易体制,美国、欧洲共同体、日本等共同倡导了这轮多边贸易谈判。

4. GATT 与 WTO 有何不同？

【解析】　①机构性质,前者以"临时适用"的多边贸易协议形式存在,不具有法人地位；后者是一个具有法人地位的国际组织。②管辖范围,前者只处理货物贸易领域问题；后者不仅要处理货物贸易领域问题,还要处理服务贸易和与贸易有关的知识产权领域问题。③争端解决,前者遵循协商一致的原则,对争端解决没有规定时间表,裁决执行力较差；WTO 采用反向协商一致的原则,同时明确争端解决和裁决实施的时间表,争端裁决实施更容易得到保证。

5. 以 WTO 为基础的多边贸易体制有何特点？

【解析】　多边贸易体制是"为各国相互处理贸易关系时必须遵守的一系列国际规则的集合"。以 WTO 为基础的多边贸易体制更为完整,具有更强的可行性,更能持久,影响力和权威性较大较强。

C 第三章

世界贸易组织的宗旨、法律地位与职能

学习目标

通过本章学习，系统掌握《建立 WTO 协定》所确立的 WTO 的宗旨、法律地位、具体职能和组织机构。

重点难点提示

- WTO 的宗旨；
- WTO 的法律地位；
- WTO 的职能；
- WTO 的组织结构。

第一节 WTO 的宗旨

《建立 WTO 协定》的前言集中表达了 WTO 的宗旨,包括以下五个方面。

一、提高生活水平,保证充分就业

《建立 WTO 协定》前言中强调成员方"认识到在处理它们在贸易和经济领域的关系时,应以提高生活水平、保证充分就业、保证实际收入和有效需求的大幅稳定增长……为目的"。在经济全球化深化发展的趋势下,WTO 继续将提高生活水平、保证充分就业作为重要的目标,是符合 WTO 存在和发展基础的。WTO 致力于推动国际经济贸易的发展,终极目的是提高人民的生活水平,符合各国经济发展所追求的利益,能为各成员所接受。

这一宗旨使 WTO 在协调、管理和治理世界经济的发展中,日益发挥重要的作用,保证 WTO 成员通过多边贸易体制实现提高生活水平和保证就业的愿望。

二、扩大货物、服务的生产和贸易

20 世纪,货物贸易是全球国际贸易最重要的内容,是带动全球经济发展的"引擎"。在经济全球化深入发展的大潮下,服务贸易已逐渐成为国际贸易的重要组成部分。WTO 建立前,全球服务贸易的增长率平均每年为 11%,超过同期货物贸易每年 8% 的增长速度。有鉴于此,WTO 成员方"认识到服务贸易对世界经济增长和发展具有日益增长的重要性",重视服务贸易的发展,从而极大地扩展了国际贸易的内涵,有利于服务贸易的进一步发展。

在 WTO 负责实施和管理的《服务贸易总协定》中,对服务贸易的市场准入等一系列问题作出了明确的规范,使多边贸易体制内涵领域扩大,为全球服务贸易的发展提供了新的平台。

三、坚持走可持续发展之路

可持续发展(Sustainable development)是联合国提出的发展观念,强调对世界资源必须合理利用(optimal use),而不是充分利用(full use),要切实保护自然环境,才能既避免造成资源浪费,影响国际贸易的发展,又防止资源的过度利用,造成资源枯竭,以致危及人类的生存。从 GATT 对世界资源的充分利用,演变为 WTO 对世界资源的合理利用,反映 WTO 寻求人类对资源利用质量的提高,而非对资源利用量的扩大[1]。

---

① 曹建明、贺小勇:《世界贸易组织》,318 页,北京,法律出版社,1999。

《建立 WTO 协定》旗帜鲜明地将可持续发展写入前言，并成为一个重要的宗旨，这是对 GATT 宗旨的重大发展。在发展国际贸易的过程中牢记可持续发展的追求，是着眼于全球的长远利益和子孙后代的幸福，防止由于一味地追求某一时期生产与贸易的发展，而造成对环境的污染和生态的破坏，以致从根本上动摇国际贸易的根基，降低人类的生活水平。这一宗旨具有战略意义，对全球经济的稳定和繁荣具有重大而深远的意义。

四、保证发展中成员贸易和经济的发展

在 GATT 发展中，对包括最不发达国家在内的发展中缔约方的经贸发展逐步予以重视，1965 年后在 GATT 1947 加入第四部分"贸易与发展"的内容，通过 3 个条款促进发展中缔约方的贸易发展。第 36 条明确指出，"发展中缔约方和其他缔约方之间的生活水平有一个很大的差距"，"单独和联合行动对促进发展中的各缔约方的经济发展，并使这些国家的生活水平得到迅速提高是必要的"。

第 36 条还明确地作出向发展中缔约方实行政策倾斜的规定：

"有必要作出积极努力，以保证发展中的缔约方在国际贸易中能占有与它们经济发展需要相适应的份额"；

"对与发展中的缔约方目前或潜在的出口利益特别有关的某些加工品或制成品，要在有利条件下，尽最大可能增加其进入市场的机会"；

"减轻发展中的缔约方在发展经济中的负担"；

"发达的缔约方对它们在贸易谈判中对发展中的缔约方的贸易所承诺的减少或撤除关税和其他壁垒的义务，不能希望得到互惠"。

上述措施和规定在 WTO 中得到加强。在《建立 WTO 协定》的前言中申明，WTO 成员"进一步认识到需要作出积极努力，以保证发展中成员特别是其中的最不发达成员，在国际贸易增长中获得与其经济发展需要相当的份额"。在 WTO 负责实施管理的贸易协定与协议中都对发展中成员给予特殊和差别待遇，确认了发达国家必须承担的义务，有助于发展中成员方经济和贸易的发展。

五、建立更加完善的多边贸易体制

GATT 初步构建了多边贸易体制，但有缺点和不足，如农产品、纺织品贸易长期游离于多边贸易体制。《建立 WTO 协定》明确提出建立更加完善的多边贸易体制的一个目标，就是"决定建立一个完整的、更可行的和持久的多边贸易体制，以包含《关税与贸易总协定》、以往贸易自由化努力的结果以及乌拉圭回合多边贸易谈判的全部成果，决心维护多边贸易体制的基本原则，并促进该体制目标的实现"。上述目标不仅解决了长期存在的农产品和纺织品的游离问题，而且还扩大了协定的管辖领域，将有关的知识产权和投资等方面的内容都涵

盖其中,从而提高 WTO 的权威性和影响力。

第二节　WTO 的法律地位

一、GATT 不具备国际经济组织的法律人格

第二次世界大战后,以美国为首的有关国家曾设计成立国际货币基金组织(International Monetary Fund,IMF)、世界银行(World Bank,WB)和国际贸易组织(International Trade Organization,ITO),并将这三个机构作为国际经济秩序的三大支柱。1946 年 2 月,联合国经济及社会理事会成立了筹委会,着手筹建国际贸易组织。同年 10 月,筹委会成立了宪章起草委员会,对美国提出的《国际贸易组织宪章》草案(简称《ITO 宪章》)进行讨论。1947 年年初,根据《ITO 宪章》的贸易规则部分,宪章起草委员会完成了关税与贸易总协定条款的起草工作,并交同年 4 月在日内瓦召开的第二次筹委会讨论。会议期间,参加方就具体产品的关税减让进行了谈判,并于 1947 年 11 月 15 日签署了《关税与贸易总协定临时适用议定书》,同意从 1948 年 1 月 1 日起实施《关税与贸易总协定》的条款。后来由于美国国会的作梗,国际贸易组织未能成立,但《关贸总协定》却以临时适用的多边协定的形式存在下来。因此,它不是一个正式的国际组织,不具备国际经济组织的法律人格。

二、WTO 具备国际经济组织法律人格条件

(一)国际经济组织法律人格的确立

国际法院在关于"履行联合国职务中遭受损害之赔偿"的"咨询意见"中提出了国际组织具备法律人格的必要前提条件:

(1)为达到共同目标而设立的比协调各国行为的中心更高级的组织;

(2)建立本身的机构;

(3)具有特定的任务;

(4)独立于其成员,能表达其本身的意志。

确定某国际组织具有法律人格的主要结果是,该国际组织成为国际法主体,能独立行使国际权利和承担国际义务。国际组织具有法律人格,一般具体表现为具有缔约、取得和处置财产以及进行法律诉讼的能力,并享有特权和豁免权[1]。

---

[1]　陈安主编:《国际经济法学》,460～463 页,北京,北京大学出版社,2001。

（二）WTO 具备国际组织的法律人格的条件

按照《建立 WTO 协定》第 8 条的规定，WTO 明确具备其国际组织的法律人格条件。它表现在以下方面：

（1）WTO 具有法人资格，其成员应当赋予 WTO 在行使职能时必要的法定能力。这是 WTO 依据国际法采取行动、享有国际法规定的特权和豁免权的基础。这意味着 WTO 在国际上可以缔结条约、可以提起国际损害赔偿诉讼，可以享受特权及豁免权，可以在成员范围内订立契约、取得财产、处置财产和提起诉讼等。

（2）WTO 每个成员方向 WTO 提供其履行职责时所必需的特权与豁免权。

（3）WTO 官员和各成员方的代表在其独立执行与 WTO 相关的职能时，也享有每个成员提供的必要的特权与豁免权。

（4）每个成员方给予 WTO 官员、成员方代表的特权与豁免权，等同于联合国大会于 1947 年 11 月 21 日通过的《专门机构的特权及豁免权公约》所规定的特权与豁免权。因此，WTO 可以享有如下特权和豁免：任何形式的法律程序豁免，财产、金融及货币管制豁免，所有的直接税、关税豁免及公务用品和出版物的进出口限制豁免等。

（5）WTO 可以缔结总部协定，与其他国际组织进行较密切的协商和合作。WTO 总理事会要作出适当安排，与那些其职责与 WTO 之职责相关的其他政府间组织，如国际货币基金组织、海关合作理事会、世界知识产权组织等，进行有效的合作。同时，WTO 总理事会可以作出适当安排，与那些其所涉及的事项与 WTO 之事项相关的非政府组织进行协商和合作。

第三节 WTO 的职能

一、实施和管理协定与协议

WTO 首要的和最主要的职能是促进《建立 WTO 协定》及各项多边贸易协定的执行、管理、运作及目标的实现，同时对各诸边贸易协议的执行、管理和运作提供组织机制，即"便利本协定和多边贸易协定的履行、管理和运用，并促进其目标的实现"，以及"为诸边贸易协定提供实施、管理和运用的体制"[①]。

---

① 《建立 WTO 协定》第 3 条第 1 款。

二、提供多边贸易谈判场所

WTO为各成员方进行的多边贸易谈判提供场所。它包括两方面内容。

（1）各成员方就WTO负责实施与管理的协定与协议有关事项所进行的多边贸易关系谈判。

（2）各成员方就其多边贸易关系所进行的进一步谈判，并且按部长级会议可能作出的决定为这些谈判结果的执行提供组织机制[①]。

三、解决成员方之间的贸易争端

根据《建立WTO协定》附件2所列的安排，WTO负责管理实施乌拉圭回合达成的《关于争端解决的规则与程序的谅解》[②]，这是WTO关于争端解决的基本法律文件。各成员方之间如就《1994年关税与贸易总协定》《服务贸易总协定》以及《与贸易有关的知识产权协定》产生争端，经双方协商不能解决时应统一诉诸WTO争端解决机制。

例如中美钢铁案。2002年3月20日，美国实施进口钢铁保障措施调查案最终救济方案，即对钢坯、钢材等主要进口钢铁产品实施为期3年的关税配额限制或加征30%的关税，引起中国、日本、韩国和欧盟等成员的强烈反对。中国马上与美国在WTO保障措施项下进行磋商，未果。稍后，中国正式向美国提出要在WTO《关于争端解决的规则与程序的谅解》机制下进行磋商。这样，中美钢铁案便进入WTO争端解决程序。

WTO争端解决机制对所有WTO成员都提供了一种解决国际贸易争端的重要途径。争端解决机制的作用是双重的，既是一种保护成员方权益的手段，又是督促其履行应尽义务的工具。

四、审议各国的贸易政策

根据《建立WTO协定》附件3所列的安排，WTO审议各成员的贸易政策[③]。在《建立WTO协定》附件3中，确认世界上前4个贸易实体每2年审议一次，其后的16个贸易实体每4年审议一次，其他成员每6年审议一次，最不发达成员审议可以间隔更长的年限。

贸易政策审议机制的目的是使WTO成员的贸易政策和实际操作更加透明和更被了解，并使各成员更好地遵守多边贸易体制的原则和规则，以及他们对这一体制的承诺，从而使多边贸易体制能顺利运作。

---

① 《建立WTO协定》第3条第2款。

② 《建立WTO协定》第3条第3款。

③ 《建立WTO协定》第3条第4款。

五、与有关机构的合作

1994年马拉喀什部长级会议所作出的部长宣言，承认贸易自由化在实现全球经济决策更为一致性的方面所起的作用。为此，WTO负责与IMF、IBRD、联合国贸易与发展会议（UNCTAD）以及其他国际机构进行合作，以便进一步促进对全球统一的经济政策的规定。1996年12月9日，国际货币基金组织总裁米歇尔·康德苏（Michel Camdessus）与WTO时任总干事雷纳托·鲁杰罗（Renato Ruggiero）签订了《IMF与WTO合作协议》。协议规定，在制定全球经济政策时，为求得最大协调，WTO必须与IMF在货币储备、国际收支、外汇安排等方面进行全面的协调；WTO中涉及国际货币基金管辖范围的汇率事宜，必须与IMF协商；IMF所提供的管辖范围事宜，应当载入WTO议事录。1997年年初，鲁杰罗在华盛顿与世界银行（WB）行长詹姆斯·戴维·沃尔芬森（James David Wolfensohn）签订了《WB与WTO合作协议》。协议规定，促进WTO与WB和IMF之间的合作，使其在全球经济政策的制定上更趋协调；共享彼此的经济、社会数据，包括全球债务表，货物、服务市场准入承诺和减让表等；承担联合研究和技术合作，交换各自的报告及其他文件。

六、提供技术支持和培训

WTO对发展中成员，尤其是最不发达成员提供技术支持和培训。具体包括以下方面。

1. 技术援助

WTO与发展中国家的研究教育机构合作，开展有关WTO的教育培训，为发展中国家培养有关师资力量，通过互联网或电视开展远程教育等。

2. 培训

WTO在瑞士日内瓦历年均举办培训活动，包括例常举办的为期3个月的贸易政策培训班和其他短期培训课程。这些培训课程的对象主要是各国派驻WTO的外交官和发展中国家处理WTO事务的政府高级官员。

第四节　WTO的组织机构

根据《建立WTO协定》，WTO设置如下机构，并履行各自的职责。

一、部长级会议

部长级会议是WTO的最顶级决策机构，由WTO的所有成员组成，也是各成员方最重要的谈判场所。

根据《建立 WTO 协定》,部长级会议具有下述职能:

(1)部长级会议设立贸易与发展委员会、国际收支限制委员会,以及预算、财务和管理委员会。在适当情况下,"可设立具有其认为适当的职能的其他委员会"。①

(2)任命总干事并制定有关规则,确定总干事的权力、职责、任职条件和任期以及秘书处工作人员的职责及任职条件。

(3)对《建立 WTO 协定》及其附件作出解释和修改。

(4)豁免某成员方在特定情况下承担的义务,并对超过 1 年的豁免按规定进行审议,决定对豁免的延长、修改或终止。

(5)审议成员方提出的对《建立 WTO 协定》或多边贸易协定进行修改的动议。

(6)决定将某一贸易协定补充进诸边贸易协定或将其从该协定之中删除。

(7)决定加入 WTO 的国家或具有单独关税区地位的地区。

(8)审议互不适用多边贸易协定的执行情况并提出适当建议。

(9)决定《建立 WTO 协定》、多边贸易协定生效的日期以及这些协定在经过生效后 2 年可继续开放接受的决定。

根据《建立 WTO 协定》,部长级会议至少每 2 年举行一次,所有成员方的代表都有资格参加会议,"有权对多边贸易协议下的所有事项作出决定"。部长级会议应全权"履行 WTO 的职能,并为此采取必要的行动"②。到 2016 年年底,WTO 共召开过 10 届部长级会议,即新加坡第一届部长级会议(1996 年),日内瓦第二届部长级会议(1998 年),西雅图第三届部长级会议(1999 年)、多哈第四届部长级会议(2001 年)、坎昆第五届部长级会议(2003 年)、中国香港第六届部长级会议(2005 年),日内瓦第七届部长级会议(2009 年),日内瓦第八届部长级会议(2011 年),巴厘岛第九届部长级会议(2013 年),内罗毕第十届部长级会议(2015年),布宜诺斯艾利斯第十一届部长级会议(2017 年)。历次部长级会议简况见表3-1。

表 3-1　WTO 历届部长级大会

	时　间	地　点	主　要　成　果
第一届	1996.12.9～12.13	新加坡	• 通过新加坡部长宣言,包括评估 WTO 各项协定和协议的承诺执行情况;回顾谈判和工作框架;讨论世界贸易发展;解决世界经济面临的挑战 • 通过《信息技术产品贸易新加坡宣言》
第二届	1998.5.18～5.20	瑞士日内瓦	• 回顾多边贸易体制建立 50 周年 • 通过《全球电子商务宣言》
第三届	1999.11.30～12.3	美国西雅图	• 启动"千年回合"

---

① 《建立 WTO 协定》第 4 条第 7 款。
② 《建立 WTO 协定》第 4 条第 1 款。

	时　间	地　点	主　要　成　果
第四届	2001.11.9～11.13	卡塔尔多哈	• 通过《多哈部长宣言》，启动多哈回合谈判。 • 通过《TRIPS协定与公共健康宣言》《关于执行的事项和问题的决定》《补贴——第27条第4款程序的扩展》《关于欧盟共同农业政策伙伴协议的豁免》《关于欧盟香蕉进口的过渡性机制》 • 批准中国和中国台北加入WTO
第五届	2003.9.1～9.14	墨西哥坎昆	WTO成立后，首次有最不发达国家柬埔寨、尼泊尔加入
第六届	2005.12.13～12.18	中国香港	• 重申多哈部长会议的各项宣言和决定 • 重申多哈回合以"发展"为中心的各项议题和内容
第七届	2009.11.30～12.2	瑞士日内瓦	• 讨论WTO、多边贸易体制和全球经济环境等
第八届	2011.12.15～12.17	瑞士日内瓦	• 讨论多边贸易体制和WTO的重要性 • 讨论贸易和发展 • 讨论多哈回合议程
第九届	2013.12.3～12.6	印度尼西亚巴厘岛	• 通过《巴厘岛一揽子协定》，旨在贸易便利化，允许发展中成员有更多选择可以保证食品安全、振兴最不发达成员贸易、援助计划等 • 也门成为WTO成员
第十届	2015.12.15～12.18	肯尼亚内罗毕	• 通过《内罗毕一揽子协定》，包括关于农业（发展中成员特殊保障机制、保证粮食安全的公共储备、出口竞争）、棉花以及与最不发达国家有关的原产地规则、增强最不发达成员服务贸易竞争力和参与度的六项部长级宣言 • 通过《内罗毕部长宣言》，规划未来WTO的工作框架
第十一届	2017.12.10～12.13	阿根廷布宜诺斯艾利斯	达成了关于渔业补贴、电子商务工作计划、小经济体工作计划、知识产权非违反之诉和情景之诉、关于设立南苏丹加入工作组等一系列部长决定

资料来源：作者依据WTO官方网站资料整理。

二、总理事会（General Council）

总理事会由WTO全体成员的代表组成，在部长级会议休会期间行使部长理事会的职能。此外，依据《建立WTO协定》，它还有如下职能。

（1）酌情召开会议，履行《争端解决机制谅解》规定的争端解决机构的职责。为此，设立争端解决机构（Dispute Settlement Body），下设专家小组和上诉机构，负责处理成员方之间基于各有关协定、协议所产生的贸易争端。

（2）酌情召开会议，履行《贸易政策审议机制》中规定的贸易政策审议机构的职责。为此，设立了贸易政策审议机构(Trade Policy Review Body)，定期审议各成员方的贸易政策、法律与实践，并就此做出指导。

（3）设立货物贸易理事会、服务贸易理事会和与贸易有关的知识产权理事会，各理事会应根据总理事会的总体指导运作。

（4）听取贸易与发展委员会关于执行多边贸易协定中对最不发达成员的特殊规定，以采取适当的行动。

（5）了解诸边贸易协定执行机构的活动情况。

（6）与 WTO 工作有关的政府间组织和非政府间组织进行有效的协商与合作。

（7）批准 WTO 的年度预算和财务报告，批准有关成员方应缴纳之会费的财务规则。

总理事会可根据需要适时召开，通常每年召开 6 次左右。

三、贸易政策审议与争端解决机构

贸易政策审议与争端解决机构隶属部长级会议，与总理事会平行，为第二层机构。前者职责在于定期审议各成员的贸易政策、法律与各项具体措施是否与各项协定与协议符合。后者主要职责在于解决成员间的所有贸易争端。其下设有"争端解决专家小组"和"上诉机构"。

四、理事会及下属机构

理事会及下属机构为总理会的附属机构，设有三个理事会，负责监督三个不同领域谈判和协议的执行。它们在总理事会监督下运作。

（一）货物贸易理事会

货物贸易理事会(Council for Trade in Goods)涵盖了《建立 WTO 协定》附件 1A 所列的全部协定，主要负责监督 GATT 1994 及其附属的 12 个协议的执行。在该理事会之下，又分设 12 个委员会，主要有市场准入、农产品、动植物检疫、与贸易有关的投资措施、原产地、补贴与反补贴措施、海关估价、贸易技术壁垒、反倾销、进口许可、保障措施、纺织品监督等委员会，具体负责各专项协议的执行。

（二）服务贸易理事会

服务贸易理事会(Council for Trade in Services)主要负责管理监督《服务贸易总协定》的实施。在 WTO 建立初期，该理事会下设 5 个单位，分别是基础电信谈判小组、自然人流

动谈判小组、海运服务谈判小组、金融服务贸易委员会以及专业服务工作小组。1997 年，基础电信谈判和金融服务谈判结束，两个机构解散。

（三）与贸易有关的知识产权理事会

与贸易有关的知识产权理事会（Council on Trade-related Aspects of Intellectual Property Rights），主要负责管理、监督 WTO《与贸易有关的知识产权协定》的实施情况。

专门理事会根据不同的协议设立专门委员会，随着一些协议的失效，相应的委员会也会解散。如 2004 年年底，《纺织品与服装协议》完成 10 年过渡期并失效，相应地，纺织品监督机构也随之解散。

五、多边委员会及其附属机构

在部长级会议和总理事会下设立一些专门机构，在总理事会职掌下，处理相关的事物。它们分别是：贸易发展委员会，贸易与环境委员会，国际收支限制委员会，区域贸易协议委员会，预算、财务与行政委员会。

六、诸边委员会

在 WTO 建立初期，为监督四个诸边协议，委员会下设四个诸边协议理事会。它们分别是民用航空器贸易委员会、政府采购委员会、国际乳制品委员会和国际牛肉委员会。其职责由诸边协议赋予，在 WTO 体制下运作，定期向总理事会报告。随着部分协议的合并和失效，其相应的委员会也相继解散。1997 年后国际乳制品协议和国际牛肉协议并入农业协议，其理事会相应撤销。目前仍存在的诸边委员会只有民用航空器贸易委员会和政府采购委员会。

2016 年年底 WTO 组织结构如图 3-1 所示。

七、总干事与秘书处

总干事是 WTO 的最高行政长官，领导和任命秘书处工作人员。他通过竞选，由部长级会议任命，其权力、职责、服务条件和任期由部长级会议通过后确定。他是国际职员，履行职责时不能寻求或接受任何政府或 WTO 之外机构的指示。总干事任期为 4 年，可以连选连任。

到 2016 年，WTO 已有 6 任总干事。第一任总干事是来自北爱尔兰的彼得·萨瑟兰（Peter Sutherland，1993—1995），第二任是来自意大利的雷纳托·鲁杰罗（Renato Ruggiero，1995—1999），第三任是来自新西兰的麦克·穆尔（Mike Moore，1999—2002），第四任是来自泰国的素帕猜·帕尼奇帕克蒂（Supachai Panitchpakdi，2002—2005），第五任来

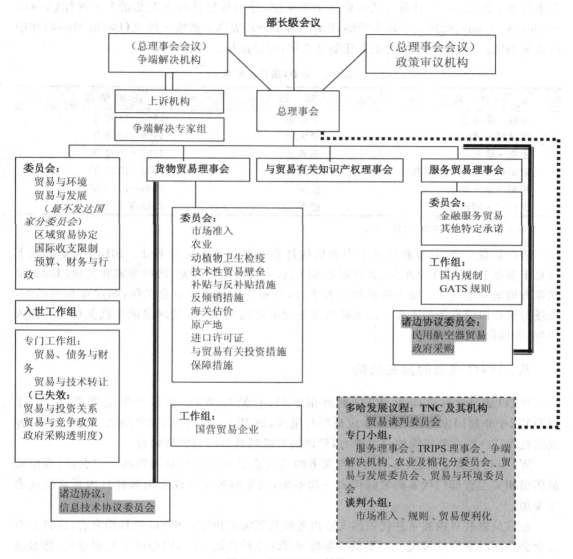

图 3-1　WTO 组织结构

—— 向总理事会(或其下属机构)报告　□向争端解决机构报告

•••••• 诸边贸易协议委员会将其活动通知总理事会或货物理事会(虽然只有部分 WTO 成员签署这些协议)

▬▬▬ 贸易谈判委员会向总理事会报告

资料来源：WTO 官方网站，http://www.wto.org/english/thewto_e/whatis_e/tif_e/org2_e.htm。

自法国的帕斯卡尔·拉米(Pascal Lamy,2005—2013)，第六任是来自巴西的罗伯托·卡瓦略·阿泽维多(Roberto Carvalho de Azevêdo,2013—)。根据需要,可设置副总干事辅助总干事行事。2013年10月新一任的副总干事4位,分别是尼日利亚人尤诺夫·阿加(Yonov Frederick Agah)、德国人卡尔布劳纳(Karl Brauner)、美国人戴维·沙克(David Shark)和中国人易小准。WTO总干事的正常任期是4年,可以连任。见表3-2。

表3-2　WTO历任总干事

姓　名	国　籍	任职年限
彼得·萨瑟兰	北爱尔兰	1993—1995年
雷纳托·鲁杰罗	意大利	1995—1999年
麦克·穆尔	新西兰	1999—2002年
素帕猜·帕尼奇帕克蒂	泰国	2002—2005年
帕斯卡尔·拉米	法国	2005—2013年
罗伯托·阿泽维多	巴西	2013年至今

资料来源:作者依据WTO材料归纳。

进行信息沟通、分析和指导工作的机构是总干事领导下的秘书处。2015年,秘书处下设总干事办公室等21个单位,共有职员647名,主要以经济学家、法律专家和其他国际贸易政策方面的专家为主。秘书处还设立若干处,负责支援相关委员会工作,如农业和商品处,支援与农业协议有关的工作。加入处协助处理申请加入WTO的国家或单独关税区的加入谈判,为他们提供咨询等。

八、WTO成员的常驻机构

WTO成员常驻机构为WTO的外围组织,它们对WTO决策产生重要影响。由于WTO属于非超国家组织,是由各成员平行组成,而WTO机制多采用"协商一致",因此,各成员驻WTO的常驻机构的公关能力,对该决策机制具有相当的影响力。

WTO讨论特定议题、影响权利与义务的重大会议和多边贸易谈判的正式会议,多由成员派出相关主管部门代表同常驻代表一起参加,而平时各项会议多由派驻日内瓦常驻代表团参加。

各成员派驻日内瓦常驻代表团人数由各成员视需要决定。WTO每日均有会,而且常有几个会议同时举行的情况。如要积极参与WTO各种会议,在不同会议上发表意见,势必派出多人常驻。一般,发达成员派驻人员较多,美国和日本常驻代表团均超过20人。而发展中国家,尤其是最不发达成员,因贸易地位不高或预算因素,派驻人员较少,甚至不派。

此外,为了协调与合作,WTO还与驻日内瓦的联合国、国际货币基金组织、世界海关组织、世界知识产权组织、国际标准化组织、营养法典委员会、国际动物检疫办事处、国际植物保护会议等政府间国际组织发生交往。

第五节　WTO 预算的特色与来源

一、预算有所增长，但仍然低于其他国际组织

WTO 建立后，预算从 2001 年的 1.33 亿瑞士法郎增加到 2011 年的 1.94 亿瑞士法郎，年增长率为 4.2%。但与其他国际组织相比，预算仍然很低。如 2011 年的 WTO 行政费用只相当于经济合作与发展组织（OECD）的一半，世界银行的 1/10。

二、成员会费按占世界贸易比重缴纳

WTO 成员会费的分摊比例是根据该成员过去 3 年贸易额占世界贸易总额的比重确定。其中包括货物贸易、服务贸易和知识产权贸易，数据来自国际货币基金组织（IMF）国际收支平衡表中的统计数据。因此，贸易大国分摊的会费占据预算主要部分。如 2015 年，在 WTO 预算 1.97 亿瑞士法郎中，美国、中国、德国、日本、法国、英国、意大利、荷兰 8 个成员共计分摊了 0.91 亿瑞士法郎，所占比重达到整个预算费用的 46.5%。上述 8 个成员各占比例为：美国 11.31%，中国 8.62%，德国 8.15%，日本 4.49%，法国 3.96%，英国 3.88%，意大利 3.07%，荷兰 2.98%。

三、WTO 对拖欠会费成员的惩处措施

WTO 建立之初，成员拖欠会费现象较多，拖欠会费的成员占整个成员的比重多达 1/5，拖欠会费超过 3 年的成员占全部成员的 1/10。

为保证 WTO 机构运作，WTO 对拖欠会费设立惩处措施。如拖欠 1 年的成员没有提名 WTO 领导层级人员的选举资格，拖欠 2 年的成员将被禁止进入 WTO 的成员资源库，拖欠 3 年的成员不允许参加培训和接受技术援助，并暂停该代表团的各项活动。

惩处措施实施后，成员拖欠费用现象大为好转。拖欠会费的成员从 2003 年的 30 个减少到 2012 年的 6 个。

▉ 本章小结

1. WTO 的宗旨可归纳为：提高生活水平，保证充分就业；扩大货物、服务的生产和贸易；坚持走可持续发展之路；保证发展中成员贸易和经济的发展；建立更加完善的多边贸易体制。

2. WTO 具有国际法人资格，其成员应当赋予 WTO 在行使职能时必要的法定能力；

WTO 每个成员方向 WTO 提供其履行职责时所必需的特权与豁免权;WTO 官员和各成员方的代表在其独立执行与 WTO 相关的职能时,也享有每个成员提供的必要的特权与豁免权;每个成员方给予 WTO 官员、成员方代表的特权与豁免权,等同于联合国大会于 1947 年 11 月 21 日通过的《专门机构的特权及豁免公约》所规定的特权与豁免权;WTO 可以缔结总部协议,与其他国际组织进行较密切的协商和合作。

3. 根据宗旨,WTO 的主要职能有:实施和管理各项协定与协议;提供多边贸易谈判场所;解决成员方之间的贸易争端;审议各成员的贸易政策;与有关机构进行合作;提供技术支持和培训。

4. WTO 的组织机构有:部长级会议、总理事会、理事会及下属委员会、各专门委员会、争端解决机构和贸易政策审议机构、秘书处和总干事。

重要概念

部长级会议(Ministerial Conference)
总理事会(General Council)
争端解决机构(Dispute Settlement Body)
贸易政策审议机构(Trade Policy Review Body)
多边贸易谈判(Multilateral trade negotiations)

同步测练与解析

1. WTO 有哪些宗旨?

【解析】 WTO 的宗旨:提高生活水平,保证充分就业;扩大货物、服务的生产和贸易;坚持走可持续发展之路;保证发展中国家贸易和经济的发展;建立更加完善的多边贸易体制。

2. 与关贸总协定相比,WTO 的法律地位有些什么特点?

【解析】 WTO 的法律地位可归纳为以下几点:①WTO 具有法人资格,其成员应当赋予 WTO 在行使职能时必要的法定能力。②WTO 每个成员方向 WTO 提供其履行职责时所必需的特权与豁免权。③WTO 官员和各成员方的代表在其独立执行与 WTO 相关的职能时,也享有每个成员提供的必要的特权与豁免权。④每个成员方给予 WTO 官员、成员方代表的特权与豁免权,等同于联合国大会于 1947 年 11 月 21 日通过的《专门机构的特权及豁免权公约》所规定的特权与豁免权。⑤WTO 可以缔结总部协议,与其他国际组织进行较密切的协商和合作。

3. WTO 的主要职能是什么？

【解析】　实施和管理各项协定与协议；提供多边贸易谈判场所；解决成员方之间的贸易争端；审议各成员的贸易政策；与有关机构的合作；提供技术支持和培训。

4. WTO 的组织机构有哪几个？

【解析】　部长级会议、总理事会、理事会及下属委员会、各专门委员会、争端解决机构和贸易政策审议机构、秘书处及总干事。

5. WTO 的常设机构是什么？

【解析】　秘书处及总干事。

C 第四章

世界贸易组织成员

学 习 目 标

通过本章学习,了解 WTO 现有成员的来源,掌握 WTO 创始成员与加入成员的区别,了解发达成员与发展中成员的特点与作用,知悉发展中成员得到的特殊与差别待遇与运用情况。

重 点 难 点 提 示

- ◉ WTO 成员的资格;
- ◉ WTO 成员的类别;
- ◉ WTO 成员的互不适用条件;
- ◉ 发达成员在多边贸易体制中作用的变化;
- ◉ 发展中成员在 WTO 中的作用的加强;
- ◉ 发展中成员在 WTO 中的特殊与差别待遇。

第一节 WTO 成员的资格与类别

一、WTO 成员的资格

（一）WTO 成员资格的内涵

WTO 成员资格，是指一国和单独关税区作为该组织中享有和承担一定权利和义务的一员，而隶属于该组织的法律地位。它表现为享有代表权、选举权与被选举权、决策权和受益权，同时也承担一定的义务，如遵守 WTO 基本文件、执行决议、缴纳会费等。

（二）WTO 成员具有的权利与义务

（1）接受《建立 WTO 协定》，保证其法律、法规和行政程序与 WTO 各协定协议规定的义务相一致，不得对任何条款提出保留。

（2）无条件接受多边贸易协定，自主接受诸边贸易协议。

（3）享有参加 WTO 各种组织的选举权和被选举权。

（4）缴纳会费。

（5）给予 WTO 履行其职能所必需的法定资格，特权和豁免，给予 WTO 官员和各成员代表独立履行与 WTO 有关的职能所必需的特权和豁免。

（6）在 WTO 部长级会议和总理事会议上拥有一票投票权。

（7）可提出修正 WTO 协定和多边贸易协定条款的提案。

（8）多边贸易协定在特定成员间的不适用。

（9）成为成员之日起，要按期生效，予以执行。

（10）可自由退出。

（三）WTO 成员间的互不适用与退出

1. 互不适用

《建立 WTO 协定》第 13 条规定："任何成员，如在自己成为成员时或在另一成员成为成员时，不同意在彼此之间适用本协定及附件 1 和附件 2 所列多边贸易协定，则这些协定在该两成员之间不适用。"

互不适用条件是指在引用双方成为 WTO 成员时，双方均可作出互不适用的决定，意即该决定是在成为 WTO 成员开始时作出，而不能在成为 WTO 成员后再作此决定；GATT 缔约方转变成 WTO 创始成员已采取的互不适用可以沿用；对新加入成员，在部长级会议批准前已通知部长级会议的前提下，可以使用；但诸边贸易协议参加方的互不适用，按该协议的

规定执行。互不适用可以撤销,但撤销后不得重新启用。

2. WTO 成员退出

《建立 WTO 协定》第 15 条规定,任何成员均可以退出 WTO。在 WTO 总干事收到书面退出通知之日的 6 个月期满后,退出生效。退出应同时适用于《建立 WTO 协定》和其他多边贸易协定。退出以后,与其他 WTO 的经贸关系从多边贸易关系回到双边贸易关系,不再享受 WTO 成员的权利,同时也解除了作为 WTO 成员应尽的义务。

二、WTO 成员的类别

(一)按来源划分

1. 创始成员(Original Member)

根据《建立 WTO 协定》,WTO 创始成员必须具备两个条件:①在 1995 年 1 月 1 日《建立 WTO 协定》生效之日时的 GATT 缔约方和欧洲共同体,如接受《建立 WTO 协定》和多边贸易协定,并将减让和承诺表附在 GATT 之后,将具体承诺减让表附在 GATS 之后,则应成为创始成员。②联合国承认的最不发达国家,他们只需承担与其各自发展、财政和贸易需要或其管理和机构能力相符的承诺和减让就可成为创始成员。

2. 加入成员(Acceding Member)

在《建立 WTO 协定》生效后申请加入 WTO 的国家和单独关税区。

《建立 WTO 协定》第 12 条规定,加入者身份为"任何国家或在处理对外贸易关系及本协定和多边贸易协定规定的其他事项方面拥有完全自主权的单独关税区,可按它与 WTO 协定的条件加入本协定"。[①]

加入程序大体可分为四个阶段。

第一阶段:提出申请与受理。

申请加入方首先要向 WTO 总干事递交正式信函,表明加入 WTO 的愿望。

WTO 秘书处负责将申请函散发给全体成员,并把审议加入申请列入总理事会会议议程。

总理事会审议加入申请并设立相应工作组,所有对申请加入方感兴趣的 WTO 成员都可以参加工作组。总理事会经与申请加入方和工作组成员磋商后,任命工作组主席。

第二阶段:对外贸易制度的审议和双边市场准入谈判。

申请加入方应向工作组提交对外贸易制度备忘录、现行关税税则及有关法律、法规,由工作组进行审议。工作组成员通常会以书面形式,要求申请加入方进一步说明和澄清对外贸易制度的运作情况,申请加入方需作出书面答复。

工作组将根据需要召开若干次会议,审议申请加入方的对外贸易制度及有关答复。

---

① 对外贸易经济合作部国际经贸关系司:《WTO 乌拉圭回合多边贸易谈判结果法律文本》,12 页,北京,法律出版社,2000。

在对外贸易制度审议后期,申请加入方同有关成员开始双边货物贸易和服务贸易的市场准入谈判。凡是提出双边市场准入谈判要求的成员,申请加入方都要与其进行谈判。一般情况下,谈判双方需要在申请加入方加入前达成双边市场准入协议。

第三阶段:多边谈判和起草加入文件。

在双边谈判的后期,多边谈判开始,工作组着手起草《加入议定书》和《工作组报告书》。加入议定书包括申请加入方与工作组成员议定的加入条件,并附有货物贸易和服务贸易减让表。工作组报告书包括工作组讨论情况总结。

在工作组举行的最后一次正式会议上,工作组成员协商一致通过上述文件,达成关于同意申请加入方加入 WTO 的决定,提交部长级会议审议。

第四阶段:表决和生效。

WTO 部长级会议对加入议定书、工作组报告书和决定草案进行表决,需经 2/3 的多数成员同意方可通过。

申请加入方以签署或其他方式向 WTO 表示接受加入议定书。

在 WTO 接到申请加入方表示接受的文件之日起第 30 天,有关加入文件开始生效,申请加入方成为 WTO 成员。

2015 年,WTO 成员为 161 个,其中 128 个为创始成员,32 个为加入成员。

(二)按经济发展阶段和发展水平划分

WTO 成员可分为发达成员、发展中成员和最不发达成员。2015 年,WTO 162 个成员中,发达成员 38 个(包括欧盟),其余为发展中成员。

第二节 WTO 中的发达成员

一、WTO 中的发达成员

WTO 共有 38 个发达成员,包括欧盟、奥地利、澳大利亚、比利时、保加利亚、加拿大、克罗地亚、塞浦路斯、捷克、丹麦、爱沙尼亚、芬兰、法国、德国、希腊、匈牙利、冰岛、爱尔兰、以色列、意大利、日本、拉脱维亚、立陶宛、卢森堡、马耳他、荷兰、新西兰、挪威、波兰、葡萄牙、罗马尼亚、斯洛伐克、斯洛文尼亚、西班牙、瑞典、瑞士、英国和美国。

二、发达成员经贸的特点

1. 经济实力强,处于经济发展前沿

发达国家一直是世界经济的中心。发达成员的货币,如美元和欧元均是主要国际货币。

2．对外贸易居于世界主要地位

（1）占世界贸易较大比重。

（2）服务竞争力强于货物竞争力。

（3）货物贸易对象一直是发达国家本身。

（4）对外贸易集中在少数发达国家。

（5）货物价格贸易条件良好。

3．在世界对外直接资本流动中居于主要地位

（1）在对外直接资本流入中居主要地位，但比重在下降。

（2）在对外直接资本流出中的比重高于流入，所占比重有轻微下降。

4．科研发达，具有知识产权绝对优势

三、发达成员在 WTO 中居于主导地位

（一）具备主导地位的资质

在 WTO 中决定主导地位的条件包括经济实力、竞争优势、科技发展、资本流动能力等。从上文可知，发达成员在这几方面均处于强势。因此，发达成员在 WTO 中处于主导地位。

（二）居于主导地位的表现

1．WTO 预算开支的主要承担者

在 WTO 摊付的预算中的比例，发达成员均占绝大比重。2016 年 WTO 秘书处预算开支为 1.95 亿瑞士法郎，发达成员中的美国、德国、日本、法国和英国五国分摊的预算开支为 0.603 亿瑞士法郎，占整个预算摊付的 30.85％。

2．WTO 总干事和职员的主要来源国

WTO 秘书处由总干事领导，总干事的"权力、责任、工作待遇及任职年限"由成员方在部长级会议上确定。但在实际过程中，这是一个权力很大的职位。他是议程拟订者和协调者，在谈判进程中一直扮演重要角色。因此，各成员国都竭力帮助自己支持的候选人成为总干事。到 2007 年年底，WTO 共有 4 位总干事，其中 3 位来自发达成员。在总干事选举中，竞争相当激烈。1999 年 WTO 总干事雷纳托·鲁杰罗任期届满时，在选举继任总干事时，发达成员支持新西兰的麦克·穆尔（Mike Moore），发展中成员支持泰国的素帕猜·帕尼奇帕克蒂（Supachai Panitchpakdi）。开始，后者占上风，但在发达成员坚持下，达成协议，同意将总干事的整个任期由两位候选人共同分享。新西兰的麦克·穆尔接替雷纳托·鲁杰罗前 3 年，泰国的素帕猜·帕尼奇帕克蒂任后 3 年。

由于发达国家教育发达，人才济济，因此，WTO 的职员绝大多数来自发达成员。到

2017年年底，WTO秘书处职员为625个，来自发达成员的职员为455个，占职员总数的73.3％。[1]

3. WTO多边贸易谈判的主要谈判方

在WTO谈判中沿用GATT"主要供给者"和"主要消费者"原则，最初谈判会在特定产品的最大生产国和消费国之间进行。发达成员在对外贸易、对外直接投资和知识产权上的特点，使他们成为货物、服务、投资和知识产权中各种议题的主要出价方和要价方。

4. 利用WTO争端机制的能力较强

利用争端解决机制是WTO成员维护贸易权益的重要手段。在利用贸易争端解决机制方面，发达国家处于有利地位。首先，具有支付援用贸易争端解决机制高成本的财力。鉴于每个贸易争端复杂的技术问题和可以援引的大量法律文本，具备专业法律知识是有效参与的前提。大的案件聘请律师要付出高昂的费用。如柯达诉日本富士胶卷案，律师向其客户索要的费用高达1000多万美元。强大的财经实力可以使发达成员持续参与争端机制的各种活动。其次，在WTO裁决后，发达成员具有补偿能力和贸易报复措施的基础，而发展中成员由于在世界贸易中所占比重小，财力单薄，制约了授权报复措施的实施。此外，发达成员在日内瓦的律师事务所多、常驻WTO专家多，他们可以就近参与上诉机构的活动。

5. 多边贸易谈判议题谈判的发起和决定者

发达成员经济发达、科技水平高，在新兴产业的发展上具有优势，要求这些产业进一步自由化。以美国为首的发达成员生产模式和比较优势已从传统工业品的生产转向服务业和知识产权。因此，任何旨在维系发达国家的贸易组织势必要包括这些与发达国家利益密切相关的议题。乌拉圭回合就是在发达国家比较优势发生变化的驱动下发起的，除去传统议题，把谈判议题从货物贸易延伸到服务贸易和与贸易有关的知识产权。

6. 对多边贸易谈判进程影响巨大

发达成员是多边贸易谈判的主要谈判方，因此，他们在谈判中坚持的立场、谈判中矛盾的解决、规则的达成，对谈判进程产生重要甚至决定性的作用。

以多哈发展回合为例，根据第四届部长级会议决定，2002年开始的多哈发展回合多边贸易谈判，原确定到2005年年底结束。这一轮谈判包括农业、工业产品与服务贸易市场准入的谈判，部分规则的谈判，争端解决机制的谈判，贸易与环境产品的谈判，改善现有协议特殊和差别待遇条款的谈判，以及贸易便利化的谈判。农业谈判是整个多哈回合谈判的中心，发达成员扭曲贸易的农业补贴成为农业谈判中的焦点。由于发达成员尤其是美欧国家在谈判中不肯作出令人满意的让步，对发展议题失去兴趣，使整个谈判延期至今。

在发达成员中，美国和欧盟又起"领头羊"的作用。

---

[1] 作者依据WTO《2018年年度报告》表5计算。

（三）影响 WTO 规则的制定和修正

1. 利用国内立法先行优势，迫使立法滞后的成员接受

由于市场经济体制比较发达，发达国家在经济贸易立法方面走在世界前列，在立法程序和技巧上占有很大优势。在 WTO 通过谈判确立贸易规则中，发达成员通过两种方式影响谈判：①先对有关谈判内容进行详细研究，在国内立法基础上，提出框架草案；②将国内已有的立法改头换面，作为规则谈判基础。

2. 利用优势谈判地位，对谈判弱势群体施加影响

在 WTO 各种议题谈判中，发达成员利用广泛和强大的活动能力，联合一部分有共同利益的 WTO 成员，先进行内部协调，统一立场，拿出整体方案，提交会议讨论，形成集体谈判的优势，影响其他未形成集团或集团势弱的 WTO 成员接受。

3. 利用竞争优势，在谈判议题选择和进程上有所侧重

WTO 回合谈判的议题是各方妥协达成的。议题与所有成员都有密切利害关系，只是程度不同，有的议题多涉及发达成员利益，有的议题多涉及发展中成员利益。在这些议题谈判排序上，发达成员选择具有竞争优势或可以增强其竞争优势的新议题作为重点，避开有损于其竞争优势的议题。在议题谈判进程上，对本身有利的议题尽快达成协议；对双方关注的议题，采取拖延或者以优势迫使非优势议题者作出让步的谈判战术。

4. 通过非政府组织对 WTO 施加影响，增强谈判地位

WTO 发达成员，利用其雄厚的资金和信息资源，培植了众多的民间和非政府组织。他们利用与 WTO 合作的渠道，就发达成员感兴趣的问题，以"中立"的面目影响舆论，对 WTO 规则制定施加影响，甚至干扰 WTO 会议的举行。

四、主导地位逐步削弱

2008 年世界性金融危机后，新兴经济体快速发展，尤其是中国迅猛发展，这些成员在 WTO 的地位在提高，利用、运用和参与 WTO 规则的能力，以及对发达成员在 WTO 中的利益行为抵制和制衡作用在加强。发达成员在 WTO 中的主导地位有所削弱，迫使他们在 WTO 中采取异化战略。

第三节　WTO 发展中成员

一、发展中国家的概念

GATT 1947 列出发展中国家资格，即谁能达到 GATT 1947 第 18 条要求，谁就是发展

中国家。第 18 条第 4 款(a)项规定:"经济只能维持低生活水平且经济处在发展初期阶段的缔约方,有权按本条 A 节、B 节和 C 节暂时偏离本协定其他条款的规定。"(b)项规定:"经济处于发展过程中,但不属于以上(a)项范围的缔约方,可根据本条 D 节向缔约方全体提出申请。"[①]但未明确"低生活水平"和"发展初级阶段"的标准。

WTO 没有"发展中国家"和"发达国家"的定义。但在 WTO 负责实施管理的《补贴与反补贴措施协议》附件 7 中提出的发展中国家包括联合国指定为最不发达国家的 WTO 成员,但未明确标明其他发展中国家的范围。

联合国贸易与发展会议在 2006—2007 年《统计手册》中列出的发达国家和地区为 42 个,经济转型国家 19 个(苏联和东欧国家),其他 170 多个国家和地区均为发展中国家和地区。

联合国的上述划分,WTO 未表示明确接受,因此,在 WTO 中,判断是否属于发展中国家,除了参考非成员运用的规则之外,还要得到相关国家的认定。在现有 WTO 成员中,除去发达成员和部分经济转型成员,均可视为发展中成员。

2016 年,在 164 个 WTO 成员中,发展中成员 130 多个。

二、发展中国家和地区分类

(一)按出口产品和工业化程度划分

按出口产品和工业化程度,联合国贸易与发展会议把发展中国家分为四类:主要石油出口国家有 21 个;制成品主要出口国家 12 个;新兴国家 10 个;新工业化国家 8 个;最不发达国家 50 个;内陆发展中国家 31 个;小岛屿发展中国家 29 个,严重负债贫穷国家 40 个。

(二)按人均国内生产总值划分

按人均国内生产总值,联合国贸易与发展会议把发展中国家分为三类:以 2000 为标准,年人均国内生产总值低于 1000 美元的为低收入国家,为 65 个;年人均国内生产总值在 1000~4500 美元的为中等收入国家,为 50 个;年人均国内生产总值在 4500 美元以上的为高收入国家,为 42 个。

(三)按所处区域划分

按所处大洲区域,联合国贸易与发展会议对发展中国家的划分是:非洲 57 个,美洲 44 个,亚洲 40 个,大洋洲 28 个。

[①]　对外贸易经济合作部国际经贸关系司:《WTO 乌拉圭回合多边贸易谈判结果 法律文本》,446~448 页,北京,法律出版社,2000。

三、发展中成员的特殊灵活性和特别条款

鉴于发展中国家较小的经济总量,经济发展阶段的滞后,加以经济结构的差异,法治体系不足带来的不确定性和市场失灵较多。为帮助发展中成员的发展,WTO 协定与协议中,对发展中成员尤其是对最不发达成员的贸易发展给予密切的关注,给予特殊灵活性和特别条款。

(一)对发展中成员的总体利益的确认

在《建立 WTO 协定》序言中申明:"需要作出积极努力,以保证发展中国家、特别是其中的最不发达国家,在国际贸易增长中获得与其积极发展需要相当的份额。"

(二)特殊与差别待遇的框架内容

1. 关注对最不发达成员特殊规定的实施情况

《建立 WTO 协定》第 4 条指出:"贸易与发展委员会应定期审议多边贸易协定中有利于最不发达成员的特殊规定,并向总理会报告,以采取适当行动。"在成为创始成员条件上从宽,只要作出承诺和减让,就可以成为 WTO 创始成员。第 11 条指出:"联合国承认的最不发达国家只需承担与其各自发展,财政和贸易需要或其管理和机构能力相符的承诺和减让。"

2. 具体决定与规定

1)《关于有利于最不发达国家措施的决定》的有关内容

在这个决定第 2 条款中,WTO 成员同意给予最不发达成员以如下特殊待遇:

(1) 应特别通过审议以迅速实施有利于发展中国家的所有特殊和差别措施,包括在乌拉圭回合中采取的措施。

(2) 在可能的限度内,乌拉圭回合中议定的对最不发达国家有出口利益产品的关税和非关税措施最惠国减让,可自主提前实施,且无过渡期。应考虑进一步改善有关对最不发达国家有特殊出口利益产品的普惠制及其他方案。

(3) 乌拉圭回合各项协定和文件所列规则和过渡性条款应以灵活和有支持作用的方式适用于最不发达国家。为此,应积极考虑最不发达国家在有关的理事会和委员会中提出的特定和有根据的关注。

(4) 在适用 GATT 1947 第 37 条第 3 款(c)项和 GATT 1994 相应条款所指的进口救济措施和其他措施时,应对最不发达国家的出口利益给予特殊考虑。

(5) 在包括服务贸易在内的生产和出口基础的发展,加强和多样化以及贸易促进方面,应给予最不发达国家实质增加的技术援助,以使它们从市场准入开放中获得最大好处。

2)《关于争端解决规则与程序的谅解》的有关内容

(1) 对总体利益的承认。

在第 24 条第 1 款中指出:在确定涉及一最不发达国家争端的起因和争端解决程序的所

有阶段,应特别考虑最不发达国家的特殊情况。在此方面,各成员在根据这些程序提出涉及最不发达国家的事项时应表现适当的克制。如认定利益的丧失或减损归因于最不发达成员所采取的措施,则起诉方在依照这些程序请求补偿或寻求中止实施减让或其他义务的授权时,应表现适当的克制。

(2)义务减轻。

《关于争端解决规则与程序的谅解》第3条第12款指出,如果发展中成员针对一个发达成员提出,则可简化程序;在磋商中,各成员应特别注意发展中成员的特殊问题和利益;当争端发生在发展中成员与发达成员之间时,如果发展中成员提出要求,专家组应至少有一名来自发展中成员。在涉及发展中成员所采取措施的磋商过程中,各方可同意延长《关于争端解决规则与程序的谅解》有关条款所确定的期限,如一个或多个争端方为发展中成员,则专家组报告应明确说明以何种形式考虑发展中成员在争端解决程序过程中提出的适用协定中有关发展中成员的差别和更优惠待遇规定;如果在涉及最不发达成员的磋商未能成功,那么该最不发达成员可以请总干事或争端解决机构主席进行斡旋、调解和调停,以期在提出设立专家组的请求前,协助各方解决争端。

3)《贸易政策审议机制》的有关内容

(1)义务减轻。

按《贸易政策审议机制》规定,所有成员的贸易政策和做法均应接受定期审议,前4个贸易实体(欧盟为一个实体)每2年审议一次,其后的16个实体每4年审议一次,其他成员每6年审议一次,但可对最不发达成员确定更长的期限。

(2)提供技术援助。

为实现最大程度的透明度,所有成员应定期向贸易政策审议机构提交贸易政策和做法实施的报告。对于最不发达成员编写报告时遇到的困难应予特别考虑。秘书处应使发展中成员,特别使最不发达有关内容成员可获得技术援助。

4)《关于1994年GATT国际收支条款的谅解》的有关内容

(1)对总体利益的承认。

《关于争端解决规则与程序的谅解》第12款指出,在涉及发展中成员的有关国际收支磋商中,秘书处的文件应该包括有关外部贸易环境对参与磋商成员的国际收支状况和前景影响范围的有关背景与分析材料。在发展中成员请求下,秘书处的技术援助部门应协助准备磋商文件。

(2)义务减轻。

《关于争端解决规则与程序的谅解》第8款指出,对于最不发达成员或对于按照在以往磋商中提交委员会的时间表推行自由化努力的发展中成员,磋商可根据1972年12月29日批准的简化程序进行。如对一发展中成员的贸易政策审议在与该磋商所定日期相同的日历年内进行,则也可使用简化磋商程序。但除最不发达成员外,不得连续两次以上根据简化程

序进行磋商。

5）货物贸易领域各种特殊与差别待遇的具体化

在WTO负责实施管理的货物贸易协定与各种贸易协议中，对发展中成员尤其是对最不发达成员都从总体上和具体问题上给予了特殊与差别待遇。以《农业协议》为例说明。

（1）对总体利益的承认。

在其序言中明确指出："同意在实施其市场准入承诺时，发达成员将充分考虑发展中成员的特殊需要和条件，对这些成员有特殊利益的农产品在更大程度上改进准入机会和条件，包括在中期审评时议定的给予热带农产品贸易的全面自由化，及鼓励对以生产多样化为途径停止种植非法麻醉作物有特别重要性的产品；……各方一致同意发展中成员的特殊与差别待遇是谈判的组成部分，同时考虑改革计划的实施可能对最不发达成员和粮食净进口发展中成员产生的消极影响。"

（2）义务减轻。

减轻的义务包括以下内容。

农业补贴。发展中成员不需要承诺取消某些作为其发展计划组成部分的国内支持，即普遍可获得的对农业的投资补贴和低收入或资源贫乏的生产者普遍可获得的农业投入补贴；在扭曲贸易的国内支持微量（de minimus）水平方面，允许发展中成员的水平更高，达到相关生产总值的10%，而发达国家为5%；在实施期内，发展中成员不需要对承诺削减出口农产品的销售成本和出口产品的境内运输补贴，但这些补贴不得用以规避削减承诺（第9条第4款）；在对粮食实施出口禁止或限制时，发展中成员不需要考虑其他成员有关粮食安全的关注；对于发展中成员，有关削减关税和扭曲贸易的支持的要求低于适用于发达成员的比例1/3；最不发达成员不需要在农产品市场准入，国内支持或出口补贴方面承诺进行削减；发达成员应根据《关于改革计划对最不发达成员和粮食净进口发展中成员可能产生消极影响的措施的决定》采取适当的措施。农业委员会应视情况监督依本决定而采取的后续行动；有关农产品的继续谈判应该考虑发展中国家的特殊与差别待遇；特殊与差别待遇包括为粮食安全目的而进行的公共储备和国内粮食援助；"特别处理"条款规定在严格的条件下允许4个特定成员在关税削减的过程中保留专门针对农产品的非关税措施，为发展中成员提供了更优惠的待遇。

延长的实施期。发展中成员可以用10年而不是6年时间实施有关削减保护水平和扭曲贸易的支持的具体承诺。

6）《服务贸易总协定》对发展中成员的特殊待遇

（1）对总体利益的承认。

在《服务贸易总协定》序言中明确承诺："希望建立一个服务贸易原则和规则的多边框架，以期在透明和逐步自由化的条件下扩大此类贸易，并以此为手段参加所有贸易伙伴的经济增长和发展中国家的发展；……认识到各成员为实现国家增长目标，有权对其领土内的服务提供进行管理和采用新的法规,同时认识到由于不同国家服务法规发展程度方面存在的不平衡,发展中国家特别需要行使此权利;期望便利发展中国家更多地参与服务贸易和扩大服务出口,特别是通过增强其国内服务能力、效率和竞争力;特别考虑最不发达国家由于特殊的经济状况及其在发展、贸易和财政方面的需要而存在的严重困难。"

第4条指出,应优先考虑最不发达成员的需要,为此,各成员应谈判达成具体承诺,以促进发展中成员更多地参与世界贸易。应向最不发达成员提供优先,尽管这些国家在接受具体承诺方面存在严重困难。谈判应涉及:加强发展中成员国内服务的能力,特别是通过在事业基础上获得技术,改善他们进入分销渠道和信息网络的机会,以及在他们有出口利益的部门和服务提供方式上市场准入的自由化(劳动密集型服务)。

帮助发展中成员获得服务贸易的相关信息。第4条第2款指出,在WTO协定生效两年内,发达成员和其他成员应设立联络点,便利发展中成员获得有关服务贸易的信息。

在谈判服务贸易补贴问题时,对发展中成员要有灵活性。第15条第1款指出,考虑补贴在发展中成员发展计划中的作用,在谈判有关服务部门有贸易扭曲作用的补贴的新的多边纪律时,其他成员应努力表现灵活性。

在自然人流动谈判中,应牢记发展中国家的参与。《关于自然人流动问题的决定》中特别指出,在未来就自然人流动自由化的谈判中部长们应牢记,《服务贸易总协定》的目标之一是增加发展中成员对服务贸易的参与,并扩大其服务的出口。

(2) 义务减轻。

第一,可以开放较少的服务部门。《服务贸易总协定》第19条第2款指出,服务贸易自由化的进程应当尊重各成员的国家政策目标及其总体和各部门的发展水平。个别发展中成员应有适当的灵活性,以开放较少的部门,放开较少类型的交易。

第二,延长的实施期。《服务贸易总协定》第3条第4款指出,在2年内设立咨询点以提供法律. 法规等信息方面,发展中成员有一定灵活性。

第三,提供技术援助。《服务贸易总协定》第25条第2款指出,WTO秘书处应向发展中成员提供技术援助。在《关于电信服务的附件》第6款中指出,各成员应考虑为最不发达成员提供机会,以鼓励外国电信服务提供者就技术转让、培训和其他活动向其提供帮助,以支持其电信设施的发展和电信服务贸易的扩大。

7)《与贸易有关的知识产权协定》

(1) 对发展中成员总体利益的承认。

《与贸易有关的知识产权协定》序言申明:"认识到最不发达成员在国内实施法律和法规方面特别需要最大的灵活性,以便他们能够创造一个良好和可行的技术基础。"

(2) 延长实施期。

《与贸易有关的知识产权协定》第65条指出,自协定生效之日起,发展中成员可以有5年的过渡期。最不发达国家有11年的过渡期。在过渡期内这些国家可以不实施本协定的

规定,而发达成员的过渡期只有 1 年。对于最不发达成员,与贸易有关的知识产权理事会应其请求可以延长他们的过渡期;对于在 5 年过渡期结束后,对在某些技术领域仍未提供保护的发展中国家,可以再推迟 5 年对这些技术领域实施有关产品专利的规定。

（3）提供技术援助。

《与贸易有关的知识产权协定》第 66 条指出,发达成员应采取鼓励措施,促进和鼓励其境内的企业和机构向最不发达成员转让技术。《与贸易有关的知识产权协定》第 67 条指出,发达成员应请求并根据双方同意的条款和条件,提供有利于发展中成员和最不发达成员的技术和资金合作。这种合作可以包括协助制定有关保护和执行知识产权以及防止滥用知识产权的国内立法。支持措施还可以集中在建立或加强相关的国内机关和机构方面,包括人员培训。

8）通过优惠资金等措施帮助发展中成员

《关于 WTO 对实现请求经济决策更大一致性所作贡献的宣言》指出:"还需要使优惠和非优惠财政资源和实际投资资源充足迅速地流向发展中成员,并需要进一步努力以处理债务问题,以便有助于保证经济增长和发展。"

（三）具有特殊利益的条款

WTO 协定包含适用于各成员但对解决发展关注具有特殊意义的条款。一些规则通过给予发展中成员特别是最不发达成员的平等待遇维护他们的利益。比如所有 WTO 成员,都能够平等地参与 WTO 决策。

WTO 还包括在某种条件下可供发展中成员使用以维护其利益的特殊机制。如允许成员保持临时性出口限制,以防止或缓解粮食或其他必需审批的短缺问题。该条款对发展中成员解决粮食安全问题具有重要意义。

1. 致力于解决发展中成员资源限制的条款

WTO 协定中有不少条款可帮助发展中成员解决其承诺履行时面临的资源限制问题。这些条款大致分为两类。

1）过渡期

WTO 协定为发展中成员履行特定义务设立了宽限期及时间延长等机制。如在《补贴与反补贴措施协议》中,如发展中成员为满足国民生产总值水平或出口竞争力的某些标准,就可以使用出口补贴。最不发达成员在履行《与贸易有关的知识产权协定》中义务的过渡期也由最初的 10 年被两次延长。根据 2013 年 6 月 11 日与该协定有关的理事会决定,过渡期被延长至 2021 年 7 月 1 日。《香港部长宣言》附件 F 允许最不发达成员在执行《与贸易有关的投资协议》时间期限方面保留一些特殊措施。

2）技术援助条款

WTO 通过给予各种技术援助措施帮助发展中成员解决资源约束问题。各类 WTO 协定条款和 WTO 部长级会议决定都特别要求发达成员向发展中成员提供技术援助。在《关于争端解决规则与程序的谅解》中包含大量特殊与差别待遇条款,要求对发展中成员或最不发达成员的关注予以特殊考虑,或针对这些成员的资源约束在争端解决程序中予以一定的灵活性。仲裁员在具体争端中建议给予发展中国家较长的过渡期,提供法律专家进行帮助。《贸易便利化协定》在发展中成员所需承担的义务与其实施能力之间建立联系,给予技术援助。

2. 限制进口和促进出口的特殊灵活性

1) 对于发展中成员的例外

在多哈部长级会议与实施有关的问题和关注中,要求补贴和反补贴委员会为某些发展中成员的出口补贴延长过渡期。在农业领域,发展中成员在削减市场和运输成本的过渡期间可被额外允许进行出口补贴。

2) 优惠贸易协定中的特殊灵活性

WTO 给予发展中成员在履行优惠贸易协定承诺时享有与非歧视原则不一致的灵活性。授权条款允许 WTO 发展中成员在缔结区域或全球协定以削减进口产品关税和非关税措施时背离最惠国待遇条款。

3. 市场准入领域的特殊与差别待遇

1) 关税谈判中的非完全互惠

在关税减让谈判中,发达成员"不能期望其在贸易谈判做出的减让能够获得来自最不发达成员减少或取消关税或其他壁垒的互惠",已成为共识。

在多边贸易谈判中,关税谈判的非完全互惠的累计效应导致了发展中成员在非农业品上平均关税率和约束高于发达成员,发展中成员出口发达成员商品的贸易加权关税水平要低于来自其他发达成员同类商品的关税水平。

2) 非互惠的优惠市场准入

大多数发展中成员通过非约束和非互惠的优惠安排享有发达成员的较低的市场准入门槛。在多哈回合中,WTO 成员已同意通过优惠安排为最不发达成员增加市场准入机会。在 2013 年巴厘岛部长级会上,WTO 成员决定,尚未为 97% 的来自最不发达国家的产品提供双免待遇的发达成员,在下一次部长级会议之前寻求改进。截至 2016 年,大多数发达国家已经给予 97% 或更多税目的产品双免市场准入待遇。发达成员从发展中成员进口征收的平均关税,农产品从 2000 年 9.2% 下降到 2011 年的 7.2%,服装从 10.8% 降低到 7.9%,纺织品从 1.4% 降低到 0.8%,其他产品从 1.4% 降低到 0.8%。上述同期,发达成员从最不发达成员进口的同类产品关税分别从 3.6% 降低到 1.0%、7.8~6.7%、4.1%~3.2%、0.3%~0.2%。

3) 服务贸易的优惠待遇豁免

在 2011 年 WTO 部长级会议上,WTO 成员就给予最不发达成员服务贸易优惠待遇豁

免达成共识。如 WTO 成员向最不发达成员的服务和服务提供者给予优惠待遇,而不将系统的待遇给予所有其他成员。

(四)特殊与差别待遇的落实与作用

1. 有助于发展中成员的贸易发展

发展中成员在全球贸易中的比重从 2000 年的 33％提高到 2012 年的 48％。同期,在全球国民生产总值中的比重从 23％提高到 40％。

2. 作用有限

整体有助于发展中成员特别是最不发达成员的贸易发展,但作用有限,而且不平衡。

3. 作用有限的原因

(1)发达成员没有完全落实。

(2)发展中尤其是最不发达成员利用能力不足。

(3)特殊与差别待遇条款缺乏有效实施的保障。特殊与差别待遇大多数属于"最佳努力"条款,在 WTO 中没有任何机制保障这些条款的有效执行。

(4)发展方式不同。发展中成员对待特殊与差别待遇采取两种方式:一些国家积极推行"全球一体化"战略,推进贸易自由化,寻求外国直接投资和促进当地企业参与国际供应网络。另一些国家强调和寄希望于传统的特殊与差别待遇战略,呼吁发达成员更多的特殊与差别待遇。前类国家利用特殊与差别待遇的效益远远高于后类国家。

四、发展中成员在 WTO 中的地位与作用有所提升

(一)发展中成员多,但不居主导地位

发展中成员虽占 WTO 成员绝大多数,但发展不平衡,其中新兴经济体如"金砖"国家高速发展,经贸实力快速提升。发展中成员因整体经济发展比较落后,科学技术不甚发达,货物和服务贸易贸在世界货物和服务所占比重、在世界对外直接投资比重均有提高,但仍然低于发达成员。因此,他们在 WTO 参与权、决策权、谈判能力、影响力在逐步加大,但整体上处于弱势,不占主导地位。此外,发展中成员在日内瓦的工作人员少,没有律师事务所,不能积极参与 WTO 各种活动。

(二)在利用贸易争端解决机制上存在困难

争端解决机制是 WTO 成员维护正当贸易权益的平台和防止贸易争端激化的"安全阀"。由于经济贸易实力存在差距,发展中成员在运用贸易争端解决机制上存在困难。原因如下:①援用贸易争端解决机制成本太高。鉴于每个争端案件复杂的技术问题和涉及大量法律文本,具备专业法律知识的人才参加是争端解决的前提,但发展中国家这方面法律专家

稀缺,如聘请外国律师付费太高。②因财力和人力不足,发展中成员只能"一次性"而非"反复"参与争端案件,缺乏持续参与争端解决的能力。③缺乏敢冒"风险"的基础。鉴于 WTO 成员驱动的特征,贸易争端在提交 WTO 之前,要做好 WTO 规则以外的对势弱的申诉方实施报复的威胁举动,但敢于冒这种风险的发展中成员极少。④报复能力不足,即使发展中成员向 WTO 提出争端申诉并赢得胜诉,WTO 裁决执行的基础是依赖于贸易报复措施,而不是补偿性支付,小型发展中成员因在世界贸易中的低微地位而缺乏可用的贸易制裁手段,因此,即使胜诉可能性很大,考虑报复带来的更大损失,会削弱向 WTO 提出贸易争端申诉的决心和信心。

(三)发展中成员作用在逐步加大

发展中成员一般关注货物贸易发达成员的市场准入,取消纺织品的配额限制得到更多的特殊待遇等问题。而对发达成员居于绝对优势的服务贸易、知识产权等问题不热心,处于守势。但因发展中成员本身发展的不平衡,亚洲、拉丁美洲和非洲发展中成员对上述问题的态度并不完全一致。

在第五届 WTO 部长级会议(坎昆会议)的农业谈判中,发展中成员形成了 G20 集团,其核心成员为巴西、中国、印度、南非和阿根廷等。此外,还有 12 个发展中成员组成的"核心集团",关注"新加坡议题"的谈判;由 33 个发展中成员组成的"战略产品和特殊保障机制联盟",对与他们切身利益密切的某些"战略产品"的免除义务和保障机制关注;包括 90 个发展中成员的"坎昆联盟",就抵制"新加坡议题"、特殊和差别待遇等问题上调整立场;14 个发展中成员组成的"志同道合集团",主张 WTO 优先解决执行议题;为了提高在农业谈判中的地位,某些农产品出口的发展中成员与一些农产品出口的发达成员组成"凯因斯集团",在农业政策两个极端的欧盟和美国之间进行调节和斡旋。在后续几届的 WTO 部长级会议中,类似情况不断出现。"金砖"国家在 WTO 中的话语权逐步加大,对发达成员为所欲为的作风制衡力在加强。

此外,发展中成员主动利用贸易争端解决机制,越来越活跃地使用贸易救济工具。

第四节　WTO 加入成员

一、加入成员的特性与共性

(一)特色突出

到 2014 年 6 月 26 日,WTO 加入成员为 32 个,分别是厄瓜多尔、保加利亚、蒙古、巴拿马、吉尔吉斯斯坦、拉脱维亚、爱沙尼亚、约旦、格鲁吉亚、阿尔巴尼亚、阿曼、克罗地亚、立陶

宛、摩尔多瓦、中国、中国台北、亚美尼亚、马其顿、尼泊尔、柬埔寨、沙特阿拉伯、越南、汤加、乌克兰、佛得角、黑山共和国、萨摩亚、瓦努阿图、老挝、塔吉克斯坦、也门。

这些新成员在社会制度、政治制度、经济发展水平、经济结构、主权程度,加入时间均有不同,又分居世界各洲,与多边贸易体制的渊源关系差异很大。

(二)共性

(1)成员都自愿申请加入 WTO。

(2)成员都按照《建立 WTO 协定》第 12 条规定加入 WTO。该条规定:①任何成员或在处理其对外关系即本协定和多边贸易协定规定的其他事项方面拥有完全自主权的单独关税区,可按它与 WTO 协定的条件加入本协定。②有关加入的决定应由部长级会议作出。部长级会议应以 WTO 成员的三分之二多数批准关于加入条件的协议。③一诸边贸易协定的加入应按该协定的规定执行。

(三)影响加入过程的因素

1. 政治关系

政治关系包括申请者的政治制度、对外政策、国际关系和国际社会的认同与接受、地缘政治等。

2. 经济体制因素

WTO 是以市场经济体制为基础的国际贸易组织,因此,申请加入者经济体制对加入时的权利与承诺的义务带来深远的影响。一般来讲,由从计划经济体制转向市场经济体制的申请者较市场经济体制的申请者承诺的义务要多。

3. 对 WTO 规则的认知

(1)申请成员国内各级政府、各类企业、研究机构对入世带来规则挑战的共识。

(2)申请国与创始成员对接受规则程度的共识。

4. 发展阶段与经济实力

申请加入者的经济发展阶段、经济发展水平、经贸实力与竞争力对加入条件的谈判有重大影响。在加入谈判中,对发展中大国要价高而且全面,对一般发展中国家的加入条件一般较低,对最不发达国家的要价更低于一般的发展中国家。

5. 谈判水平

申请加入者谈判成员对 WTO 规则的掌握程度、专业知识、公关能力和谈判技巧,在一定程度上影响谈判继承和谈判成果。

上述因素决定加入谈判时间的长短、权利的获得与承诺义务的多寡。加入成员入世平均时间是 10 年,最短的为 3 年(吉尔吉斯斯坦),最长的为 20 年(塞舌尔)。中国从 1986 年申请"复关",到 2001 年 12 月才成为 WTO 成员。

二、加入 WTO 后新成员的积极效应

整体而言,加入 WTO,对加入者具有四个方面的重要作用,即促进了国内的改革,防止改革回退,确保出口获得市场的扩大,对外释放国家保持改革和吸引外资的明确信号。

(一)与多边贸易体制接轨

每一个新加入成员需要与原有成员谈判入世条件。WTO 建立后,新成员的入世谈判时间平均为 10 年。具体时间取决于新加入成员的谈判承诺、其贸易规则与 WTO 的一致程度,以及谈判议题的组成和复杂性。通过入世谈判,申请加入者接受全面整体的入世进程和组织规则的严格审查,接受 WTO 的原则和所有多边贸易协定与协议,通过市场准入表明确加入后的权利与义务,促进对外开放,登上世界经济舞台。

(二)增强 WTO 规则意识

根据入世要求,申请加入者国内的法律、法规与 WTO 保持一致,在国内规则和市场准入上承担具体的义务。申请者可以要求过渡期,消除与 WTO 不一致,寻求差别待遇。然而,作为一般原则,WTO 协定的基本原则是给定的并且不能改变。入世要求所有成员达成共识,只要少数成员甚至只要一个成员反对,就可以延缓或阻止加入进程。

入世谈判涵盖了 WTO 规则的 45 个核心领域,申请加入者除了接受 WTO 成员已达成的协议外,还要接受为取得 WTO 成员资格商定的额外条件,其数目达到 1361 项。加入的新成员有些是经济转型国家,国有企业占据重要地位,为了约束它们的垄断地位,在额外条件中加入对国有企业的监督,出现对国有企业的特殊承诺。

(三)触发和倒逼国内改革

作为入世谈判的一部分,申请加入者的政府需要评估其内部与贸易相关的法律和实践与 WTO 规则的一致性。他们需要填写一份全面的立法行动计划,全面申报已经颁布的与 WTO 相关的法律,提供将要进行的与 WTO 相关的内部法律工作计划。在 32 个加入成员中,提交到 WTO 的、接受 WTO 成员审议的法律及其相关的实施细则超过 7000 份。它们推动了新成员与 WTO 相一致的国内改革的法律进程,逐步构建制度化的法律体系。

(四)降低壁垒和增加贸易机会

新成员加入后,关税和非关税贸易壁垒逐步降低,增加和扩大了贸易机会。新成员的"约束税率"几乎涵盖了所有农产品和非农产品,非关税逐步削减、取消和规范化,提高了它们贸易制度的确定性和可预见性。

(五)扩大了概念边境

新成员通过法律体系的规范化和制度化,加速了改革和开放的进程,增加了利用经济全球化的机遇,在贸易扩大的同时,加强了与国际社会的交流,提高了国民的相互学习和交流的机会,更新过时的理论和观念,扩大了视野,接受新的观念。

(六)贸易发展速度超过世界水平

1995—2012 年,加入成员的货物和服务贸易年均增长率分别为 14.1%和 11.9%。而同期全球货物贸易和服务贸易的年均增长率分别为 8.3%和 8%。加入主要成员的贸易增长率见表 4-1。

表 4-1　WTO 加入主要成员的贸易增长率(入世至 2012 年)

成　员	申请时间/年	加入时间/年	货物贸易年均增长率/%	服务贸易年均增长率/%
亚美尼亚	1993	2003	15.9	18.3
柬埔寨	1994	2004	17.7	17.8
中国	1986	2001	20.0	18.3
格鲁吉亚	1996	2000	23.4	18.6
吉尔吉斯斯坦	1996	1998	5.1	20.9
蒙古	1991	1997	20.4	22.9
尼泊尔	1989	2004	12.6	13.7
中国台北	1992	2002	9.5	7.4
汤加	1995	2007	10.1	14.2
越南	1995	2007	19.0	14.4

资料来源:WTO 数据库,世界银行数据库,WTO 秘书处。

三、加入 WTO 成员对多边贸易体制的增强

(一)把多样性的加入者纳入多边贸易体制

32 个加入成员是一个多样化的群体,在他们加入工作组成立时,大多数申请者被世界银行列为发展中国家和地区。沙特阿拉伯和俄罗斯被公认为是高收入石油出口国,7 个是最不发达国家,包括中国在内的 10 个成员以前是中央计划经济,另外 10 个是中等收入和低收入的发展中国家和地区。

加入成员都基于 WTO 规则的共同标准底线,加入 WTO,成为多边贸易体制的一员,在权利和义务基本对等的基础上,进行贸易交往,做到互惠互利。表明以 WTO 为法律和组织基础的多边贸易体制的包容性、开放型、共存性。

（二）所有成员享受市场扩大好处

截至 2014 年 7 月，随着加入成员的增加，WTO 成员达到 160 个，贸易比重占世界贸易的 98％，其中 128 个创始成员占 80.1％，32 个加入成员占 17.6％。在市场准入方面，在关税减让和特定承诺上，创始成员对 3/4 的税目做出了约束，而加入成员承诺约束几乎百分之百的税目。创始成员的平均约束税率为 45.5％，加入成员的平均约束税率为 13.8％。此外，加入成员的服务开放部门比创始成员的多 1 倍。对创始成员来说，加入成员使他们出口市场扩大 20％；而对加入成员，一进入 WTO，就获得几乎全部出口市场的安全准入。所有的成员都受益于这种"网络效应"，使得 WTO 成员资格的价值加大。

（三）改善地缘政治，完善贸易法规体系

世界贸易体系受制于成员核心价值观和地缘政治利益。加入 WTO，对加入者来说，不仅仅是对经济体制和法律体系的检验，国际关系的衡量，而是全方位、整体的思考。创始成员会像"守门员"一样，确保那些申请者在加入前满足他们最关心的利益。出于维护既得利益，保护原有市场，接受对手的竞争，在要价中出现多种多样、内容庞杂的条件，通常要加入者承担更为苛刻的义务，或者是"WTO＋"；这迫使加入成员重新考虑其出价。经过"要价"和"出价"的反复谈判，达成入世的共识。如此，加入成员与创始成员加强了解和交流，帮助不同的政治和经济制度之间融合和趋同，增进政治理解，促成有序的国际关系。此外，通过入世过程，达成的议定书进一步丰富了 WTO 作为一个以规则为基础的系统，加深了多边贸易体制规则的演进。

（四）加强了多边贸易体制的韧性和抵制保护主义的能力

多边贸易体系的韧性和对贸易保护主义的抵制，不仅取决于国际法律和法规的运作，还取决于 WTO 成员对市场经济核心价值观，国内对法治和良好治理原则的接受的程度与常态化。

WTO 规则和相关市场改革带来的安全性使加入成员更能吸引国际资本，加大创始成员资本的流入，加强本国企业进入全球价值链，加深国际分工与合作，加强对外开放意识，为 WTO 带来韧性和活力。

■ 本章小结

1. WTO 成员分为创始成员和加入成员；根据经济发展阶段和经济发展水平不同，可分为发达成员和发展中成员。它们既具有共性，在权利享受和义务承担上又有很大的不同与差异。

2. 发达成员因经济总量、对外贸易比重大,市场经济发展,法律和法规比较健全,在WTO中的地位和作用高于和强于发展中成员,在WTO中居于主导地位。在2008年全球金融危机后,发达成员经济和贸易出现失衡,经贸地位逐步下降,在WTO中的主导地位受到削弱。

3. 随着新兴国家的兴起和经贸的高速发展,金砖国家在WTO中的地位和作用逐步上升。发展中成员因经济总量、贸易比重低于发达成员,加以市场经济发展程度、法律和法规不够健全和完善,在WTO中的地位和作用低于发达成员,不具备主导地位能力。特殊和差别待遇条款有助于发展中成员和最不发达成员的经贸发展,但因利用能力不同,所起作用不一。

4. WTO建立后,加入成员达到30多个。加入WTO后,促进了这些成员的改革开放进程;同时,加强了以WTO为组织和法律基础的多边贸易体制的权威性、影响力、韧性和抵制贸易保护主义的抗力。

■ 重要概念

创始成员(Original Member)

加入成员(Acceding Member)

发达成员(Developed Member)

发展中成员(Developing Member)

最不发达成员(Least Developed Countries)

特殊与差别待遇 (Special and Differential Treatment)

■ 案例分析

发达成员给予发展中成员特殊和差别待遇原因

巴格威尔和斯泰格尔认为,大国与小国缔约时订立特殊和差别待遇条款的目的在于防止小国的福利损失。根据基于贸易条件外部性的经济理论,最惠国待遇原则的政治影响具有国际效率。这意味着,为达到全球最优,大国必须在最惠国待遇原则基础上做出市场准入减让,即为避免与小国贸易发生偏离,必须将最惠国待遇拓展适用于小国。同时,小国却无须根据最惠国待遇原则(按照特殊和差别待遇条款)做出市场准入承诺。因为小国已经(单边)做出了政策选择,且其选择不会受国际成本变动的影响,因此,尽管其政策选择具有一定贸易保护色彩,但从全球角度来看是毫无效率的。巴格威尔和斯泰格尔还指出,一旦一国拥有某种产品的市场支配力,且可以影响其相对价格时,该国将被视为大国(或中等发达国家),继而被要求在市场准入方面做出互惠性减让。政治经济学理论提供了另一种解释。国际贸易协定中的承诺可以使得政府(利己的)拒绝国内利益集团关于贸易保护的要求。康科尼和贝鲁尼对存在进口竞争压力的发展中小国建立了一个时间不连续性模型。该国政府与另一大国缔结贸易协定以解决承诺问题。同时,小国以如果不合作便实行较高关税作为可置信性信号,迫使大国与其缔约,否则大国将无法获取利益。康科尼和贝鲁尼认为,与不合作的结果相比,给予发展中国家临时性特殊和差别待遇,对双方均有好处。承诺理论更适合解释南北双边协定而非多边自由化。问题在于发达国家是否同样关注承诺背后隐藏的政治经济利益?

最后,契约理论表明,贸易伙伴之间的义务不必一定对称、互惠或同时发生。因为导致各国契约不完美的未来事件的概率分布不相同,不同贸易伙伴做出承诺的灵活性也不相同。霍恩等人指出,当诸如关税之类的边境措施对贸易伙伴普遍适用且具有刚性时,贸易协定中的灵活性(相对国内工具)就相对更有吸引力;当一国可以使用的控制贸易条件的政策工具较少时,或者政策工具效果不明显时,以及进口国对贸易的控制力较弱时,小国比大国更容易遇到这些情况。霍恩等人得出结论,就针对国内政策(例如补贴)签署协定时,发展中小国更倾向于签订特殊和差别待遇条款。

上述三种理论均阐明了发达国家愿意在贸易协定中制定特殊和差别待遇条款的原因。当然,也可能还有其他原因,例如安全考虑或发展因素,既可能利他,也可能利己(例如试图牵制各种压力)。无论如何,对大的工业国而言,利益损失(以提高市场准入体现)可能对其本身并非至关重要,但是灵活条款给小国、弱国带来的利益却十分关键。

资料来源:世界贸易组织秘书处:《世界贸易报告 2007》,中译本,176~178 页,北京,中国商务出版社,2008。

分析请讨论

1. 大国为何给予小国特殊和差别待遇?

【解析】 依据巴格威尔和斯泰格尔观点,大国给予小国特殊和差别待遇的原因,是防止小国的福利损失。而小国的福利损失,将使小国国民收入下降,购买大国商品的需求不能实现。

2. 大国给予小国特殊和差别待遇对双方为何都有好处?

【解析】 康科尼和贝鲁尼给出两种理由:①加强大国与小国合作。如果大国不给予小国特殊和差别待遇,小国会设置高关税壁垒,大国则丧失利益。二者相比较,给予对双方均有好处。②通过给予,可以抵消国内利益集团追求贸易保护主义的压力。

3. 发展中小国为何更倾向于签订特殊和差别待遇?

【解析】 霍恩给出如下理由:①特殊和差别待遇属于灵活性的贸易政策措施,当以关税壁垒成为刚性时,特殊和差别待遇作为灵活性的政策措施就成为国家合作的重要选项。②大国通过提高市场准入带来的利益损失可能高于给予小国特殊和差别待遇的损失。③小国利用政策的局限性和大国对利益损失大小的考量,使得小国得到特殊和差别待遇的概率

高于其他办法。因此,小国更倾向于与大国签署带有特殊和差别待遇的贸易协定。

 同步测练与解析

1. WTO 成员是怎么来的?

【解析】 WTO 成员有两个来源,一个是原始成员,另一个是加入成员。

2. 新成员如何加入?

【解析】 加入 WTO 的程序:第一阶段,提出申请与受理;第二阶段,对外贸易制度的审议和双边市场准入谈判;第三阶段,多边谈判和起草加入文件;第四阶段,表决和生效。影响加入过程的因素:①经济体制因素;②经济发展阶段与经济发展水平;③申请者谈判成员的谈判水平。

3. 在什么情况下,WTO 成员可以互不适用?

【解析】 由于政治或其他原因,一些成员不同意相互之间适用 WTO 协定,即互不适用。采取互不适用的条件:①在成为 WTO 成员时,双方均可作出互不适用的决定;②原关贸总协定缔约方转变成 WTO 原始成员已采取的互不适用可以沿用;③对新加入成员,在部长级会议批准前已通知部长级会议的前提下,可以使用;④诸边贸易协议参加方的互不适用,按该协议的规定执行。

4. 发达成员在 WTO 中作用出现什么变化?

【解析】 发达成员在多边贸易体制中,在 WTO 建立之前和建立初期,整体处于主导地位。原因是发达成员经贸实力强大,一直是世界分工和贸易中心,对世界经贸影响重大,是经贸集团的核心国家,多边贸易谈判的要价方和出价方,对 GATT 主持的八轮多边贸易谈判议题的确定、谈判进程和谈判达成起主导作用。2008 年全球金融危机爆发后,发达成员经济发展缓慢,而发展中成员中的新兴经济体经济呈现高速发展,经济和贸易在世界中的比重上升,在多边贸易体制中的谈判能力提升,削弱了发达成员的已有主导强势地位,对发达成员的"为所欲为"进行制衡。

5. 发展中成员众多,为何不能左右 WTO?

【解析】 发展成员在 WTO 中的地位和作用有所提升,但整体经贸实力、科技发展、市场发育程度,法规制定和规则利用尚不足以制衡发达成员;加之发展中成员众多,发展很不平衡,对 WTO 的诉求差异很大,不能形成一种合力与发达成员进行较量,因此还不具备左

右 WTO 的能力。

6. 发展中成员为何不能充分利用特殊和差别待遇？

【解析】　主要原因包括：发达成员没有完全落实；发展中成员尤其是最不发达成员利用能力不足；特殊和差别待遇条款缺乏有效实施的保障；特殊和差别待遇大多数都属于"最佳努力"条款，在 WTO 中没有任何机制保障这些条款的有效执行；发展方式不同。发展中成员对待特殊和差别待遇采取两种方式：一部分国家积极推行"全球一体化"战略，推进贸易自由化，寻求外国直接投资和促进当地企业参与国际供应网络；另一部分国家强调和寄希望于传统的特殊和差别待遇战略，呼吁发达成员给予更多的特殊和差别待遇。前者利用特殊和差别待遇的效益远远高于后者。

7. WTO 建立后，为何有 30 多个新成员加入？

【解析】　最重要的原因是 WTO 有利于他们贸易的发展，扩大了国内外市场，加大了贸易对经济发展的促进作用；对外资的吸引力加强，可以深度参与国际分工与合作；参与全球价值链，享受经济全球化的利益等。

C 第五章
HAPTER FIVE

WTO运作机制

学 习 目 标

通过本章学习,全面系统地掌握 WTO 的决策机制、争端解决机制、贸易政策审议机制以及与其他组织的合作机制。掌握这些机制如何保证 WTO 健康和有效地运行。

重 点 难 点 提 示

- ◉ WTO 决策机制;
- ◉ WTO 争端解决机制;
- ◉ WTO 贸易政策审议机制;
- ◉ WTO 谈判机制;
- ◉ WTO 与其他组织合作机制。

第一节 WTO 决策机制

WTO 在决策时,主要遵循"协商一致"原则,只有在无法协商一致时才通过投票表决进行决策。

一、协商一致

WTO 在决策中继续沿用 GATT "经协商一致作出决定"的传统做法。

GATT 的决策传统是,讨论一项提议或拟议中的决定时,应首先寻求协商一致。所有缔约方都表示支持,或者没有缔约方反对,即为协商一致通过。1995 年 11 月,WTO 总理事会议定了一项有关决策规则的重要说明,强调在讨论有关义务豁免或加入请求时,总理事会应寻求以协商一致达成协议,只有在无法协商一致的情况下才进行投票表决。

二、投票表决

在 WTO 部长级会议或总理事会表决时,每一成员拥有一票。部长级会议和总理事会依据成员所投票数的多数作出决定,除非《建立 WTO 协定》或有关多边贸易协定另有规定。

(一)关于条款解释的投票表决

WTO 部长级会议或总理事会拥有解释《建立 WTO 协定》和多边贸易协定的专有权。对多边贸易协定和协议条款的解释,部长级会议或总理事会应根据监督实施协定的相应理事会的建议进行表决,并获得成员的 3/4 多数支持才能通过。

(二)关于义务豁免的投票表决

按照《建立 WTO 协定》和多边贸易协定和协议的规定,任何 WTO 成员既享受一定的权利,也要履行相应的义务。但在特殊情况下,对某一 WTO 成员应承担的某项义务,部长级会议可决定给予豁免。对 WTO 成员提出的义务豁免请求,部长级会议应确定在不超过90 天的期限内进行审议。首先应按照协商一致原则作出决定;如果在确定的期限内未能协商一致,则进行投票表决,得到 WTO 成员的 3/4 多数票可以决定义务豁免。

WTO 成员提出的义务豁免请求,若与货物贸易、服务贸易和与贸易有关的知识产权等任何一个多边贸易协定、协议及其附件有关,应首先分别提交所属理事会审议,审议期限不超过 90 天。审议期限结束时,相应理事会应将审议结果向部长级会议报告。

WTO 部长级会议作出的义务豁免决定有明确的适用期限。如义务豁免期限不超过

1年,到期自动终止;如期限超过1年,部长级会议应在给予义务豁免后的1年内进行审议,并在此后每年审议一次,直至豁免终止。部长级会议根据年度审议情况,可延长、修改或终止该项义务豁免。

(三)关于修正案的投票表决

WTO的任何成员,均可向部长级会议提出修正《建立WTO协定》和多边贸易协定条款的提案。部长级会议应在90天或确定的更长期限内,首先按照协商一致原则,作出关于将修正案提请各成员接受的决定;若在确定的期限内未能协商一致,则进行投票表决,需由成员的2/3多数通过,才能作出关于将修正案提请各成员接受的决定。

WTO成员的接受书应在部长级会议指定的期限内,交存WTO总干事。

对某些关键条款的修正,必须经所有WTO成员接受方可生效。这些关键条款是:《建立WTO协定》第9条"决策"和第10条"修正",GATT 1994第1条"最惠国待遇"和第2条"减让表",《服务贸易总协定》第2条第1款"最惠国待遇",《与贸易有关的知识产权协定》第4条"最惠国待遇"。

此外,对《建立WTO协定》、货物贸易多边协定和《与贸易有关的知识产权协定》所列出的其他条款的修正,如果不改变各成员的权利和义务,在成员的2/3多数接受后,对所有成员生效;如果上述修正改变了各成员的权利和义务,在成员的2/3多数接受后,对接受修正的成员生效,对此后接受修正的成员自接受之日起生效。

对《服务贸易总协定》第四部分"逐步自由化"、第五部分"机构条款"、第六部分"最后条款"及相应附件的修正,经成员的2/3多数接受后,对所有成员生效。

对第一部分"范围和定义"、第二部分"一般义务和纪律"、第三部分"具体承诺"及相应附件的修正,经成员的2/3多数接受后,对接受修正的成员生效,对此后接受修正的成员自接受之日起生效。

对未在WTO部长级会议规定的期限内接受已生效修正的WTO成员,部长级会议经成员的3/4多数通过作出决定,任何未接受修正的成员可以退出WTO,或经部长级会议同意,仍为WTO成员。

对《与贸易有关的知识产权协定》第71条第2款关于"修正"的要求作出的修正,可由WTO部长级会议通过,无须进一步的正式接受程序。

对《建立WTO协定》附件2《关于争端解决规则与程序的谅解》的修正,应该经过协商一致作出,经WTO部长级会议批准后,对所有成员生效;对附件3《贸易政策审议机制》的修正,经部长级会议批准后,对所有成员生效;对附件4"诸边贸易协议"的修正,按诸边贸易协议中的有关规定执行。

三、议事方式

部长级会议和总理事会通常的议事方式是绝大部分会议后,召开各委员会会议。会议主要解决如何进行议事的问题,包括会议法定人数的构成,提出议事的程序、干预措施的期限,书面报告及其在会议记录中的反映,以及在"其他"事项讨论的内容。议事方式还涉及会议召开的程序、议事进程和发展与推动、成员代表、观察员代表、观察员身份和官员的选举。此外,涉及决策的方式首先应按照《建立 WTO 协定》第 9 条进行,即优先使用协商一致的原则。2002 年,总理事会在"关于总干事任命程序"的决议中,将投票作为"最后的手段",被认为是"与一致决策惯例相悖的一个特例,且不应为 WTO 未来任何决定设立此类先例"。

四、决策机制效应

WTO 建立后,决策机制运作良好,有效保证了各委员会顺畅地运行。在 WTO 的运作中,也对决策方式有所发展和完善。

例如,主席宣言的使用就发展了决策方式。在这个方法中,部长级会议、总理事会或其他 WTO 委员会的主席宣读一份需要委员会正式通过的涉及某一谅解或附加信息的声明,如果不是多数成员赞同主席在相关会议上宣读宣言,则宣言通常是部分成员协商的主题。一般情况下,主席建议是根据刚刚通过的宣言或部长级会议或总理事会等关于宣言的记录做出决议,且该事实被列入会议记录。随后,主席宣言通常会在成员之间传阅和/或在会议记录中被完整复制,最终上传到 WTO 网站。主席宣言的目的通常是回应一个或多个成员对即将正式通过的决议的疑虑或考量,但是因为担心失去成员的一致支持,该宣言不能明确地在宣言中体现。

第二节　WTO 争端解决机制

乌拉圭回合达成的《关于争端解决规则与程序的谅解》(以下简称《谅解》),是 WTO 关于争端解决的基本法律文件。

一、形成背景

《谅解》来自 GATT 争端解决的实践。从 1948 年至 1995 年 3 月,GATT 受理的争端共计 195 起(不包括根据"东京回合"各守则争端解决程序所受理的 22 起争议)。其中,提交专家组调查的 98 起争议,有 81 起通过了专家组报告。

GATT 争端解决机制存在严重缺陷。在时间上，由于没有明确的时限规定，争端解决往往久拖不决；在程序上，由于奉行"协商一致"的原则，被专家组裁定的败诉方可借此规则阻止专家组报告的通过。这些问题降低了缔约方对 GATT 争端解决机制的信心，影响了以 GATT 为基础多边贸易体制的稳定性。

为加强争端解决机制作用，乌拉圭回合中达成《谅解》，建立了 WTO 争端解决机制。《谅解》包括 27 个条款、4 个附件。WTO 总理事会同时作为负责争端解决的机构，履行成员方之间争端解决的职责。

二、WTO 争端解决机制的特点与管辖范围

（一）WTO 争端解决机制的特点

1. 鼓励成员通过双边磋商解决贸易争端

《谅解》规定，争端当事方的双边磋商是争端解决的第一步，也是必经的一步。即使争端进入专家组程序，当事方仍可通过双边磋商解决。《谅解》鼓励争端当事方通过双边磋商达成相互满意的解决方案。

2. 以保证规则的有效实施为优先目标

争端解决机制的目的是使争端得到积极有效的解决。争端各方可通过磋商，寻求均可接受并与 WTO 有关协定或协议相一致的解决办法。在未能达成各方满意的解决办法时，争端解决机制的首要目标是确保成员撤销被认定违反 WTO 有关协定或协议的措施。如该措施暂时未能撤销，应申诉方要求，被诉方应与之进行补偿谈判，但补偿只能作为一项临时性措施加以援用。如在规定时间内未能达成满意的补偿方案，经争端解决机构授权，申诉方可采取报复措施。

3. 严格规定争端解决的时限

迅速解决争端是《谅解》中的一项重要原则。为此，对争端解决程序的各个环节都规定了严格、明确的时间表。它有利于及时纠正成员违反 WTO 协定或协议的行为，使受害方得到及时的救济，也有助于增强各成员对多边争端解决机制的信心。

4. 实行"反向协商一致"的决策原则

《谅解》引入了"反向协商一致"的决策原则。在争端解决机构审议专家组报告或上诉机构报告时，只要不是所有的参加方都反对，则视为通过，从而排除了受诉方单方面阻挠报告通过的可能。

5. 禁止未经授权的单边报复

《谅解》的规定禁止采取任何单边的、未经授权的报复性措施。

6. 允许交叉报复

《谅解》规定，如果某个成员在某一领域的措施被裁定违反 WTO 协定或协议，且该成员

未在合理期限内纠正,经争端解决机构授权,利益受到损害的成员可以进行报复。报复应优先在被裁定违反 WTO 协定或协议的措施的相同领域进行,称为平行报复;如不可行,报复可以在同一协定或协议下跨领域进行,称为跨领域报复;如仍不可行,报复可以跨协定或协议进行,称为跨协议报复。

例如,某成员对农产品进口实施数量限制的措施,违反了 GATT 1994 关于普遍取消数量限制的规定,且该成员不接受争端裁决,则经争端解决机构授权,利益受损害的成员应优先考虑针对从该成员进口农产品进行报复;如不可行,也可在其他产品的进口方面进行报复;如仍不可行,则可在其他任何协定或协议所管辖的领域进行报复。

(二)WTO 争端解决机制的管辖范围

《谅解》第 1 条,对争端解决机制的管辖范围作了如下规定。

1. 全面适用

WTO 争端解决机制,适用于各成员根据 WTO 负责实施管理的所有协定和协议中提起的争端。

2. 特别规则优先

《谅解》附录 2,列出了所有含有特别规则和程序的协议,如《实施卫生与植物卫生措施协议》《纺织品与服装协议》《技术性贸易壁垒协议》《反倾销协议》《海关估价协议》《补贴与反补贴措施协议》《服务贸易总协定》及有关附件等。当《关于争端解决规则与程序的谅解》规则与一般规则发生冲突时,特别规则可优先适用。

3. 对适用规则的协调

当某一争端的解决涉及多个协定或协议,且这些协定或协议的争端解决规则和程序存在相互冲突时,争端各当事方应在专家组成立后的 20 天内,就适用的规则及程序达成一致。如不能达成一致,争端解决机构主席应与争端各方进行协商,在任一争端当事方提出请求后的 10 天内,决定应该遵循的规则及程序。争端解决机构主席在协调时应遵守"尽可能采用特别规则和程序"的指导原则。

三、WTO 争端解决的基本程序

WTO 争端解决的基本程序包括磋商、专家组审理、上诉机构审理、裁决的执行及监督等。此外,在当事方自愿的基础上,也可采用仲裁、斡旋、调解和调停等方式解决争端。

(一)磋商

《谅解》规定,一成员方向另一成员方提出争端磋商要求后,被要求方应在接到请求后的 10 天内作出答复。如同意举行磋商,则磋商应在接到请求后 30 天内开始。如果被要求方在接到请求后 10 天内没有作出反应,或在 30 天内或相互同意的其他时间内未进行磋商,则要求进行磋商的成员方可以直接向争端解决机构要求成立专家组。如果在接到磋商请求之日后 60 天内磋商未能解决争端，要求磋商方（申诉方）可以请求设立专家组。在紧急情况下（如涉及容易变质的货物），各成员方应在接到请求之日后 10 天内进行磋商。如果在接到请求之日后 20 天内磋商未能解决争端，则申诉方可以请求成立专家组。

要求磋商的成员方应向争端解决机构、有关理事会和委员会通知其磋商请求。磋商情况应当保密，而且不得损害任何一方在争端解决后续程序中的权利。

如果第三方认为与拟议举行的磋商有实质性的贸易利益关系，可在争端解决机构散发该磋商请求后 10 天内，把加入磋商的意愿通知各磋商成员方和争端解决机构。若磋商成员方认为该第三方要求参与磋商的理由充分，应允许其参加磋商。如加入磋商的请求被拒绝，则第三方可根据有关规定向磋商成员方另行提出直接磋商的请求。

（二）专家组审理争端

1．专家组的成立和授权

1）专家组的成立

在双边磋商未果，或经斡旋、调解和调停仍未解决争端的情况下，投诉方可以向争端解决机构提出成立专家组的请求。一旦此项请求被列入争端解决机构会议议程，专家组最迟应在这次会后的争端解决机构会议上予以设立，除非争端解决机构一致决定不成立专家组。由于 WTO 争端解决机制实行反向协商一致原则，争端解决机构有关会议一致反对成立专家组的可能性很小，因此专家组的设立几乎不会成为问题。

如果一个以上的成员就同一个事项请求成立专家组，则尽可能由一个专家组审查这些申诉。若成立一个以上专家组审查与同一事项有关的各种申诉，则各专家组应该尽可能由相同的人士组成，各专家组的审理进度也应该进行协调。

2）专家组的组成

专家组通常由 3 人组成，除非争端当事方在专家组设立之日起 10 天内同意设立 5 人专家组。专家组的成员可以是政府官员，也可以是非政府人士。但他们均以个人身份工作，不代表任何政府或组织，WTO 成员不得对他们作出指示或施加影响。为便于专家组成立，WTO 秘书处备有一份符合资格要求专家组名单。

《谅解》第 8 条规定，除非争端当事方有令人信服的理由，否则不得反对秘书处向他们提出的专家组成员人选。如果自决定设立专家组之日起 20 天内，争端当事方仍未能就专家组的人员组成达成一致，应任何一个争端当事方的请求，WTO 总干事在与争端解决机构主席、有关理事会或委员会主席及争端各方磋商以后，任命人选。

《谅解》第 8 条第 3 款还规定，当事方和有利益关系的第三方公民不得担任与该争端有关的专家组成员（各争端当事成员方另有约定的除外）。

在专家组的组成中，WTO 考虑发展中成员的特别利益。《谅解》规定，当争端发生在发展中成员与发达成员之间时,如发展中成员提出请求,该专家组至少应有一人来自发展中成员方。

3) 专家组的职权范围

《谅解》第 7 条第 1 款规定了专家组的职权范围和工作程序。在专家组成立后 20 天内,若争端各当事方对专家组的职权有特别要求,争端解决机构也可以授权其主席与争端各方磋商,在遵守《谅解》规定的前提下,确定专家组的职权。

2. 专家组的审理程序

在案件审理中,专家组要调查案件的相关事实,就引起争议的措施是否违反相关协定或协议作出客观评价,对争端的解决办法提出建议。

专家组设立后,一般应在 6 个月内(紧急情况下 3 个月内)完成全部工作,并提交最终报告。如专家组不能如期提交报告,则应书面通知争端解决机构,说明延误的原因和提交报告的预期时间,但最长不得超过 9 个月。应申诉方的请求,专家组可以暂停工作,但期限不得超过 12 个月。如超过 12 个月,设立专家组的授权则终止。

通常情况下,专家组首先听取争端各方陈述和答辩意见。然后,专家组将报告初稿的叙述部分(事实和理由)散发给争端各方。

在专家组规定的时间内,争端各方应提交书面意见。待收到各方的书面意见后,专家组应在调查、取证的基础上完成一份中期报告,并向争端各方散发,再听取争端各方的意见和评议。中期报告的内容应包括叙述部分、调查结果和结论。争端各方可以书面要求专家组在提交最终报告前对中期报告进行审查。如有此要求,专家组应与争端各方举行进一步的会谈。如专家组在规定时间内未收到争端各方对中期报告的意见,则中期报告应视为专家组的最终报告,并迅速散发给各成员方。

为完成最终报告,专家组有权从他们认为适当的任何个人或机构获取资料和专门意见。专家组在向成员方管辖的个人或机构索取资料和意见前,应通知该成员方政府。对于争端中涉及的科学或技术方面的问题,专家组可以设立专家评审组,并要求他们提供书面咨询报告。

如争端当事方以外的成员认为该争端与自身有实质性的利益关系,则在向争端解款机构作出通知后,可以以第三方身份向专家组陈述意见,并有权获得争端各方提交专家组首次会议的陈述材料。

3. 专家组报告的通过

《谅解》第 16 条规定,为使各成员有足够时间审议专家组最终报告,只有在报告散发给各成员方 20 天后,争端解决机构方可考虑审议通过。对报告有异议的成员方,应至少在召开审议报告会议 10 天前,提交供散发的书面反对理由。在最终报告散发给各成员方的 60 天内,除非争端当事方正式通知争端解决机构他们的上诉决定,或争端解决机构经协商一致决定不通过该报告,则该报告应在争端解决机构会议上通过。

（三）上诉机构审理

1. 上诉机构设立目的

可使当事方有进一步申诉案情的权利，使争端解决机制更具有准确性与公正性。

2. 上诉机构的组成及职权范围

《谅解》第17条规定，争端解决机构设立常设上诉机构，受理对专家组最终报告的上诉。上诉机构由7人组成，通常由其中的3人共同审理上诉案件。该机构成员由争端解决机构任命，任期4年，可连任一次。为保证上诉机构的权威性和公正性，其成员应是法律、国际贸易和WTO协定或协议方面的公认权威，并有广泛的代表性。该机构成员不得从属于任何政府，也不得参与审议可能对他们有直接或间接利益冲突的争端。1995年11月29日，争端解决机构从23个国家所推荐的32位候选人中，任命了常设上诉机构的7名成员。

上诉机构只审理专家组报告所涉及的法律问题和专家组所作的法律解释。上诉机构可以维持、修改或推翻专家组的结论。

3. 上诉机构对案件的审理

上诉机构对专家组报告的审议，自争端一方提起上诉之日起到上诉机构散发其报告之日，一般不超过60天。如遇有紧急情况，上诉机构应尽可能地缩短这一期限。上诉机构如果认为不能在60天内提交报告，则应将延迟的原因及提交报告的预期时间书面通知争端解决机构，但提交报告时间最长不得超过90天。

4. 上诉机构报告的通过

争端解决机构应在上诉机构报告散发后的30天内通过该报告，除非争端解决机构经过协商一致决定不予通过。

（四）争端解决机构裁决的执行及其监督

上诉机构报告一经通过，其建议和裁决即对争端各当事方产生约束力，争端当事方应该无条件地接受。

1. 裁决的执行

《谅解》第21条规定，在上诉机构报告通过后30天内举行的争端解决机构会议上，有关成员应将执行争端解决机构建议和裁决的意愿通知该机构。有关建议和裁决应该迅速执行，如果不能迅速执行，则应该确定一个合理的执行期限。"合理期限"由有关成员提议，并需经过争端解决机构批准；如未能够获得批准，由争端各方在建议和裁决通过后45天内协商确定期限；如果经过协商也无法确定时，则由争端各方聘请仲裁员确定。

如果被诉方的措施被认定违反了WTO的有关规定，且未在合理的期限内执行争端解决机构的建议和裁决，则被诉方应申诉方的请求，必须在合理期限届满前与申诉方进行补偿谈判。补偿是指被诉方在贸易机会、市场准入等方面给予申诉方相当于它所受损失的减让。

根据《谅解》第 22 条规定,补偿只是一种临时性的措施,即只有当被诉方未能在合理期限内执行争端解决机构的建议和裁决时,方可采用。如果给予补偿,应该与 WTO 有关协定或协议一致。

2. 授权报复

如申诉方和被诉方在合理期限届满后 20 天内未能就补偿问题达成一致,申诉方可以要求争端解决机构授权对被诉方进行报复,即中止对被诉方承担的减让或其他义务。争端解决机构应该在合理期限届满后 30 天内给予相应的授权,除非争端解决机构经协商一致拒绝授权。根据所涉及的不同范围,报复可分为平行报复、跨部门报复和跨协议报复三种。被诉方可以就报复水平的适当性问题提请争端解决机构进行仲裁。

报复措施是临时性的。只要出现以下任何一种情况,报复措施就应终止:

(1) 被认定违反 WTO 有关协定或协议的措施已被撤销;

(2) 被诉方对申诉方所受的利益损害提供了解决办法;

(3) 争端当事各方达成了相互满意的解决办法。

3. 监督执行

争端解决机构应该监督已通过的建议和裁决的执行情况。在建议和裁决通过后,任何成员都可随时向争端解决机构提出与执行有关的问题,以监督建议和裁决的执行。除非争端解决机构另有决定。在确定执行的合理期限 6 个月后,争端解决机构应该将建议和裁决的执行问题列入会议议程,并进行审议,直至该问题得到解决。在争端解决机构每一次会议召开的 10 天前,有关成员应向争端解决机构提交一份关于执行建议和裁决的书面报告。

四、仲裁、斡旋、调解和调停

(一)仲裁

《谅解》第 25 条规定,仲裁可以作为争端解决的另一种方式。如果争端当事方同意以仲裁方式解决,则可在共同指定仲裁员并议定相应的程序后,由仲裁员审理当事方提出的争端。

仲裁可用于不同的目的和争端解决的不同阶段,如审理争端、裁定执行的合理期限、评估报复水平是否适当等。

(二)斡旋、调解和调停

斡旋是指第三方促成争端当事方开始谈判或重开谈判的行为。在整个过程中,进行斡旋的一方可以提出建议或转达争端一方的建议,但不直接参加当事方的谈判。

调解是指争端当事方将争端提交一个由若干人组成的委员会,该委员会通过查明事实,提出解决争端的建议,促成当事方达成和解。

调停是指第三方以调停者的身份主持或参加谈判,提出谈判的基础方案,调和、折中争端当事方的分歧,促使争端当事方达成协议。

在 WTO 争端解决中,斡旋、调解或调停是争端当事方经协商自愿采用的方式。争端的任何一方均可随时请求进行斡旋、调解或调停。斡旋、调解或调停程序可以随时开始,随时终止。一旦终止,申诉方可以请求设立专家组。如果斡旋、调解或调停在被诉方收到磋商请求后的 60 天内已经开始,则申诉方只能在该 60 天届满后请求设立专家组。但是,如争端当事方均已认为已经开始的斡旋、调解或调停不能解决争端,则申诉方可以在该 60 天内请求设立专家组。在争端进入专家组程序后,如果争端当事方同意,斡旋、调解或调停程序也可同时继续进行。当事方在斡旋、调解或调停中所持的立场应予保密,而且任何一方在争端解决后续程序中的权利不得受到损害。

WTO 总干事可以他所任职务身份进行斡旋、调解或调停。

五、WTO 争端解决机制的特点与效应

（一）特点突出

1. 结构具有灵活性又有执行力

磋商、调解、相互达成解决办法等非诉解争端的手段,与设立专家组和上诉准司法程序,以及对于履行裁决的合理期限和补偿金的计算等问题使用仲裁三者结合,既有灵活性又有执行力。

2. 专家组与上诉机构法官分工明确

专家组审理案件的事实与法律问题。WTO 上诉机构只审理对专家组报告中的法律问题与法律解释的争端的上诉。专家组的专家不是常设的,不能审理本国的案件。

上诉机构的法官不隶属任何成员政府,独立公正办案。审理开庭和交换意见必须在 WTO 设在日内瓦的总部办公室进行。其他时间也要随叫随到。如果上诉机构法官与即将受理的上诉案件没有直接或间接利益冲突,上诉机构法官可以受理本国案件。审案期间法官不能与有关当事方交谈。上诉机构成员不被正式称为"法官",但是执行法官制度。其权威性来自审案的专业性,上诉机构的强制管辖权以及裁决的强制执行,以及上诉机构严格的行为规范和纪律监督。

3. 上诉机构没有"退回重审"的权力

当上诉机构庭审法官推翻专家组某些错误的裁决和法律分析时,如果专家组报告包括有关事实或者当事各方对于一些事实有共识,无异议,上诉机构庭审法官可以依据这些事实完成法律分析,即作出新的裁定。如果专家组采用了"司法节制",有关事实没有认定,或者当时各方对于有关事实有分歧,上诉机构庭审法官只能在推翻专家组的错误裁定后宣布其无效,但是不能完成法律分析,该问题无结论。

4. 上诉机构会议固定在日内瓦 WTO 办公室进行

上诉机构庭审会议、听证会和交换意见会议均在日内瓦 WTO 办公室进行。全体 7 名法官(已经被规避的法官除外)对所有上诉案件都逐一交换意见。案件审理是保密的。上诉机构成员通过两次秘密的不可预测的抽签决定成立庭审 3 名法官。上诉机构所有法官必须在收到上诉申请之前披露自己是否与有关上诉案件有直接或间接的利益冲突。2012 年前,在时间紧迫必须立刻成立由 3 名法官组成的审案庭的情况下,有时上诉机构 7 名成员通过电话会议披露和讨论利益冲突问题,效果不好。2012 年开始,上诉机构执行更加严格的利益冲突披露审查,禁止通过电话讨论会议讨论法官的利益冲突问题,必须在日内瓦法官会议上面对面披露利益冲突。如果某一法官可能有利益冲突,则该法官需离开会场,由其他法官背对背地讨论决定该法官是否需要回避。一旦上诉机构法官集体决定该法官应该回避,该法官即不能参加听证会、交换意见和庭审等一切关于该上诉案件的审理程序。为防止上诉机构法官和上诉机构秘书处涉及案件审理的关系人员,在退休或离职后披露该案件的审理内容,WTO 规定,3 年内关系人员不能代理有关案件不得出席听证会。永远不得披露审案的内部机密。

5. 上诉机构听证会是否对公众开放,尚无法律规定

WTO 争端解决谅解备忘录规定"所有程序"是保密的。近年来,一些发达成员要求上诉机构听证会对公众开放。大多数发展中成员认为发达成员在日内瓦的律师事务所多、常驻WTO 专家多,他们可以从上诉机构开放听证会收益;而发展中成员在日内瓦人员少,没有律师事务所,不能通过参加公开的听证会受益,因此不同意听证会公开。将出现以下发展趋势,如果争端当事双方均同意其听证会公开,上诉机构审议庭根据争端当事方"意思自治"原则,同意该听证会对外公开。随着互联网在世界的普及,WTO 听证会通过互联网对所有成员公开将指日可待。

（二）产生积极效应

WTO 上诉机构充分借鉴了国际仲裁和诉讼公约以及世界主要法律传统的司法经验,融合了诉讼、仲裁与调节等多种争端解决方式的元素,兼具公平性与灵活性。其中一些独特的安排,如"反向协商一致"决定设立工作组与通过专家组和上诉机构的裁决,提高了司法职能:WTO 的裁决是向前看,对被诉方过去违法的措施给申诉方造成的损失既往不咎,仅仅要求该败诉方迅速修改或撤销其不合规的措施等,鼓励各成员遵守 WTO 规则,积极改革其内部贸易规定,使其符合 WTO 规则,降低各成员经济改革的成本;处理争端的专家和上诉机构法官独立、公正办案,客观地审理案件的法规,保障了 WTO 准司法的客观与公正性;当事方负举证责任,即谁主张、谁举证的要求以及在条约解释方面的案例与经验均获得国际社会特别是司法界的肯定。因此,WTO 争端解决机制被广泛使用。

自 WTO 争端解决机制运行以来,到 2016 年已受理约 500 个案件,其受理的案件数是

GATT 50 年受理的案子数量的近一倍。WTO 成为拥有准司法职能的国际组织中受理案件最多、最活跃的一个,使 WTO 成为"有齿之虎"。它的"齿"不仅表现在可以经上诉机构授权胜诉方向未履行裁决的败诉方实行贸易报复,而且在每月两次的上诉机构大会上,败诉方必须向 WTO 全体成员报告其执行裁决的情况,从而使 WTO 全体成员对未履行裁决的败诉方进行适时的监督和施加压力,迫使该成员履行 WTO 裁决。

第三节　WTO 贸易政策审议机制

一、贸易政策审议机制建立与目的

贸易政策审议机制(Trade Policy Review Mechanism,TPRM)是 1988 年在乌拉圭回合中期审评会议临时批准建立的,1989 年开始运行。WTO 成立后,贸易政策审议职责由 WTO 总理事会承担,即总理事会同时也是贸易政策审议机构。

贸易政策审议目的在于"对各个成员的全部贸易政策和做法及其对多边贸易体制运行的影响进行定期的审议和评估,以促进所有成员更好地遵守根据多边贸易协议及适用的诸边贸易协议所制订的规则、纪律和承诺"。但是,这一集体审议区别于 WTO 其他机构的运作,那些机构负责监督每个成员执行具体协议的情况,如有关纺织品和补贴的协议等,也区别于争端解决程序。贸易政策审议对象主要是 WTO 各成员的全部贸易政策和措施,审议范围包括货物贸易、服务贸易和知识产权领域。此外,贸易政策审议机制还要求对世界贸易环境的发展变化情况进行年度评议。贸易政策审议的结果,不能作为启动争端解决程序的依据,也不能以此要求成员增加新的政策承诺。

二、WTO 成员为审议对象

(一)WTO 成员都要接受政策审议,但期限不同

所有 WTO 成员都要进行审议。审议的频率取决于该成员对多边贸易体制的影响程度。确定这种影响程度的主要依据,是成员在世界贸易中所占的份额。成员方占世界贸易的份额越大,接受审议的间隔时间越短,次数越频繁。对在世界贸易额中排名前 4 位的成员每 2 年审议一次,对其后的 16 个成员每 4 年审议一次,对余下的成员每 6 年审议一次,对最不发达成员的审议间隔时间更长。由于 WTO 成员有 160 多个,贸易政策审议机构每年要审议 20 个以上成员的贸易政策。

每一次贸易政策审议,都是在两份报告基础上进行的,它们分别是 WTO 秘书处自负全责编写的详细报告和接受政策审议成员的"政策声明"。WTO 秘书处报告包括"意见摘要"

和涉及经济环境、贸易与投资政策制定机制、按措施划分的贸易政策与做法及按部门划分的贸易政策与做法等4章。该报告要经过有关成员核对，但报告内容最终要由秘书处负责。成员政府的"政策声明"，一般长度在10～30页，要全面阐述其实施的贸易政策和做法。

　　WTO 秘书处在准备报告过程中，要派人与接受审议成员的相关政府部门和机构就有关问题进行讨论，也可以向制造商协会、商业协会等中介机构以及有关研究机构进行咨询。

　　正式审议工作由贸易政策审议机构进行，对所有 WTO 成员开放，接受审议的成员派出的代表团通常为部长级。为引导讨论，从参与审议的成员中选取两位讨论人，以个人身份参加审议会议，不代表各自政府。

　　审议会议一般连续举行两个上午。第一次会议有接受审议的成员首先致辞，该成员的代表团通常为部长级。随后由讨论人发言，与会者发表意见。在第二次审议会议上，讨论主要围绕会前确定的主题进行，被审议成员就各成员方提出的问题进一步作出答复；如有必要，被审议成员也可在1个月内作出书面补充答复。审议会议在总理事会主席作出总结后结束。主席和秘书处随即向新闻界简要通报审议情况，公布秘书处报告的意见摘要及主席总结。接受审议的成员也可以举行新闻发布会。秘书处报告、"政策声明"以及会议记录随后不久以英文、法文和西班牙文发表。

　　如2004年 WTO 对美国贸易政策审议，秘书处报告由6个部分组成。它们分别是：报告摘要，第Ⅰ章近期经济发展，第Ⅱ章贸易和投资政策的进展，第Ⅲ章根据政策细分的贸易政策和惯例，第Ⅳ章部门贸易政策，参考文献。2004年 WTO 对美国贸易政策审议美国政府政策声明5个部分。它们分别是：第Ⅰ章多边贸易体制中的美国，第Ⅱ章美国经济与贸易环境，第Ⅲ章贸易政策的发展，2001—2003年，第Ⅳ章开放性与归责制：构建对贸易的支持，第Ⅴ章展望。在参加对美国政策审议会议上，中国代表团就 WTO 秘书处报告四部分内容提出114个问题，要美国代表团回答。

（二）对世界贸易环境的评议

　　贸易政策审议机制要求 WTO 总干事以年度报告的形式，对影响多边贸易体制的国际贸易环境变化情况进行综述。该报告要列出 WTO 的主要活动，并且指出可能影响多边贸易体制的重大政策问题。最初几次世界贸易环境评议的经验表明，这种评议提供了一个重要的机会，特别是在不举行部长级会议的年份里，使 WTO 成员可以对国际贸易政策和贸易环境发展趋势进行总体评估。

　　如 WTO 2014年世界贸易报告中，专门就贸易和发展的趋势和 WTO 角色作出综述。内容包括两大部分。第一部分是2013年和2014年年初的全球经济和贸易，内容有引言和贸易发展；第二部分为贸易和发展，近来的趋势及 WTO 角色，内容包括：引言、发展中国家在世界经济中的地位变得越来越重要、全球价值链的兴起、在发展战略中商品的新角色、宏观经济波动的同步化与全球化加深、WTO 与发展中国家、结论。

三、WTO 贸易政策审议机制的实施与作用

(一) 实 施

1. 接受政策审议的成员次数

按照 WTO 贸易政策审议机制的规定,审议频率与贸易规模正相关。目前排名前 4 位的成员(欧盟、美国、中国和日本)每 2 年审议一次,第 5~20 位的成员每 4 年审议一次,其他成员每 6 年审议一次,对于最不发达成员,审议周期还可延长。到 2016 年年底,接受政策审议成员的次数:欧盟、美国和日本为 10 次;加拿大为 7 次;中国、新加坡、韩国、泰国各为 6 次;澳大利亚、巴西、中国香港、印度、马来西亚、瑞士、土耳其、挪威各为 5 次;喀麦隆、智利、哥斯达黎加、多米尼加、萨尔瓦多、印度尼西亚、毛里求斯、墨西哥、新西兰、巴基斯坦、斯里兰卡、赞比亚各为 4 次;另有 27 个成员各为 3 次,35 个成员各为 2 次,33 个成员各为 1 次。

2. 审议重点内容的强调与实施改革

2013 年 WTO 贸易政策审议机构进行审议机制评价后,重点强调审议活动的互动性和有效性,采用新的时间表,接受审议的成员可以选择使用电子视听设备参加贸易政策审议机构的会议。

3. 帮助发展中成员特别是最不发达成员参与贸易政策审议

为此,2014 年后,WTO 政策审议委员会举办培训研讨班,帮助上述成员讨论和理解审议结果,了解其他成员对其贸易体制的关注和顾虑。

(二) 积极作用

1. 增加多边贸易体制透明度

定期审议 WTO 成员的贸易政策,以及评估国际贸易环境的变化,为 WTO 成员提供了发表意见和建议的场所和机会,有助于增加多边贸易体制的透明度。

2. 减少贸易摩擦与争端

接受审议的成员对其贸易及相关政策进行解释、说明和答辩,有助于增进 WTO 成员的相互了解,减少或避免贸易争端和摩擦。

3. 监督成员履行承诺和义务

WTO 各成员参与贸易政策审议和评估,可以为接受审议的成员在贸易政策制定和改进方面提供一些意见或建议,有助于督促该成员履行作为 WTO 成员的义务和承诺。

(三) 作用的局限性与改进

1. 约束力不强

贸易政策审议机制发挥的是"同行审议"的作用,不具备很强的约束力。

2. 成员履行通报表现不佳削弱了深意的效果

许多成员在农业国内支持、工业品补贴、技术性贸易壁垒、动植物检验、检疫措施、市场准入等方面，存在透明度不够，通报不及时等问题，影响了成员的相互贸易政策的了解。

3. 发展中成员因能力不足使他们不能有效参与审议

为加强政策审议效果，WTO 开始加强政策审议机制与 WTO 其他功能之间建立有机联系，督促成员及时和切实公报，设立"发展中国家贸易政策审议基金"帮助发展中成员参与贸易政策审议并做好审议的后续工作。

第四节　WTO 的谈判机制

一、WTO 贸易谈判的目标与业绩

（一）贸易谈判的目标

WTO 主持的多边贸易谈判的目标是推行成员间的贸易自由化，建立公开、透明和非歧视的贸易规则。具体现为：谈判的内容是削减贸易壁垒，制定推动趋向自由化和规则化的贸易规则；谈判在 WTO 全体成员之间开展。谈判结果在最惠国待遇的基础上对 WTO 成员以多边主义和非歧视方式普遍适用。多边主义和非歧视是 WTO 谈判的最大特点。在 160 多个成员之间开展谈判并达成一套普遍适用的规则，并在最惠国待遇的基础上开放市场，可以使制定和执行规则的行政和商业成本大大降低，促进成员的贸易发展，实现加入 WTO 的追求。

（二）贸易谈判经历的次数与内容

自 1955 年 WTO 建立以来，据初步统计，在其主持下共完成了 40 余场修订协定或新纪律的谈判。其中包括：33 场新成员加入谈判；5 场内设议程谈判，包括《服务贸易总协定》第二议定书（金融服务）、第三议定书（自然人流动）、第四议定书（基础电信）、第五议定书（金融服务）的谈判，以及修订《政府采购协议》谈判。其中涉及服务贸易的内设议程谈判属于多边性质。《政府采购协议》修订谈判则属于诸边性质；与此同时，WTO 还完成了一项关于削减信息技术产品关税的散边谈判，与《与贸易有关的知识产权协定》执行问题有关的多边谈判。

2001 年，WTO 启动多哈回合谈判。这是 WTO 成立后发起的第一轮多边贸易谈判，也是 WTO 框架下参加方最多、规模最大、议题最广的谈判。其中《贸易便利化协定》已经实现早期收获。在多哈回合推进的同时，还进行了 3 场诸边形式的谈判，分别是《信息技术产品协定》扩围谈判，《环境产品协定》（*Environmental Goods Agreement*，EGA）谈判以及《服务

贸易协定》（*Trade in Service Agreement*，TiSA）谈判。

（三）形成各种不同类型的谈判模式

上述谈判，既包括在全体成员之间开展的多边谈判，也包括少数成员参加的诸边谈判；既包括包含多议题的回合制谈判，也包括针对具体议题的回合之外的谈判。经过GATT 和 WTO 近 70 年的谈判和实践，WTO 已经形成了一套谈判机制组织各种不同类型的谈判。

对于 WTO 而言，一套经过反复实践形成的谈判机制产生两种作用：首先，形成一个各方认可的谈判规则和组织架构，有助于降低 WTO 成员的国际贸易谈判的交易成本；其次，如果谈判机制变得过于庞杂或由于情势变化而不能随之进行调整，也会导致交易成本的上升，给 WTO 谈判带来挑战。

二、WTO 谈判机制确立的基础

（一）成员驱动、协商一致为基本决策程序的谈判

成员驱动是相对管理层驱动而言。对于作为国际贸易组织的 WTO，其总干事及秘书处没有发起谈判、提出议案的权利；谈判由成员发起并推动、自下而上听取各方意见，形成共识，再由总干事主持谈判，从而总干事和秘书处发挥协调、倡导和技术协助方面的重要作用。谈判开始后，WTO 总干事以及各谈判委员会主席（主要由成员驻 WTO 大使担任）的职责是根据成员的立场对谈判进行引导、协调，并在关键时刻进行斡旋，引导各方达成共识。从历史上看，一个强有力的总干事对推动谈判起到非常重要的作用。

WTO 建立后，协商一致作为一种机制被确定下来。WTO 协定第 9 条"决策"规定："WTO 应继续实行 GATT 所遵循的经协商一致"作出决定做法。该条的脚注对"协商一致"做出进一步的解释："如在做出决定时，出席会议的成员均未正式反对拟议的决定，则有关机构应被视为经协商一致对提交其审议的事项作出了决定。"[①]与 IMF、WB 以加权投票方式进行决策相比，WTO 协商一致的决策方式在程序上无疑更加民主，从而使谈判结果也更具合法性。当然，尽管奉行协商一致的谈判原则，但 GATT 和 WTO 谈判实际上受到大国贸易政策的显著影响。

（二）互惠原则是 WTO 谈判的基本理念

WTO 是对贸易政策拥有自主权的经济成员开展多边合作的平台。促进合作的基本理念和实践路线就是在主要成员之间实行互惠原则。该原则已经成为多边贸易体制谈判的基

---

① 对外贸易经济合作部国际经贸关系司：《WTO 乌拉圭回合多边贸易谈判结果法律文本》，9 页，北京，法律出版社，2000。

本理念。但是,由于受成员市场规模的影响,也出现大量非互惠的谈判成果。

早期的 GATT 关税减让谈判采取的是双边出价和要价的模式,谈判在主要在供应方和需求方之间进行。以关税降低的幅度和所覆盖的贸易量大体相当进行衡量,基本符合互惠原则。

在能够被量化的领域,谈判的互惠性比较容易实现。因此在市场准入谈判中,常常将一些非量化的贸易壁垒关税化或数量化。如将从量税转化为从价税等值,通过计算非关税壁垒对农产品价格的影响而将其关税化,将政府对农业的补贴转化为数字化的综合支持总量,计算政府采购协议所涵盖的实体及采购行为的总规模等。但是,也有一些非关税措施很难量化。此类非关税措施的谈判主要涉及制度性的协调,因此这些领域的谈判往往就非歧视、透明度、正常程序等基本原则和若干核心概念达成一致,而在具体的制度性安排上给成员留出一定的自主裁量空间。

随着关税壁垒的降低,标准、技术法规以及合格评定程序、知识产权保护、投资以及农业等领域日益成为谈判的焦点;随着新兴经济体在国际贸易中的重要性不断攀升,发达成员对其也提出更高的互惠要求。当一个谈判领域内部难以建立互惠关系的时候,谈判往往需要采取跨领域的互惠,如将农业与非农市场准入挂钩。但当谈判领域逐渐触及国内制度协调时,互惠原则作为贸易谈判的理念受到冲击;区域贸易协定的兴起,也使互惠原则理念受到削弱。

(三)"一揽子承诺"与"特殊差别"的互存

1."一揽子承诺"

"一揽子承诺"是 GATT 乌拉圭回合提出的谈判方式,并被沿用到 WTO 多哈回合谈判。它有两层含义,一是协议达成的同时性,二是协议本身的不可分割性。"一揽子承诺"在 WTO 进一步得到强化,即谈判达成的协定是不可分割的一个整体,对所有成员方都具有法律约束力,不得挑挑拣拣,提出保留。其目的是防止规则在不同成员之间的割裂状态,使规则范围不断扩大,纪律加严的 WTO 规则能够适用于全体成员。但它受到特殊与差别待遇的挑战。

2. 特殊与差别待遇

WTO 协定明确规定,发展中成员尤其是最不发达成员在整体谈判协定中可以享受特殊和差别待遇。

发展中成员的特殊和差别待遇可以分为三类:①发达成员向发展中成员和最不发达成员单方面给惠,例如授权条款、普惠制以及最不发达成员的"免关税、免配额"的双免待遇;②减免义务,例如更长的实施期、执行协定义务的特殊灵活性或不参加诸边协议;③在市场准入谈判中的"非互惠",体现在谈判结果上就是发达成员的市场开放度要高于发展中成员。

特殊与差别待遇带来的两种后果:①有助于发展中成员尤其是最不发达成员的贸易发展。②由于发达成员承担了更多市场开放义务,因此对谈判拥有更多的发言权;发展中成员无须做出互惠性的减让,相应的在谈判中的影响力也更小。

3. 互存面临重大的挑战

随着部分发展中国家的崛起,特别是新兴经济体成为主要贸易体,已有共存的谈判方式合理性受到发达成员的挑战。第一,发达成员要求对发展中成员进一步细化,要求新兴经济体承担更多市场开放的义务。第二,"一揽子承诺"阻碍成员就共识较高的议题先行达成一致,也不能在有意愿的部分成员间先行先试。

三、多哈回合探索新的谈判机制

2002 年启动的多哈回合谈判,为化解谈判机制面临的挑战,开始探索谈判机制的改革。

(一)谈判组织加多层次

在多哈回合谈判中,WTO 的谈判职能由贸易委员会及下设的各专业谈判委员会承担。专业委员会或为 WTO 各常设委员会的特别会议,或为专设的谈判组。贸易谈判委员会的主席由 WTO 总干事担任,各专业谈判委员会的主席由 WTO 成员大使担任。各专业委员会主席向贸易谈判委员会主席报告,贸易谈判委员会向 WTO 的常设最高权力机构总理事会报告。多哈回合谈判对全体 WTO 成员开放,同时也对正在申请加入的成员开放。

(二)加入非正式磋商机制

为了实现 WTO 全体成员在协商一致的基础上就众多谈判议题达成一揽子承诺,WTO 更多的是通过非正式磋商机制开展谈判。它表现为各种临时性的磋商机制,如小型部长级会议、贸易谈判委员会非正式会议、代表团会议、主席小范围磋商。由于不用记录作案,成员在非正式磋商机制中的表态往往更具有灵活性、试探性,从而为达成共识创造更多的空间。非正式磋商达成的共识需要拿到正式会议上加以通过并多边化。

这种非正式会议与非正式磋商相结合的谈判机制在 WTO 中被称为"同心圆"。其最外层是 WTO 全体成员和正式会议;向内演变为非正式磋商,随着圆形范围的不断缩小,参与方范围也逐渐缩小;"同心圆"中最核心的两层分别是绿屋会议和核心方会议。

绿屋会议是 WTO 总干事以个人身份召集少数成员就核心问题进行磋商并开展斡旋的机制。根据议题的不同,参与方在 10～20 个。核心方会议的范围要小于绿屋会议。2008 年后核心方为美国、欧盟、印度、巴西、中国、日本、澳大利亚。2011 年后,核心方有时以美国、欧盟、中国、巴西的形式出现,有时以 G7 方式出现。

（三）对非正式磋商方式缺点的制衡

非正式磋商的优点是参加方范围大大缩小，提高议事效率。缺点是合法性、代表性和透明度不足。为此，WTO 成员以"集团化"方式加以制衡。

集团由成员自发组成，形成相似的谈判集团后，再由谈判集团的代表参加范围不断缩小的非正式磋商。这种类似"合并同类项"的做法有助于加强非正式磋商的代表性和透明度。

谈判集团又可分为两种类型：①长期集团。这类集团的成员由于存在相似性，因而组成很固定，并且几乎在所有关注的议题上都持有相同的立场，如非加太集团（Group of African, Caribbean and Pacific Region Countries）、最不发达国家集团、弱小经济体集团。②临时性、松散性的组合。这类集团主要围绕不同的议题形成。在多哈回合中这些集团包括发展中成员农业议题 20 国协调组（G20）、发展中成员特殊产品和保障机制 33 国协调组（G33）、反倾销之友等。这类集团的参与方多是发展中成员和最不发达成员。

谈判集团的组成有利于谈判方整合立场、加强协调和有效参与。对于发展中成员而言，有助于加强他们对于发达成员的谈判影响力。

第五节　WTO 对外合作与沟通机制

一、WTO 与其他组织合作的必要性

WTO 处理的主要是贸易或与贸易有关的问题，其他问题就需要与其他组织密切配合、协调予以解决。其他组织包括联合国有关机构，政府间国际组织和日益兴起的非政府组织等。

为了与其他组织进行有效的合作，《建立 WTO 协定》第 5 条中对此作出了原则性规定。该条分为两款：第 1 款规定"总理事会应就与职责上与 WTO 有关的政府间组织进行有效合作做出适当安排"；第 2 款规定"总理事会可就与涉及 WTO 有关事项的非政府组织进行磋商和合作做出适当安排"。① 根据这些原则规定，WTO 负责实施管理的贸易协定与协议又作出了一些具体规定。

其他组织与 WTO 合作的主要方式是以观察员身份参与 WTO 各种公开会议，相互参加会议，举行座谈会等。

---

① 对外贸易经济合作部国际经贸关系司：《WTO 乌拉圭回合多边贸易谈判结果法律文本》，7 页，北京：法律出版社，2000。

WTO成立后,根据其内部组织机构的工作需要,授予数百个国际政府间组织观察员地位。WTO总理事会层次上与之合作的国际政府间组织见表5-1。

表 5-1　WTO 总理事会国际政府间组织观察员名单

序 号	中 文 名 称	英 文 名 称
1	联合国	United Nations(UN)
2	联合国贸易与发展会议	United Nations Conference on Trade and Development(UNCTAD)
3	国际货币基金组织	International Monetary Fund(IMF)
4	世界银行	World Bank
5	联合国粮农组织	Food and Agricultural Organization(FAO)
6	世界知识产权组织	World Intellectual Property Organization(WIPO)
7	经济合作与发展组织	Organization for Economic and Development(OECD)
8	国际贸易中心	International Trade Center (ITC)

资料来源:WTO官方网站。

二、WTO 与联合国的关系

联合国是根据 1945 年 6 月 25 日旧金山会议通过的《联合国宪章》成立的一个普遍性国际组织。其宗旨是:

(1) 维持国际和平与安全;

(2) 发展各国间的友好关系;

(3) 促进国际合作;

(4) 协调各国行动。

联合国工作范围涉及国际社会政治、经济、文化、军事等各个方面,在整个国际组织体系中处于领导和核心地位。很多重要的专门性国际组织都是联合国的专门机构,例如世界银行、国际货币基金组织、世界卫生组织及国际劳工组织等。作为 WTO 的前身,GATT 1947 虽不是一个正式国际组织,但从它与联合国的关系及缔约国之间合作的实际程度分析,其地位与联合国的专门机构相似。

但这种关系 WTO 未能继承。WTO 与联合国只是密切合作的关系。WTO 成立时,就已决定"WTO 不宜寻求与联合国建立一种更为正式的专门机构的关系"。这种关系变化的原因是时代背景发生了变化。

联合国、世界银行与国际货币基金组织等都是第二次世界大战后不久成立的国际组织,战后的非殖民化运动使得大批新独立的发展中国家加入这些国际组织,极大地改变了这些组织的性质。WTO 是冷战后成立的第一个重要的国际经济组织,发达国家不希望它成为发展中国家的又一个舞台,更不希望联合国对它指手画脚,因此极力阻挠 WTO 成为联合国的附属组织。因此,WTO 与联合国的关系也就仅限于两个国际组织的合作而已。

三、WTO 与 UNCTAD 的关系

联合国贸易与发展会议(UNCTAD)是根据联合国大会的批准于 1964 年成立的联合国常设机构,总部设在日内瓦。其宗旨是:促进国际贸易,特别是促进发展中国家的经贸发展;制定国际贸易和有关经济发展问题的原则和政策;推动发展中国家与发达国家在国际经济、贸易领域的重大问题谈判的进展;检查和协调联合国系统其他机构在国际贸易和经济发展方面的各项活动;采取行动以通过多边贸易协定;协调各国政府和区域经济集团的贸易和发展战略。从其宗旨可以看出,贸易、发展、投资等问题是联合国贸易与发展会议和 WTO 共同关心的问题,可以开展有效的合作。根据 WTO 首任总干事鲁杰罗的工作总结,WTO 与联合国贸易与发展会议的合作主要包括以下几方面:

(1) 1995 年 1 月开始,每 6 个月举行一次会议,由双方轮流主持。

(2) 在两个机构的各个层次上加强工作联系,如研究贸易与投资、贸易与竞争、贸易与环境及贸易与发展等。

(3) 为了改进跨境协调并合理利用资源,在技术合作方面努力促成更广泛的合作。

四、WTO 与 IMF 和 IBRD 的合作

WTO 与国际货币基金组织和世界银行并称为当今世界经济秩序的三大支柱。他们分别在国际贸易、国际金融、国际投资领域发挥至关重要的作用。

(一) 与 IMF 的关系

1. 国际货币基金组织宗旨

国际货币基金组织(International Monetary Fund,IMF)是根据 1944 年布雷顿森林会议上通过的《国际货币基金协定》而建立的一个政府间的国际金融组织。1945 年 12 月 27 日正式成立,1947 年 3 月 1 日开始办理业务,同年 11 月 15 日成为联合国的专门机构。IMF 的宗旨是:

(1) 通过设置一常设机构就国际货币问题进行磋商与协作,从而促进国际货币领域的合作。

(2) 促进国际贸易的扩大和平衡发展,从而有助于提高和保持高水平的就业和实际收入以及各成员国生产性资源的开发,并以此作为经济政策的首要目标。

(3) 促进汇率的稳定,保持成员国之间有秩序的汇兑安排,避免竞争性通货贬值。

(4) 协助在成员国之间建立经常性交易的多边支付体系,取消阻碍国际贸易发展的外汇限制。

(5) 在具有充分保障的前提下,向成员国提供暂时性普通资金,以增强其信心,使其能

有机会在无须采取有损本国和国际繁荣措施的情况下,纠正国际收支失调。

(6)缩短成员国国际收支失衡的时间,减轻失衡的程度。

从其宗旨可以看出,国际货币基金组织和 WTO 的宗旨有相似和一致之处,这决定了他们之间合作的必然性。

2. 双方合作内容

乌拉圭回合通过的《关于 WTO 与 IMF 关系的宣言》规定:"除非在最后文本中另有规定,在 WTO 协定附件 1A 的多边贸易协定范围内的 WTO 与 IMF 关系问题,应以缔约方全体和 GATT 与 IMF 关系的已有规则为准。"1947 年 GATT 与 IMF 的合作,在 GATT 第 15 条"外汇安排"中有明确规定:"缔约方全体应谋求与 IMF 合作,以便在基金所主管的外汇问题和缔约方全体所主管的数量限制或其他贸易措施方面,缔约方全体与基金可以执行一个协调的政策。""缔约方全体如果被请求考虑或处理有关货币储备、国际收支或外汇安排的问题,它们应与 IMF 进行充分的协商。""缔约各方不得以外汇方面的行动,来妨碍本协定各项规定的意图的实现,也不得以贸易方面的行动妨碍 IMF 各项规定的意图的实现。""如缔约方全体认为,某缔约方现行的有关进口货物的支付和转账方面的外汇限制与本协定对数量限制的例外规定不符,则缔约方全体应将这一情况向 IMF 报告。"

1996 年 12 月 9 日 WTO 与 IMF 正式签订了两个组织之间的合作协议,即《IMF 与 WTO 合作的协议》。该协议就 WTO 与 IMF 的合作事宜具体规定如下:

1)相互协商

IMF 和 WTO 之间协商的内容如下:

(1)根据协议履行各自的职责,这是保证机构合作的基础。

(2)在制定全球经济政策时,力求最大限度的协商。

(3)相互通报 IMF 和 WTO 的各项决定,例如有关 IMF 成员在国际贸易的经常项目中所制定支付和汇兑上的限制规定、歧视性的货币安排和多种货币使用以及资金外流等。

(4)规定 IMF 可以在 WTO 的国际收支限制委员会对为保障 WTO 某一成员的收支地位而采取的审议措施进行协商。相互交流各自机构或各自下属组织的意见,包括争端解决专家小组以及关于相互感兴趣事宜的书面材料等。

2)相互出席对方的各种会议

IMF 召开讨论全球或区域贸易政策的会议时,WTO 秘书处人员将被邀请参加。反之,WTO 也邀请 IMF 的工作人员作为观察员参加 WTO 及其下属机构的有关 IMF 管辖范围内事宜的会议。

3)相互交换文件和信息资料

凡涉及同时是两个组织的成员,或某一组织的成员正在申请加入另一组织,经该成员同意,两组织可以按一定程序相互交换有关文件和信息与资料。

4）共同协调

IMF 人员和 WTO 秘书处在讨论同时是两个组织的成员的事宜时,若发生该成员根据 WTO 协议和《国际货币基金协定》在应尽义务上有不一致时,应先在工作人员一级上进行协调。

（二）与 IBRD 的合作

世界银行（International Bank for Reconstructions and Development ,IBRD） 是根据 1944 年布雷顿森林会议上通过的《国际复兴开发银行协定》建立的一个政府间国际经济组织。其宗旨是:

（1）对用于生产目的的投资提供便利,以协助会员国的复兴与开发;鼓励较不发达国家生产与资源的开发。

（2）利用担保或参加私人贷款及其他私人投资的方式,促进会员国的外国私人投资。当外国私人投资不能获得时,在条件合适的情况下,运用本身资本或筹集的资金及其他资金,为会员国生产提供资金,以补充外国私人投资的不足,促进会员国外国私人投资的增加。

（3）用鼓励国际投资以开发会员国生产资源的方法,促进国际贸易的长期平衡发展,并维持国际收支的平衡。

（4）在贷款、担保或组织其他渠道的资金中,保证重要项目或在时间上紧迫的项目,不管大小都能安排。

（5）业务中适当照顾各会员国国内工商业,使其免受国际投资的影响。

在乌拉圭回合中公布的《关于 WTO 对实现全球经济决策更大一致性所做贡献的宣言》中,提出“IBRD 和 IMF 在支持贸易自由化调整过程中的作用,包括对面临农产品贸易改革所产生的短期成本的粮食净进口发展中国家的支持”。该宣言要求“WTO 总干事与 IMF 总裁和 IBRD 行长一起,审议 WTO 与布雷顿森林体系机构合作的职责所产生的含义,以及此种合作可能采取的形式,以期实现全球经济决策的更大一致性”。

根据该宣言的要求,1996 年 WTO 与 IBRD 签订了合作协议,其内容与《IMF 与 WTO 合作的协议》大同小异,不再赘述。

五、WTO 与非政府组织（NGOs）的关系

（一）关系确立的基础

《建立 WTO 协定》第 5 条规定,总理事会可就与涉及 WTO 有关事项的非政府组织进行磋商和合作做出适当安排。1996 年 7 月 18 日,总理事会通过了《与非政府组织关系安排的指导方针》,要求 WTO 成员和 WTO 秘书处在保持与市民社会的各个组成部分开展积极的、非正式的对话。

(二)合作的主要形式

1. 出席部长级会议

从1996年新加坡会议开始,WTO决定:

(1)非政府组织可以参加部长级会议的全过程。

(2)WTO秘书处应在《建立WTO协定》第5条第2款的基础上接受非政府组织的注册申请,只要他们能证明其活动与WTO的事务有关。

在第一届WTO部长级会议(新加坡会议)上,共有108个非政府组织登记出席。此后,日益众多的非政府组织参与WTO部长级会议。参加WTO部长级会议的非政府组织增加到香港会议的812个,参加人数从235人增加到1 596人。非政府组织参加历届WTO部长级会议的情况见表5-2。

表5-2 非政府组织参加历届WTO部长级会议情况

部长级会议	时间/年	地 点	非政府组织参加数/家
第一届	1996	新加坡	108
第二届	1998	日内瓦	128
第三届	1999	西雅图	686
第四届	2001	多 哈	370
第五届	2003	坎 昆	795
第六届	2005	中国香港	812
第七届	2009	日内瓦	435
第八届	2011	日内瓦	235
第九届	2013	巴厘岛	357
第十届	2015	内罗毕	271
第十一届	2017	布宜诺斯艾利斯	251

资料来源:WTO官方网站。

2. 座谈会

从1996年起,WTO秘书处就特定议题为非政府组织安排了一系列座谈会。这些座谈会以一种非正式的形式为非政府组织讨论特定议题提供了机会。

3. 日常联系

WTO秘书处除每天收到大量来自世界各地的非政府组织的各种意见,还定期与非政府组织会晤。

非政府倡议逐步受到WTO重视,如2013年,来自66个国家将近350个非政府组织团在巴厘岛部长级会议上的倡议得到认可,这些倡议涵盖了环境、发展、消费、贸易联盟、商业和农业等方面的内容。非政府组织在巴厘会议中心举办多场公开的和内部的会议,并举办了15个左右公共活动。

（三）合作的主要领域

1. 贸易与环境问题的合作

随着全球环境问题日益严重,贸易与环境议题已纳入联合国可持续发展的框架中,并已制定相关日程。解决贸易与环境问题需要全球多边贸易体系实现政策的协调一致,要求世界贸易组织和其他环境治理机构承担更多的责任。世界贸易组织贸易与环境委员会已被授权维护环境与贸易的可持续发展,并实现二者之间的相互促进。

2. 贸易与劳工问题的合作

1996 年,世界贸易组织新加坡部长级会议重申支持国际劳工组织作为合法机构制定国际劳工标准并处理相关问题,指出贸易发展促进了各国的经济增长,贸易自由化程度越高对劳工的标准要求也越高。

3. 卫生与植物卫生、食品安全和商品之间的合作

WTO 与国际食品法典委员会、世界动物卫生组织和国际植物保护公约组织合作制定标准,以提高解决国际问题的效率。

4. 国际统计合作

联合国统计委员会是全球最权威的统计部门。WTO 与之合作,研究全球产业链和国家产业链计算增值部分的统计方法,提高贸易统计的细密度、可预知性与规范化。

5. 与知识产权组织的合作

重点研究贸易增值问题和知识产权的作用问题,知识产权和健康卫生关系问题,把知识产权法律和政策与解决一系列全球问题结合在一起。

6. 政府采购的合作

与联合国国际贸易法委员会合作,保持与世界贸易组织政府采购协议的协调一致,在谈判时保持合作和信息共享。

7. 技术援助合作与发展中国家授权

加强经济政策制定的一致性和对发展中国家提供技术援助是世界贸易组织的重要使命。通过与其他国际组织加强协调合作,调节全球技术援助者的参与度。

六、扩大公知度

（一）加强与议会之间的联系,确保协议及时批准

对于多边贸易体制和 WTO 而言,议会作用非同小可。在绝大多数情况下,在 WTO 达成的任何政府间协议都需要各国立法机关的批准。为此,WTO 加强了与成员的议员、议会组织的对话合作。

（二）加强与商业机构的联系

《贸易便利化协定》激发了商业机构对于 WTO 工作的兴趣。为此，WTO 秘书处加强商业界的联系，其措施包括建立一个专门网页和电子信息快报、举办商界领袖与 WTO 方面专家的对话交流会议。

（三）加强与媒体联系

2013 年，在巴厘岛部长级会议期间，邀请世界近 300 名记者和 30 多个电视台报道了巴厘岛会议。其中，有 12 名记者来自最不发达的国家，他们往返巴厘岛的旅程由 WTO 资助。此外，WTO 举办了一系列与媒体的联系和交流活动。

（四）加强与学术界的联系

WTO 于 2010 年启动教席计划，以提高发展中国家学术界在贸易及相关领域的教学和研究能力，提高成员的政策制定者关于贸易问题的认识，并提高专业化，建立有效的决策机制。

（五）对公众开放，出版各种读物

WTO 总部对公众开放，为参观者举办公共论坛和讲座；出版有关 WTO 的各种读物，已出版的读物超过 70 份；加强互联网上的宣传力度，通过 WTO 官方网站进行宣传与交流。

■ 本章小结

1. WTO 在进行决策时，主要遵循"协商一致"原则，只有在无法协商一致时才通过投票表决决定。表决有效票数有的是 2/3，有的是 3/4。票的分配是一员一票。与 IMF 和 WB 按加权投票权相比，WTO 的决策机制比较民主。

2. 乌拉圭回合谈判达成的《关于争端解决规则与程序的谅解》，是 WTO 关于争端解决的基本法律文件。与 1947 年 GATT 相比，WTO 的争端解决机制程序明确，更具强制性和约束力。它比较妥善地处理 WTO 成员之间的贸易争端，作用力和影响力不断加强，受到国际社会的肯定。

3. WTO 成员集体对各成员的贸易政策及其对多边贸易体制的影响，定期进行全面审议。实施贸易政策审议机制的目的，是促使成员方提高贸易政策和措施的透明度，履行所作的承诺，更好地遵守 WTO 规则，从而有助于多边贸易体制平稳运行。

4. 贸易谈判是 WTO 成员的主要活动。随着国际贸易的发展，WTO 谈判机制在不断发展，谈判方式在多样化。"一揽子承诺"与特殊差别待遇共存的谈判方式既有优点，也有不足。多哈回合开始探索新的谈判方式。

5. WTO 所管辖的范围涉及国际经济贸易的各个方面,但 WTO 主要处理的是贸易或与贸易有关的问题,其他问题如果确实影响世界贸易的正常发展,就需要与其他国际经济组织合作,包括 IMF 和 IBRD。此外,为决策体现国际公民要求,WTO 还与非政府组织、企业界、学术界、媒体进行沟通与交流。

重要概念

协商一致(Consensus)

争端解决机制(Dispute Settlement Mechanism,DSM)

交叉报复(Cross Revenge)

贸易政策审议机制(Trade Policy Review Mechanism,TPRM)

联合国贸易与发展会议(United Nations Conference on Trade and Development, UNCTAD)

非政府组织(Non-Governmental Organization,NGO)

案例分析

承诺的价值

国际贸易规则及所有成员遵守规则对于经济增长和发展非常重要。如果没有国际贸易协定,各国就有可能操纵贸易条件,并通过损失贸易伙伴的利益,获取经济回报。如果其他国家也随之效仿,全球贸易将大幅下跌。只有每个国家都对单方面制定的贸易政策或采取的行动有所克制,总的福利才会增加。

在产品差异化不断增强的世界,发展中国家只对部分产品有市场决定权,因此需要开展贸易政策方面的合作。正是由于相互交换市场准入承诺,才会使合作成为可能并使各国均有所收获。一些研究发现,为避免谈判后取得收益在未来发生侵蚀(通过给其他国家提供更好的市场准入),不仅相互贸易开放非常重要,而且以非歧视的方式实施(如最惠国待遇等)也很重要。由于此类贸易谈判中彼此可能在最后的阶段才亮明立场。谈判方起初并不愿意拿出具有实质意义的贸易开放条件,因此,达成的协定不会特别理想。根据上述理论,互惠原则和最惠国待遇对于贸易协议的达成和正常实施及其对成员国本身的价值都具有重要意义。

一国加入贸易协定的第二个重要原因通常是"承诺"。在这一方式下,政府需要承担贸易开放义务,其目的不是解决以邻为壑式的问题,而是要解决国内的政治僵局。

如果产业界的游说者认为在产业竞争方面或面临大规模失业威胁的情况下,政府不会依照此前颁布的贸易政策开展工作时,政府可能就不会信守承诺实施贸易开放政策。如果产业界意识到能够阻止贸易开放,也就不存在投资提高生产能力以及积极应对竞争的动力。但是,如果一国签署国际贸易协定,政府就可以信守承诺坚持贸易开放政策,并且向产业界发出必须履行承诺以避免来自贸易伙伴报复的积极信号。承诺在国际协定中发挥"外部锚"或"信号器"的作用,原因是其能够锁定自由化进程并保证改革持续进行。

有证据支持 GATT 和 WTO 对于各国遵守承诺的重要意义。实证研究证明,政府在贸易协定中做出关税承诺的目的是抵抗来自行业游说者的压力。另外,研究人员还发现政府应对特殊利益集团的能力越弱,其关税削减的幅度越大。一系列研究也肯定了 WTO 承诺在推动转型国家服务业改革和非洲国家改革方面的重要作用,同时也强调了承诺的水平(或质量)的重要性。

资料来源:节选自 WTO 秘书处:《2014 世界贸易报告》,中译本,286~287 页。

分析讨论

1. 国际贸易规则制定与遵守有何重要意义?

【解析】 如果没有国际贸易协定和遵守,世界各国进行贸易就会出现无序,滥用各种贸易壁垒,采取以邻为壑的贸易政策,相互进行贸易战,使对外贸易的各种积极效应不能发挥,进而伤害比较优势的发挥,不能形成比较合理的国际分工,相互进行有效的合作,不能有效地配置世界资源,减少国民收入和扩大就业。

2. 扩大国际贸易规则与遵守的效应的基础是什么?

【解析】 两大重要基础:①成员要做出履行国际贸易规则和遵守规则的承诺,做到有约必守;②在成员间实行无条件最惠国待遇原则。

3. WTO 在以上两面做的如何?

【解析】 WTO 做得非常出色。第一,WTO 负责实施管理的多边贸易协定与协议都以无条件最国待遇为基础。WTO 成员之间相互谈判的成果其他 WTO 成员均可享受。第二,通过各种机制确保 WTO 成员履行做出的承诺。第三,WTO 成员都获得程度不等的发展,权威性和作用不断提升。

同步测练与解析

1. WTO 如何决策?

【解析】 遵循"经协商一致"的原则。关于条款解释的投票表决,须成员的 3/4 多数支持才能通过。关于义务豁免的投票表决,需要 WTO 成员的 3/4 多数支持才能通过。关于修正案的投票表决,由成员的 2/3 多数通过,才能作出关于将修正案提请各成员接受的决定。

2. WTO 通过何种机制解决争端?

【解析】 乌拉圭回合将争端解决纳入谈判,达成《关于争端解决规则与程序的谅解》,建立了 WTO 争端解决机制。

3. WTO 成员报复的条件是什么?

【解析】 如申诉方和被诉方在合理期限届满后 20 天内未能就补偿问题达成一致,申诉方可以要求争端解决机构授权对被诉方进行报复,即中止对被诉方承担的减让或其他义务。根据所涉及的不同范围,报复可分为平行报复、跨领域报复和跨协议报复三种。

4. WTO 审议机制的贸易目的是什么?

【解析】 实施贸易政策审议机制的目的,是促使成员方提高贸易政策和措施的透明度,履行所作的承诺,更好地遵守 WTO 规则,从而有助于多边贸易体制平稳运行。

5. WTO 如何进行政策审议?

【解析】 贸易政策审议职责由 WTO 总理事会承担。贸易政策审议对象主要是 WTO 各成员的全部贸易政策和措施,审议范围从货物贸易扩大到服务贸易和知识产权领域。贸易政策审议机制还要求对世界贸易环境的发展变化情况进行年度评议。贸易政策审议机构的审议有别于 WTO 各专门机构的审议。WTO 专门机构,如纺织品监督机构、补贴与反补贴措施委员会等,只负责审议成员执行特定协议的情况,包括在成员提交通知的基础上,对通知涉及的具体贸易政策和措施进行审议。成员方接受贸易政策审议机构审议的频率,取决于该成员对多边贸易体制的影响程度。确定这种影响程度的主要依据,是成员在世界贸易中所占的份额。成员方占世界贸易的份额越大,接受审议的次数就越多。目前在世界贸易额中排名前 4 位的成员欧洲联盟、美国、日本和中国每 2 年审议一次,排在其后的 16 个成员每 4 年审议一次,余下的成员每 6 年审议一次,对最不发达成员的审议可以间隔更长。

6. WTO 建立后,进行了哪些贸易谈判?

【解析】 自 1995 年 WTO 建立以来,据初步统计,在其主持下共完成了 40 余场修订协定或新纪律的谈判。其中包括:33 场新成员加入谈判;5 场内设议程谈判,包括《服务贸易总协定》第二议定书(金融服务)、第三议定书(自然人流动)、第四议定书(基础电信)、第五议定书(金融服务)的谈判,以及修订《政府采购协议》谈判。其中涉及服务贸易的内设议程谈判属于多边性质,《政府采购协议》修订谈判则属于诸边性质;与此同时,WTO 还完成了一项关于削减信息技术产品关税的散边谈判,《与贸易有关的知识产权协定》执行的问题有关的多边谈判。

2001 年,WTO 启动多哈回合谈判。这是 WTO 成立后发起的第一轮多边贸易谈判,也是 WTO 框架下参加方最多、规模最大、议题最广的谈判。其中《贸易便利化协定》已经实现早期收获。在多哈回合谈判推进的同时,还进行了 3 场诸边形式的谈判,分别是《信息技术协定》扩围谈判、《环境产品协定》谈判以及《服务贸易协定》谈判。

7. WTO 与哪些组织合作?

【解析】 WTO 与其他组织的合作,主要是与政府间国际组织的合作。如世界银行(World Bank,WB)和国际货币基金组织(International Monetary Fund,IMF)。随着市民社会(civil society)的兴起,与非政府组织(Non-Governmental Organization,NGO)的合作成为 WTO 工作日程中越来越重要的部分。

C 第六章

HAPTER SIX

世界贸易组织协定与协议

学 习 目 标

通过本章学习，掌握 WTO 成员在 WTO 范围内处理整个贸易关系应遵循的准则；掌握 WTO 贸易规则的分类和特点；掌握 WTO 贸易协定与协议的构成，了解贸易协定与协议的作用，知悉加入议定书的内容，为之后的学习打下基础。

重 点 难 点 提 示

- ◉ WTO 的基本原则；
- ◉ WTO 规则分类；
- ◉ WTO 规则的特点；
- ◉ WTO 贸易协定构成；
- ◉ 加入议定书。

第一节　WTO 协定与协议遵循的基本原则

WTO 协定包括通过多边贸易谈判达成的货物、服务、知识产权等方面的多边与诸边协定和协议，确定成员的权利与义务。WTO 建立后，有 30 多个新成员加入，他们与创始成员通过加入谈判，达成入世议定书和工作组报告书，确定享受的权利和应承担的义务，成为成员贸易争端引发和解决的依据，是 WTO 重要组成部分。

在这些协定与协议达成中，遵循了 WTO 的一些基本原则。

一、非歧视原则

（一）最惠国待遇

1. 最惠国待遇的含义

最惠国待遇（Most-Favored-Nation treatment，MFN）指，一成员方将在货物贸易、服务贸易和知识产权领域给予任何其他国家（无论是否为 WTO 成员）的优惠待遇，立即和无条件地给予其他各成员方。

2. 最惠国待遇特点

1）自动性

自动性是最惠国待遇的内在机制，体现在"立即和无条件"的要求上。例如，A 国、B 国和 C 国均为 WTO 成员，当 A 国把从 B 国进口的汽车关税从 20％降至 10％时，这个 10％的税率同样要适用于从 C 国等其他成员方进口的汽车。

2）同一性

当一成员给予其他国家的某种优惠自动转给其他成员方时，受惠标的必须相同。仍以上述 A 国、B 国和 C 国为例，A 国给予从 B 国进口的汽车的关税优惠，只能自动适用于从 C 国等其他成员方进口的汽车，而不是其他产品。

3）相互性

任何一成员既是给惠方，又是受惠方，即在承担最惠国待遇义务的同时，享受最惠国待遇权利。

4）普遍性

普遍性是指最惠国待遇适用于全部进出口产品、服务贸易的各个部门和所有种类的知识产权所有者和持有者。

（二）国民待遇

1. 国民待遇的含义

国民待遇（National Treatment，NT）是指对其他成员方的产品、服务或服务提供者及知识产权所有者和持有者所提供的待遇，不低于本国同类产品、服务或服务提供者及知识产权所有者和持有者所享有的待遇。

2. 国民待遇的特点

1）使用存在差异

因产品、服务和知识产权领域具体受惠对象不同，国民待遇条款的适用范围、具体规则和重要性有所不同。

2）在境内享有

国民待遇原则只涉及其他成员方的产品、服务或服务提供者及知识产权所有者和持有者，在进口成员方境内所享有的待遇。

3）"不低于"是基点

国民待遇定义中"不低于"一词的含义是指，给予其他成员方的产品、服务或服务提供者及知识产权所有者和持有者，应与进口成员方同类产品、相同服务或服务提供者及知识产权所有者和持有者享有同等基础上的待遇；若进口成员方给予前者更高的待遇，并不违背国民待遇原则。

二、贸易自由化原则

WTO 主要宗旨之一是致力于贸易自由化，要求成员方尽可能地取消不必要的贸易障碍，开放市场，为货物和服务在国际间的流动提供便利。

（一）贸易自由化的含义

在 WTO 框架下，贸易自由化是指通过多边贸易谈判，实质性削减关税和减少其他贸易壁垒，扩大成员方之间的货物和服务等贸易。

（二）贸易自由化的要点

1. 以贸易规则为基础

WTO 成员要根据 WTO 负责实施管理的贸易协定与协议，进行贸易自由化。

2. 以多边谈判为手段

WTO 成员以多边贸易谈判中作出的承诺，推进贸易自由化。货物贸易方面自由化表现为逐步削减关税和减少非关税贸易壁垒，服务贸易方面自由化表现为不断增加开放的服务部门，减少对服务提供方式的限制。

世界贸易组织(WTO)概论(修订版)
www.euibe.com

3. 以争端解决为保障

WTO的争端解决机制具有强制性,如某成员被诉违反承诺,并经争端解决机制裁决认定,则该成员方就应执行该裁决;否则,WTO可以授权申诉方采取贸易报复措施。

4. 以例外条款进行救济

WTO成员可通过援用例外条款或保障措施等救济措施,消除、减轻和化解贸易自由化带来的负面后果。

5. 过渡期限不一

WTO承认不同成员之间经济发展水平的差异,通常允许发展中成员履行义务有更长的过渡期。

(三)贸易自由化表现

1. 削减关税

关税对进出口商品价格有直接影响,特别是高关税,是制约货物在国际间自由流动的重要壁垒。因此,WTO允许成员使用关税进行保护,但要求成员逐渐下调关税水平并加以约束。如需要提高关税约束水平,须同其他成员方进行谈判。

2. 减少非关税贸易壁垒

非关税贸易壁垒通常是指除关税以外各种限制贸易的措施。随着关税水平的下调,非关税贸易壁垒加多,且形式多样,隐蔽性强,成为国际贸易发展的主要障碍。

3. 扩大服务市场准入

因各种原因,各国对对服务业采取程度不同保护措施,诸如限制服务提供者的股权、经营权、开业权、雇用当地职工人数等。这些限制影响服务业的公平竞争、服务质量的提高和服务领域的资源有效配置,对服务贸易本身、对货物贸易乃至世界经济发展都有不利影响。

乌拉圭回合达成的《服务贸易总协定》,要求WTO成员逐步开放服务市场,扩大市场准入。

三、允许正当保护原则

WTO在推动贸易自由化的同时,也允许WTO成员进行正当的保护。

(一)正当保护的含义

WTO允许成员根据经济发展阶段不同,依据货物和服务产业竞争能力差距,考虑可持续发展的需要,维护本国国民的安全和健康,可以通过非歧视的例外进行贸易保护。

（二）正当保护的表现

1. 发展中成员保护程度可高于发达成员

在货物贸易关税方面,发展中成员关税总水平可以高于发达成员。1986 年乌拉圭回合谈判开始,发展中成员平均进口关税水平为 14％～15％,发达国家平均为 5％左右;关税减让程度可以低于发达成员,在乌拉圭回合谈判中,发达成员关税减让为 40％,发展中成员关税减让为 30％。在服务业方面,发展中成员服务业的开放度可以低于发达国家。

2. 依据产业竞争力,确定保护程度

WTO 成员可以根据本身产业的竞争力,设置不同的关税税率;对新兴产业和幼稚产业的保护程度可以高于已经发展起来的产业;服务业没有作出开放承诺的服务部门,不适用国民待遇。

3. 加强对知识产权的保护

根据乌拉圭回合达成的《与贸易有关的知识产权协定》,WTO 所有成员都必须达到知识产权保护的最低标准。

4. 可限制某些短缺物资出口

为了可持续发展,WTO 成员可限制某些国内短缺的物资出口。

5. 对产品设置规格标准

为保护本国生态环境和国民的健康和安全,对进出口产品可以设置技术、安全和质量标准,对达不到标准和规格的产品禁止进出口。

（三）正当保护的措施

1. 货物方面正当保护的措施

由于关税透明度高,随意改动不易,谈判比较容易,而且比较容易执行。而且关税有利于贸易厂商确定市场价格,有益于市场经济的发展。而非关税贸易壁垒,透明度低、容易设置、隐蔽性强,应对不易,企业难以判断价格基础,不利于市场经济的发展。

基于上述原因,WTO 主张以关税作为各成员的主要保护手段,提出一般地取消数量限制;非关税壁垒要关税化;取消的非关税壁垒不再实施;在不得已需要实施数量限制时,要在非歧视基础上实施。

2. 服务行业的正当保护措施

在服务贸易上,允许 WTO 成员逐步开放;在承诺开放的服务部门实施国民待遇。

3. 在知识产权上的正当保护

《与贸易有关的知识产权协定》在知识产权上规定了不同保护标的保护时间、保护方式和维权措施,对侵权者可以罚款、道歉、采取边境扣留和刑事处分等。

四、稳定贸易发展原则

(一)稳定贸易发展的含义

以 WTO 为基础的多边贸易体系是要求各成员政府为投资者、企业家、雇员和消费者提供一个良好的贸易环境,以有利于开拓市场和创造更多贸易与投资的机会;同时为消费者提供丰富的物美、价廉和安全的商品。因此,要求 WTO 成员如实履行承诺的义务,形成可以预见和稳定发展的贸易环境。

(二)稳定贸易发展的表现

1. 按关税减让表减让关税

在乌拉圭回合结束后,WTO 成员都有自己履行的关税减让表。没有特殊原因,不能修改这些内容。

2. 履行服务市场开放义务

WTO 要求,WTO 成员要履行乌拉圭回合的承诺和加入谈判中达成服务市场准入减让表。

3. 严格执行对知识产权的保护

WTO 成员必须保证按照《与贸易有关的知识产权协定》对知识产权加强保护,做好知识产权制度的执法。

五、公平竞争原则

(一)公平竞争的含义

公平竞争是指 WTO 成员方应避免采取扭曲市场竞争的措施,维护公开、公平、公正的市场环境。其适用范围为货物、服务与知识产权领域的所有贸易主体。

(二)公平竞争的表现

1. 制止不公平竞争行为

倾销和出口补贴是不公平的竞争行为。反倾销和反补贴是制止因倾销和出口补贴而形成不公平竞争的应对措施。如果滥用反倾销和反补贴,也会构成不公平的竞争行为。

倾销是企业以低于正常价值的价格出口产品,对进口方相关产业造成严重损害和威胁。出口补贴是政府对本国特定出口产品提供资助,以增强产品竞争优势,使进口方同类产品的产业造成损害。

WTO 实施和管理的《反倾销协议》《补贴与反补贴措施协议》一方面允许进口成员方征收反倾销税和反补贴税,抵销出口倾销和出口补贴对本国产业造成的实质损害。同时,对成员实施反倾销和反补贴措施,规定了严格的条件和程序,防止滥用反倾销和反补贴措施。

2. 约束垄断和规范国营贸易

为防止国营贸易企业的经营活动对贸易造成扭曲影响,WTO 要求成员方的国营贸易企业按非歧视原则,以价格等商业因素作为经营活动的依据,并定期向 WTO 通报国营贸易企业情况。

在服务贸易领域,对于本国的垄断和专营服务提供者,提出约束要求和行为规范。

3. 有原则的进行保护

在知识产权领域,公平竞争主要体现在对知识产权的有效保护和反不正当竞争。《与贸易有关的知识产权协定》要求成员方在加强对知识产权保护的同时,也防止过分和不合理的保护。如发现涉及公众利益的专利转让付费过高,国家可以进行强制性转让。

4. 约束政府采购金额

在 WTO 实施和管理的诸边协议《政府采购协议》中,把政府优先购买本国产品和服务的金额做了上限约束,对超出上限金额的政府采购产品和服务进行公平竞争。

六、鼓励发展和经济改革原则

(一)实施对象

为了鼓励发展中成员、经济转型成员和新加入成员的经济发展和改革,在乌拉圭回合达成的协定与协议中,对这类成员给予一些鼓励措施。

(二)措施内容

1. 设置各种特殊条款

在 GATT 1994 第四部分专门涉及贸易与发展内容,其中包括发达国家与发展中国家之间贸易谈判的非互惠性概念条款,允许各成员给予发展中成员特殊减让安排,而无须给予全体成员同等待遇。

允许发展中国家以较长的时间履行承诺的义务。如在《与贸易有关的投资措施协议》中,对外资企业不可采用"当地成分""外汇平衡"措施,发达成员在 2 年内取消,发展中成员则可有 5 年过渡期,最不发达成员有 7 年过渡期。

WTO 要求成员在采取反倾销、保障措施和技术性贸易壁垒时保证发展中成员的利益。如在农产品关税消减上,发达成员在 6 年内使关税降低 36%,而发展中成员方在 10 年内使关税降低 24%,最不发达成员免除降税义务。

2. 设置过渡期

通过过渡期,要求加入成员与 WTO 规则逐步一致。

3. 设置贸易与发展委员会

WTO 专门设置贸易与发展委员会,切实考虑有利于发展中成员的条款、技术合作准则,

增强参与多边贸易体制的能力,接受发达成员给予发展中成员产品特殊贸易安排的信息和发展成员之间区域安排的通知。

4. 供技术合作与援助

通过定期举办贸易政策培训班等方式,帮助发展中成员和经济转型成员提高贸易政策官员的素质,建立必要的机制,以成功地在 WTO 中开展工作。

七、允许地区性贸易安排原则

（一）地区性贸易安排概念

地区性贸易安排概念是指一些国家通过协议组成经贸集团,成员内部相互废除或减少进口贸易壁垒。

GATT 1947 第 24 条确认,通过更自由的贸易使成员国经济更趋一体化有其一定的价值。其形式是关税同盟和自由贸易区的形式。在自由贸易区内,每个成员可以保留各自的对外贸易政策;而关税同盟则对非成员实行统一的关税。但其贸易上的关税和规章,都不能比经贸集团建立以前更高和更加苛刻。

（二）对地区性贸易安排约束规定

在 GATT 1994 第 24 条中,提出成立自由贸易区和关税同盟的约束条件和具体要求。

（1）确定关税同盟或自由贸易区临时协定的"合理期间"一般为 10 年,如超过 10 年,则要向货物贸易理事会作出解释。

（2）两者成立的所有通知要接受 WTO 工作组的检查。

（3）二者要定期向 WTO 理事会作出活动报告。

八、例外与免责原则

（一）例外与免责原则含义

WTO 允许成员在考虑历史传统、安全和确有困难的情况下不实施非歧视原则,在一定条件下,免除履行义务的责任。

（二）例外的内容

1. 一般例外

GATT 1994 第 20 条规定 10 种一般例外措施。其中包括:为维护公共道德所必需的措施;为保护人类、动物或植物的生命或健康所必需的措施;与黄金或白银进出口有关的措施;为保证与本协定不相抵触的法律或法规得到遵守所必需的措施,包括与海关执法……实行有关垄断,保护专利权、商标权,以及防止欺诈行为有关的措施;与监狱囚犯产品有关的措施；为保护具有艺术、历史或考古价值的国宝所采取的措施；与保护可用尽的自然资源有关的措施，如此类措施与限制国内生产或消费一同实施；为履行任何政府间商品协定项下义务而实施的措施，该协定符合提交缔约方全体不持异议的标准，或该协定本身提交缔约方全体且缔约方全体不持异议；在作为政府稳定计划的一部分将国内原料价格压至低于国际价格水平的时期内，为保证此类原料给予国内加工产业所必需的数量而涉及限制此种原料出口的措施；在普遍或局部供应短缺的情况下，为获取或分配产品所必须采取的措施；等等。①

《服务贸易总协定》第14条规定，在不对其他成员构成任意或不合理歧视的手段或构成对服务贸易的变相限制的前提下，所可以采取的措施包括：为保护公共道德或维护公共秩序所必需的措施；为保护人类、动物或植物的生命或健康所必需的措施；为使与本协定的规定不相抵触的法律或法规得到遵守所必需的措施，等等。

2. 安全例外

WTO允许成员在战争、外交关系恶化等紧急情况下，为保护国家安全利益采取必要的行动，对其他相关成员不履行WTO规定的义务。

3. 其他例外

1）区域贸易安排例外

在自由贸易区和关税同盟成员间，相互间的货物、服务贸易自由化措施内容，区域外的WTO成员不能享受。

2）发展中成员的特殊和差别待遇例外

在WTO负责实施和管理的贸易协定于协议中，都给予发展中成员一些特殊和差别待遇，其他成员不能享有。

3）诸边贸易协议例外

WTO的基本原则只在接受诸边贸易协议的成员方之间实施，非接受成员不得享受其中的权利与义务。

4）边境贸易例外

在WTO框架内，边境贸易是指毗邻两国边境地区的居民和企业，在距边境线两边各15公里以内地带从事的贸易活动，相互给予优惠。其他成员不得享受。

（三）免责原则内容

1. 紧急限制进口

GATT 1994第19条规定，WTO成员在履行承诺义务过程中，出现某产品进口大量增加，对本国相关产业造成严重损害或损害威胁特定的紧急情况下，可暂停原来承诺的关税减

---

① 对外贸易合作部国际经济关系司译：《世界贸易组织乌拉圭回合多边贸易谈判结果法律文件》，455～456页，法律出版社，2000。

让等义务,采取限制进口措施。

2. 发展特定产业

GATT 1994 第 18 条规定,允许成员为促进建立某一特定产业而背离承诺,实施关税保护和数量限制的措施。

特定产业是指:建立一项新的产业;在现有产业中建立新的分支生产部门;现有产业的重大改建;只占国内供应相对较小份额的现有产业重大扩建;因战争或自然灾害而遭到破坏的产业重建。

3. 国际收支困难

WTO 允许成员因国际收支困难而中止货物贸易中关税减让和其他承诺,对已承诺开放的服务贸易部门采取限制措施。

此外,WTO 成员可主动申请义务豁免,在申请中,需要说明义务豁免要达到的目的。豁免申请须向 WTO 有关理事会提出,有关理事会在 90 天内进行讨论,之后提交部长级会议作出决定。

九、透明度原则

(一)透明度原则含义

透明度原则是指,WTO 成员应公布实施的贸易措施和变化情况(如修改、增补或废除等),不公布的不得实施;同时还把它们通知 WTO 成员和 WTO。此外,成员参加影响国际贸易政策的国际协议,也照此办理。目的是监督成员履行承诺的义务,保持贸易环境的可预见性。

(二)贸易措施的公布

1. 公布内容

公布内容:成员产品的海关分类和海关估价等海关事务;对产品征收的关税税率、国内税税率和其他费用;对产品进出口所设立的禁止或限制等措施;对进出口支付转账所设立的禁止或限制等措施;影响进出口产品的销售、分销、运输、保险、仓储、检验、展览、加工、与国内产品混合使用或其他用途的要求;有关服务贸易的法律、法规、政策和措施;有关知识产权的法律、法规、司法判决和行政裁定,以及与其他成员签署的其他影响国际贸易政策的协议等。

2. 公布时间

WTO 规定,成员应迅速公布和公开有关贸易的法律、法规、政策、措施、司法判决和行政裁定,最迟应在生效之时公布或公开。

(三)贸易措施的通报

1. 通报内容

通报内容包括 19 项具体措施和有关多边协议规定的其他措施。它们是:关税;关税配额和附加税;数量限制;许可程序和国产化要求等其他非关税措施,以及征收差价税的情况;海关估价;原产地规则;政府采购;技术性贸易壁垒;保障措施;反倾销措施;反补贴措施;出口税;出口补贴、免税和出口优惠融资;自由贸易区的情况,包括保税货物的生产情况;出口限制,包括农产品等产品的出口限制,WTO 限期取消的自愿出口限制和有序销售安排等;其他政府援助(包括补贴和免税);国营贸易企业的作用;与进出口有关的外汇管制;政府授权进行的对销贸易。

2.通报程序

WTO 相继制定了 100 多项有关通报的具体程序与规则,包括通报的项目、通报的内容、通报的期限、通报的格式等。

协定与协议通报的期限有所不同,有的要求不定期通报,有的要求定期通报。

不定期通报主要适用于法律、法规、政策、措施的更新,如《技术性贸易壁垒协议》要求,只要成员方国内通过了新的技术法规和合格评定程序,就要立即通报。

定期通报包括两种情况:一种是一次性通报;另一种是多次通报,有的要求半年通报一次,大部分则要求每年通报一次。

3.“反向通报”

WTO 成员还可进行“反向通报”,即其他成员方可以将某成员理应通报而没有通报的贸易措施,通报 WTO。

(四)WTO 要求所有成员的贸易政策都要定期接受 WTO 成员审议

WTO 各种协定与协议属于国际贸易管理法规,要坚持有约必守原则。有约必守原则已被正式载入国际公约。1995 年 5 月开放供各国签署并于 1980 年 1 月正式生效的《维也纳条约法公约》,在序言中,强调“条约必须遵守原则乃举世所公认”。公约第 26 条规定:“凡有效之条约对其各当事国有拘束力,必须由各该国善意履行。”

第二节　协定与协议确立的基础和类别

一、协定与协议的确立基础

(一)确立基础与称谓

在上述原则基础上,通过多边贸易谈判达成各个贸易领域的协定,转化为具体的框架规则、具体规则与加入承诺,使 WTO 宗旨得到具体落实。

（二）协定与协议的构成特点

1. 层次性

在《马拉喀什建立世界贸易组织协定》中,通过附件形式列出负责实施管理的货物多边协定与协议,诸边的贸易协议。在货物多边协定和诸边贸易协定中,又列出具体的协定与协议。在两类贸易协定与协议中,贸易协定属于框架式的规则,是本领域达成具体贸易协议的指导规则,如 GATT 1994。《服务贸易总协定》《与贸易有关的知识产权协定》;在其范围内,又细化为具体的协议。

2. 结合性

WTO 协定与协议等是基本原则与贸易各种领域、加入成员的具体情况结合的成果,领域不同,成员身份差异使结合的内容和表达方式有所不同。此外,它又吸收了相关学科的内容、术语和标准。

3. 阶段性

WTO 协定与协议等是根据比较优势和竞争能力,加入成员现状,通过多边贸易谈判,在相互妥协的基础上达成的。随着比较优势和竞争能力等的变化,这些协定内容也随着调整和修改。

4. 延伸性

WTO 协定与协议等随着国际贸易交换内容和方式的纵深发展,将向新的领域延伸和细化。与货物贸易领域相比,服务贸易领域尚有很大的延伸和细化的余地;随着加入成员的进化,承诺内容有所变化。

5. 转化性

《建立 WTO 协定》规定,WTO 成员国内的相关贸易法规要与所接受的 WTO 协定与协议规则逐步接轨,成员国内的贸易法规要向 WTO 的规则转化。

6. 规范性

WTO 的贸易协定、协议和加入议定书都用法律语言表述,用语一般比较严谨。正式文本的语言为英文、法文和西班牙文。

二、协定与协议的类别

（一）按涉及层次划分

本书把带有管理贸易领域性、概括性规则内容的条约称为协定(General Agreement),把比较具体和细化内容的条约称为协议(Agreement),把确定加入成员整体的贸易承诺,称为加入议定书(Protocol on the Accession)。

（二）按管辖贸易领域划分

WTO 涉及贸易领域的协定与协议包括三大领域，即货物贸易协定与协议、服务贸易协定与协议、与贸易有关的知识产权协定与协议。加入成员全面的承诺成果称为加入议定书。

（三）按成员接受程度划分

按 WTO 成员和非成员接受的程度，WTO 贸易协定与协议分为多边、诸边。

1. 多边协定与协议

多边的协定与协议（Multilateral Agreement）是指 WTO 成员必须全部接受的贸易协定与协议，如 GATT 1994 与附属的各种货物贸易协议，《服务贸易总协定》和附属的协议，《与贸易有关的知识产权协定》。

2. 诸边贸易协议

诸边的贸易协议（Plurilateral Trade Agreement）是指 WTO 成员自愿接受的贸易协议。该协议的接受者受到它的约束，不接受者则不受其约束，如《政府采购协议》《民用航空器贸易协定》和《信息技术协议》。

（四）按解决贸易问题划分

按解决问题划分，多边的贸易协定与协议可以分为六类。

1. 自由化类型

这些协定与协议涉及 WTO 成员逐步开放国内货物、服务和其他要素市场问题。如 GATT 1994 与附属的各种货物贸易协定，《服务贸易总协定》和附属的协定。

2. "回归"类型

《农业协议》和《纺织品与服装协议》属于"回归"性的协定。在以 GATT 为基础的多边贸易体制中，在农产品贸易中，一些缔约方通过出口补贴、非关税壁垒等方式加强对国内农业的保护；在纺织品贸易中，发达国家纺织品进口国对纺织品进口进行配额限制，以保护国内的纺织业。而这些做法是背离 GATT 贸易自由化宗旨的，但又得到确认和保留，影响了农产品和纺织品贸易自由化进程。为阻止这种回退行为，在乌拉圭回合中达成《农业协议》和《纺织品与服装协议》，通过逐步减少出口补贴，约束国内价格支持和取消数量限制等措施，使农产品和纺织品贸易逐步回归自由贸易体制。

3. 规范类型

各国在以关税保护本国市场的同时，也不断采用非关税保护措施。这些非关税保护措施在实施中，正当与滥用交杂在一起。为了确保这些非关税措施的正当使用，需要对它们进行使用规范。这些协议包括：《海关估价协议》《装运前检验协议》《技术性贸易壁垒协议》《进口许可程序协议》《原产地规则协议》。对这些协议不是要取消，而是把它们规范化，不构

成国际贸易发展的障碍。

4. 公救类型

为了保证 WTO 成员在"开放、公平和无扭曲竞争"中,免受由于忠实履行义务而遭受的伤害,乌拉圭回合达成了公平竞争和补救的协议,如《反倾销协议》《补贴和反补贴措施协议》和《保障措施协议》。

5. 保护类型

为了保护人类智慧的结晶,促进科学技术的发展,乌拉圭回合达成《与贸易有关的知识产权协定》,对与贸易有关的知识产权加强了保护,规范了知识产权保护的措施。

6. 约束类型

通过加入议定书,确定加入成员入世后的承诺。

第三节　贸易领域协定与协议构成

一、协定与协议的整体构成

WTO 负责实施管理的贸易领域协定与协议多由主体和附件两大部分构成。主体部分对相应规则作出明确规定。附件部分是对主体部分进行细化,予以说明和释义。因涉及贸易领域不同,主体和附件条款数目又有很大的不同。

如在《马拉喀什建立世界贸易组织协定》列出 4 个附件。在附件 1 中的附件 1A 为货物贸易多边协定,附件 1B 为服务贸易总协定,附件 1C 为与贸易有关的知识产权协定。附件 4 为诸边贸易协议。在附件 1A 中包括的协定与协议有:1994 年关贸总协定,农业协议,实施卫生与植物卫生检疫协议,纺织品与服装协议技术性贸易壁垒协议,与贸易有关的投资措施协议,关于实施 1994 年 GATT 第 6 条、第 7 条的协议,装运前检验协议,原产地规则协议,进口许可证协议,补贴与反补贴措施协议,保障措施协议。

在具体的贸易协定与协议中又有主体和附件。如在农业协议中,主体包括 13 个部分 21 个条款,后面的附件为 5 个。

二、协定与协议主体构成的要件

协定与协议主体构成一般包括:协定与协议序言,协定与协议组成部分与条款。

(一) 序言的位置与内容

序言放在贸易协定与协议的开始。其内容表明贸易协定与协议的宗旨,追求的目标和达到目标的途径。因协定与协议涉及领域不同,其表达内容不尽相同。

《建立 WTO 协定》在前言中指出,建立 WTO 宗旨是,成员方"认识到在处理它们在贸易和经济领域的关系时,应以提高生活水平、保证充分就业、保证实际收入和有效需求的大幅稳定增长以及扩大货物和服务的生产和贸易为目的,同时应按照可持续发展的目标,考虑世界资源的最佳利用,寻求既保护和维护环境,又以与它们各自在不同经济发展水平的需要和关注相一致的方式,加强为此采取的措施。

"进一步认识到需要作出积极努力,以保证发展中成员、特别是其中的最不发达成员,在国际贸易增长中获得与其经济发展需要相当的份额。

"期望通过达成互惠互利安排,实质性削减关税和其他贸易壁垒,消除国际贸易关系中的歧视待遇,从而为实现这些目标作出贡献。

"因此决定建立一个完整的、更可行的和持久的多边贸易体制,以包括含《关税与贸易总协定》、以往贸易自由化的结果以及乌拉圭回合多边贸易谈判的全部成果。

"决心维护多边贸易体制的基本原则,并促进该体制目标的实现。"①

《服务贸易总协定》的序言为:"认识到服务贸易对世界经济增长和发展日益增加的重要性;希望建立一个服务贸易原则和规则的多边框架,以期在透明和逐步自由化的条件下扩大此类贸易,并以此为手段促进所有贸易伙伴的经济增长和发展中国家的发展;

"期望在给予国家政策目标应有尊重的同时,通过连续回合的多边谈判,在互利基础上促进所有参加方的利益,并保证权利和义务的总体平衡,以便早日实现服务贸易的自由化水平的逐步提高;

"认识到各成员为实现国家政策目标,有权对其领土内的服务提供进行管理和采用新的法规,同时认识到由于不同国家服务法规发展程度方面存在的不平衡,发展中国家特别需要行使此权利;

"期望鼓励发展中成员更多地参与服务贸易和扩大服务出口,增强其国内服务能力、效率和竞争力;

"特别考虑到最不发达成员由于特殊的经济状况及其在发展、贸易和财政方面的需要而存在的严重困难。"②

（二）协定与协议主体部分

1. 结构要件

协定与协议主体部分包括协定与协议的基本原则、一般规则、成员的权利与义务、协定与协议的实施与组织机构等。具体构成因管辖范围不同,构成部分有所不同。组成部分再

---

① 对外贸易合作部国际经济关系司译:《世界贸易组织乌拉圭回合多边贸易谈判结果 法律文件》,4 页,法律出版社,2000。

② 对外贸易合作部国际经济关系司译:《世界贸易组织乌拉圭回合多边贸易谈判结果 法律文件》,286 页,法律出版社,2000。

具体化为条款。组成部分有的列出名称,有的不列出名称。《服务贸易总协定》由6个部分29个条款构成,《与贸易有关的知识产权》由7个部分73个条款构成。

2. 构成形式

1) 复式构成

内容比较复杂的协议,则分出部与节,再纳入相关的条款机构等。如《与贸易有关的知识产权协定》构成相当复杂,先分部,部内有节,节内分条。以下是该协议构成。

第一部分 总则和基本原则。第1条 义务的性质和范围,第2条 知识产权公约,第3条 国民待遇,第4条 最惠国待遇,第5条 关于取得或维持保护的多边协定,第6条 权利用尽,第7条 目标,第8条 原则。

第二部分 关于知识产权效力、范围和使用的标准。第一节:版权和相关权利,第9条 与《伯尔尼公约》的关系,第10条 计算机程序和数据汇编,第11条 出租权,第12条 保护期限,第13条 限制和例外,第14条 对表演者、录音制品(唱片)制作者和广播组织的保护。第2节:商标。第15条 可保护客体,第16条 授予的权利,第17条 例外,第18条 保护期限,第19条 关于使用的权利,第20条 其他要求,第21条 许可和转让。第3节:地理标志。第22条 地理标志的保护,第23条 对葡萄酒和烈酒地理标志的附加保护,第24条 国际谈判:例外。第4节:工业设计。第25条 保护的要求,第26条 保护。第5节:专利。第27条 可授予专利的客体,第28条 授予的权利,第29条 专利申请人的条件,第30条 授予权利的例外,第31条 未经权利持有人授权的其他使用,第32条 撤销/无效,第33条 保护期限,第34条 方法专利:举证责任。第6节:集成电路布图设计(拓扑图)。第35条 与《IPIC条约》的关系,第36条 保护范围,第37条 无须权利持有人授予的行为,第38条 保护期限。第7节:对未披露信息的保护。第39条。第8节:对协议许可中限制竞争行为的控制。第40条。

第三部分 知识产权的实施。第1节:一般义务。第41条。第2节:民事和行政程序及救济。第42条 公平和公正的程序,第43条 证据,第44条 禁令,第45条 赔偿费,第46条 其他补偿,第47条 获得信息的权利,第48条 对被告的赔偿,第49条 行政程序。第3节:临时措施 。第50条。第4节:与边境措施相关的特殊要求。第51条 海关中止放行,第52条 申请,第53条 保证金或同等的担保,第54条 中止放行的通知,第55条 中止放行的时限,第56条 对进口商和货物所有权人的赔偿,第57条 检验和获得信息的权利,第58条 依职权的行动,第59条 救济,第60条 微量进口。第5节:刑事程序。第61条。

第四部分 知识产权的取得和维持及当事方之间的相关程序。第62条。

第五部分 争端的防止和解决。第63条 透明度,第64条 争端解决。

第六部分 过渡性安排。第65条 过渡性安排,第66条 最不发达成员,第67条技术合作。

第七部分 机构安排:最后条款。第69条 与贸易有关的知识产权理事会。第69条 国际合作,第70条 对现有客体的保护,第71条 审议的修正,第72条 保留,第73条 安全例外。

2）简式构成

内容比较简单的协定与协议只列条款，不分部分。如《技术性贸易壁垒协议》《纺织品与服装协议》《保障措施协议》《实施卫生与植物卫生措施协议》《与贸易有关的投资措施协议》《装运前检验协议》《进口许可程序协议》《政府采购协议》《民用航空器协议》等。这些协议通过条款顺次列出总则、成员权利与义务、发展中成员特殊待遇、争端解决和管理等。如《与贸易有关的投资措施协议》只有 9 个条款：第一条 范围，第 2 条 国民待遇和数量限制，第 3 条 例外，第 4 条 发展中成员，第 5 条 通知和过渡行安排，第 6 条 透明度，第 7 条 与贸易有关的投资措施委员会，第 8 条 磋商和争端解决，第 9 条 货物贸易理事会的审议。有的条款只有内容，没有冠名，如《纺织品与服装协议》只列出 7 个条款，没有冠名。

三、协定与协议附件

协议附件在文本后单独列出，用以对贸易协议文本补充和细化。附件内容包括对贸易协定文本的注释、清单、解释性说明、具体的组织机构等。附件多少不一，如《原产地规则协议》只有 2 个附件，而《补贴和反补贴协议》则有 7 个附件。

第四节　协定与协议的积极作用与不足

一、积极作用扩大和加深

（一）接受协定与协议成员数不断扩大

接受 WTO 多边贸易协定与协议的成员从建立时的 128 个扩大到 2016 年的 164 个。其中创始成员为 128 个，其余为加入成员。接受诸边协议成员也在扩大。随着中国于 2001 年、沙特阿拉伯于 2005 年、俄罗斯于 2012 年加入 WTO，世界上的主要经济体都成为同一个多边贸易体系的成员。WTO 成功地将快速兴起的发展中世界融入开放的全球经济。通过协定与协议的网络勾连与实施，WTO 成为当今世界开放、包容、合作的全球经济秩序的结合体和典范。

（二）协定与协议向纵深发展

WTO 建立后，一直持续更新协定与协议。1996 年，诸边的《信息技术协议》达成并实施，扩围谈判取得成功；1997 年，多边的《基础电信协议》和《金融服务协议》达成并实施；2005 年，WTO 通过多边决策修订了《与贸易有关的知识产权协定》；2014 年 4 月，《修订〈政

府采购协议〉的议定书》生效。

（三）达成新协定，促进贸易自由化

WTO建立达成的新协定是2013年部长级会议达成的巴厘一揽子协议。它除了处理重要的农业议题和改善最不发达成员贸易机会，还包含了具有开创性的《贸易便利化协定》。该协议简化和加快了全球海关程序，使平均贸易成本降低14％以上，其重要性甚至可能超过消除全部剩余关税。2015年7月，50多个WTO成员完成了ITA扩围谈判，旨在消除200多种高科技产品的关税，包括半导体、通信卫星、核磁共振仪等，年贸易额达1.3万亿美元，占全球贸易的7％。

（四）为成员贸易发展保驾护航

WTO以规则为基础的协定与协议消除贸易壁垒，发展贸易。通过协定与协议的履行，成员间的贸易壁垒不断降低。平均实施关税从1995年的15％降至现在的8％。目前约60％的世界贸易商品都是免税的，而另外1/5的关税低于5％。33个新成员的加入本身就是巨大的市场准入，1996年的《信息技术协议》也是如此。金融服务和电信协议打开了关键的服务部门贸易。同样，WTO《政府采购协议》的扩张也向全球供应商和竞争打开了占各国15％以上GDP的公共采购市场。

WTO通过协定与协议将法治成功引入成员间的贸易。WTO成员通过贸易协定与协议发展贸易，不再以破坏性的贸易战对决，而是基于协定与协议规定，通过WTO的争端解决机制解决纠纷。

（五）抵制贸易保护主义侵蚀的防火墙

通过贸易协定、协议整体有效的实施，WTO成员成功抵制了各种经济和政治冲击，防止了贸易保护主义的泛滥。1997年亚洲金融危机、2001年纽约恐怖袭击和2008年大衰退发生之后，世界面临贸易保护主义和20世纪30年代的贸易战爆发的风险。事后，虽然出现波动，但未发生贸易战和贸易保护主义的泛滥，而且每次危机后贸易还能保持稳定增长。原因在于，WTO成员通过协定与协议的实施与效应，认识到开放贸易、共同规则和多边合作的利益。通过协定与协议构建的多边贸易体制提供了贸易安全和稳定发展的基石。

（六）帮助发展中成员得到贸易发展和地位的提升

借助WTO协定与协议的特殊与差别待遇，发展中成员的贸易得到发展。自1995年以来，发展中成员在全球货物贸易中的份额从27％增至43％以上，在全球GDP中的份额从41％增至53％以上。过去，发达缔约方主导了GATT。现在，借助协定与协议的实施，发展中成员贸易显著发展，地位逐渐提高。新兴经济体如中国、印度和巴西已经成为WTO的重要支柱,在管理 WTO、制定新规则、达成新协定和协议中都扮演重要的角色。

（七）锁定成员既定贸易发展成果

WTO 通过对贸易协定与协议权利的享受与义务的履行,对内促进行政机构的改革,市场化体制加深和完善,国民普遍受益;对外加深国际分工与合作,促进生产网络的细密和无缝,改革和开放理念不断提升,可以抑制狭隘的民族主义、贸易保护主义的兴起和泛滥。

二、WTO 协定与协议规则缺陷

（一）三大协定与协议规范不一

WTO 负责实施管理的三大协定规范有差距。货物贸易协定比较细致和规范,《服务贸易总协定》不够细密。《与贸易有关的知识产权协定》比较规范和细密。在货物贸易多边协定中附属的协定有 13 个。在服务贸易总协定中列出的附件多是释义性的。

在 WTO 中,决策上的法律条款存在协商一致优先与表决权协调乏力,对协定与协议的多边解释与国内立法转化存在差异,豁免权确定与合理性判断依据吻合不够,修正权的确立与归属不很明确等。

（二）协定与协议整合、转化、规范不够

1）诸边协议扩及多边进度过慢

2）成员国内规制向 WTO 协定与协议转化受阻

一些 WTO 创始成员仍然保留"祖父"协定。在从 WTO 协定与协议向本国法规转化中出现弹性和释解加多,埋下争议的隐患。以 WTO《反倾销协议》转化为例。有的 WTO 成员直接将 WTO《反倾销协议》用于国内;有的成员通过国内颁布法规,加以适当调整,实施该协议。大多数成员方采取后一种做法。WTO 成员在实施反倾销措施的时候,都设立了不同的反倾销调查和决策机构,以接受反倾销申请、进行反倾销调查和决定采取反倾销措施。各成员反倾销机构不尽相同,但不外乎两种形式,一是一元制结构,以欧美为代表,即反倾销调查的各个阶段都集中在欧委会;二是二元制或多元制结构,以美国为代表,即反倾销的调查的权利分别由或两个以上不同的机构负责行使。在美国倾销调查由商务部负责,损害调查由国际贸易委员会负责。

3）协定与协议结构和术语存在模糊问题

现有 WTO 协定与协议中术语众多,有的解释清晰,有的比较模糊,成员对其理解和释义不同,成为 WTO 成员滥用和曲解的理由。如在中国加入 WTO 议定书第 15 条,美国、欧盟就借口条款最后部分拒绝按期履行"替代国"价格条款。

（三）规则深化与制定滞后于国际经贸的发展

1. 纵深发展不足

国际贸易与国际投资关系日益密切,已有的《与贸易有关的投资措施协议》需继续深化和拓展。随着电商、中小企业贸易的发展,大量数据传输的出现,许多领域经济细微转型,服务已经完全隐含在产品之中,而货物贸易规则与服务贸易规则亟须融合。

2. 对边境后规制改革关注不够

随着生产网络、外包的发展和新技术的出现,WTO 成员日益关注边境后规则的改革和新议题的确立。其中包括非关税壁垒,特定投资条款、知识产权制度、有差别的竞争规则等。这些问题有的纳入地区贸易安排,尚未出现在 WTO 关注的议题中。

第五节　加入议定书与工作组报告书

一、加入 WTO 议定书的含义

加入 WTO 议定书是指申请加入 WTO 的国家和单独关税区政府同意遵守 WTO 规则,承诺与义务履行,维护贸易权益的书面文件。

WTO 建立后,非创始成员政府要加入 WTO,必须经过加入谈判达成入世议定书和工作组报告书,经过申请加入成员立法机构批准,才能成为 WTO 成员。因此,议定书和工作组报告书也成为 WTO 协定和协议的一部分。到 2017 年,WTO 保存的加入 WTO 议定书已达到 36 份。它们已成为 WTO 协定的重要部分。

二、加入议定书和工作组报告书的构成

（一）加入议定书

1. 架构

议定书通常由四部分构成,即序言、总则,减让表,最后条款和附件。其中,总则成为主要部分,确定了加入成员承诺的规定内容。

2. 总则部分的主要内容

该部分涉及加入成员应遵循的具体规则和约定。以中国加入议定书为例,总则由 19 个条款构成。第 1 条 总体情况;第 2 条 贸易制度的实施,（A）统一实施,（B）特殊经济区,（C）透明度,（D）司法审查;第 3 条 非歧视;第 4 条 特殊贸易安排;第 5 条 贸易权;第 6 条 国营贸易;第 7 条 非关税措施;第 8 条 进出口许可程序;第 9 条 价格控制;第 10 条 补贴;第 11 条

对进出口产品征收的税费;第 12 条 农业;第 13 条 技术性贸易壁垒;第 14 条 卫生与植物卫生检疫;第 15 条 确定补贴和倾销时的价格可比性;第 16 条 特定产品过渡性保障机制;第 17条 WTO 成员的保留;第 18 条 过渡性审议机制。

附件均在协定文本以后单独列出,目的是对协定文本内容加以细致释义的补充。

（二）工作组报告书

加入申请提以后,WTO 理事会组成工作组,主持加入谈判。工作组报告书包括谈判双方的问题与答复。

报告书通常包括导言、经济政策、政策制定和执行的框架,影响货物贸易的政策,与贸易有关的知识产权制度,影响服务贸易的政策,其他问题,结论。每部分包含若干条款。中国加入工作组报告书由 343 段构成。

（三）议定书与工作组报告书的达成基础与进程

1. 贸易政策维持现状,不得倒退

加入成员如果采取保护主义,则会使谈判延长时间。

2. 市场准入谈判是加入谈判关键

市场准入谈判是谈判的核心。谈判是保密的,只限于双边之间。启动谈判必须向加入成员正式提交要求,并抄送工作组主席。在加入谈判中,没有固定模式。谈判是按关税税目逐个进行的。为防止过度要求,拖延谈判时间,工作组主席可设置结束投票时间框架。

3. 对谈判成果进行整合和技术性审查

工作组主席有权发起和终止双边市场准入谈判。在秘书处整合所有双边市场准入谈判结果和协议,向所有签署成员散发并交总干事留存后,成员要求市场准入权利随之终止。

4. 法律和执行规章草案

相关的法律和执行规章草案都需要接受工作组成员的审查和评论。

5. 鼓励预先做出履行承诺

在双边谈判结束之前,工作组成员可以鼓励对市场准入的关税减让或服务具体承诺的预先履约,以加强谈判者的信心,推动谈判进度。

6. 对谈判成果赋予约束性

对谈判成果赋予约束性,成为议定书的核心部分,从而保障谈判达成的规则具有可预见性和市场准入的可操作性。它有助于加入成员依据谈判成果确立法律和政策框架,限制游说和压力集团对已达成的谈判成果进行扭曲的企图。

7. 加入工作组的终止

工作组在闭幕会议上讨论并投票通过加入一揽子协定草案,然后将其正式化。在正式通过该协定草约之后,工作组彻底终止运作。

（四）影响议定书与工作组报告书差异的因素

申请加入WTO的国家和单独关税区在经济体制、经济规模、发展阶段、发展水平等方面存在差异，承诺的一般义务与特定义务有所不同，使加入议定书和工作组报告书繁简程度不一。

在加入成员中，从计划经济体制转向市场经济体制的国家在入世议定书中"特定承诺章节"的数量远远高于其他新加入成员。以俄罗斯、中国、越南和乌克兰为例，在入世议定书中承诺的"特定承诺章节"的数量分别为163个、144个、70个和63个。其他加入成员在入世议定书中的特定承诺章节数量均在60个以下。前类加入成员的入世议定和工作组报告书的页数远远多于后类加入成员。

三、议定书和工作组报告书的效果

（一）锁定成员国内改革的底线

议定书和工作组报告书为成员贸易法规改革确立了要符合WTO规则的基础。33个加入成员政府已颁布7 563部符合WTO规则的法律项目和配套法规。它们都存在WTO秘书处，并登记在入世成员政府的"立法行动计划"中。

入世议定书为加入成员提供了加速国内改革的绝佳机会。这些改革往往超越贸易政策，例如需要税收体制的大变革。因为加入成员必须重新平衡其国内和国外税源，还需要国际资本流动政策，商业环境和治理的改进等。而且，入世将鼓励政府和私营部门认真审视国内经济的总体竞争力，消除抑制效率提高的因素，促进最有前景的产业发展，并最终推动经济增长和就业创造。

（二）维护成员间的经贸核心利益

议定书和工作组报告书确立入世后的系统性和约束性，有利于加入成员和其他成员的经贸核心利益的维护。外部和内部的不均衡影响加入成员的宏观政策的制定和实施。加入WTO议定书做出的具体承诺可以降低系统性失衡方面的财政、货币、汇率和结构性失调，减缓和抑制恶化的趋势，化解系统性失衡方面的压力。

（三）市场准入得到显著改善

在议定书确立实施最惠国待遇的基础上，加入成员与创始成员的市场准入得到显著改善。33个入世议定书产生了504个双边货物贸易市场准入协议和244个双边服务贸易市场准入协议。由相关签约成员合并为一体并确认，作为货物贸易关税减让确定的减让表和服务贸易的具体承诺普及到WTO全体成员；与此同时，加入成员也可以享受创始成员在市场准入做出扩大的各种承诺,改善了国际贸易环境,扩大了相互的市场。

(四)丰富了WTO的规则体系

33个加入成员的加入议定书中的具体承诺达到1 361件。它们已构成《建立WTO协定》重要部分,成为多边贸易体制"法律一揽子承诺"的一部分。迄今为止,在32起WTO贸易争端中,都提到了入世议定书和工作组报告的相关部分。入世议定书在WTO争端解决和法律成立方面发挥了显著作用。

(五)议定书夯实了国际合作的法律基础

一方面,入世谈判反映了某个时间节点地缘政治的实践;另一方面,入世谈判和WTO法律框架被成员和加入成员用以管理和协调他们敏感的政治关系,就维护WTO权威达成共识,有助于WTO的作用,为与相关国际组织的加强合作提供了机遇。

本章小结

1. 在WTO负责实施管理的贸易协定与协议中,贯穿了9项基本原则,分别是:非歧视原则,贸易自由化原则,允许正当保护原则,稳定贸易发展原则,公平竞争原则,鼓励发展和经济改革原则,地区贸易原则,贸易补救原则,透明度原则。它们是WTO负责实施与管理的贸易协定与协议确立的基础。

2. WTO原则通过WTO负责实施管理的贸易协定与协议转化为具体的货物、服务贸易和与贸易有关的知识产权规则,使WTO原则更加具体化,以便于实施和操作。WTO协定与协议特点可归纳为:层次性、结合性、阶段性、延伸性、转化性和规范性。

3. WTO贸易协定的整体多由主体和附件两大部分构成,其中主体一般包括协定序言、协定组成部分与条款三部分。WTO贸易协议的整体多由正文与附件构成,其中正文通常包括序言、构成部分和条款三部分。

4. WTO负责实施管理的贸易协定与协议具有很强的生命力,同时也存在局限性。

5. WTO建立后,申请加入国家和单独关税区通过谈判,达成加入WTO议定书和工作组报告书,它们成为入世后享受权利、履行义务、维护权益的法律文件,成为WTO规则的重要部分。

重要概念

非歧视性原则(Non-Discrimination)

最惠国待遇(Most-Favored-Nation treatment,MFN)

国民待遇(National Treatment,NT)

透明度原则（Transparency）

一般例外（General exceptions）

案例分析

有关国际贸易协定作用的理论

尽管不同的理论在思考国际合作时遵循了不同的分析方法和传统，但我们发现这些理论方法存在共同之处。可以看出这些解释主要遵循四种分析路径。

第一组理论认为国内问题对经济效率产生负面影响，而国际协定有助于克服这些负面影响。这是政治经济学、源自经济学的承诺理论、国际关系中的自由主义学派和法律内部宪政理论的核心观点。

第二组理论认为外溢效应或外部性是国际协定能够补救的关键问题。比如，贸易协定可以制约单边主义，一国的行为可能伤害到其他国家的经济福利。这是传统经济学理论、国际关系理论中的新自由制度主义、外部宪政主义和内部—外部宪政主义法律理论的核心观点。

第三组被称作"概念"研究路径。这种路径是研究国际合作的规范方法。价值观、悠久的传统、集体历史感、人文和其他因素激励有影响力的个人、集团和国家缔结贸易协定。其中，贸易协定的非经济目标起着至关重要的作用。规范和意念在新自由制度主义和霸权稳定论的某些分支当中扮演一定角色。但是，意念的力量是国际关系理论中的英国学派以及建构主义理论中的弱式和强式认知主义学派的核心主张。这种观点还可见于以外部宪政主义和全球宪政主义为特征的法律分析当中。

最后一组理论可以称作"现实政治"的观点。国家缔结贸易协定——或不缔结贸易协定——是出于权力的原因（即分配效率）。研究的侧重点是与权力相关的利益，在这个框架内参与国际协定甚至可能是非自愿的。另外，参与国际协定的动机也可能是为了形成对其他国家的依赖、平衡权力或建立大国集团。这种对权力和分配的关注在新现实主义的核心理论中表现得最为突出，也可见于后古典现实主义和霸权稳定论中。

资料来源：WTO秘书处：《世界贸易报告2007》，中译本，17～18页，中国商务出版社，2008。

分析讨论：

1．为何国际贸易协定可以抑制因国内问题而对经济效率产生的负面影响？

【解析】 一般来说，世界各国国内企业分为两种：以国内市场为主的企业，为了保护他们的国内市场，不愿主动对外开放，希望政府以较难的市场准入抵消外国有竞争力产品和服务的进口，减少了国内市场竞争的动力，其结果是导致经济效率下降；而以国外市场为主的企业则倾向对外开放。作为国家，会全面考虑两种企业的愿望，做出折中的方案，并以折中方案进行双边和多边的谈判，签署互惠的贸易协定，根据有约必守的原则，履行协定中做出的承诺。这样可以缓和上述两种企业产生的矛盾，抑制对经济效率的负面影响。

2. 为何国际贸易协定能够补救外溢效应的关键问题？

【解析】　如果以国内市场为主的企业占据上风,并成为该国贸易保护贸易政策的主流,执行单边的奖出限入的贸易措施,会对其他国家产生不良的外溢效应,伤害该国的经济福利。最后单边采取贸易保护主义的国家也会受到伤害。如果签署互惠的贸易协定,两国和多国都享受贸易和经济增长的好处,则能够补救和避免贸易保护主义的采取,对单边主义产生制约作用。

3. 除去经济效益,影响国际贸易协定追求的还有什么原因？

【解析】　在国际贸易协定签署历史上,经济上讲求互惠成为重要原因。但一些国家热衷和欣赏国际贸易协定,还有其他的因素,诸如价值观、悠久的传统、集体历史感、人文和其他因素的激励。如崇尚自由主义至上的国家和国家领导人一般热衷和赞赏国际贸易协定。

4. 在国际贸易协定签署中,"现实政治"影响如何？

【解析】　有相当影响。有些国家参与国际贸易协定,并非完全自己自愿,而是以此依赖他国和借势,在大国之间寻求平衡,保护本国的经贸权益以及政治利益。这种考量在区域经贸集团经贸协定中比较常见。

同步测练与解析

1. WTO 的基本原则有哪些？

【解析】　WTO 基本原则包括：非歧视原则,贸易自由化原则,允许正当保护原则,稳定贸易发展原则,公平竞争原则,鼓励发展和经济改革原则,地区贸易原则,例外与免责原则,透明度原则。

2. 非歧视原则是由什么待遇条款构成的？

【解析】　在 WTO 中,非歧视原则由最惠国待遇和国民待遇条款体现。

3. WTO 规则如何分类？

【解析】　WTO 规则分类：①按规则涉及领域划分。WTO 规则包括三大领域,即货物贸易领域规则、服务贸易领域规则、与贸易有关的知识产权领域规则。②按贸易规则层次和解决问题划分。WTO 贸易规则分为框架规则和具体规则。③按成员接受分为多边和诸边分为两大类型。④按照解决问题,多边的贸易协议可以分为六类,即自由化、回归、规范、共教、保护和约束类型。

4. WTO规则的特点是什么？

【解析】 WTO规则的特点是层次性、结合性、阶段性、延伸性、转化性和规范性。

5. WTO负责实施管理的贸易协定与协议本身是如何构成的？

【解析】 贸易协定的整体多由主体和附件两大部分构成。贸易协定主体构成的要件一般包括：协定序言，协定组成部分与条款。贸易协议的整体：由正文与附件构成。贸易协议正文构成的要件通常包括序言与构成部分和条款。

6. 加入议定书是如何构成的？

【解析】 加入议定书通常由四部分构成，即序言、总则，减让表，最后条款和附件。其中，总则为主要部分，确定加入成员承诺的规定内容。

C 第七章

HAPTER SEVEN

关税减让谈判

学 习 目 标

　　关税对世界各国的市场保护、财政收入和经济发展具有重要意义，是 GATT 和 WTO 多边贸易谈判的主要内容之一。本章系统地介绍了各国征收关税的意义、类型、征收依据、关税减让谈判方法、海关估价、关税减让谈判成果、多哈回合关税减让谈判。通过学习，学生应了解关税和关税减让谈判的含义，知悉关税的类别、作用、估价和征收方法，掌握关税减让谈判的原则和方法。

重 点 难 点 提 示

- 关税意义；
- 关税减让依据；
- 关税减让谈判方式；
- 乌拉圭回合关税减让成果；
- 多哈回合关税减让谈判。

第一节　关　税　意　义

一、关税的含义

关税（Customs Duties；Tariff）是进出口商品经过一国关税境域时，由政府设置的海关向进出口商所征收的税。关税是一个国家保护国内市场的重要手段，对国际贸易发展产生重要作用。

以 GATT 和 WTO 为基础的多边贸易体制重视通过关税削减促进贸易自由化，关税减让谈判一直成为多边贸易谈判的重要内容。

（一）海关

海关是设在关税境域上的国家行政管理机构，是贯彻执行本国有关进出口政策、法令和规章的重要工具。其任务是根据这些政策、法令和规章对进出口货物、货币、金银、行李、邮件、运输工具等实行监督管理、征收关税、查禁走私货物、临时保管通关货物和统计进出口商品等。海关有权对不符合国家规定的进出口货物不予放行、罚款，直到没收或销毁。

（二）关境

海关征收关税的领域叫关境或关税领域。通常关境和国境是一致的，但设有经济特区的国家，关境小于国境。而在组成关税同盟的国家，关境大于各成员国的国境。

（三）关税属性

关税是一种间接税。这是因为关税主要是对进出口商品征税，其税负由进出口贸易商垫付税款，然后把它作为成本的一部分加在货价上，在货物出售给买方时收回这笔垫款。这样，关税负担最后便转而由买方或消费者承担。

二、关税的双重作用

（一）关税的积极作用

1. 对外贸易政策的重要措施

在一个国家对外关系中，关税起到三种作用：①关税设置，直接影响国家之间政治与经济关系。如一国随意设置不合理的关税，容易导致国家之间发生贸易战；如设置合理，则能改善国家之间的经贸和政治关系。②合理的关税设置有利于国家之间比较优势的发挥，形成相互有利的国际分工。③关税的高低影响经贸集团之间的贸易创造、贸易转移、市场的统一和资源的流向与配置。

2. 增加国家财政收入

关税是各国国家财政收入的一部分,但比重在下降。由于发达成员国内市场发达程度高于发展中成员,关税在国家财政收入中的比重,发达成员较低,而发展中成员则较高。

3. 调节进出口贸易结构

关税对进口商品的调节作用主要表现在以下几方面。

1)保护国内同类产业

对于国内能大量生产或者暂时不能大量生产但将来可能发展的产品,设置较高的进口关税,削弱进口商品的竞争能力,保护国内同类产品的生产和发展。

2)限制非必需品进口

对于非必需品或奢侈品的进口制定高的关税,达到限制这些商品甚至禁止进口这些商品的目的。

3)保证国内供应

对于本国不能生产或生产不足的原料、半制成品、生活必需品或生产上的急需品的进口,制定较低税率或免税,以鼓励进口,满足国内的生产和生活需要。

4)缓解贸易矛盾

通过关税调整贸易差额。当贸易逆差过大时,提高关税或征收进口附加税以限制商品进口,缩小贸易逆差。当贸易顺差过大时,通过减免关税、扩大进口,缩小贸易顺差,以减缓与有关国家的贸易摩擦与矛盾。

4. 调节生产和市场供求

在生产领域,对不同产业进出口货物给予不同的关税待遇,调节生产要素的流动方向,实现合理的产业布局。在商品流通领域,运用关税调节进出口商品的流量。在分配领域,通过关税的征收与使用,实现国民收入的再分配。在消费领域,通过关税调整进口与出口货物的类别,以满足国内不同阶层的需要。

(二)关税的消极影响

1. 刺激走私

进口关税设置过高,会刺激走私活动,造成关税流失。

2. 削弱竞争力

进口关税太高,保护过分,使被保护的产业和企业产生依赖性,影响竞争力的培育和提高。

3. 出现负保护

关税结构不合理,对企业的保护作用下降,甚至出现负保护。

三、关税水平

（一）含义

关税水平（Tariff Level）是指一个国家进口关税的平均税率。它可以反映该国征收关税的目的。

（二）计算方法

1. 简单算术平均法

算术平均法（Method of Simple Arithmetic Mean）是以一个国家的税则中全部税目的税率之和除以税目总数的方法，得到关税税率的简单算术平均数。其计算公式为

$$关税水平 = \frac{税则中所有税目的税率之和}{税则中所有税目之和} \times 100\%$$

简单算术平均法的最大优点是计算简单。缺点是不能真实反映该国征收关税的目的，看不出关税结构对产业的保护程度。当今世界各国使用这种分法不多。

2. 加权算术平均法

加权算术平均法（Method of Weighted Arithmetic Mean）是以一国各种进口商品的价值在进口总值中的比重作为权数，计算关税税率的平均数。具体方法有三种。

1）全部商品加权平均法

这种方法以一定时期内，一国进口关税总税额除以进口商品总价值得到的加权算术平均数为关税水平。其公式为

$$关税水平 = \frac{进口关税总额}{进口商品总值}$$

由于加权算术平均法把各种商品的进口值在进口总值的比重作为权数，进口值高的商品在计算中予以较多的份额，因此有效地克服了简单算术平均法的弊端，使计算结果能比较真实地反映一国的关税水平。如一个国家税则中税率为零的税目较多，则计算结果数值偏低；反之，则偏高。而在各国税则中零税率的商品一般都是该国无须保护的商品。因此，这种方法仍没有把一国关税设置目的与对国内经济的保护程度真实地反映出来。

2）有税商品加权平均法

有税商品加权平均法是把税则中税率为零的商品的进口值从进口商品总值中扣除，仅以有税税目项下商品进口值相加作为除数的加权平均法。其公式为

$$关税水平 = \frac{进口关税总额}{有税商品进口总值}$$

这种计算方法能比较真实地反映一国关税总体水平。

3）选择性商品加权平均法

在进行国际间关税比较时,有时还采用另一种加权平均法。其公式为

$$关税水平 = \frac{有代表性商品进口关税总额}{有代表性商品进口总值}$$

加权算术平均法多为各国采用,根据关税减让谈判需要,可分别运用。

第二节　关　税　类　别

一、按商品流向分类

（一）进口关税

进口关税是指进口国家的海关在外国商品进入关境时,根据海关税则向本国进口商所征收的税收。

（二）出口关税

出口关税是指出口国家的海关在本国产品输往国外时,对出口商品所征收的税收,由出口商交纳。

（三）过境关税

过境关税又称通过关税。它是指一国对于通过其关境的外国货物所征收的关税。

当今世界大多数国家实行奖出限入政策,因此出口关税减少,进口关税占据主要地位。大多数国家都不征收过境关税,只征收少量的准许费、印花费、登记费和统计费等。

二、按征税目的分类

（一）财政关税

财政关税又称收入关税,是指以增加国家的财政收入为主要目的而征收的关税。对进口商品征收财政关税时,要考虑三个条件:①征税的进口货物必须是国内不能生产或无替代用品而必须从国外输入的商品;②征税的进口货物,在国内必须有大量的消费;③关税税率要适中或较低,如税率过高,将阻碍进口,达不到增加财政收入的目的。

随着经济的发展和其他税源增加,财政关税在财政收入中的重要性已相对降低,关税收入在国家的财政收入中所占的比重普遍呈下降的趋势。

(二)保护关税

保护关税是指以保护本国工业和农业发展为主要目的而征收的关税。保护关税税率比财政关税高,且随产品的加工程度而递增,通常是进口商品纳税后的价格高出国内同类产品价格为保护关税的底线。但如果保护关税超过此限过多,反而会影响被保护企业竞争力的提高。

(三)惩罚关税或报复关税

一国对别国因对其进行贸易歧视,违背协议,而对从其进口的商品征收的进口附加税。

三、按关税待遇分类

(一)普通关税

普通关税又称一般关税,是指对与本国没有签署贸易或经济互惠等友好协定的国家原产货物征收的非优惠性关税。这种关税税率一般由进口国自主制定,只要国内外的条件不发生变化,则长期使用,税率较高。

(二)优惠关税

1. 含义

优惠关税是指对来自特定国家的进口货物在关税方面给予优惠待遇,其税率低于普通关税。

2. 目的

优惠关税一般是在签订有友好协定、贸易协定等国际协定或条约国家之间实施的,目的是增加签约国之间的友好贸易往来,加强经济合作。

3. 使用

优惠关税一般是互惠关税,即签订优惠协定的双方互相给对方优惠关税待遇。但也有单向优惠关税,即给惠国只对受惠国给予优惠关税待遇,而受惠国对给惠国不提供反向优惠的关税待遇。

4. 类别

1)最惠国待遇下的关税

最惠国待遇关税是指签有最惠国待遇的缔约国之间给予的关税待遇。WTO成员之间实施的关税是最惠国待遇关税。其税率低于普通关税税率,但高于特惠关税税率。

2)特定优惠关税

特定优惠关税,又称特惠关税,是指给予来自特定国家的进口货物的排他性的优惠关税,其他国家不得根据最惠国待遇条款要求享受这种优惠关税。第二次世界大战后,在国际上最有影响的特定优惠关税是《洛美协定》。它是 1975 年 2 月 28 日欧洲共同体与非洲、加勒比与太平洋地区 46 个发展中国家（1987 年增至 66 国）在多哥首都洛美签订的贸易和经济协定。根据该协定,欧共体对来自这些发展中国家的一切工业品和 94% 的农产品进口免征关税,而欧共体向这些国家的出口产品不享受反向的关税优惠待遇。

3）普惠制关税

1964 年,在第一届联合国贸易与发展会议通过上普惠制方案。普惠制有三个基本原则：①普遍性原则,指发达国家应对发展中国家的制成品、半制成品尽可能给予关税优惠；②非歧视原则,指应当对所有发展中国家统一实施普惠制,不应区别不同国家实施不同的方案；③非互惠原则,指发达国家给予发展中国家的特别优惠待遇,而不应要求发展中国家给予反向对等优惠。自 1971 年起,普惠制以每 10 年为一个实施阶段。其税率低于最惠国待遇下的关税率。

在 WTO 中,为了照顾发展中成员贸易发展,普惠制作为例外被保留下来。

四、按常规与临时划分

（一）法定关税

法定关税是指在海关税则上列出的进出口商品的关税税目的税率。

（二）附加关税

1. 含义

附加关税是指海关对进出口商品在征收表列关税以外,再加征额外的关税。

2. 目的

维护国内市场供应,防止出现资源性产品短缺,有时加征出口附加关税。为防止外国商品倾销和非法补贴,保持公平竞争,对歧视和违规进行惩罚和应对国际收支危机等,加征进口附加关税。附加关税通常是一种临时性的,实施目的达到后,就撤销。

3. 进口附加税类别

1）反倾销税

反倾销税是指进口国企业对出口商品采取低于国内正常价格出口,对进口国家相关企业构成伤害和威胁,进口国家可以征收反倾销税。

2）反补贴税

反补贴税是指出口国家政府对出口产品进行禁止性补贴,对进口国家相关产业构成伤害和威胁,进口国家可以征收反补贴税。

3）报复关税

报复关税是指对有歧视性待遇、违背贸易法规的国家征收的附加关税,以对该国进行

报复。

为了保持公平竞争,WTO 允许进口成员根据《反倾销协议》和《补贴与反补贴协议》征收反倾销税和反补贴税。在 WTO 成员之间发生贸易争端,上诉机构作出裁决后,如败诉成员拒绝接受裁决,则 WTO 可授权胜诉成员对败诉成员进行征收报复关税等报复。

第三节　关税征收、减免与配额

一、关税征收

关税征收是指海关依据海关税则,向进出口贸易商征税。

(一)海关税则

海关税则(Customs Tariff)又称关税税则,是一国对进出口商品计征关税的规章和对进出口的应税与免税商品加以系统分类的一览表。海关税则一般包括两个部分:海关课征关税的规章条例及说明;关税税率表。

关税税率表主要包括三个部分:税则号列(Tariff No. 或 Heading No. 或 Tariff Item),简称税号;货物分类目录(Description of Goods.);税率(Rate of Duty)。

1. 海关税则的货物分类

海关税则的货物分类方法,主要是根据进出口货物的构成情况,对不同商品使用不同税率以及便于对进出口货物统计而进行系统的分类。各国海关税则多以《商品名称及编码协调制度》作为商品分类的基础。

20 世纪 70 年代初海关合作理事会设立一个协调制度委员会,研究并制定了《商品名称及编码协调制度》[简称《协调制度》(Harmonized System, HS)]。《协调制度》将商品分为 21 类 97 章,第 97 章留空备用。章以下设有 1241 个四位数的税目,5019 个六位数的子目。四位数的税目中,前两位数表示项目所在的章,后两位数表示项目在有关章的排列次序。例如税目 01·04 是绵羊、山羊,前两位数表示该项目在第 1 章,后两位表示该商品为第 1 章的第 4 项。六位数的子目,即表示包括税目下的子目,例如 5202 为废棉,5202·10 为废棉纱线。

2. 海关税则的种类

依据关税的栏目,海关税则可分为单式与复式税则;依据税则制定权,可分为自主税则和协定税则。

1) 单式税则和复式税则

单式税则(Single Tariff)又称一栏税则。它是一个税目只有一个税率,适用于来自任何国家的商品,没有差别待遇。现在只有少数发展中国家如委内瑞拉、巴拿马、冈比亚等实行此税则。

复式税则(Complex Tariff)又称多栏税则。它是在一个税目下订有两个或两个以上的税栏,来自不同国家的进口商品适用不同的税率,现为绝大多数国家采用。

2) 自主税则和协定税则

自主税则(Autonomous Tariff)又称国定税则,是指一个国家立法机构根据关税自主原则单独制定而不受对外签订的贸易条约或协定约束的一种税率。

协定税则(Conventional Tariff)是指一国与其他国家或地区通过谈判,以贸易条约或协定的方式确定的关税率。

这两种税则均可设置单式税则和复式税则。当今世界绝大多数国家采用的是协定税则。

(二) 计税标准

海关在计征各种商品关税时,从收取最大税额考虑,对不同的商品设置不同的征税方法。各国海关通常使用的计税方法为:从价税、从量税、混合税和选择税。此外,还有差价税、滑准税和季节税等。

1. 从量税

从量税是按货物的计量单位(重量、长度、面积、容积、功率、件数等)作为课税标准。其表示为每计量单位后的货币单位。多应用于体积较大而价值较少的初级产品。从量关税额的计算公式为

$$关税税额 = 商品进口数量 \times 从量关税税率$$

从量税的特点:①计税方法简单,有利于进出口货物迅速通关。②对质次价廉的进口商品抑制作用较大,保护作用较强,对质优价高的进口商品抑制作用较小,保护作用较弱。③可防止以低价伪报进口的偷逃税。④税率不能随物价的涨落经常更改。因此,当贸易价格上涨时,因从量税税率固定不变,税负相对下降,财政收入和保护作用相应降低;反之,当贸易价格下降时,税负不会减少,财政收入和保护作用不会削弱。⑤对一些新产品、古玩、艺术品等难以制定从量税税率。

因制成品在国际贸易中已占绝大比重,现在使用从量税的国家较少。

2. 从价税

从价税是以课税对象的价值量为课税标准的征收方法,税率一般表现为应税税额占货物价格或价值的百分比。从价税额计算公式为

$$从价税额 = 完税价格 \times 进口从价税率$$

从价税有以下特点:①税负公平合理。按照货物的贵贱确定应纳税额,价高税高,价低税少,符合税收中性化原则。从价税还可以使关税负担随着价格变动而增减,有助于实现纳税负担的合理。②征收方法简单。由于从价税进出口货物的价格为征收关税的标准,同一

类货物不必因为质量的差异分别纳税。③有利于各国关税水平的相互比较。从价税税负明确，其税率以百分数表示，便于比较。④容易普遍实施。任何国际贸易的商品都有价格，因此从价税率既能比较容易体现立法者的原意，又能适用于所有商品。

从价税也有一些不足，主要是完税价格难以审定。它受纳税人诚信度、进出口货物价格信息能否及时获取、国际贸易条件变化等影响。要确定进出口货物价格的真实性、合理性十分困难。由于货物价格难以审定，海关需要一套复杂的海关估价制度和稽查制度确定货品价格，所以会延缓通关，增加关税计征的成本。

从价税是世界大多数国家使用的主要计税标准。由于进出口商品的成交方式不同、买卖双方承担的义务和风险不同，销售价格多种多样，很多国家规定以商品的 CIF 价格为进口商品完税价格的价基，以商品的 FOB 价格为出口商品完税价格的价基。但也有一些国家，如美国、加拿大等国的进口税完税价格是以 FOB 价格为价基。

为了多征收关税或保护本国市场，各国海关有意抬高海关估价，成为危害国际贸易发展的非关税壁垒。为了减少由此给国际贸易带来的障碍，使海关估价规范化，在关贸总协定"东京回合"中，缔约方通过谈判，达成《关于实施关贸总协定第七条的协议》（亦称《海关估价守则》）。乌拉圭回合在对《海关估价守则》进行修订和完善的基础上，达成了《海关估价协议》，确定了海关估价的通用方法。

3. 复合税

复合税又称混合税，是指在海关税则中，对一个税目中的商品同时使用从价、从量两种标准计税，以两者之和作为应税额而征收的一种关税。

由于从价、从量两种计税标准各有优缺点，两者混合使用可以取长补短，有利于关税作用的发挥。复合税额计算公式为：

$$关税税额＝（货物进口数量×从量关税税率）＋（完税价格×从价税率）$$

4. 选择税

选择税是指在海关税则中对同一税目的商品订有按从价标准和按从量标准计征税款的两种税率，可根据增加税额需要选择其中一种计算应征税款。

在使用时，依照国际市场价格变动采用。在应税商品价格上涨时，因从量税的单位应税额不能及时调整，税额相对降低，则可选择从价计税；在应税商品价格下跌时，从价计税，税额相对降低，则可选择从量计税；对质次价廉的进口商品或商人低报价格的商品，均可按从量标准计征关税。

5. 滑准税

滑准税是在海关税则中对同一税目的商品按其价格的高低分开档次并依此制定不同税率，依该商品的价格高低而适用其不同档次税率计征的一种关税，也称滑动税。其目的是使该商品的国内市场价格保持在一定的水平上，免受或少受国际市场价格波动的影响。

滑准税的优点在于它能平衡物价，保护国内产业发展。缺点是使交易容易出现投机行为。

6. 差价税

差价税的税率是按照进口货物价格低于国内市场同类货物价格的差额确定的,又称为"差额税"或"不定额税"。差价税可分为部分差价税、全部差价税和倍数差价税等几种。部分差价税是对进口货物价格与国内市场价格差额作部分征税,以鼓励此种货物进口;全部差价税或倍数差价税是对进口货物价格低于国内市场同类价格的全部差价或差额倍数征收关税,其目的是限制进口。差价税通常没有固定税率,多是根据进口货物逐件进行计征。欧盟为保护成员的农业,对进口的农产品多采用差价税。

7. 季节税

季节税是对有季节性的鲜货、果品、蔬菜等产品,按其进口季节不同制定两种或两种以上的税率,在旺季采用高税率,在淡季采用低税率计征的一种关税。其目的是维护市场供销平衡和稳定市场。

(三)通关程序

通关手续又称报关手续,是指出口商或进口商向海关申报出口或进口,接受海关的监督与检查,履行海关规定的手续。办完通关手续,结清应付的税款和其他费用,经海关同意,货物即可通关放行。通关手续通常包括货物的申报、查验、征税和放行环节。

二、关税减免

(一)含义

关税减免指贸易国家由于经济、政治等方面的原因和根据国际条约、惯例,需要免除某些纳税义务人或某些进出口应税货品的纳税义务。

(二)减免依据

由于各国国情不同,各国关税减免制度的内容也不一致。为了方便国际贸易和其他国际交流的进行,海关合作理事会在《关于简化与协调海关业务制度的国际公约》中推荐了一些应予关税减免的范围,建议各国采用,但不限制各国给予进一步的方便和优惠。

(三)减免范围

(1)有关国际协定中规定的货品。如联合国教科文组织《关于进口教科文材料的协定》、联合国教科文组织《促进教科文视听材料的国际交流的协定》中规定的教科文物品,《国际民航公约》列出的器材,《关于便利进口商业货样和广告品的国际公约》中所指价格低廉的商业样品和广告品等。

（2）商业价值的样品。如按其大小除展出外无其他用途的原材料及产品，按商业惯例黏附在卡片上或作样品用的非贵重材料制品。

（3）人体治疗物质、血型鉴定和组织分类试剂。

（4）迁居而进口的动产。

（5）布置第二居所使用的家具和家用物品。

（6）其他。其中包括：嫁妆和结婚礼品，学习用品，遗产，个人礼物，送给慈善或救济机构的物品，奖品，阵亡将士墓用材料，宗教用品，供测试用的产品，供牲畜在运输途中食用的草料和饲料，供运输途中货物防护用的产品和材料，进境供旅客、船员或乘务员以及运输工具自身所需的备用物料。

（四）减免关税批准与约束

在批准程序方面，各国要提供方便和简化手续，减免税进口后的货物必须按海关准予减免税进口时核准的用途范围内使用，不得用于其他用途或销售。

三、关税配额

（一）含义

关税配额是对商品进口的一定数额以内的进口商品，给予低税、减税或免税待遇；对超过数额的进口商品则征收较高的关税。它多用于农产品的进口。如美国为保护国内农业生产者利益，对部分农产品实行关税配额。如脱脂奶粉，配额内平均关税税率为 2.2%，配额外则为 52.6%。

（二）类别

按商品进口的来源，可分为全球性关税配额和国别关税配额。按征收关税的目的，可分为优惠性关税配额和非优惠性关税配额。前者是对关税配额内进口的商品给予较大幅度的关税减让，甚至免税，而对超过配额的进口商品即征收原来的最惠国税率。

第四节　海关估价协议

一、协议来源与宗旨

海关估价是指海关为征收关税等目的，对进口货物价格进行估计，并以此价格计算关税。乌拉圭回合达成的《海关估价协议》是《关于实施1994年关税与贸易总协定第7条的协议》的更名。该协议的宗旨是："建立一个公平、统一和中性的海关对货物估价的制度,以防止使用任意或虚构的完税价格。"

二、协议产生背景

海关估价是海关征收从价关税的依据。为了保护国内市场和扩大税源,第二次世界大战以后,世界各国普遍采用任意估价办法,加重进口商的税赋。

GATT 1947 规定,海关征收关税的完税价格应以进口货物或同类货物的"实际价格"为依据,不应采用同类国产品的价格及任意或虚构的价格;计价的汇率应符合国际货币基金组织的规定。由于该规定不够具体,可操作性差,任意估价做法没有得到抑制。因此,在东京回合中,达成《海关估价守则》,对如何实施上述规定作了详细解释。但因缔约方可自主决定是否加入该守则,削弱了该守则的影响力。

乌拉圭回合对《海关估价守则》进行修订和完善,达成了《海关估价协议》,成为 WTO 成员必须接受的多边协议,其权威性大大提高。

三、协议主要内容

协议共分 4 个部分,由 24 个条款和 3 个附件组成。主要内容包括适用范围、海关估价方法、对海关估价决定的复议、发展中成员的特殊和差别待遇、成立海关估价委员会、争端解决等。

(一)适用范围

协议适用于商业意义上正常进口的货物。但下列进口货物排除在外:

(1)倾销或补贴货物的进口;

(2)非商业性进口,包括旅客携带入境物品和行李、邮递物品等;

(3)非直接进口,主要包括暂时进口的货物,从出口加工区或保税区等进入成员关税区的货物、退运货物、运输中损坏的货物等。

(二)海关估价的方法

协议规定,进口成员海关应首先以进口货物的成交价格作为货物完税价格。在无法使用这种方法时,可使用其他 5 种方法确定货物的完税价格。这 5 种方法是:以相同货物的成交价格,以类似货物的成交价格,以倒扣价格,以计算价格,以"回顾"方法。

海关不得颠倒 6 种估价方法的顺序,但进口商可以要求颠倒第 4 种和第 5 种计算价格方法。

1. 以进口货物的成交价格确定完税价格

以进口货物的成交价格确定完税价格是指货物出口到进口方后,进口方海关根据成交

情况对进口商实付或应付成交价格进行调整后的价格。

采用这种估价方法必须符合以下条件：买方对货物的处置或使用权不受任何限制；卖方不得在买方购买进口货物时设定某些影响销售或价格的条件；买方不得将对货物的转售、处置或使用产生的收益直接或间接返回给卖方，除非对成交价格进行适当调整；买卖双方之间不得存在特殊关系。

2. 以相同货物的成交价格确定完税价格

相同货物指与进口货物原产国或地区、原生产者生产的货物各方面完全相同的货物。使用这种方法要注意三个问题：相同货物必须与进口货物同时或大约同时进口；相同货物的成交价格必须先前已被海关接受；如果有两个以上相同货物的成交价格，应选用其中最低的一个价格。

3. 以类似货物的成交价格确定完税价格

类似货物指在材料组成及特性上与进口货物原产国、原生产者生产的货物相似，具备同样功能且商业上可互换的货物。使用这种方法要注意三个问题：类似货物必须与进口货物同时或大约同时进口；类似货物的成交价格必须先前已被海关接受；如果有两个以上类似货物的成交价格，应选用其中最低的一个价格。

4. 以倒扣价格方法确定完税价格

倒扣价格指根据进口货物或相同货物或类似货物在进口方的销售价格，扣减货物进口及销售时产生的某些特定费用。

5. 以计算价格方法确定完税价格

计算价格指进口货物的生产成本，加上从出口成员进口成员销售同级别或同种类货物通常所获得的利润，以及为推销和销售货物直接和间接产生的一般费用等。

这种方法通常在买方与卖方有特殊关系，且生产商愿意向进口方海关提供成本数据和必要审核材料的情况下采用。

6. 以"回顾"方法确定完税价格

"回顾"方法指海关可采用其他合理的方法估价，包括对上述各种估价方法作出灵活处理，以其中最容易计算的方式确定完税价格。

四、对海关估价决定的司法复议

进口商对海关估价决定有申诉的权利，并且不应为此受到处罚。进口商的申诉权有两个方面：①可向海关内部主管复议的部门提出申诉，或向海关外部的某个独立机构提出申诉；②可向司法机关提出申诉。一般来讲，进口商首先向上一级海关或海关外部的某个独立机构提出申诉，要求行政复议。如对行政复议不满，进口商可向司法机关提出申诉，要求司法复议。

五、发展中成员的特殊和差别待遇

(一)推迟实施协议

《海关估价守则》规定非签署方的发展中成员推迟5年实施协议。如果5年时间不够,则可在5年过渡期结束前,提出延长过渡期的申请。

(二)推迟采用计算价格方法

《海关估价守则》规定非签署方的发展中成员可推迟8年实施计算价格方法的规定。

(三)对最低限价的保留

允许发展中成员对有限的商品在一定时间内实行最低限价,但应得到其他成员方的同意。

(四)对颠倒4与5计价方法顺序的保留

在进口商要求颠倒倒扣价格方法和计算价格方法的适用顺序时,如给发展中成员带来困难,发展中成员有权提出保留,拒绝这一要求。

(五)对经进一步加工货物适用倒扣价格方法的保留

协议规定,在适用倒扣价格方法时,如果货物没有按进口时的原状销售,应进口商的请求,海关可采用货物经进一步加工后的销售价格进行倒扣计算。但发展中成员可保留如下权利:如果货物进行了进一步加工,无论进口商是否提出请求,海关均按有关规定,根据加工后的价格确定完税价格。

(六)得到技术援助的权利

发展中成员海关在对独家代理人、独家经销人或独家受让人的进口货物进行估价时,如果遇到问题,可向海关估价技术委员会和发达成员提出援助请求,要求予以考虑和提供援助。

六、成立海关估价委员会

为管理协议的执行,WTO设立了海关估价委员会,监督协议的实施,解决政策问题。该委员会由各成员的代表组成。该委员会每年审议一次协议的执行情况,就各成员实施的海关估价制度产生的影响进行磋商。

此外,WTO成员之间在海关估价上的争端,由世界贸易争端解决机制受理解决。

第五节 关税减让谈判成果

一、关税减让的含义

WTO 所指的关税"减让"具有四种含义：①削减关税并约束减让后的税率，如承诺将某产品的关税从 30％减为 10％，并加以约束；②约束现行的关税水平，如某一产品现行的实施关税为 10％，谈判中承诺今后约束在 10％；③上限约束税率，即将关税约束在高于现行税率的某一特定水平，各方的实施税率不能超出这一水平；④约束低关税或零关税。

二、关税减让谈判的基础

（一）商品基础

关税谈判的商品基础，是各国海关税则中的税率。在谈判中常以协调税则税号确定商品范围，使谈判具有共同语言。

（二）税率基础

税率基础是关税减让的起点，每一次谈判的税率基础是不同的，一般是以上一次谈判确定的税率即约束税率，作为进一步谈判的基础。

对于没有约束税率的商品，谈判方要共同确定一个税率。如在乌拉圭回合中，对于没有约束力税率的工业品，以 1986 年 9 月 GATT 缔约方的实施税率作为关税谈判的基础税率；对于农产品，发展中缔约方可以自己对部分产品提出一个上限约束水平作为基础税率。

加入 WTO 时关税谈判的基础税率，一般是申请方开始进行关税谈判时国内实施的关税税率。

三、关税减让原则

根据 GATT 1994 的规定，WTO 成员应在互惠互利基础上进行谈判，实质性地削减关税和其他进口费用的总体水平，特别是应削减阻碍最低数量进口的高关税。在谈判中，坚持如下的原则。

（一）互惠互利

互惠互利是关税谈判的指导思想，各方只有在互惠互利的基础上才能达成协议。互惠互利应从整个国家的贸易发展不能仅局限在具体的关税谈判上。互惠互利并不意味着在所有的关税谈判中,谈判双方都要作出减让承诺,如在加入 WTO 谈判时,承诺减让的只有申请加入的一方。申请方加入 WTO 后,可以从成员方在多边谈判中已作的关税减让承诺中得到利益。

(二)考虑对方的需要

关税谈判应充分考虑每个成员、每种产业的实际需要;充分考虑发展中国家使用关税保护本国产业,以及增加财政收入的特殊需要;还应顾及各成员经济发展等其他方面的需要。

(三)对谈判情况予以保密

一般情况下,一个成员要与若干个成员进行关税谈判,但具体的谈判是在双边基础上进行的。因此,双方对谈判承诺的情况保密,以避免其他成员在谈判中互相攀比要价。只有在所有双边谈判结束后,才可将汇总后的双边谈判结果多边化,让其他成员知晓。在谈判中,谈判一方如果有意透露双边谈判的情况,则应受到谴责。

(四)按照最惠国待遇原则实施

关税谈判达成的谈判结果,应按照最惠国待遇原则,对 WTO 所有成员实施。

四、关税减让谈判权的确定

根据 WTO 规定,只有享有关税谈判权的成员才可参加关税谈判。凡具备以下条件之一者,可享有关税谈判权。

(一)产品主要供应利益方

在谈判前的一段合理期限内,一个 WTO 成员如果是另一个 WTO 成员进口某项产品的前三位供应者,则该成员对这项产品享有主要的供应利益,被称为有主要供应利益方,通称主要供方。主要供方有权向对方提出关税谈判的要求。与主要供应方进行谈判,可以较准确地对减让作出评估。

另外,对于一项产品,如某个成员的该产品出口额占其总出口额的比重最高,该成员虽不具有主要供应者的利益,但应被视为具有主要供应利益,与主要供应方一样,也有权要求参加关税减让谈判。

(二)产品实质供应利益方

在谈判前的一段合理期限内,一 WTO 成员某项产品的出口在另一方进口贸易中所占比例达到 10% 或 10% 以上,则该成员对这项产品享有实质供应利益,被称为有实质供应利益方。他有权向被供应方提出关税谈判的要求。

在实际谈判中，一个 WTO 成员对某项产品目前不具有主要供应利益，也没有实质供应利益，但这项产品在该成员的出口中处于上升的发展阶段，今后可能成为该成员有主要供应利益或有实质供应利益的产品；或者这项产品在世界其他国家已成为该成员具有主要供应利益的产品，则该成员一般视为具有"潜在利益"。他也有权要求进行关税谈判，但是否与之谈判由进口方决定。

（三）最初谈判权方

一个 WTO 成员与另一方就某项产品的关税减让进行了首次谈判，并达成协议，则该成员对这项产品享有最初谈判权，通常称为有最初谈判权方。当作出承诺的一方要修改或撤回这项关税减让时，应与有最初谈判权方进行谈判。

最初谈判权的规定，是为了保持谈判方之间的权利与义务平衡。最初谈判权方一般都具有主要供应利益，但具有主要供应利益方，不一定对某项产品要求最初谈判权。

在双边谈判中，有些国家对某项产品并不具有主要供应利益或实质供应利益，但这些国家认为，他们对该产品有潜在利益，因而要求最初谈判权，此时，谈判的另一方不得拒绝。给予最初谈判权的产品品种的多少，由双方谈判确定。这种情况一般出现在非世贸组织成员加入时的关税谈判中。

五、多边关税减让谈判

（一）含义

多边关税谈判是指，由所有 WTO 成员参加的，为削减关税壁垒而进行的关税谈判。多边关税谈判可邀请非缔约方或成员参加。GATT 1994 主持下的八轮多边贸易谈判中的关税谈判，都属于多边关税谈判。

多边关税谈判的程序如下。

（1）由全体缔约方或成员协商一致发起，并确定关税削减的最终目标。

（2）成立谈判委员会，根据关税削减的最终目标确定谈判方式，一般采用部门减让，或者线性减让与具体产品减让相结合的方式。

（3）将谈判结果汇总成为多边贸易谈判的一部分，参加方签字后生效。

多边关税谈判是相互的，任何成员方均有权向其他缔约方或成员要价，也有义务对其他缔约方或成员的要价作出还价，并根据确定的规则作出对等的关税减让承诺。

但是，就具体产品减让谈判而言，有资格进行谈判的，主要是对该项产品具有主要供应利益，或对该项产品具有实质供应利益，或是已享有最初谈判权的缔约方或成员。

（二）加入 WTO 的关税谈判

任何一个加入 WTO 申请者都要与 WTO 成员进行关税谈判，谈判的目的是削减并约束申请方的关税水平,作为加入后享受多边关税谈判成果的补偿。

加入时的关税谈判程序如下。

(1) 由申请方向成员方发出关税谈判邀请。

(2) 各成员根据其产品在申请方市场上的具体情况,提出各自的关税要价单,一般采用产品对产品的谈判方式。

(3) 申请方根据对方的要价,并考虑本国产业情况进行出价,谈判双方进行讨价还价。这一过程一般要经过若干次谈判。

(4) 谈判双方签订双边关税减让表一式三份,谈判双方各执1份,交世贸组织秘书处1份。

(5) 将所有双边谈判的减让表汇总形成为加入方的关税减让表,作为加入议定书的附件。

加入时的关税谈判,减让是单方面的。申请方有义务作出关税减让承诺,无权向成员方提出关税减让要求。

加入时的关税谈判资格,一般不以是否有主要供应利益或实质供应利益确定。任何成员均有权向申请方提出关税减让要求,是否与申请方进行谈判,由各成员自行决定;要求谈判的成员也可对某些产品要求最初谈判权,申请方不得拒绝。

(三) 修改或撤回减让表的关税谈判

修改或撤回减让表的关税谈判是指,一个 WTO 成员修改或撤回已作出承诺的关税减让,包括约束税率的调整或改变有关税则归类,与受到影响的其他成员进行的谈判。这种谈判以双边方式进行。修改或撤回减让表的关税谈判程序如下。

(1) 通知 WTO 货物贸易理事会,要求修改或撤回某项产品的减让,理事会授权该成员启动关税谈判。

(2) 与有关成员进行谈判,确定修改或撤回的减让幅度,给予补偿的产品及关税减让的水平等。一般来说,补偿的水平应与撤回的水平大体相同。

(3) 谈判达成协议后,应将谈判的结果载入减让表,按照最惠国待遇原则实施。

(4) 若谈判未能达成一致,申请方可以单方采取行动,撤回减让;但其他有谈判权的成员可以采取相应的报复行动,撤回各自减让表中对申请方有利益的减让。

有资格参加修改或撤回减让的关税谈判成员,包括有最初谈判权的成员、有主要供应利益或实质供应利益的成员。但获得补偿的成员,不是所有有资格谈判的成员,申请方仅对具有主要供应利益或实质供应利益的成员给予一定的补偿。

对有最初谈判权的成员,如果在申请方提出申请时,既不具有主要供应利益,也不具有实质供应利益,则该成员虽可要求与申请方进行谈判,但申请方可以以该成员没有贸易利益为由,而不给予补偿。

六、关税减让谈判的模式与采用

(一)四种关税削减模式

在 GATT 主持下的 8 轮多边贸易谈判中,采用的关税谈判模式主要有四类:第一类是针对有限数量产品进行双边出价和要价谈判,简称双边出价要价模式;第二类是按照某一目标幅度关税总水平进行削减,简称线性削减模式或平均削减模式;第三类是按照某种格式进行削减,简称公式削减模式;第四类是将某种产品的关税降为零或按产业链上下游关系对产业部门内关税水平进行协调,简称部门减让模式。双边出价要价模式是关税减让谈判的传统模式。

(二)关税削减模式的运用

从 GATT 的首轮谈判到第 5 轮狄龙回合(1960—1961)谈判,关税谈判使用的都是针对有限数量产品的双边出价要价模式。缔约方两两之间进行双边出价要价谈判,某项产品的要价方或联合要价方通常是该项产品的主要供应方,双边谈判的结果多边化后在最惠国待遇基础上对全体缔约方适用。

随着 GATT 缔约方数量的不断增加,双边出价要价谈判的效率大大降低。为了能够在更多缔约方之间对范围更广的产品进行关税削减。从肯尼迪回合(1964—1967)开始,GATT 引入线性削减模式,工业品关税总体削减幅度起点为 50%。同时允许通过谈判排斥部分产品,最终总体削减幅度目标为 30%。线性削减是一种平均削减模式,与双边出价要价模式相比,其优点是简单明了、覆盖范围广。缺点是不利于削减关税高峰。因为该模式只设定削减的总目标,在达到总目标的前提下缔约方可以自行决定税目的关税削减程度,可以通过大幅度削减低关税保护其高关税产品。

东京回合谈判(1972—1979)引入瑞士公式进行关税削减。该公式为

$$T_1 = \frac{A \cdot T_0}{A + T_0}$$

式中: T_0 为基础税率; T_1 为削减后的税率; A 为公式系数。

该公式由瑞士提出。该公式是一种非线性公式,即其关税削减幅度随着关税税率的提高而逐渐增加,随着关税税率的降低而逐渐减少,从而更有效地削减关税高峰和关税升级。东京回合中,仅有部分缔约方和部分产品采用瑞士公式进行关税削减。

乌拉圭回合谈判(1986—1994)中,由于各方未能就公式减让的具体模式达成一致,最终决定采用 33% 的平均削减目标,在实现此目标的前提下,缔约方可自行选择采用何种模式进行削减谈判。在美国坚持下,最终实质性的谈判成果体现为部门减让,部分缔约方就 10 个部门达成部门零关税协议,化工部门达成部门协调关税协议。部门减让模式的核心要素是产品范围和临界数量。临界数量是使部门减让生效的一个门槛,即只要部门参加方在该部

门的贸易总额占该部门全球贸易额的一定比例(如 80%～90%),部门减让协议即可生效。这样减少了参加谈判的成员数量,降低了谈判难度,同时可确保该部门贸易量较大的成员都参加,减少搭便车的情况。

关税减让谈判的基本原则是互惠,但发展中成员可以享受一定程度的非互惠及特殊差别待遇。

七、关税减让表

关税减让表是多边贸易谈判或加入 WTO 谈判在关税减让结果的具体体现。乌拉圭回合结束后,参加谈判方的关税减让表均作为附件列在乌拉圭回合最后文件中,成为 WTO 协定的组成部分。加入 WTO 谈判结束,关税减让表也成为申请者加入 WTO 议定书的附件。

关税谈判结果的税率与各成员实施的税率是不同的。谈判结果的税率是约束税率,而实施税率是各成员公布的法定适用税率。各成员实施的关税水平,均不得高于其在减让表中承诺的税率以及逐步削减的水平。如要将某产品的关税税率提高到约束水平以上,或调整关税约束的产品范围,均应按有关条款规定的程序进行谈判。经过谈判确定的修改结果,重新载入减让表。中国加入 WTO 后的关税减让表格式如表 7-1。

表 7-1　中国加入 WTO 关税减让表格式

税号	商品描述	加入之日约束税率/%	最终约束税率/%	实施期	现行减让的确定	最终谈判权	首次并入 GATT 减让表中的减让	早期最初谈判权	其他税费
87032314	小轿车	51.9	25	2006 年 7 月 1 日		AU, JP, PL, US			0
87032315	越野车(四轮驱动)	51.9	25	2006 年 7 月 1 日		AU, JP, US			0
87032316	9 座及以下的小客车	51.9	25	2006 年 7 月 1 日		AU, JP, US			0
87032319	其他　汽缸容量(排气量)超过 2 500 毫升,但不超过 3 000 毫升	51.9	25	2006 年 7 月 1 日		AU, JP, US			0
87032334	小轿车	51.9	25	2006 年 7 月 1 日		AU, JP, US			0

税号	商品描述	加入之日约束税率/%	最终约束税率/%	实施期	现行减让的确定	最终谈判权	首次并入GATT减让表中的减让	早期最初谈判权	其他税费
87032335	越野车（四轮驱动）	51.9	25	2006年7月1日		AU，JP，KR，US			0
87032336	9座及以下的小客车	51.9	25	2006年7月1日		AU，JP，KR，US			0
87032339	其他 汽缸容量（排气量）超过3 000毫升	51.9	25	2006年7月1日		AU，JP，US			0
87032430	小轿车	61.7	25	2006年7月1日		AU，JP，KR，US			0
87032440	越野车（四轮驱动）	61.7	25	2006年7月1日		AU，JP，US			0
87032450	9座及以下的小客车	61.7	25	2006年7月1日		AU，JP，US			0
87032490	其他 装有压燃式活塞内燃发动机（柴油或半柴油发动机的）的其他车辆；汽缸容量（排气量）不超过1 500毫升	61.7	25	2006年7月1日		AU，JP，US			0
87033130	小轿车	51.9	25	2006年7月1日		JP，US			0
87033140	越野车（四轮驱动）	51.9	25	2006年7月1日		JP，KR，US			0
87033150	9座及以下的小客车	51.9	25	2006年7月1日		JP，KR，US			0
87033190	其他 汽缸容量（排气量）超过1 500毫升，但不超过2 500毫升	51.9	25	2006年7月1日		JP，US			0
87033230	小轿车	51.9	25	2006年7月1日		JP，KR，US			0

资料来源：石广生主编：《中国加入WTO法律文件导读》，593页，人民出版社，2002。

八、关税减让谈判成果

在 GATT 主持下,从 1947 年到 1993 年举行 8 轮多边贸易谈判,在关税减让上取得如下成果。

(一)1～7 轮谈判关税减让成果

1947 年 GATT 前 7 轮关税减让谈判的汇总情况见表 7-2。

表 7-2　1947 年 GATT 前 7 轮关税减让谈判情况

谈判回合	谈判时间	谈判地点	参加方/个	关税减让幅度/%	影响贸易额/亿美元
第一轮	1947 年 4～10 月	瑞士日内瓦	23	35	100
第二轮	1949 年 4～10 月	法国安纳西	33	35	—
第三轮	1950 年 9 月至 1951 年 4 月	英国托奎	39	26	—
第四轮	1956 年 1～5 月	瑞士日内瓦	28	15	25
第五轮	1960 年 9 月至 1962 年 7 月	瑞士日内瓦	45	20	45
第六轮	1964 年 5 月至 1967 年 6 月	瑞士日内瓦	54	35	400
第七轮	1973 年 9 月至 1979 年 4 月	瑞士日内瓦	102	33	3 000

资料来源:WTO 秘书处。

(二)乌拉圭回合(第八轮)关税减让成果

1. 工业制成品

(1)关税减让。发达成员减让关税 40%,发展中成员和经济转型成员各为 30%。

(2)约束关税[①]并承诺不再提高,发达成员和转型经济成员 98%的进口工业品纳入约束关税。在发展中成员的进口货物,纳入约束税率的比例在 73%左右。

2. 农产品

(1)通过关税化取消全部的非关税措施。

(2)对于关税化形成的新关税和其他关税进行约束,使它们不再提高。

(3)发达成员削减约束关税的 36%,发展中成员削减 24%。

3. 各种类型成员方的关税税率变化

发达成员整体的工业制成品的加权平均关税从乌拉圭回合之前的 6.3%下降到乌拉圭回合后的 3.8%,经济转型成员整体从 8.6%下降到 6.0%,发展中成员均有程度不同的下

[①]　世贸组织任一成员都不能随意将关税税率提高到超过其减让表所载明约束税率的水平。减让表中,按产品逐项列明产品谈判的税率以及经过谈判成员同意约束的税率。在贸易谈判中,一个成员可以同意:约束其现行税率(如 10%)或零关税;或削减税率,例如从 10%降到 5%,并约束削减后的税率。一个成员也可以用一个上限税率约束其关税。

降。详细情况见表7-3、表7-4和表7-5。

表7-3　乌拉圭回合前后各发达成员工业品的加权平均关税　　　　%

发达成员	贸易加权平均关税		发达成员	贸易加权平均关税	
	乌拉圭回合之前	乌拉圭回合之后		乌拉圭回合之前	乌拉圭回合之后
发达成员	6.3	3.8	日本	3.9	1.7
澳大利亚	20.1	12.2	新西兰	23.9	11.3
奥地利	10.5	7.1	挪威	3.6	2.0
加拿大	9.0	4.8	南非	24.5	17.2
欧盟	5.7	3.6	瑞典	4.6	3.1
芬兰	5.5	3.8	瑞士	2.2	1.5
冰岛	18.2	11.5	美国	5.4	3.5

资料来源：International Trade Centre UNCTAD/WTO，Business Guide To the Uruguay Round，p. 245（不含石油）。

表7-4　乌拉圭回合前后各转型经济成员工业品的加权平均关税　　　　%

转型经济成员	贸易加权平均关税		转型经济成员	贸易加权平均关税	
	乌拉圭回合之前	乌拉圭回合之后		乌拉圭回合之前	乌拉圭回合之后
转型经济体	8.6	6.0	波兰	16.0	9.9
捷克	4.9	3.8	斯洛伐克	4.9	3.8
匈牙利	9.6	6.9			

资料来源：资料来源：International Trade Centre UNCTAD/WTO，Business Guide To the Uruguay Round，p. 247（不含石油）。

表7-5　乌拉圭回合前后各发展中成员工业品的加权平均关税　　　　%

发展中成员	贸易加权平均关税		发展中成员	贸易加权平均关税	
	乌拉圭回合之前	乌拉圭回合之后		乌拉圭回合之前	乌拉圭回合之后
阿根廷	38.2	30.9	秘鲁	34.8	29.4
巴西	40.6	27.0	菲律宾	23.9	22.2
智利	34.9	24.9	罗马尼亚	11.7	33.9
哥伦比亚	44.3	35.1	新加坡	12.4	5.1
哥斯达黎加	54.9	44.1	斯里兰卡	28.6	28.1
萨尔瓦多	34.5	30.6	泰国	37.3	28.0
印度	71.4	32.4	土耳其	25.1	22.3
韩国	18.0	8.3	委内瑞拉	50.0	30.9
马来西亚	10.2	9.1	津巴布韦	4.8	4.6
墨西哥	46.1	33.7			

资料来源：资料来源：International Trade Centre UNCTAD/WTO，Business Guide To the Uruguay Round，p. 246（不含石油）。

4. 发达成员的零关税与协调关税

在乌拉圭回合中,发达成员间在药品、医疗器械、建筑、矿山钻探机械、农用机械、部分酒、家具等部门达成协议;在纺织品、化学品方面达成了协调关税协议。这些发达成员包括美国、欧盟、日本、加拿大、澳大利亚、奥地利、捷克、芬兰、挪威、斯洛伐克、瑞典、瑞士等。

1)零关税部门

零关税是指在 WTO 运行后取消关税和逐步取消的关税。药品,医疗设备,农业机械和家具关税在 WTO 运行后立即取消,建筑、矿山及钻探机械关税在 WTO 运行后 5 年内达到减让目标,钢材,酒,木浆、纸制品及印刷品在 WTO 运行 10 年内取消关税,玩具关税在 WTO 运行 10 年内减让到 0。

2)协调关税

协调关税是指逐步下调的关税。其中化学品协调关税是将化工原料、中间体、制成品的关税分别减让到 0、5.5% 和 6.5%。纺织品协调关税中纱线减让到 5%,织物减让到 10%,服装减让到 17.5%。在 WTO 运行后 10 年内实施。

(三)WTO 大类成员关税减让结果比较

1. 创始成员比加入成员关税税率低

到 2015 年 3 月,世界贸易组织成员为 160 个,其中创始成员为 128 个,新加入成员 32 个。新加入成员与创始成员相比在关税上有三个特点:①关税覆盖范围加入成员高于创始成员,创始成员关税覆盖范围为 74%,而加入成员为 99.9%。②所有产品平均最终约束税率,加入成员为 45.6%,明显高于创始成员的 13.8%。③农产品和非农产品最终约束税率,加入成员均高于创始成员。农产品两者的最终约束税率分别为 65.4% 和 20.1%,非农产品最终约束税率两个分别为 34.0% 和 12.0%。这些特点表明加入成员在关税上的保护程度高于创始成员。

2. 加入成员关税水平与经济发展水平相适应

加入成员关税水平与经济发展水平相适应,呈现如下特点。

(1)所有产品关税平均最终约束税率与经济发展阶段和发展水平呈逆向。

(2)农产品最终约束关税税率普遍高于非农产品平均最终约束税率。

具体情况见表 7-6。

表 7-6　WTO 32 个加入成员关税减让结果总览

编号	成员	入世时间	平均产品最终约束税率/%			
			覆盖范围	所有产品	农产品	非农产品
1	阿尔巴尼亚	2000.9.8	100	7.0	9.5	6.6
2	亚美尼亚	2003.2.5	100	8.5	14.7	7.6
3	保加利亚	1996.12.1	100	24.5	35.6	23.0
4	柬埔寨	2004.10.13	100	19.1	28.0	17.7

编号	成　员	入世时间	平均产品最终约束税率/%			
			覆盖范围	所有产品	农产品	非农产品
5	佛得角	2008.7.23	100	15.8	19.3	15.2
6	中国	2001.12.11	100	10.0	15.7	9.2
7	中国台北	2002.1.1	100	6.3	16.9	4.7
8	克罗地亚	2000.11.30	100	6.1	10.4	5.5
9	厄瓜多尔	1996.1.21	100	21.7	25.7	21.2
10	爱沙尼亚	1999.11.13	100	8.6	17.5	7.3
11	马其顿共和国	2003.4.4	100	7.1	12.9	6.3
12	格鲁吉亚	2000.6.14	100	7.4	13.0	6.5
13	约旦	2000.4.11	100	16.3	23.3	15.2
14	吉尔吉斯斯坦	1998.12.20	100	7.5	12.8	6.7
15	老挝	2013.2.2	100	18.8	19.3	18.7
16	拉脱维亚	1999.2.10	100	12.7	34.6	9.4
17	立陶宛	2001.5.31	100	9.3	15.2	8.4
18	摩尔多瓦	2001.7.26	100	7.0	14.0	5.9
19	蒙古	1997.1.29	100	17.5	18.9	17.3
20	黑山共和国	2012.4.29	100	5.1	10.8	4.3
21	尼泊尔	2004.4.23	99.4	26.0	41.4	23.7
22	阿曼	2000.11.9	100	13.7	27.6	22.7
23	巴拿马	1997.9.6	100	23.4	27.6	22.7
24	俄罗斯	2012.8.22	100	7.8	10.8	7.3
25	萨摩亚	2012.5.10	100	21.1	25.8	20.4
26	沙特阿拉伯	2005.12.11	100	11.1	15.4	10.5
27	塔吉克斯坦	2013.3.2	100	8.0	10.4	7.6
28	汤加	2007.7.27	100	17.6	19.2	17.3
29	乌克兰	2008.5.16	100	5.8	11.0	5.0
30	瓦努阿图	2012.8.24	100	39.7	43.6	39.1
31	越南	2007.1.11	100	11.4	18.5	10.4
32	也门	2014.6.26	100	21.1	24.9	20.5

资料来源：根据WTO资料整理。

第六节　多哈回合中的关税减让谈判

2001年11月，世贸组织启动多哈回合谈判，迄今为止，尚未结束，但农产品和非农产品的关税谈判轮廓已经形成，为结束谈判奠定了一些基础。

一、农产品关税减让谈判

（一）农产品关税减让谈判的依据

根据《农业协议》和《多哈发展议程》授权，新一轮农业谈判包括的主要内容有国内支持、出口竞争和市场准入三大部分。2008 年 12 月在 WTO 第七届部长级会议上，多数成员认为 2008 年模式案文基本上反映了各成员的诉求，可作为结束谈判的基础。在市场准入关税减让谈判中，涉及的内容包括关税削减公式、敏感产品、特使产品、特殊保障机制、特殊保障措施，关税升级，关税简化，关税配额与管理、热带产品和特殊产品的优惠，棉花市场准入等。

（二）农产品关税减让谈判基点

1. 关税削减公式

（1）发达成员，所有农产品关税平均水平削减幅度不得低于 54％。其中，约束关税为 0～20％的削减 50％，20％～50％的削减 57％，50％～75％的削减 64％，75％以上的削减 70％。实施期为 5 年，分 6 次平均削减。

（2）发展中成员，所有农产品关税平均削减幅度最高不超过 36％。约束关税在 0～30％的，削减 33.3％，30％～80％的削减 38％，80％～130％的削减 42.7％，130％以上的削减 46.7％。实施期为 10 年，分 11 次平均削减。发展中新成员的关税少减 8％，低于 10％的关税免于削减，实施期 12 年，与入世承诺重叠部分可于入世实施期结束后 1 年开始实施。

2. 敏感产品与新建配额产品数量限制

敏感产品数量一般不超过总税目数的 4％，特殊情况可略有增加，但需额外扩大配额加以补偿。新建配额产品数量最多不超过税总额的 1％，且在敏感产品总数量之内；所有配额应为最惠国待遇，配额内税率为零；新建的税目应清晰列明在模式中。

3. 发展中成员特殊产品的确定

根据粮食安全、生计安全和农村生产三大标准基础，发展中成员可自主确定特殊产品，数量不超过税目总数的 12％，其中 5％免于关税削减，总体平均削减幅度为 11％；发展中新成员特殊产品数量不超过税目总数的 13％，总体平均削减幅度为 10％。

4. 特殊保障机制救济关税的使用

救济关税超过约束税率的数量触发水平的计算，应扣除实施特保机制时期的进口量，以没有触发月份的贸易平均量予以替代。特保机制的实施期在 12 个月内，成员可自行选择年度类型。触发以后，最多实施 4 个月或 8 个月，此后再过 4 个月或 8 个月才能重新实施。

5. 特殊保障措施的实施

发达成员自实施期第一天起，可以使用特殊保障措施的产品数量削减到占税目总数的 1％，在实施期的第七年年末要完全取消特保措施。发展中成员自实施第一天起削减产品数量到税目总数的 2.5％。

6. 对加工产品关税的额外削减

发达成员和自认有能力的发展中成员应对加工产品的关税进行关税削减公式要求以外的额外削减。这些加工产品包括蔬菜、水果和坚果等近 130 个 8 位税目产品。

7. 加大关税简化

发达成员用巴黎方法将不低于 90% 税目转化为从价税,余下的税目在实施期结束 1 年后再行简化。

8. 关税配额内税率削减与管理

发达成员对配额内关税应削减 50% 或 10%。实施期与关税配额扩大的实施期相同。自实施期第一天起,配额内税率最高不超过 17.5%,实施期第一年年末配额内税率不到 5% 的全部削减为零。发展中成员配额内税率削减 15%,特殊产品配额内税率不削减。新成员配额内税率不超过 15% 可不削减。

凡列入成员减让表的现有和新建配额内产品都要进行配额管理。为强化配额发放的透明度、及时性和预见性,在发放配额前 90 天要公布相关信息,配额申请期不超过 30 天,要建立单一的申请配额单位。

9. 关税削减公式的例外

热带产品不按照关税削减公式进行削减,而是采用单独的热带产品关税削减公式削减。享受特殊优惠的产品排除在关税削减公式以外。

10. 对最不发达成员棉花出口给予"双免"待遇

自协议实施第一天起,发达成员和自认有能力的发展中成员对最不发达成员出口的棉花给予免税和免配额的待遇。没有能力的发展中成员应积极扩大最不发达成员棉花的市场准入机会。

二、多哈回合非农产品关税减让谈判

(一)关税减让谈判基本目标与范围

2001 年 11 月,多哈回合启动。WTO《多哈宣言》第 16 段授权就非农产品市场准入进行谈判,确定三大目标:①谈判模式重点是削减高峰关税、高关税和关税升级;②非农产品市场准入谈判的范围包括工业品、水产品和林产品;③谈判的主要内容是削减上述产品的关税及非关税壁垒。

(二)关税削减模式的确定

2002 年非农产品谈判组成立后,WTO 主要成员都提交了关税减让模式。美国和中国提交的关税减让模式是变体的瑞士公式,欧盟提交的是分层线性公式,印度提交的是分布削减的线性公式。

2003 年 8 月非农谈判组主席散发的吉拉德案文,提出了基于瑞士公式,融合了中国提案要素、吉拉德公式与 7 个部门强制性的部门减让,带有以税目总数和集中度等条件的发展中成员关税减免灵活性。2003 年 9 月在 WTO 坎昆部长级会议上,会议主席墨西哥外长提出案文,弱化了吉拉德案文中对公式和部门减让的规定。该案文被纳入 2004 年 7 月达成的《多哈工作计划》,规定非农谈判组继续就非线性公式开展工作,继续就部门减让要素进行讨论,确定发展中成员部分产品关税免减或少减的灵活性基本框架。

自 2004 年年底到 2015 年 7 月,印度、巴西、阿根廷、美国、欧盟就公式形式进行探讨,2005 年 12 月 WTO 部长级会议就带有多个系数的瑞士公式减让非农产品关税达成共识,并将 2016 年 4 月定为结束谈判的最后期限。

2006 年 1~4 月,各方按照香港会议时间表进程进行冲刺,对各种系数组合的关税削减结果进行模拟,推动了谈判的深入。此后,各方特别是 WTO 主要成员方举行各种磋商会议,修改案文。2008 年 7 月 25 日拉米提出"拉米案文",要美国、欧盟、日本、澳大利亚、中国、印度、巴西 7 个成员全盘接受。各方就拉米案文所提出的瑞士公式系数范围和发展中成员灵活性的比例达成一致,但在部门减让问题上未能达成共识。

2011 年 4 月,时任 WTO 总干事拉米散发了《关于非农部门减让磋商情况的报告》,指出成员间的三个主要分歧:①公式削减的体现的雄心水平不一;②不同成员之间的贡献是否平衡和适当;③部门减让的地位。2011 年 5 月,主要成员就部门减让再次磋商,因立场差距较大未能达成一致。非农谈判中的部门减让谈判暂告结束。

2013 年 WTO 第九届部长级会议(巴厘岛会议)结束后,非农谈判恢复,主要成员开始讨论调整并降低雄心水平、放弃瑞士公式和部门减让模式,转而采用平均削减法的替代模式,但至今未能取得实质性进展。

(三)公式减让模式以外内容谈判搁置

除去关税削减公式和部门减让谈判,非农谈判模式中还包括了众多其他内容,主要有产品范围、实施期、关税减让的贸易参考期、关税减让的基础税率、从量税向从价税的转换方法、税则版本、非约束税目的处理方法、不参加公式减让的发展中成员的灵活性、新成员灵活性、关税同盟成员特殊灵活性、其他特殊成员的灵活性、优惠侵蚀问题解决方案、从最不发达成员进口免税、免配额等内容。

在关税削减公式和部门削减模式尚未确定情况下,这些要素谈判难以启动。

■ 本章小结

1. 关税自古有之。关税可以增加国家财政收入,调节进出口贸易结构和贸易方向,维护贸易关系等。

2. 在关税设置时,因纳税对象不同、征税目的不一、税率优惠差异,出现了各种形式的关税。其中影响较大的是进口关税,以及普惠制下的关税和差别关税。

3. 各国征收关税的依据是海关税则和政府临时文件。海关税则变化的特点是:税号排序按协调制度进行;计税方法很多,因制成品在国际贸易中占绝大比重,故从价税成为各国尤其是发达国家主要的计税标准。因贸易对象关系不同,税则栏目向多栏发展。

4. 海关对进口商品估价是征税的基础。为使成员海关对进口商品估价规范化,在乌拉圭回合谈判中,达成了《海关估价协议》,减少海关因任意估价对国际贸易产生的负面作用。

5. 关税减让谈判成为 GATT 和 WTO 多边贸易谈判的重要内容之一。关税"减让"具有三种含义:①削减关税并约束减让后的税率;②约束现行的关税水平;③上限约束、低关税或零关税税率约束。在谈判中,确立了关税减让谈判的原则、基础和方法。

6. 经过乌拉圭回合多边关税减让谈判,WTO 各类型成员方的工业品加权平均关税均呈下降趋势。发达成员整体的工业制成品的加权平均关税从乌拉圭回合之前的 6.3% 下降到乌拉圭回合后的 3.8%,经济转型成员整体从 8.6% 下降到 6.0%,发展中成员关税下降后的关税水平高于前两类国家。WTO 建立后,加入成员产品最终约束税率普遍高于创始成员。

7. 2001 年后,WTO 开始多哈回合谈判,关税减让谈判仍是主要内容之一,在农业和非农产品关税减让谈判达成许多共识,但未结束。

■ 重要概念

《1994 年关税与贸易总协定》(*General Agreement on Tariffs and Trade*,GATT 1994)

关税减让(Tariff Concessions)

关税约束(Tariff Bindings)

关税化(Tariffication)

简单平均关税(Simple Average Tariff)

贸易加权平均关税(Trade-weighted average tariff)

部门谈判(Sectoral Negotiations)

产品对产品减让(Product-to-product method)

最初谈判权(Initial negotiating rights,INRs)

■ 案例分析

加入 WTO 后中国关税的调整与效应

一、履行降税义务期的关税税率

中国从 2002 年开始履行为加入 WTO 而承诺的关税降税义务,到 2011 年关税总水平降至 9.8％,与 2001 年的关税总水平相比降幅为 35.9％。2002 年大幅度下调了 5 332 种商品的进口关税税率,使关税总水平下降至 12％。2003 年 1 月 1 日起进一步下调进口关税税率,关税总水平从 12％降低到 11％。2004 年,对 2 400 多个税目的税率进行了不同程度的下调,关税总水平降低至 10.4％。2005 年 1 月 1 日起,进一步降低进口关税税率,关税总水平由 10.4％降低到 9.9％。2005 年是中国履行 WTO 减税承诺时较大幅度降税的最后一年。2006 年降低植物油、化工产品、汽车及汽车零部件等 143 个税目的正常贸易税率,关税总水平仍为 9.9％。从 2007 年 1 月 1 起,中国按照加入 WTO 的关税减让承诺,进一步降低草莓、染料、美容品或化妆品及护肤品等 44 个税目的进口关税税率,关税总水平由 9.9％降至 9.8％。之后几年,中国继续履行加入 WTO 时的关税减让承诺,不断降低进口关税税率,但是经过调整,关税总水平始终保持在 9.8％,直到 2010 年承诺全部履行完毕。2011 年,中国的正常关税税率维持不变,只是适当地调整了少量商品的从量税税额。

二、加入 WTO 后的关税优惠政策

1. 关税优惠政策的调整

2002 年 10 月 1 日起,针对入世后的形势,中国对部分进口税收优惠政策进行了调整,主要调整内容包括:1996 年 3 月 31 日前批准的技术改造项目、重大建设项目、外商投资企业项目进口设备或原材料,不再沿用之前的关税优惠,统一执行现行的关税政策。"产品全部直接出口的允许类外商投资项目中的进口设备,一律先按照依法关税税率征收进口关税和进口环节增值税",经核查"产品全部出口"情况属实的,5 年内每年返还纳税额的 20％;明确规定不再审理和审批个案减免进口税项目。确需减免的,由财政部会同有关部门研究提出意见后报国务院审批。

2. 针对自由贸易区的关税优惠政策

中国已与相关国家或地区正式签署了 14 个自由贸易协定或区域贸易优惠安排。进行相互关税减免,到 2010 年 1 月 1 日,中国—东盟自由贸易区如期建成,双方超过 90％的产品实施零关税,平均协定关税税率为 0.1％。

3. 入世后中国关税的作用

(1) 成为稳定的财政收入来源。入世后,关税税率不断下调,但因对外贸易高速发展,关税收入不降反升,从入世初期的 700 多亿美元增长至 2010 年的 2 000 多亿美元,占国家财政收入的 2.5％左右。

(2) 入世后,我国总的关税水平高于发达成员,低于发展中成员。关税较高导致走私等违法活动比较严重。

(3) 调节作用:①对存在倾销的进口产品征收反倾销税,维护我国企业正当权益;②通过自贸区建立后的关税高度减免,扩大相互贸易;③有利于对外资的有效利用。

资料来源:作者依据向张忆良"中国进出口关税政策的演变及其评价"《青年科学:教师版》整理。

分析讨论

1. 入世后,中国按照入世关税减让承诺,关税税率总水平下调到 9%~10%,为何关税收入不降反升?

关税收入不降反升? 主要原因是我国入世后,可以享受原有成员达成的关税减让成果,中国出口商品遇到的关税壁垒下降;中国进口关税不断下调,促进进口贸易不断扩大。此外,入世后,中国市场经济法规不断完善,加大对外资的引进。因此,中国对外贸易出现大幅度增长,税源加多,故关税收入不降反升。

2. 2002 年 10 月 1 日起,中国关税调整的主要内容是什么? 目的为何?

2002 年 10 月 1 日起,中国进口关税调整的主要对象是 1996 年 3 月 31 日前批准的技术改造项目、重大建设项目、外商投资企业项目进口设备或原材料,不再沿用之前的关税优惠,统一执行现行的关税政策,统一返回在进口时所征收的关税和进口环节增值税,有利于把本国企业与外商投资企业同等看待,对国内产业改造和升级有促进作用。

3. 关税下降对中国外贸进出口的影响是什么?

从实际效果看,关税水平的下降对国内经济健康、稳定发展起到了积极的促进作用。就宏观经济来说,关税水平的下降有力地促进了国内外的经贸往来,有利于国内企业充分利用国内外两种资源,面向国内外两个市场择优选购,降低生产成本,提高产品质量。机电产品关税的下降,有利于中国企业引进国外的先进设备,加快企业的技术改造,提高产品的国际竞争力。由于关税下降,一些和老百姓日常生活密切相关的商品的税率也出现了不同程度的下降,更多的国外商品进入中国市场,对普通消费者来说,在吃穿用行等方面将会得到更大的实惠。

 **同步测练与解析**

1. 乌拉圭回合谈判后,发达成员关税出现了什么变化?

【解析】 发达成员整体的工业制成品的加权平均关税从乌拉圭回合之前的 6.3% 下降到乌拉圭回合后的 3.8%。

2. 乌拉圭回合谈判后,发展中成员关税有什么变化?

【解析】 经济转型国家整体从 8.6% 下降到 6.0%,发展中成员均有不同程度的下降。

3. 发达成员的零关税包括那些产品？

【解析】　在乌拉圭回合中,发达成员间在药品、医疗器械、建筑、矿山钻探机械、农用机械、部分酒、家具等部门达成的零关税的协议。

4. 多边关税减让谈判如何进行？

【解析】　关税减让谈判必须有两个基础,一是商品基础,二是税率基础。关税减让谈判的原则:互惠互利是关税减让谈判的指导思想,应考虑对方的需要,对谈判情况予以保密,按照最惠国待遇原则实施。关税减让谈判权的确定:产品主要供应利益方;产品实质供应利益方;最初谈判权方。关税减让谈判的类型:多边关税减让谈判;加入世界贸易组织时的关税减让谈判,产品对产品谈判,公式减让谈判,部门减让谈判。

5. 关税减让表包括哪些内容？

【解析】　关税减让表是各成员关税减让结果的具体体现,减让结果应体现在各成员的税则中。具体内容包括税号、商品描述、约束税率等。

C 第八章

HAPTER EIGHT

特定领域产品贸易协议与规定

学 习 目 标

在乌拉圭回合谈判前后和 WTO 建立后，GATT 缔约方和 WTO 成员等就一些特定商品贸易达成谈判协议。其中多边协议有《农业协议》和《纺织品与服装协议》，诸边协议有《政府采购协议》《民用航空器贸易协议》《国际牛肉协议》和《国际奶制品协议》。诸边协议的后两个协议已并入其他协议，不复存在。诸边协议有《信息技术产品协议》。此外，GATT 1994 还就出口和国营企业贸易做出一些规定。本章就这些协议达成的背景，内容和特点进行系统的介绍。通过学习，学生应了解这些协议的宗旨，知悉主要的内容，掌握它们的重要特点和作用。

重 点 难 点 提 示

- ●《农业协议》适用的产品范围；
- ●《纺织品与服装协议》的阶段性；
- ●《政府采购协议》基本原则；
- ●《民用航空器贸易协议》的宗旨；
- ●《信息技术协议》的主要内容；
- ● 国营贸易企业的规定。

第一节 《农业协议》

一、协议的地位与作用

《农业协议》是世界贸易组织负责实施管理的多边货物贸易协议的一个重要协议。它是GATT 1994 的基本原则和规则在国际农产品贸易领域的具体应用。协议主要目标是促进国际农产品贸易的自由化。实现乌拉圭回合确定的"建立一个公平的、以市场为导向的农产品贸易体制,并应通过支持和保持承诺的谈判及建立增强的和更行之有效的 GATT 规则和纪律发动规格过程"的目标。

二、协议出现背景

(一)农业对经济社会发展的重大作用

在世界贸易中,农产品贸易占 10% 上下。其中,发达成员约占 6% 以上,发展中成员约占 3%。但农业在国内生产总值中的比重,发展中成员稍高于 10%,发达成员在 2%。虽然二者比重不高,但农业作用最大。农业是促进世界各国经济增长、减少贫困和保护环境的厚实基础,对国家政局稳定有很大影响,因此世界各国对农业的发展和保护非常重视。有些国家和集团甚至通过立法加以保护。以欧盟为例,共同农业政策是欧盟最早实施的一项共同政策,在《罗马条约》中就已提出。1960 年 6 月 30 日,欧委会正式提出建立共同农业政策,并于 1962 年起逐步实施。其基本目标是提高农业生产率、确保农业人员的"公平收入"、稳定农产品市场、保持对消费者合理的价格及确保农产品的供应。为此采取了许多保护措施。欧盟共同农业政策给予的农业补贴高达 440 亿欧元。

(二)世界各国对农业保护的多样措施

1. 运用关税和非关税壁垒限制农产品进口

为了保护农业,世界各国普遍运用关税和非关税壁垒限制进口。在共同农业政策下,欧盟对农产品进口设置高关税,实施差价税和进口关税配额。

2. 对出口农产品进行补贴

世界各国尤其是发达国家对农产品出口进行补贴。美国对农产品出口制定了一系列补贴和鼓励措施。美国"出口促进计划"允许对出口商申请普遍实施保护政策产品贸易作为一个特殊的领域,一直给予游离于 GATT 规则之外的现金补贴,该计划适用于出口到 70 多个国家和地区的农产品。"市场进入计划"对美国企业在外国市场上进行的农产品促进销售活

动提供资助。

3. 国内价格支持

为了支持国内农业生产和保持生态环境，政府通过各种途径对农业生产者予以各种价格补贴。这些保护农业的做法有些背离了比较优势理论，使农产品的国际贸易出现严重扭曲。

在乌拉圭回合谈判中，农产品贸易自由化问题被列为中心议题之一。由于农产品贸易谈判各方利益冲突，谈判曾数度处于破裂的边缘。经过艰苦的努力，谈判参加方终于在 1993 年 12 月 15 日达成了一个妥协性的《农业协议》。

三、协议主要内容

《农业协议》分为 13 个部分，有 21 个条款和 5 个附件。其中包括扩大农产品市场开放、削减农产品生产补贴和削减农产品出口补贴。

（一）扩大农产品市场开放

针对许多国家利用关税及非关税壁垒限制农产品进口的情况，《农业协议》要求成员方将非关税措施转化为关税，并逐步降低关税，以保证一定水平的市场准入机会。

1. 关税化

现行的非关税措施应转化成普通关税，即关税化。制定相应进口关税（从量税或从价税）的依据是关税等值。某种农产品的关税等值，等于该产品的国内市场平均价格减去该产品或相近产品的国际市场平均价格；某种农产品加工品的关税等值，等于农产品原料的关税等值乘以农产品原料占农产品加工品的比重。

2. 约束所有农产品关税

包括关税化后的关税。

3. 确立关税削减基数

从 1995 年开始，发达成员在 6 年内，发展中成员在 10 年内，分年度削减农产品关税。以 1986—1988 年关税平均水平为基础，用简单算术平均法计算，发达成员削减 36%，每个关税税号至少削减 15%；发展中成员削减 24%，每个关税税号至少削减 10%。

4. 实施关税配额

以 1986—1988 年为基准期，有关成员在这一期间进口必须进行关税化的农产品，如不达到国内消费量的 5%，则应承诺最低数量的进口准入机会。在关税减让实施期的第一年，应承诺的最低进口准入数量应为基准期国内消费量的 3%，在实施期结束时应该提高到 5%。如基准期的进口数量超过国内消费量的 5%，则应维持原有的市场准入机会。通过关税配额实施最低的市场准入，配额内的进口享受较低或最低的关税，配额外的进口缴纳关税化后的关税。

5. 建立特殊保障机制

针对关税化的农产品,建立特殊保障机制。成员通过谈判获得使用该机制的权利,并在其承诺表中注明。启用该机制的前提条件是,某年度的进口量超过前3年进口量的平均水平(根据该成员进口量占消费量的比例确定),或者进口价格低于1986—1988年进口参考价格平均水平10%。

6. 最不发达成员列入关税化及关税约束,但免于削减关税承诺。

(二)削减农产品生产补贴

《农业协议》对不同的国内农产品生产支持措施进行分类处理。

1. 保留"绿箱"措施

《农业协议》规定的"绿箱"措施是指,由成员政府提供的、其费用不转嫁给消费者,且对生产者不具有价格支持作用的政府服务计划。这些措施对农产品贸易和农业生产不会产生或者仅有微小的扭曲影响,可以继续保留,成员方无须承担约束和削减的义务。

"绿箱"措施主要包括:一般农业服务支出,如农业科研、病虫害控制、培训、推广和咨询服务、检验服务、农产品市场促销服务、农业基础设施建设等;粮食安全储备补贴;粮食援助补贴;与生产不挂钩的收入补贴;收入保险计划;自然灾害救济补贴;农业生产者退休或转业补贴;农业资源储备补贴;农业结构调整投资补贴;农业环境保护补贴;落后地区援助补贴等。

2. 保留"蓝箱"措施

《农业协议》规定的"蓝箱"措施是指,成员政府为了保持生态环境和土地生息,强迫部分土地休耕和约束养畜数量,为此给农业生产者和畜牧业者造成收入的损失予以补贴。这些补贴与政府对农畜产品限产计划有关,继续保留,成员方不须承担削减义务。

3. 削减微量外的"黄箱"措施

《农业协议》规定的"黄箱"措施是指,政府对农产品的直接价格干预和补贴,包括对种子、肥料、灌溉等农业投入品的补贴,对农产品营销贷款的补贴等。这些措施对农产品贸易会产生扭曲,对超过农业生产总值比重的补贴,成员方必须承担约束和削减补贴义务。对不高于该比重的成员,则不需要削减。

《农业协议》规定,自1995年开始,以1986—1988年为基准期,发达成员在6年内逐步将综合支持量削减20%,发展中成员在10年内逐步削减13%。在此期间内,每年的综合支持量不能超过所承诺的约束水平。

对特定农产品的支持,实行微量允许。对综合支持量不超过该产品生产总值或农业生产总值的5%的发达成员和10%的发展中成员,则不须削减。

发展中成员的一些"黄箱"措施也被列入免予削减的范围,主要包括农业投资补贴,对低收入或资源贫乏地区生产者提供的农业投入品补贴,为鼓励生产者不生产违禁麻醉作物而

提供的支持等。

（三）削减农产品出口补贴

出口补贴是一项对贸易产生严重扭曲的政策措施。《农业协议》规定，不禁止成员对农产品出口实行补贴，但要削减这些出口补贴。

1．削减出口补贴的基准与削减程度

《农业协议》规定，以 1986—1990 年出口补贴的平均水平作为削减基准，或在某些出口补贴已经增加的条件下，以 1991—1992 年的平均水平为削减基准。从 1995 年开始，每年进行等量削减。对农产品出口补贴的预算开支，规定发达成员在 6 年内减少 36％，发展中成员在 10 年内减少 24％；对享受补贴的农产品出口数量，发达成员在 6 年内要减少 21％，发展中成员在 10 年内要减少 14％。对于农产品加工品的出口补贴，成员方只需削减预算开支。最不发达成员不需要作任何削减。

2．削减承诺约束的出口补贴

《农业协议》规定下列出口补贴措施要受削减承诺的约束：视农产品出口实绩而提供的直接补贴；以低于同类农产品的国内价格，将非商业性政府库存农产品处置给出口商而形成的补贴；利用征收的农产品税，对相关农产品产生的出口补贴；农产品的出口营销补贴，但发展中成员除外；出口农产品的国内运费补贴，但发展中成员除外；视出口产品所包含的农产品成分，对所含农产品提供的补贴。

3．禁止实施未采取过的补贴

《农业协议》规定，在上述基期内，成员政府没有对某种农产品实施出口补贴措施，则禁止该成员将来对这种农产品出口进行补贴。

4．遵守卫生与植物卫生措施协议

《农业协议》与农产品贸易有关的卫生与植物卫生措施，应遵循世贸组织《实施卫生与植物卫生措施协议》的有关规定。

乌拉圭回合有关农产品自由化措施见表 8-1。

表 8-1　乌拉圭回合有关农产品自由化措施

项 目 名 称	发达成员（1995—2000 年）	发展中成员（1995—2004 年）
关税		
全部农产品平均削减/％	36	24
每项农产品最低削减/％	15	10
国内支持		
综合支持量削减/％	20	13
（基期：1986—1988 年）		

续表

项 目 名 称	发达成员(1995—2000 年)	发展中成员(1995—2004 年)
出口补贴		
补贴额削减/%	36	24
补贴量削减/%	21	14
(基期:1986—1990 年)		

注:(1) 最不发达成员不须承诺削减关税或补贴。

(2) 关税削减的基础税率为 1995 年 1 月 1 日前的约束税率;对于原未约束的关税,基础税率为 1986 年 9 月乌拉圭回合谈判开始时的实施税率。

资料来源:作者根据《农业协议》附件整理。

四、协议的执行

(一) 出口补贴

出口补贴的绝大多数集中于欧盟、美国、加拿大和挪威 4 个成员。它们都基本上履行了承诺。

(二) 国内支持

欧盟和日本的综合支持量持续下降。美国和挪威综合支持量相对稳定,但均满足微量允许(5%)。在支持手段上,挪威主要采用"黄箱",欧盟和日本则以"绿箱"为主。

(三) 争端解决

在《农业协议》执行期间,成员共提出 77 件争端。其中,美国作为被告和原告参与贸易争端共 36 件,欧盟参与 26 件,中国参与 5 件。

(四) WTO 成员农业政策加速调整

调整方向是,都把农业视为战略产业,增加对农业的补贴和投入,对"绿箱调整政策"实行"与生产脱钩的"的补贴及收入支持政策,对农业的支持由片面的农业保护逐渐转向农业、农民和农村全面发展。

五、农业接续谈判

在《农业协议》执行同时,WTO 成员开始接续农业谈判。2002 年启动的《多哈发展议程》提出,农业谈判应不迟于 2003 年 3 月 31 日完成。但迄今为止,谈判尚未结束。

(一) 经历了五个阶段

(1) 第一阶段(2000 年 3 月至 2002 年 3 月),主要是接受成员议案并逐一讨论。此间,

有 121 个成员提出 45 个议案，进行 7 轮讨论。

（2）第二阶段（2002 年 3 月至 2004 年 8 月），为实现《多哈发展议程》授权的目标制定具体模式、量化指标和新规则。

（3）第三阶段（2004 年 8 月至 2008 年 12 月），模式谈判全面深入，2008 年 7 月几乎达成一致，因个别议题未果，使谈判破裂。

（4）第四阶段（2008 年 12 月至 2013 年 12 月），是早期收获阶段。2013 年 12 月，WTO第九届部长级会议就早期收获一揽子协议达成一致。

（5）第五阶段（2013 年至今），根据巴厘岛部长级会议达成的早期收获，原计划 2014 年 8 月 1 日实施，因粮食安全问题议题达成较晚，早期收获未能如期实施。

（二）谈判的主要内容

1. 国内支持

国内支持包括扭曲贸易的支持总量削减，综合支持总量削减，特定产品综合支持量封顶、微量允许、"蓝箱""绿箱"和棉花国内支持削减等内容。

在扭曲贸易支持总量削减上，发达成员分三个层次进行不低于 55％的削减，有削减义务的发展中成员削减 33％，粮食净进口发展中成员、新加入成员、低收入转型小经济体免于削减。发达成员实施期为 5 年，有削减义务的发展中成员实施期为 8 年。

综合支持总量削减。发达成员分三个层次削减不低于 45％。有削减义务的发展中成员削减 30％。粮食净进口发展中成员、新加入成员、低收入转型小经济体免于削减。两类成员实施期同上。

特定产品综合支持量封顶。一般发达成员以 1995—2000 年的平均水平封顶。发展中成员可选择三种方案中一个进行封顶。

微量允许。发达成员特定产品和非特定产品微量允许水平均削减 50％，发展中成员削减幅度为发达成员的 2/3。

"蓝箱"分为限产直接支付和与产量脱钩支付两类，确定后，不能随意变更。"绿箱"内容包括：农民安置、土地改革、乡村发展，生计安全方面的行政管理和法律服务支出；发达成员自然灾害救助等不变。

棉花国内支持。棉花"蓝箱"支持将按高于一般产品的削减公式系数进行削减。

2. 市场准入

见关税与关税减让章。

3. 出口竞争

出口补贴。2013 年发达成员年底前取消所有形式的出口补贴，发展中成员 2016 年年底前完全取消出口补贴。

出口信贷。发达成员出口信贷补贴偿还期最长不超过 180 天，发展中成员最长不超过

306～540 天。

粮食援助。只能采取捐赠形式,与商业脱钩,取消援粮再出口,不允许援粮货币化。

此外,谈判内容还有出口禁止和限制纪律的强化,新加入成员的灵活性和棉花部门的改革。

第二节 《纺织品与服装协议》

一、协议宗旨

乌拉圭回合达成的《纺织品与服装协议》取代 1994 年 12 月到期的《多种纤维协议》,成为 WTO 负责实施管理的多边货物协议之一。其目标是使纺织品与服装贸易"在加强的 GATT 规则和纪律基础上最终纳入 GATT,从而也对贸易进一步自由化的目标作出贡献"。在 2004 年 12 月 31 日以前的 10 年内,逐步取消纺织品与服装贸易的配额限制。

二、协议产生背景与特征

(一)协议产生背景

第二次世界大战结束后,发展中国家兴起,在经济发展中,首先发展劳动密集型产品纺织品出口,因价格低廉,在世界纺织品市场上取得竞争优势。纺织品与服装贸易在世界货物贸易中的比重在 6％上下,其中,发展中成员约占 4％,发达成员占 2％。发达成员为了保护竞争力逐渐衰退的纺织品与服装产业,背离 GATT 贸易自由化的宗旨。从 1961 年开始,发达成员与发展中成员先后形成了《短期棉纺织品协议》《长期棉纺织品贸易协议》和《多种纤维协议》,根据这些协议,发达成员对从发展中成员进口的纺织品与服装进行配额限制,约束发展速度,抑制了发展中国家的经济发展。

在发展中成员努力下,乌拉圭回合把纺织品与服装贸易列为 15 个谈判议题之一。经过发展中成员的不懈努力,发达国家被迫作出纺织品与服装贸易逐步自由化的妥协,达成了《纺织品与服装协议》(*Agreement on Textiles and Clothing*,ATC)。为最终取消纺织品与服装贸易中的配额限制做了过渡性安排。

(二)协议特征

《多种纤维协议》与《纺织品与服装协议》的最大差异是参与者与约束性不同。前者是自愿参加,后者是受 WTO 管辖的多边贸易协议,所有 WTO 成员均需遵守。因而,《多种纤维协议》与 GATT 1947 是双轨制,而《纺织品与服装协议》是 WTO 负责事实管理的协定与协议的一部分,成为单轨体制,但它又延续了《多种纤维协议》的管理做法。按照《纺织品与服装协议》,纺织品与服装分三个阶段回归 GATT 1947 的自由贸易体制。在回归的过渡期间,《纺织品与服装协议》继续保留配额,并容许发达成员采取救济措施。还重新建立"纺织品监督机构",监督协议的执行与成员间的贸易争端。因此《纺织品与服装协议》是个阶段性的协议。

三、协议主要内容

《纺织品与服装协议》有 9 个条款,1 个附件。其主要内容为:基本规则、适用产品的范围、分阶段取消配额限制、过渡性的保障措施、非法转口的处理、设立纺织品监督机构等。

(一)基本规则

(1)在纺织品和服装贸易领域使小的供应方的市场准入获得有意义的增长,并为新参加方创造贸易机会。

(2)对原《多种纤维协议》成员给予特殊待遇。

(3)反映产棉出口成员的特殊利益。

(4)鼓励成员自主调整产业,以增加市场上的竞争力。

(5)适用的纺织品和服装按照附件列出的产品范围。

(二)过渡阶段自由化措施

1. 分阶段取消配额限制

《纺织品与服装协议》要求,在 10 年过渡期内,成员方不得设立新的纺织品与服装贸易限制,并逐步取消已有的限制。

《纺织品与服装协议》第 2 条规定,对于其附件中所列产品,应在 10 年内分四个阶段取消进口数量限制。

第一阶段,1995 年 1 月 1 日至 1997 年 12 月 31 日。成员方在 1995 年 1 月 1 日取消配额限制的产品比例,不低于 1990 年该成员方进口附件中所列产品总量的 16%。

第二阶段,1998 年 1 月 1 日至 2001 年 12 月 31 日。成员方在 1998 年 1 月 1 日取消配额限制的产品比例,不低于 1990 年该成员方进口附件中所列产品总量的 17%。

第三阶段,2002 年 1 月 1 日至 2004 年 12 月 31 日。成员方在 2002 年 1 月 1 日取消配额限制的产品比例,不低于 1990 年该成员方进口附件中所列产品总量的 18%。

第四阶段,2005 年 1 月 1 日,成员方取消所有剩余产品(占 1990 年该成员方进口附件中所列产品总量的 49%)的配额限制。届时《纺织品与服装协议》自行终止。

在符合规定比例的前提下,每个成员可自主决定各个步骤中取消配额限制的具体产品类别,但必须包括以下四组产品:毛条和纱、机织物、纺织制品、服装。成员方在各个步骤取消配额限制的产品清单,应提前 1 年通知世贸组织。

2. 逐步增加配额数量

对尚未取消配额限制的产品,要逐步放宽限制,增加配额数量。具体做法是,以《多种纤维协议》达成的双边协议中的现行配额数量为基础,从 1995 年 1 月 1 日起,通过提高配额年度增长率的方式,逐年增加配额数量。

提高配额年增率的具体步骤是:从 1995 年 1 月 1 日起,在《多种纤维协议》规定的年增长率基础上增加 16%,作为第一阶段的年增长率;从 1998 年 1 月 1 日起,在第一阶段年增长率的基础上再增加 25%,作为第二阶段的年增长率;从 2002 年 1 月 1 日起,在第二阶段年增长率的基础上又增加 27%,作为第三阶段的年增长率;第四阶段于 2005 年 1 月 1 日完全取消配额。

对于结转(本年度剩余配额转入下年度)、类转(各个配额类别之间进行数量转移)和预借(下年度配额提前到本年度使用)等灵活条款的混合使用,不实行比例的限制。

分阶段取消配额限制和增加配额量的做法,见表 8-2。

表 8-2　实施《纺织品与服装协议》的四个阶段

阶　　段	纳入 GATT 1994 的产品比例/%	剩余配额的年增长率/%
第一阶段(1995 年 1 月 1 日至 1997 年 12 月 31 日)	16	6.96
第二阶段(1998 年 1 月 1 日至 2001 年 12 月 31 日)	17	8.7
第三阶段(2002 年 1 月 1 日至 2004 年 12 月 31 日)	18	11.05
第四阶段(2005 年 1 月 1 日《纺织品与服装协议》终止)	49	配额全部取消

注:(1) 表中"纳入 GATT 1994 的产品比例",以 1990 年进口量为基数。
(2) 表中"剩余配额的年增长率",以 1994 年《多种纤维协议》下使用的年增长率 6% 为基础。
资料来源:作者根据《纺织品与服装协议》归纳整理。

3. 其他措施并行实施

纺织品与服装逐步取消配额限制的进程要与各成员在乌拉圭回合中其他领域所作出的影响纺织品与服装贸易的承诺挂钩。所有成员应采取削减和约束关税,减少或取消非关税壁垒等措施,改善纺织品与服装的市场准入;在反倾销措施、补贴和反补贴措施及知识产权保护等方面,保证实施可使纺织品与服装贸易以公平、公正进行的政策;因总体贸易政策原因而采取措施时,要避免对纺织品与服装进口造成歧视。

如果任何成员认为另一成员未采取上述措施,使《纺织品与服装协议》项下的权利和义务的平衡受到破坏,该成员可向 WTO 的争端解决机构提出申诉。如争端解决机构裁决被诉方未遵守《纺织品与服装协议》,可以授权申诉方对被诉方原本自动享受的下一阶段配额的年度增长率进行调整。

(三)进口成员过渡性保障措施

过渡性保障措施,是指某项纺织品或服装的配额限制在取消前,若进口成员证明该产品

进口数量剧增，对国内有关产业造成严重损害或有严重损害的实际威胁，则可针对该出口成员采取保护行动。

过渡性保障措施只对尚未纳入 GATT 1994 的产品使用，而对纳入 GATT 1994 的产品应采用 WTO 的保障措施。

过渡性保障措施可以在双方磋商同意后采取，磋商未能达成协议时可以单方面采取，但均须接受纺织品监督机构的审议。过渡性保障措施可以维持 3 年，不得延长，当该产品纳入 GATT 1994 约束时，即自行终止。过渡性保障措施的实施时间超过一年，则随后各年的进口限制水平，应在第一年限制水平基础上每年至少增长 6％。在使用过渡性保障措施的规定时，应给予最不发达国家、小供应国、新进入市场的国家等以更优惠的待遇。

任何成员欲保留使用过渡性保障措施的权利，应在规定的时间内通知纺织品监督机构。绝大多数 WTO 成员保留了这一权利，并同时提交了逐步取消纺织品与服装限制的方案。只有少数几个 WTO 成员放弃了这一权利，这些成员被认定已将附件所列产品全部纳入 GATT 1994，提前实现了自由化。

（四）对非法转口的处理

非法转口又称"舞弊"，是指出口成员通过转运、改道、谎报原产地或原产国、伪造文件来规避协议的规定和逃避配额管理的做法。如有足够的证据说明进口产品属非法转口，进口成员在与涉及非法转口的出口成员以及其他有关参与方进行磋商之后，可以采取制止行动，包括拒绝清关，如产品已经入境，则可以扣除有关出口成员相应数量的配额。

《纺织品与服装协议》要求，所有 WTO 成员应在符合本国法律和程序的情况下，制定必要的法规和行政措施来处理并打击非法转口行为。在处理此类问题时，有关成员各方要进行磋商，并充分合作开展调查。

（五）设立纺织品监督机构

WTO 专门设立纺织品监督机构，发挥调解和准司法的作用。该机构是一个常设机构，由 1 名独立主席和 10 名成员组成。成员的组成应具有广泛的代表性，还要间隔进行轮换。纺织品监督机构的成员，由货物贸易理事会指定的是 WTO 成员任命，他们以个人身份履行职责，以协商一致方式作出决定。

纺织品监督机构负责监督《纺织品与服装协议》的实施，审查成员所采取的措施是否符合协议的规定，包括各成员的纺织品与服装贸易自由化方案，以及所采取的过渡性保障措施等，并就这些事项提出建议或作出裁决。各成员应尽量全面接受这些建议或裁决，如不能接受，应说明理由，纺织品监督机构在审议后，再次提出建议；如仍未解决问题，有关成员可以通过 WTO 争端解决机制处理。在过渡期的每一个阶段结束时，纺织品监督机构还须向货物贸易理事会提交一份全面报告。

四、协议的执行

（一）一般执行完毕

自 1995 年该协议生效以来，经过 10 年过渡期，到 2005 年 1 月 1 日，配额全部取消，成员之间的纺织品与服装贸易实现贸易自由化，协议回归 GATT 1994。

（二）一般的例外

中国是《多种纤维协议》的成员，在 2001 年加入 WTO 后，理应享受该协议到 2005 年的贸易自由化。但因中国是纺织品和服装出口的最大成员，入世后到 2004 年中国对美国、欧盟的纺织品和服装出口高速增长，它们对中国纺织品和服装进口采取限制措施，经过谈判，中国与美国、欧盟达成"纺织品过渡性保障机制"，所实施限制措施到 2008 年逐步取消。

（三）主要争端

在 ATC 执行期间，WTO 成员共发起与 ATC 条款相关争端 16 起，其中，美国被控 6 起，土耳其被控 3 起，阿根廷被控 3 起，哥伦比亚、巴西、罗马尼亚和埃及各被控 1 起。争端很大一部分涉及纺织品服装出口限制和过渡性保护性措施的合理性。

第三节　《政府采购协议》

一、政府采购的含义与影响

政府采购是指政府为政府机关自用或为公共目的而选择购买货物或服务的活动，其所购买的货物或服务不用于商业转售，也不用于供商业销售的生产。大多数国家政府成为世界市场上各种货物和服务的最大买主，采购的金额达到几千亿美元，约占世界贸易的 10%。

基于保护本国产业发展的目的，各国通过立法，把政府采购对象优先给予本国厂商，对别国厂商构成歧视，成为非关税壁垒，严重影响国际贸易的发展。改变政府采购办法，约束政府采购行为的要求日趋强烈。政府采购从游离于多边贸易体制逐渐纳入多边贸易体制。

二、《政府采购协议》的产生与宗旨

（一）协议产生历史

GATT 创立之初将政府采购排除在最惠国待遇和国民待遇之外。客观上允许缔约方在进行政府采购时可以优先购买本国货物。

20世纪50年代以后,随着国家公共服务职能的加强,许多国家的政府及其控制的机构成为重要的产品和服务采购人,政府采购占据的货物和服务市场份额不断增加。为消除政府采购政策可能引起的贸易壁垒,促进政府采购市场的对外开放和扩大国际贸易,国际社会认识到需要一个有约束力的政府间公共采购协议。

基于上述要求,东京回合达成《政府采购守则》,1981年生效,但仅适用于参加方,归类于诸边协议。

该守则将GATT中的非歧视、透明和公平竞争等基本原则引入政府采购领域,但其作用有限。第一,它只适用于货物的采购,没有包括服务(包括工程服务)的采购。第二,它只约束中央政府采购实体,地方政府和公用事业单位等重要的公共采购实体例外。

在乌拉圭回合中,签署《政府采购守则》的12个缔约方对它进行修订和补充,达成《政府采购协议》(*Government Procurement Agreement*, GPA),于1996年1月1日起生效,成为WTO诸边贸易协议之一。

(二) 协议宗旨

就有关政府采购的法律、法规、程序和做法建立一个有效的权利和义务的多边体制,以期实现世界贸易更大程度的自由化和扩大、改善进行世界贸易的国际框架。

(三) 协议接受与约束

截至目前,签署《政府采购协议》共47个WTO成员。19个经济体是亚美尼亚、加拿大、中国香港、冰岛、以色列、日本、韩国、列支敦士登、摩尔多瓦、黑山、荷属阿鲁巴、新西兰、挪威、新加坡、瑞士、中国台北、乌克兰、美国,欧盟及其28个成员国(奥地利、比利时、丹麦、芬兰、法国、德国、希腊、爱尔兰、意大利、卢森堡、荷兰、葡萄牙、西班牙、瑞典、英国、塞浦路斯、捷克、爱沙尼亚、匈牙利、拉脱维亚、立陶宛、马耳他、波兰、斯洛伐克、斯洛文尼亚、保加利亚、罗马尼亚和克罗地亚)。

参加方成员对本协议任何规定均不得提出保留,可以自愿加入,也可自愿退出。

三、协议主要内容

协议由24个条款和4个附录组成,主要包括适用范围,有关政府采购的基本原则和规则,成员间争端的解决,政府采购委员会的职能等内容。

(一) 适用范围

1. 清单中列出的采购实体

协议只适用于参加方在各自承诺的清单中列出的政府采购实体。采购实体包括三类,分别是中央政府采购实体,地方政府采购实体,其他采购实体(如供水、供电等公用设施单位）。只有列入清单的采购实体才受协议约束。

清单的具体内容，是成员方根据本国政府采购市场开放需要并通过谈判确定的，所以清单范围并不相同。如美国清单中列出的采购实体包括所有的联邦政府机构，37 个州政府机构，11 个政府管理的实体；欧洲包括所有成员国的中央政府机构，次一级政府机构，以及电力、港口、机场等公用设施机构；日本包括所有的中央政府机构，47 个都道府县和 12 个城市政府机构与 84 个特殊法人。

2. 按规定内容和采购合同进行

协议规定的采购对象是货物和服务，但武器、弹药或军事物资不包括在内。除去协议规定的例外，政府所有货物采购都应纳入约束范围。服务采购的具体范围，由参加方在清单中列明。

协议规定的采购合同包括购买、租赁、租购、有期权的购买和无期权的购买等方式。

3. 在采购限额基数内采购

当政府采购的金额达到协议规定的最低限额，或达到成员方经谈判达成的最低限额时，政府采购活动才受到该协议的约束。

中央政府采购实体购买货物和非工程服务的最低限额是 13 万特别提款权，中央政府采购实体购买工程服务的最低限额是 15 万特别提款权。地方政府采购实体和其他采购实体的最低限额，由各参加方根据自身的情况分别作出承诺。例如，美国承诺，地方政府采购货物和非工程服务的最低限额是 35.5 万特别提款权，采购工程服务的最低限额是 500 万特别提款权；政府所属机构采购货物和非工程服务的最低限额是 25 万特别提款权，采购工程服务的最低限额是 500 万特别提款权。日本承诺，地方政府采购货物和非工程服务的最低限额是 20 万特别提款权，采购工程服务的最低限额是 1 500 万特别提款权。

为防止参加方通过合同估价降低采购金额，规避协议约束。协议规定了合同估价的基本规则，不得分割任何采购项目。

（二）政府采购的基本原则和规定

1. 非歧视原则

参加方进行政府采购时，不应在外国的产品、服务和供应商之间实施差别待遇；给予外国产品、服务和供应商的待遇，也不应低于国内产品、服务和供应商所享受的待遇。

参加方应当保证，不得依据国别属性和所有权的构成，对在当地设立的不同供应商实行歧视待遇。

2. 透明度原则

协议要求参加方建立公开、透明的政府采购程序，公布协议所要求的有关法律、法规、程序和做法。

为此，参加方的采购实体应在已向 WTO 通知的刊物上发布有关政府采购的信息，包括

招标的规章和程序，采购通知。在非有限招标时，采购实体要公布投标邀请书，包括统计数字在内的实际采购情况。

此外，参加方每年向 WTO 通知列入清单的采购实体的采购数据和中央政府采购实体未达到"最低限额"的采购统计数据。

3. 公平竞争原则

对清单中列明的采购实体进行的达到或超过最低限额的政府采购，采购实体应为供应商提供公平竞争的机会，即实行招标。

1）招标方式和招标程序

协议将招标分为公开招标、选择性招标和限制性招标三种。公开招标和选择性招标应是优先采用的采购方式。

公开招标是指所有有兴趣的供应商均可参加投标。选择性招标是指由采购实体邀请的供应商参加投标。这实质上是对潜在供应商的预选。采购实体应拥有符合资格的供应商名单，该名单至少每年公布一次，并说明其有效性和条件。限制性招标又称单一招标，是指采购实体在无人回应招标，情况紧急而又无法通过公开招标或选择性招标进行采购，或需要原供应商增加供应等条件下，与供应商进行个别联系的约标。

在招标程序上，采购实体应以透明和非歧视的方式进行，保证实施国民待遇原则。对于未中标的供应商，采购实体应该向其解释未中标的原因。

2）对限制竞争做法的规定

为防止采购实体通过技术规格、供应商资格和原产地规则限制竞争，协议对它们作出运用规范。

（1）技术规格的制定、采用或实施，不得对国际贸易造成不必要的障碍。

协议规定，采购实体不得在招标文件中提及某一特定的商标或商号、专利、设计或型号、原产地、生产商或供应商。在制定具体采购规格时，寻求或接受与该采购活动有商业利益公司的建议。

（2）采购实体在审查供应商的资格时，不得在其他参加方的供应商之间，或者在本国供应商与其他参加方的供应商之间进行歧视。

（3）参加方对于政府采购项下从其他参加方进口的货物或服务而实行的原产地规则，应与正常贸易下实行的原产地规则一致。

4. 运用异议程序防止歧视

协议规定，参加方应提供一套非歧视、透明和及时、有效的程序，以便供应商对采购过程中违反该协议的情形提出申诉。为便于供应商运用异议程序，参加方有义务在 3 年内保留与采购过程相关的文件。

异议案件应由法院或者与采购结果没有利害关系的公正独立的机构进行审理。

5. 对发展中国家给予特殊与差别待遇

各参加方在实施本协议时，要适当考虑发展中成员特别是最不发达成员的发展、财政和贸易的需要。在制定和实施影响政府采购的法律、法规和程序时,应便利发展中成员进口的增长。在制订清单时,应努力列入购买对发展中国家有出口利益的产品和服务的实体。允许发展中国家在采购清单中,扩大国民待遇的例外。发达国家有义务就发展中国家在政府采购领域出现的问题,进行技术援助。

（三）争端解决的原则与具体程序

在原则上适用 WTO 争端解决机制基础上,协议做出如下一些具体规定:争端解决机构设立的专家组,应包括政府采购领域的专业人士;专家组应该尽量在不迟于其职责范围确定后 4 个月,向争端解决机构提交最后报告,如需推延提交时间,则应不迟于 7 个月;对于争端解决机构就本协议下的争端作出的决定或采取的行动,只有参加方才可以参与;在本协议下产生的任何争端,不应造成 WTO 其他协定和协议的参加方所作的减让或其他义务的中止。

（四）协议管理机构与职能

为便于本协议的实施,WTO 设立由参加方代表组成的政府采购委员会。该委员可设立工作组或其他附属机构,每年开会不得少于一次。该委员会的职能是,为各参加方提供机会,就执行本协议的任何事项进行磋商,并履行各参加方指定的其他职责。

四、协议的实施与发展

（一）协议的实施效果

扩大了参加方政府之间的采购;加大政府采购市场国际化的愿望,日益受到 WTO 成员的关注。

（二）达成新的 GPA 文本

1994 年 GPA 第 24 条第 7 款要求"参加方应进行进一步谈判,以期在互惠基础上改进本协定,并尽最大可能在所有参加方之间实现本协定适用范围的扩大"。自 2001 年起,经过 10 年谈判,42 个 GPA 参加方就协定新文本和各参加方扩大的覆盖范围达成一致,完成修改 GPA 的谈判。2011 年 12 月 15 日,WTO 政府采购委员会达成了《关于〈政府采购协议〉第 24 条第 7 款谈判成果的决定》。截至 2014 年年底,已有 40 个参加方通过国内的法律程序,接受了新的 GPA 文本。2014 年 4 月 6 日,GPA 新文本已正式生效。当前,有 29 个 WTO 成员是 GPA 的观察员,其中 9 个正在进行加入谈判。

（三）GPA 新文本的改进

1. 条款和附件增减不一,补充了强调内容

条款从 24 个条款缩减为 22 个,附件 4 个扩展为 7 个。新文本对电子采购进行了规范,加

强了对透明度的要求,赋予采购方更多的灵活性,明确发展中成员可以采取的过渡性措施。

2. 扩大了参加方的政府采购覆盖范围

在中央政府实体层面,美国新增了 10 个中央实体,删除了 11 个,更名了 1 个;欧盟各成员共增加了 150 多个中央政府实体;其他参加方如以色列、韩国、瑞士也扩大了中央政府开放范围。日本、以色列等降低了中央政府采购门槛价。日本、韩国、以色列等增加了地方实体开放范围。加拿大首次将省级地方政府列入了涵盖范围。以色列、日本、韩国等增列了开放的国企名单。在附件 4 的服务项目上,日本、以色列、新加坡、瑞士等新增加了 50 多类政府采购服务项目,有些参加方甚至完全开放了电信服务领域的政府采购。

3. 对 GPA 未来进行规划

列出未来研讨的议题。它们包括:公私合作伙伴关系的运用、透明度、法律框架以及与涵盖的采购项目之间的关系;统一货物、服务的名称;实行标准化通知;中小企业参与政府采购;统计数据收集与汇报;可持续采购;例外与约束事项;国际采购安全标准等。

(四)新文本提高了 GPA 的地位和影响力

WTO 总干事拉米指出:"GPA 正在从一个无名的诸边协议成长为 WTO 的一个重要支柱"。由于政府采购的规模越来越大,对政府采购市场开发的要求越来越强烈,而新 GPA 顺应了这种趋势,其更严谨的规则、更加全面的覆盖,将对世界政府市场的一体化产生越来越重大的影响。

33 个加入成员的 23 个成员接受了 26 项与政府采购相关的具体承诺。WTO 成员中的中国、印度、俄罗斯、沙特等 G20 大国都拥有庞大的国有部门,政府采购在其国民经济中的份额高于发达成员。随着新兴成员在世界经济中的影响力和比重迅速上升,他们的政府采购市场受到更大的关注,将 GPA 的覆盖范围扩展到这些成员,成为现有 GPA 成员的最重要的目标之一。

五、中国加入 GPA 的谈判

(一)中国政府加入 WTO 的承诺

在入世谈判中,谈判方希望中国早日加入 GPA,为了回应 WTO 成员对中国加入 GPA 的期盼,在《中国加入工作组报告书》第 339 段明确表示:"中国代表答复表示,中国将自加入时起成为 GPA 观察员,并将尽快通过提交附录 1 出价,开始加入该协定谈判。"

(二)中国加入谈判进展不速

2007 年年底,中国提交了第一份出价清单;2010 年 7 月,提交第二次出价清单;2011 年 11 月,提交第三次出价清单;2012 年 11 月,提交第四份出价清单;2014 年 1 月,提交第五份出价清单;2014 年 12 月 22 日,提交第六份出价清单。第六份出价清单与前相比,在形式上已接近于其他参加方的水平。但与美国、欧盟等主要参加方的要价相比仍有较大的差距。除了门槛金额、例外情况等技术性问题,焦点问题是国有企业划分不清,中国与这些成员在标准上尚未取得共识。

(三)加入 GPA 对中国经济的影响

1. 有利方面

通过互惠市场准入,中国获得进入其他成员方政府采购市场的机会;借助 GPA 促进中国政府采购体制的改革和完善。

2. 不利方面

开放规模庞大的政府采购市场,意味着中国相关产业在这一市场上将遭遇更激烈的国际竞争,可能失去部分原有的市场;GPA 规则在国内的实施将对中国现行的政府采购制度提出更高的要求。

第四节　《民用航空器贸易协议》

一、《民用航空器贸易协议》产生背景与宗旨

20 世纪第二次世界大战以后,随着国际贸易的扩大和旅游事业的发展,航空事业大大发展,民用航空器贸易发展迅速,在世界和各国经济和贸易中的地位不断提升,各国日益把航空器部门作为经济和产业政策的组成部分。

世界民用飞机制造业发展迅猛。继美国和欧洲共同体之后,加拿大、一些北欧国家及巴西等国的飞机制造业也在发展。

为了竞争,各国在民用航空器的发展中,一方面作为战略产业给予各种补贴和资助,促进本国航空器产业的发展,同时在民用航空器的进口上实行关税和非关税壁垒,使得民用航空器贸易出现扭曲,影响民用航空器贸易的扩大。

为此,国际社会特别是民用航空器比较发达的国家寻求民用航空器贸易自由化,通过国际协议逐步消除民用航空器贸易上的障碍。

在东京回合中,美国和欧共体发起了关于民用航空器问题的谈判,其目的是将飞机进口关税削减为零,规范各国对飞机制造业给予的补贴和其他支持措施。经过谈判,达成《民用航空器贸易协议》,并于 1980 年 1 月 1 日正式生效。GATT 缔约方可选择加入,但加拿大和巴西等国当时没有参加这个协议。

乌拉圭回合中,《民用航空器贸易协议》参加方曾试图对该协议的内容进行补充,扩大成员范围。由于意见分歧,最终未能取得共识。

因此,《民用航空器贸易协议》是基于 GATT 整体接受考虑的协议。WTO 成立后,《民用航空器贸易协议》如何与 WTO 法律框架相衔接,遇到了一些问题。比如,如何适用 WTO 的争端解决机制。1999 年 4 月,民用航空器委员会主席提出了一份《〈民用航空器贸易协议〉议定书草案》,旨在澄清该协议在 WTO 中的法律地位,但至今该协议参加方仍未能就此达成一致。

此外,民用航空器委员会就更新 1996 年协调税制的税号,将"飞行器地面维护设备的模拟器"纳入《民用航空器贸易协议》附件等问题进行研讨;就美国"面向 21 世纪航空投资改革法案",欧共体"航空器引擎噪音控制规定",比利时"航空工业支持计划及大型飞行器的验证制度"等问题进行审议,但均未取得定论。

该协议的加入属于自愿,未经其他参加方同意,不得对协议的任何条款提出保留,且其法律、法规和行政程序符合协议的规定。任何参加方可退出该协议。目前,《民用航空器贸易协议》的参加方有 32 个,分别为:阿尔巴尼亚、加拿大、埃及、欧盟及其成员国(奥地利、比利时、保加利亚、丹麦、爱沙尼亚、法国、德国、希腊、爱尔兰、意大利、拉脱维亚、立陶宛、卢森堡、马耳他、荷兰、葡萄牙、罗马尼亚、西班牙、瑞典、英国)、格鲁吉亚、日本、中国澳门、黑山、挪威、瑞士、中国台北、美国。

《民用航空器贸易协议》的宗旨:期望实现民用航空器、零件及相关设备世界贸易的最大限度自由化,包括取消关税和尽最大可能地减少或消除对贸易的限制或扭曲作用;期望在全世界范围内鼓励航空工业技术的继续发展;期望为民用航空器活动及其生产者参与世界民用航空器市场的扩大提供公正和平等的竞争机会。

二、协议主要内容

协议由 9 个条款和 1 个附件组成,主要内容包括适用范围、有关民用航空器贸易的规则、机构设置和争端解决等。

(一)适用产品范围

(1) 所有民用航空器。
(2) 所有民用航空器发动机及其零件、部件。
(3) 民用航空器的所有其他零件、部件及组件。
(4) 所有地面飞行模拟机及其零件和部件。
在民用航空器的制造、修理、维护、改造、改型或改装中,上述产品无论是用作原装件还是替换件,都属于适用的产品范围。

(二)贸易规则

1. 取消关税和其他费用
各参加方取消对适用产品进口征收的关税和与进口有关的其他费用,取消对民用航空器修理所征收的关税和其他费用。

2. 技术性贸易壁垒

协议规定,各参加方关于民用航空器认证要求,以及关于操作和维修程序的规格,应按《技术性贸易壁垒协议》执行。

3. 进行公平竞争

协议规定,购买者只能根据价格、质量和交货条件购买民用航空器,并有权根据商业和技术因素选择供应商。各参加方不得要求航空公司、航空器制造商或从事民用航空器购买的其他实体,购买特定来源的民用航空器,也不得为此对他们施加不合理的压力,以免对供应商造成歧视。各参加方不得以数量限制或进出口许可程序限制民用航空器的进出口。各参加方不得直接或间接要求或鼓励各级政府、非政府机构和其他机构采取与该协议不一致的措施。《补贴与反补贴措施协议》适用于民用航空器贸易。

4. 确保政策的统一性

协议规定,参加方的法律、法规和行政程序符合该协议的规定,并将与本协议有关的法律、法规及其变化情况通知民用航空器贸易委员会。

三、协议管理与争端解决

为便于协议的实施,成立了民用航空器贸易委员会,由所有参加方代表组成。职责是:每年至少召开一次会议,为参加方就协议的运用事项进行磋商;确定是否修正协议;审查双边磋商中未能找到满意解决办法的事项;履行协议项下或各参加方所指定的职责。该委员会应每年审议协议的执行情况,并向 WTO 总理事会报告审议结果。

协议规定,如参加方认为其在该协议下的贸易利益受到另一参加方的影响,应首先通过双边磋商寻求双方可以接受的解决办法。如磋商未果,可请求民用航空器贸易委员会审议。该委员会应在 30 天内召开会议,尽快审议并作出裁决或建议。

在解决参加方之间的争端时,应适用 WTO 的争端解决程序,在细节上可作必要的修改。

第五节 《信息技术协议》

一、《信息技术协议》产生背景与宗旨

信息技术产品包括计算机,仪器设备,零部件和附件,软件,半导体、半导体生产设备,电信类。

20 世纪 90 年代以后,信息技术革命出现,信息技术迅猛发展,信息技术产品贸易额不断增加。1996 年达到 6 970 亿美元,超过当年全球农产品和纺织品与服装的出口总和。扩大

全球范围内信息技术产品市场并降低成本,成为世界经济和贸易扩大的关键,加大自由化,也成为信息产业具有优势国家的重要战略目标。1996年年初,美国率先提出到20世纪末实现信息技术产品贸易自由化的设想。

1996年7月,在新西兰召开的APEC贸易部长会议上,美国正式提出关于谈判信息技术协议的建议,得到与会者的原则支持。

1996年9月,美国、欧洲共同体、日本、加拿大在美国西雅图召开四方贸易部长会议,同意在四方内部立即开始进行有关信息技术协议的谈判,争取在同年12月的WTO首届部长级会议召开前完成谈判。

1996年10月,四方的专家在日内瓦就信息技术协议中产品范围进行谈判,并通过非正式会议与主要发展中国家沟通。

1996年12月,WTO首届部长级会议在新加坡举行。会前,上述四方已就有关信息技术协议的主要产品达成一致意见。部长级会议期间又举行了多次会议,最终达成了《关于信息技术产品贸易的部长宣言》,共有29个国家参加。该宣言由正文和附件(关税减让模式及关于产品范围的两个附表)组成。

宣言规定,该宣言如期生效条件是,在1997年4月1日之前,必须有占全球信息技术产品贸易总量约90%的参加方通知接受该宣言。

1997年3月26日,接受宣言的40个国家的信息技术产品贸易已占全球该产品贸易总量的92.5%,该宣言如期生效。该宣言以及各参加方提交的信息技术产品关税减让表构成《信息技术协议》(*Information Technology Agreement*,ITA)。1997年4月1日生效。

协议是WTO成立后达成的一个重要协议,任何WTO成员及申请加入WTO的国家或单独关税区均可参加该协议,但需要提交关税减让表、产品清单等文件,并获得《信息技术协议》已有成员的审议通过。截至2016年,《信息技术协议》共有82个参加方。

协议的宗旨是通过取消信息技术产品关税,在世界范围内鼓励信息技术产业的技术发展,以及最大限度地实现世界信息技术产品贸易自由化。

二、协议主要内容

协议主要内容包括在《部长宣言》中,有参加方承诺的基本原则、关税削减时间表、产品范围等。

(一)加入的基本原则

要想成为ITA的参加方,必须遵守下列三项原则:

(1)承诺必须涵盖宣言中所列出的全部产品;

(2)全部产品必须削减至零关税;

(3)所有其他的税费必须约束在零,对于产品范围不存在例外,但对于敏感产品,可以

延长降税实施期,但届时必须削减至零关税;

(4) 在 WTO 成员之间,ITA 项下所有的承诺均建立在最惠国待遇基础上。

(二) 约束并分阶段取消关税

协议规定,接受方在 1997 年 7 月 1 日前约束信息技术产品的关税,并在 1997—2000 年分四个阶段均等削减关税至零,每一阶段削减现行关税的 25%。

第一阶段,在 1997 年 7 月 1 日前,各接受方将关税削减 25%。

第二阶段,在 1998 年 1 月 1 日前,关税进一步削减 25%。

第三阶段,在 1999 年 1 月 1 日前,关税再削减 25%。

第四阶段,在 2000 年 1 月 1 日前,削减余下的 25%,实现零关税。

(三) 一些例外

(1) 协议规定,接受方在 1997 年 7 月 1 日前取消对进口和有关进口征收的任何种类的所有其他税费,但参加方减让表中特别规定的例外。

(2) 一些发展中成员关税降至零可以拖后。哥斯达黎加、印度尼西亚、韩国、马来西亚、泰国、中国台北的部分信息产品在 2000 年以后降至零,但不超过 2005 年。

(四) 产品范围

《信息技术协议》涉及的产品非常广泛,约占《商品名称及编码协调制度》中的近 300 个税号。主要包括以下几大类:

(1) 计算机及软件。计算机系统、笔记本电脑、中央处理器、键盘、打印机、显示器、扫描仪、硬盘驱动器、电源等零部件;磁盘、磁带或只读光盘等介质。

(2) 电信设备。电话机、可视电话、传真机、电话交换机、调制解调器、送受话器、应答机、广播电视传输接收设备、寻呼机等。

(3) 半导体、半导体生产设备。各种型号和容量的芯片及晶片,包括多种生产半导体的设备和测试仪器,如蒸气析出装置、旋转式甩干机、刻机、激光切割机、锯床及切片机、离心机、注射机、烘箱及加热炉、离子注入机、显微镜、检测仪器,以及上述产品的零部件和附件。

(4) 科学仪器。测量和检测仪器、分色仪、分光仪、光学射线设备等。

(5) 其他产品。文字处理机、计算器、现金出纳机、自动提款机、静止式变压器、显示板、电容器、电阻器、印刷电路、电子开关、连接装置、电导体、光缆、复印设备、计算机网络(局域网、广域网设备)、液晶显示屏、绘图仪、多媒体开发工具等。但不包括消费类电子产品。

（五）建立 ITA 委员会

该委员会在货物贸易理事会下工作,定期举行会议。职责是对附件中的产品进行审议、修改和增加新产品目录,并就信息产品的非关税壁垒进行协商,监督本协议的执行情况。

三、协议的执行与扩围

（一）促进信息技术产品贸易增长

根据 WTO 秘书处数据,信息技术产品 1996 年(协议生效)到 2010 年信息技术产品出口,到 2010 年就增长了近 3 倍,达到 1.4 万亿美元,在全球贸易的 9.5%,而 ITA 成员方占全球 IT 产品贸易的 96%。2014 年 IT 产品贸易额增加到 5 万亿美元。

（二）协议成员增加

ITA 成员已从初期的 43 个,增加到 2014 年的 78 个。

（三）ITA 产品的扩围与中国作用

1. 扩围谈判的意图与启动

1996 年 ITA 生效后,其产品范围一直没有变化,对此有竞争优势的发达成员希望扩大市场,美国、欧盟和日本相继提出扩大 ITA 产品的动议,并得到部分成员的支持。ITA 扩围磋商于 2012 年 5 月启动。

2. 中国成为扩围谈判的关键成员

自中国加入 WTO 后,IT 产业高速发展,并成为 IT 产品第一大生产国和第一大贸易国。据 WTO 秘书处统计,2010 年中国 IT 产品进出口额分别位于世界第二位和第一位。为增强 IT 产品的国际竞争力、扩大 IT 产品的出口、促进产业结构调整,中国于 2012 年 9 月在 ITA 第 4 轮扩大范围谈判会议上,正式宣布参加 ITA 扩围谈判。

2014 年 11 月 11 日,在北京举行的 APEC 领导人非正式会议期间,中美两国达成一项旨在扩大 ITA 内容的协定,达成约 1 万亿美元的信息技术产品交易,超过 200 种关税细目适用的关税将降至零。中美协议对 ITA 实现免税扩围的目标至关重要,推动了 ITA 扩围的成功。

3. 扩围谈判成功

2015 年 12 月 16 日,WTO 的 ITA 扩围谈判参加方在 WTO 肯尼亚内罗毕部长级会议上,宣布扩围达成全面协议,并发表了《关于扩大信息技术产品贸易的部长声明》。

第六节　出口、国营贸易企业规则

一、出口控制与鼓励

出口原则上要自由化，但必要时可采取出口限制措施；为鼓励出口，可实行出口退税措施。

（一）出口控制缘由

WTO负责实施管理的贸易协定与协议中有关对进口实施限制的条款也适用于出口。禁止各成员为保护或促进国内加工业而对原材料的出口加以限制，为避免出口商之间的竞争而对出口实施限制。

（二）控制出口的措施

（1）设置出口关税。

设置出口关税有以下几种作用：①为政府提供额外税收，并以此资助那些已税商品和产品的生产商；②货币贬值未达到的期望，一国在货币贬值之后，如果按外币计算的价格也不能带来期望的出口增加，而仅仅给出口商提供额外的收入，可以征收临时出口关税；③改善恶化的贸易条件；④通过征收出口关税可以加大国内加工产业利用本国原材料的动力；⑤通过征收出口关税减少本国短缺物资的出口，确保本国国内市场的需要；⑥通过征收出口关税，控制对自然资源的过度消耗，保护自然环境，防止生态恶化。

（2）进行出口数量限制措施。

在设置出口关税的同时，可对出口产品实行数量限制。措施是实行出口配额和出口许可证等。

（3）设立强制性最低的出口价格。

（4）禁止出口。

（5）对出口征收过高税费。

（三）通过退税促进出口

1. 出口退税不是补贴

依照GATT 1994第16条（第16条的注释）和《补贴与反补贴措施协议》中附件1至附件3的规定，对一出口免征其同类产品供国内消费时所负担的关税或国内税，或免除此类关税或国内税的数量不超过增加的数量，不得视为一种补贴。

2. 出口退税的类别

（1）对出口产品在制造过程中使用和消耗的生产投入物征收的关税和其他间接税。

（2）对出口产品征收的间接税。

（3）对出口产品在生产和流通过程中征收的间接税。

这里的"间接税"是指"对销售、执照、营业、增值、特许经营、印花、转让、库存和设备所征收的税"。

3. 出口退税的作用

出口退税可以减少出口商的税赋，降低出口商品成本，提高价格竞争能力，有利于出口的扩大，且为 WTO 规则允许，因此成为 WTO 鼓励出口机制的重要组成部分。但同时，会减少国家的税收。

（四）WTO 成员承诺的主要具体义务

（1）确认非关税出口控制措施必须符合《建立 WTO 协定》与 GATT 1994 规定。

（2）提高出口限制措施透明度，办法是列举出口限制措施的清单，并附之通报。

（3）将进口许可证程序规定的要求延伸至出口许可程序。

（4）确认出口关税配额应符合《建立 WTO 协定》和 GATT 1994。

（5）尽量少使用出口说。

（6）取消对出口征收的所有国内税费。

（7）细化、澄清和扩展 WTO 有关出口管理的承诺，以解决区域贸易协定问题。

（8）禁止性补贴不得维持或采用。

（9）鼓励取消所有与《补贴与反补贴措施协议》不一致的鼓励措施。

二、国营贸易企业遵守的规则

WTO 负责实施与管理的 GATT 1994 第 17 条为国营贸易企业做出一些具体规定。

（一）国营贸易企业的定义

国营贸易企业（State Trading Enterprises）是指被授予包括法律或宪法规定权力在内的专营权或特权的政府和非政府企业，其中包括营销企业，在行使这些权力时，通过其购买或销售行为影响进出口产品的水平和流向。

（二）国营贸易企业的规则

1. 与私营贸易商同等对待

第 7 条 1 款规定，国营贸易企业在"其涉及进口或出口的购买和销售方面，应以符合本协定对影响私营贸易商进出口的政府措施所规定的非歧视待遇的一般原则行事"。

2. 实行最惠国待遇

第 7 条 1 款规定国营贸易企业在商业活动中,要给予其他成员方企业充分竞争机会。国营贸易企业"在适当注意本协定其他规定的前提下,应仅依照商业因素进行任何此类购买或销售,包括价格、质量、可获性、适销性、运输和其他购销条件,"完全按照商业考虑进行采购和销售,并应给予其他成员的企业以充分参与采购和销售的竞争机会。

3. 尽力防止国营贸易企业给贸易带来的严重障碍

1)遵守的原则

第 17 条底款指出,国营贸易企业应"在互惠互利基础上进行谈判以限制或减少此类障碍对国际贸易的扩大"。

2)减少障碍的办法

(1)将本国国营贸易企业"进口至各自领土或各自领土出口产品通知成员方全体"。

(2)有国营贸易企业的成员方"应在有关产品贸易中占实质性份额的另一成员方的请求,应将最近代表期内该产品的进口加价通知成员方全体,如无法进行此类通知,则应通知该产品的转售价格"。

(3)如果一成员方认为另一成员方国营贸易企业的不利影响,"在其请求下,成员方全体可请建立、维持或授权建立该企业的成员方提供关于其运用本协定条款情况的信息"。

(4)保护国营贸易企业的机密信息。第 17 条第 4 款规定,"本款的规定不得要求任何成员方披露会阻碍执法或违背公共利益或损害特定企业合法商业利益的机密信息"。

(5)WTO 成员政府不应阻止国营贸易企业根据非歧视原则和商业考虑开展商业活动。

(6)保持透明度。WTO 成员政府有义务向 WTO 通知有关国营贸易企业的情况,其中包括企业名单,进出口商品和根据问题单提供的其他信息,供 WTO 相关工作组进行审议。

三、加入成员对国营贸易企业规则的承诺与发展

(一)加入成员对国营贸易企业规则的承诺

(1)按照商业考虑运作。

(2)依据商业考虑进行购买和销售的标准包括价格、质量、可获得性和可销售性及运输。

(3)保持进口购买程序透明度。

(4)列明得到财政或规制优惠待遇的实体应当遵守的市场义务。如国营贸易企业的产品清单,确保国营贸易企业不会对进口提价以保护国内产业。

(5)承诺鼓励国有企业和国营贸易企业的逐步减少。

(二)国营贸易企业规定的发展

(1)国营贸易企业经营领域的扩大。国营贸易企业经营范围从货物贸易扩大到服务贸

易和投资行为。

(2)厘清政府与国营贸易企业的关系。在加入WTO议定书第6条中,中国承诺"应避免采取任何措施对国营贸易企业购买或转售货物的数量、价值或原产地施加影响或指导"。

(3)新加入成员建立了一个国营贸易企业的清单,提高了透明度,有助于入世后的执行和监督。

本章小结

1.《农业协议》是属于逐步回归到贸易自由化的协议。其措施包括:逐步取消出口补贴,降低进口关税,并把进口非关税壁垒关税化;在国内支持上,保留"绿箱"和"蓝箱",限制"黄箱"。WTO成员对该协议执行良好。在执行农业协议的同时,又发起了接续谈判,有所进展,但尚未结束谈判。

2.《纺织品与服装协议》也是一个逐步回归贸易自由化协议。其主要措施是,从1995年1月1日至2004年12月31日的10年内,纺织品和服装进口成员逐步取消纺织品与服装贸易上的数量限制。因其有时间约束,该协议的特点是阶段性,2005年后,该协议执行完毕,但从2005年到2008年,又给最大的纺织品与服装出口国中国施加了3年"纺织品过渡性保障机制"。

3.《政府采购协议》是WTO的诸边协议,只适用于该协议的参加方。该协议作用日益受到WTO成员重视。自2001年起,经过10年谈判,42个《政府采购协议》参加方就协定新文本和各参加方扩大的覆盖范围达成一致,完成修改《政府采购协议》的谈判。2011年12月15日,WTO政府采购委员会达成了《关于〈政府采购协议〉第24条第7款谈判成果的决定》。2014年4月6日,《政府采购协议》新文本已正式生效。其地位和影响加大。中国于2007年开始进行加入谈判,因出价清单与要价清单存在较大差距,到目前,中国加入谈判仍在进行。

4.《民用航空器贸易协议》是个诸边协议,其特点是接受该协议的WTO成员之间受到约束,不参加该协议WTO成员不受其约束。随着民用航空事业的发展,接受《民用航空器贸易协议》的WTO成员在逐步增加。

5.《信息技术协议》的宗旨是,通过削减信息技术产品关税,在全球范围内实现信息技术产品贸易的最大自由化,促进信息技术产业不断发展。协议的核心内容是,2000年1月1日前取消信息技术产品的关税及其他税费,一些发展中成员可以将其减税实施期延至2005年1月1日。非WTO成员也可以参加该协议,故称为展边协议。根据信息技术产品发展的要求《信息技术协议》扩围磋商于2012年5月启动。2015年12月16日,WTO的《信息技术协议》扩围谈判参加方在WTO肯尼亚内罗毕部长级会议上,宣布扩围达成全面协议,并发表了《关于扩大信息技术产品贸易的部长声明》。中国作为世界最大的信息技术产品的生产和贸易成员,在推动该协议扩围成功上起了决定性作用。

6. 为防止出口控制影响 WTO 成员贸易发展,WTO 对出口控制做出一些规定;为防止有国营贸易企业的 WTO 成员出现不公平贸易,GATT 1994 专门对国营贸易企业做出规定,允许在非歧视基础上,国营贸易企业进行商业活动。

■ 重要概念

"绿箱"措施(Green box measures)

"黄箱"措施(Amber box measures)

"蓝箱"措施(Blue box measures)

纺织品与服装协议(Agreement on Textiles and Clothing,ATC)

政府采购(Government procurement)

民用航空器贸易(Trade in civil aircraft)

《信息技术协议》(*Information Technology Agreement*,ITA)

国营贸易企业(State trading enterprises)

■ 案例分析

农业重要性与农业国际谈判

世界银行的报告认为,农业对发展做出了卓越的贡献:首先,农业是一项重要的经济活动,既是国民总产值的第一产业部门,也是国民经济的增长源泉;其次,农业是农村人口特别是贫困人口的一种谋生手段,是他们的维生之本,在扶贫减贫方面发挥特别的作用;再有,农业作为环境功能的提供者,也会成为其破坏者,农业温室气体排放占全球总排放量的近30%,通过固碳(指捕获、分离、存储或再利用二氧化碳)、流域治理,保持生物多样化的生态功能。

发达国家农业保护的不断增强给贫苦的发展中国家带来了影响,对该问题的关注激发了 20 世纪 80 年代减少世界市场扭曲性价格的国际努力。1986 年乌拉圭回合贸易谈判伊始,一些农业出口国成立了凯恩斯集团,促使 GATT 缔约方将农业贸易和补贴改革作为乌拉圭回合谈判的重要议题。在 2003 年多哈回合的坎昆会议中,以发展中国家为主还成立了 20 国集团促进降低发达国家的农业保护程度。

农业常常是国际贸易谈判的焦点,也是国内价格和补贴政策争论的起因。如乌拉圭回合和多哈回合所示,农业往往阻碍多边贸易谈判的进程。农业是导致政治紧张的导火线,这在转型中国家尤其如此。

资料来源:世界银行:《2008 年世界发展报告——以农业促发展》(节录),北京,清华大学出版社,2008。

分析讨论

1. 当代农业除上述两大功能外,还有哪些功能?

【解析】 当代对农业功能众多研究中,已把农业功能具体细分为粮食功能、工业原料功能、就业功能、财政功能、创汇功能、生态与景观功能、旅游功能、休闲功能、文化功能、能源功能、健康功能(心理治疗)等。

2. 20 国集团在世界农业问题中居有什么作用?

【解析】 20 国集团是由 8 个发达成员和 12 个重要经济体的发展中成员组成。他们占全球高地的 65％、粮食产量的 77％,粮食贸易的 80％。他们在对农产品交易监管、增加市场信息透明度和控制粮价波动以及应对饥饿等方面取得了很多成绩,在应对粮食安全问题上也向国际社会发出了明确的合作信号。2011 年 6 月,该集团农业部部长会议在巴黎通过了《关于粮食价格波动与农业的行动计划》。该计划从促进农业生产、农业市场信息透明化、加强国际协调、减少食品价格波动对最困难国家的影响、监管农产品金融市场五个方面,对世界农业前景和全球粮食安全作出了长期规划,提出到 2050 年实现全球农产品增产 70％,其中发展中国家增产近 100％的目标。

3. 中国加入 WTO 后,对农产品贸易影响如何?

【解析】 有三种影响:①推动中国农产品贸易发展。入世后,中国农产品进口和出口都快速增长。在农产品进口方面,谷物、油籽和植物油类产品进口增长快,并在进口农产品中占绝对主导地位,进口额由 2001 年的 43.5 亿美元迅速增长到 2010 年的 288.5 亿美元,年均增长率为 23.4％。在农产品出口方面,加工农产品在中国农产品出口中占主导地位,出口增速增长,在中国农产品出口中的比重从 2001 年的 37.2％上升到 2010 年的 41.4％。②土地密集型农产品优势逐步失去。1992—2001 年与 2002—2010 年相比,中国劳动密集型农产品出口比重从 82.3％提升到 91.5％;同期,土地密集型农产品出口比重从 17.7％下降到 8.5％。③对大豆、玉米等冲击较大。随着中国粮食生产成本不断提高,它们的国内价格高出国际市场价格二到五成,失去了过去的竞争优势。

同步测练与解析

1.《农业协议》谈判的背景是什么?

【解析】 农产品贸易作为一个特殊的领域,一直游离于关税与贸易总协定规则的有效约束之外,农业保护深深地植根于发达国家的农业政策之中,以至于在 GATT 肯尼迪回合以后的多边贸易谈判中,尽管试图将农产品贸易问题纳入关税与贸易总协定的管理框架,但都未能如愿以偿。由于不能对农业保护主义进行有效的约束,发达国家利用《1947 年关税与贸易总协定》的体制缺陷,一方面极力推行农业支持和进口限制政策,造成农产品生产过量和结构严重失衡;另一方面又为缓解库存压力,处理剩余产品,通过巨额出口补贴向国际市场大量销售农产品。这些做法导致国际农产品贸易冲突在 20 世纪 80 年代初不断升级,严重扭曲了国际农产品市场。1986 年乌拉圭回合谈判启动时,农产品贸易问题被列为该轮谈判的中心议题之一。

2. 国内农业支持的三种措施的含义是什么?

【解析】 《农业协议》规定的"绿箱"措施是指,由政府提供的、其费用不转嫁给消费者,且对生产者不具有价格支持作用的政府服务计划。这些措施对农产品贸易和农业生产不会产生或仅有微小的扭曲影响,成员方无须承担约束和削减义务。"黄箱"措施是指,政府对农产品的直接价格干预和补贴,包括对种子、肥料、灌溉等农业投入品的补贴,对农产品营销贷款的补贴等。这些措施对农产品贸易产生扭曲,成员方必须承担约束和削减补贴义务。"蓝箱"措施是指,按固定面积和产量给予的补贴(如休耕补贴,控制牲畜量),按基期生产水平的85%或 85%以下给予的补贴,按固定牲畜头数给予的补贴。

3. 纺织品与服装如何自由化?

【解析】 《纺织品与服装协议》要求,成员方不得设立新的纺织品与服装贸易限制,并逐步取消已有的限制。这一规定通常称为"经济条款"。具体做法是,按比例逐步取消附件中所列产品的配额限制,对尚未取消限制的产品逐步扩大进口配额。对于不符合《1994 年关税与贸易总协定》规定的、《多种纤维协议》以外的限制,由成员方自行决定,可以在《建立世界贸易组织协定》生效 1 年内取消,或者在 10 年过渡期内逐步取消。

4. 何为政府采购?如何扩大 WTO 成员间的政府采购市场?

【解析】 政府采购是指,政府为政府机关自用或为公共目的而选择购买货物或服务的活动,其所购买的货物或服务不用于商业转售,也不用于供商业销售的生产。WTO 成员通过加入 WTO 诸边协议《政府采购协议》扩大加入者相互政府采购市场。

5.《民用航空器贸易协议》的目的是什么?

【解析】 《民用航空器贸易协议》的宗旨是,通过消除贸易壁垒,加强补贴纪律,全面开放民用航空器(军用航空器除外)及其零部件的进口市场,实现全球范围内民用航空器贸易的最大限度自由化,促进航空工业技术的持续发展。

6.《信息技术协议》产生的背景是什么？

【解析】 信息技术革命对世界经济贸易产生重大而深刻的影响，推动了经济全球化的不断深入。随着信息技术的迅猛发展，信息技术产品贸易额不断增加。最大限度地扩大全球范围内信息技术产品市场并降低成本，变得越来越迫切和重要。1996年年初，美国率先提出了到20世纪末实现信息技术产品贸易自由化的设想。1996年7月，在新西兰召开的APEC贸易部长会议上，美国正式提出关于谈判《信息技术协议》的建议，得到与会者的原则支持。1996年12月，WTO首届部长级会议在新加坡举行，达成了《关于信息技术产品贸易的部长宣言》，共有29个国家参加。1997年3月26日，接受宣言的40个国家的信息技术产品贸易，已占全球该产品贸易总量的92.5%，该宣言如期生效。《信息技术协议》成员已从初期的43个，增加到2014年的78个。

第九章

非关税与投资措施协议

学 习 目 标

　　通过本章学习,了解非关税措施协议的产生背景,掌握《实施卫生与植物卫生措施协议》《技术性贸易壁垒协议》《装运前检验协议》《原产地规则协议》《进口许可程序协议》《与贸易有关的投资措施协议》的主要内容。

重 点 难 点 提 示

◉《实施卫生与植物卫生措施协议》的要义;

◉《技术性贸易壁垒协议》的要义;

◉《装运前检验协议》的要义;

◉《原产地规则协议》的要义;

◉《技术性贸易壁垒协议》的要义;

◉《与贸易有关的投资措施协议》的要义。

第一节 《实施卫生与植物卫生措施协议》

一、协议地位与宗旨

《实施卫生与植物卫生措施协议》(*Agreement on the Application of Sanitary and Phytosanitary Measures*, SPS)是乌拉圭回合达成的一个新协议,从 GATT 1947 第 20 条引申而出,与农业协议密切。其宗旨是通过该协议"指导卫生与植物卫生措施的制订、采用和实施,从而将其对贸易的消极影响减少到最低程度"。"进一步推动各成员使用协调的、以有关国际组织制定的国际标准、指南和建议为基础的卫生与植物卫生措施。"

二、协议产生背景

GATT 1947 允许缔约方采取卫生与植物卫生措施,前提是这些措施不得对情形相同的成员构成任意或不合理的歧视,也不得构成对国际贸易的变相限制。但在实践中,一些缔约方滥用卫生与植物卫生措施,阻碍了正常的国际贸易。而 GATT 1947 有关规定过于笼统,难以操作,不能有效约束缔约方滥用卫生与植物卫生措施。因此,国际贸易的发展客观上要求制定一个明确和便于执行的具体规则。

在乌拉圭回合中,实施卫生与植物卫生措施问题起初作为《农业协议》谈判内容的一部分。但许多缔约方担心,在农产品非关税措施被转换成关税以后,某些缔约方可能会更多地、不合理地使用卫生与植物卫生措施进行保护。为消除这种威胁,乌拉圭回合单独达成了《实施卫生与植物卫生措施协议》。

三、协议主要内容

协议由 14 个条款和 3 个附件组成,主要内容包括:含义、应遵循的规则、发展中成员所享有的特殊与差别待遇、卫生与植物卫生措施委员会的职能、争端解决等。

（一）卫生与植物卫生措施的含义与内容

卫生与植物卫生措施是指,成员方为保护人类、动植物的生命或健康,实现下列具体目的而采取的任何措施:

(1) 保护成员方领土内人的生命免受食品和饮料中的添加剂、污染物、毒素及外来动植物病虫害传入危害。

(2) 保护成员方领土内动物的生命免受饲料中的添加剂、污染物、毒素及外来病虫害传入危害。

(3) 保护成员方领土内植物的生命免受外来病虫害传入危害。

(4) 防止外来病虫害传入成员方领土内造成危害。

卫生与植物卫生措施包括:所有相关的法律、法规、要求和程序,特别是最终产品标准;工序和生产方法;检测、检验、出证和审批程序;各种检疫处理;有关统计方法、抽样程序和风险评估方法的规定;与食品安全直接有关的包装和标签要求等。

(二) 应遵循的规则

协议规定,成员在制定和实施卫生与植物卫生措施时,应遵循以下规则。

1. 非歧视地实施卫生与植物卫生措施

成员方在实施卫生与植物卫生措施时,应遵守非歧视原则,即不能在情形相同或相似的成员间,包括该成员与其他成员之间造成任意或不合理的歧视,尤其是在有关控制、检验和批准程序方面,应给予其他成员的产品国民待遇。

例如,两个出口方的木质包装中都有天牛害虫,但如果他们都对出口产品的木制包装采取了检疫处理措施,达到了进口方适当的植物卫生保护水平,进口方就应当同等地接受,而不能对情形相同的两个出口方中的一方歧视。

2. 以科学为依据实施卫生与植物卫生措施

成员方应确保任何卫生与植物卫生措施都以科学为依据,不能实施或停止实施没有充分科学依据的卫生与植物卫生措施。如果在科学依据不充分的情况下采取某种卫生与植物卫生措施,只能是临时性的,并应在合理的期限内作出科学评估。

3. 以国际标准为基础制定卫生与植物卫生措施

为广泛协调成员方所实施的卫生与植物卫生措施,各成员应根据现行的国际标准制定本国的卫生与植物卫生措施。这些国际组织有食品法典委员会、世界动物卫生组织和国际植物保护公约秘书处。

在没有相关国际标准的情况下,成员方采取的卫生与植物卫生措施必须根据有害生物风险分析的结果。但实施前要及早向出口方发出通知,并作出解释。

4. 等同对待出口成员达到要求的卫生与植物卫生措施

如果出口成员对出口产品所采取的卫生与植物卫生措施,客观上达到了进口成员适当的卫生与植物卫生保护水平,进口成员就应接受这种卫生与植物卫生措施,并允许该种产品进口。

为此,鼓励各成员就这些问题进行磋商,并达成双边或多边协议。

5. 根据有害生物风险分析确定适当的保护水平

协议规定,成员在制定卫生与植物卫生措施时,应以有害生物风险分析为基础。

有害生物风险分析,是指进口方的专家在进口前对进口产品可能带入的病虫害的定居、传播、危害和经济影响，或者对进口食品、饮料、饲料中可能存在添加剂、污染物、毒素或致病有机体可能产生的潜在不利影响，作出的科学分析报告。在进行有害生物风险分析时，应考虑有关国际组织制定的有害生物风险分析技术。

6. 接受"病虫害非疫区"和"病虫害低度流行区"的概念

病虫害非疫区指没有发生检疫性病虫害，并经有关国家主管机关确认的地区。例如，疯牛病在某国的某地区没有发生，并经该国有关主管部门确认，该地区就是疯牛病非疫区。

病虫害低度流行区是指检疫性病虫害发生水平低，已采取有效监测、控制或根除措施，并经有关国家主管机关确认的地区。

如果出口方声明，其关税领土内全部或部分地区是病虫害非疫区或病虫害低度流行区，该出口方就应向进口方提供必要的证据。同时，应进口方请求，出口方应为进口方提供检验、检测和其他有关程序的合理机会。

7. 保持有关法规的透明度

成员应确保及时公布所有有关卫生与植物卫生措施的法律和法规。成员方应指定一个中央政府机构负责履行通报义务，将计划实施的、缺乏国际标准或与国际标准有实质不同，并且对其他成员的贸易有重大影响的卫生与植物卫生措施通报 WTO。

成员方采取有关卫生与植物卫生措施，应允许其他成员方提出书面意见，进行商讨，并考虑这些书面意见和商讨的结果。如有成员方要求提供有关法规草案，该成员方应予提供，并尽可能标明与国际标准有实质性偏离的部分。

此外，成员方还要设立一个咨询点，答复其他成员所提出的合理问题，并提供有关文件。

（三）发展中成员享有的特殊与差别待遇

（1）成员方在制定和实施卫生与植物卫生措施时，应考虑发展中成员的特殊需要。如果分阶段采用新的卫生与植物卫生措施，应给予发展中成员更长的准备时间。

（2）成员方同意以双边的形式，或通过适当的国际组织，向发展中成员提供技术援助。此类援助可特别针对加工技术、科研和基础设施等领域。当发展中成员为满足进口方的卫生与植物卫生措施要求，需要大量投资时，该进口方应提供技术援助。

（3）发展中成员可推迟 2 年执行《实施卫生与植物卫生措施协议》。此后，如有发展中成员提出请求，可有时限地免除他们该协议项下的全部或部分义务。

（四）设立卫生与植物卫生措施委员会

为监督成员执行本协议，并为成员提供一个经常性的磋商场所或论坛，设立了卫生与植物卫生措施委员会。

该委员会对协议的运用和实施情况进行审议，还要加强与主管标准的国际组织的联系与合作，并制定相应程序，监督和协调国际标准的使用。

（五）争端的解决

成员间有关实施卫生与植物卫生措施问题的争端,应通过 WTO 的争端解决机制解决。如涉及科学或技术问题,则可咨询技术专家或有关的国际组织。

四、协议执行情况

SPS 协议整体执行良好。

（一）通报数量逐年增加

通报制度是执行程度的重要内容,通报数量逐年增长,表明执行一般良好。2000 年后,WTO 成员向 SPS 措施委员会通报的数量呈逐年上升的趋势。通报量 2000 年为 468 件,2005 年为 855 件,2010 年为 1 410 件,2014 年达到 1 633 件。

（二）发展中成员通报占比大为提高

发展中成员在成员整体通报量中的比重大幅上升。所占比重 2000 年为 26%,2005 年为 48%,2010 年为 65%,2014 年为 63%。

（三）食品安全和植物健康成为关注重点

1995—2014 年,在 SPS 执行中,被关注的具体问题共有 382 项。其中,31%涉及食品安全,24%涉及植物健康,6%涉及认证要求、控制和检验程序。

（四）关注问题大部分得到解决和部分解决

截至 2014 年,382 项关注问题已有 143 项得到成员的回应和解决,31 项得到了部分解决,得到全部和部分解决的关注问题占整个关注问题的 46%。

（五）争端件数较多,发达成员利用积极

1995—2014 年,诉诸 WTO 争端解决机制的涉及 SPS 的案件共有 42 起,占争端解决机制受案总数 488 起的 8.6%,属于涉案较多的协议。发达成员加拿大和美国利用争端解决机制解决 SPS 问题十分积极,他们相互之间与欧盟、日本又常常成为相互指控的对象。

（六）协议日益受到 WTO 关注

随着环境问题的突出和国民对健康问题关注的加大,SPS 受到 WTO 成员的关注加强。

第二节 《技术性贸易壁垒协议》

一、协议地位与宗旨

《技术性贸易壁垒协议》（*Technical Barriers to Trade*，TBT）是与《实施卫生与植物卫生措施协议》有密切联系的一个多边协议。但二者有所区别，后者仅涉及食品安全、动物卫生和植物卫生三个领域；前者涉及范围广泛，除与上述三个领域有关的实施卫生与植物卫生措施外，其他所有产品的技术法规和标准都受其管辖。例如，进口瓶装饮用水的制瓶材料是否对人无害，所装饮用水是否有污染等，属于《实施卫生与植物卫生措施协议》管辖；而瓶子的体积大小、形状是否符合超市货架摆放和展示，则属于《技术性贸易壁垒协议》管辖。

协议的宗旨是：为提高生产率和便利国际贸易的进行，期望鼓励 WTO 成员制定技术上的国际标准和合格评定体系，但不给国际贸易制造不必要的障碍。

二、协议产生背景

为了保证产品质量、使用者安全和保护生态环境，世界各国制定了许多技术标准，建立了产品质量认证制度。

由于各国经济发展水平不同，技术法规和标准差别很大，给国际贸易造成困难。为了竞争和保护国内市场的需要，技术性措施成为重要的保护手段之一，对国际贸易不利影响加大。GATT 许多缔约方认为有必要制定统一的国际规则规范技术性措施，消除技术性贸易壁垒的消极作用。

在 GATT 基础上，东京回合通过了《技术性贸易壁垒协议》，但它只对签署的缔约方有效。乌拉圭回合对该协议进一步修改和完善后，予以通过，成为 WTO 负责实施管理的多边协议。

三、协议主要内容

协议由 15 个条款和 3 个附件组成，主要内容包括：制定、采用和实施技术性措施应遵守的规则；技术法规、标准和合格评定程序；通报、评议、咨询和审议制度等。

协议适用于所有产品，包括工业品和农产品，但政府采购的产品规格例外。

协议规定，WTO 成员方制定、采用和实施技术性措施时，应遵守 WTO 的非歧视原则、透明度原则。

（一）制定、采用和实施技术性措施的具体规则

1. 必要性规则

WTO 成员方只能采取为实现合法目标所必需的技术性措施。如所采取的技术性措施对其他成员的贸易产生重大影响，该成员应说明所采取措施的必要性。

2. 贸易影响最小规则

WTO 成员方应努力采取对贸易影响最小的技术性措施。

3. 协调规则

WTO 成员应充分参与有关国际标准化机构制定国际标准和合格评定程序指南的工作。鼓励 WTO 成员之间通过谈判，达成合格评定相互承认协议。

4. 特殊和差别待遇规则

即使存在国际标准、指南或建议，发展中成员仍可按照特定的技术和社会经济条件，采用某些技术性措施，以保护与其发展需要相适应的本国技术、生产方法和工艺。

WTO 其他成员方应采取措施，确保国际标准化机构制定对发展中成员方有特殊利益的产品的国际标准。鼓励发达成员对发展中成员在制定和实施技术性措施方面提供技术援助。

技术性贸易壁垒委员会在接到发展中成员的请求时，应就其承担的全部或部分义务给予特定的、有时限的例外。

（二）技术法规、标准与合格评定程序

1. 技术法规

技术法规是指"规定强制性执行的产品特性或其相关工艺和生产方法、包括适用的管理规定在内的文件。该文件还可包括或专门关于适用于产品、工艺或生产方法的专门术语、符号、包装、标志或标签要求"。

协议要求 WTO 成员应尽可能按照产品的性能，而不是按照设计或描述特征制定技术法规。确保地方政府及非政府机构制定、采用与实施的技术法规，符合协议的规定。

如果有关国际标准已经存在或即将拟就，各成员应采用这些标准或其中的相关部分作为技术法规的基础。

2. 标准

标准是指"经公认机构批的、规定非强制执行的、供通用或重复使用的产品或相关工艺和生产方法的规则、指南或特殊的文件。该文件还可包括或专门关于适用于产品、工艺或生产方法的专门术语、符号、包装、标志或标签要求"。

协议规定，所有标准化机构应尽量采用国际标准，并充分参与国际标准化机构的工作。各成员中央政府标准化机构有义务接受并遵守该规范，同时使其领土内的其他标准化机构

行为符合这一规范。

3. 合格评定程序

合格评定程序是指"任何直接或间接用以确定产品是否满足技术法规或标准要求的程序。合格平定程序特别包括：抽样、检验和检查；评估、验证和合格保证；注册、认可和批准以及各项的组合"。合格评定程序可分为认证、认可和相互认证三种形式。

1）认证

认证指由授权机构出具的证明。一般由第三方对某一事物、行为或活动的本质或特征，经对当事人提交的文件或实物审核后出具的证明，通常被称为"第三方认证"。认证可以分为产品认证和体系认证。

产品认证主要是证明产品是否符合技术法规或标准，包括产品的安全认证和合格认证等。由于产品的安全性直接关系消费者的生命或健康，所以产品的安全认证为强制认证。例如，欧洲共同体对玩具、锅炉、建筑用品、通信设备等二十多类产品实行安全认证，并要求加贴 CE 安全合格标志，否则不得在欧洲共同体市场销售。

体系认证是确认生产或管理体系是否符合相关法规或标准。目前，通用的国际体系认证有 ISO9000 质量管理体系认证、ISO14000 环境管理体系认证，行业体系认证有 QS9000 汽车行业质量管理体系认证、TL9000 电信产品质量体系认证，还有 OHSAS18001 职业安全卫生管理体系认证等。

2）认可

认可指权威机构依据程序确认某一机构或个人具有从事特定任务或工作的能力。主要包括产品认证机构认可，质量和管理体系认证机构认可，实验室认可，审核机构认可，审核员或评审员的资格认可和培训机构注册等。

3）相互承认

相互承认是指认证或认可机构之间通过签署相互承认协议，彼此承认认证或认可结果。协议鼓励成员积极考虑接受其他成员的合格评定程序，并就达成相互承认协议进行谈判，在不低于本国或其他国家合格评定机构的条件下，允许其他成员的合格评定机构参与其合格评定活动。

四、保持透明度与争端解决

（一）通报和评议

为确保 WTO 成员制定、采用和实施技术法规或合格评定程序具有透明度，协议要求，WTO 成员在单独拟订对其他成员的贸易有重大影响的技术法规时，必须事先向其他成员通报。通报内容包括拟采取措施的目的和理由，以及所涵盖的产品。通知的渠道是技术性贸易壁垒委员会。对其他成员提出的书面意见和评议结果，该成员方应予考虑。

（二）咨询

WTO 成员应设立技术性贸易壁垒咨询点,负责回答各方所有合理询问,并提供有关中央政府机构、地方政府机构及非政府机构所采用或拟议的任何技术法规、标准和合格评定程序等资料,加入或参与国际或区域标准化机构和合格评定体系等方面的情况。

（三）审议制度及争端解决

WTO 设立技术性贸易壁垒委员会,负责管理协议的执行。该委员会由全体成员代表组成,每年至少召开一次会议。联合国粮农组织、国际货币基金组织、世界银行等国际组织,作为观察员参加会议。此外,该委员会自 1995 年开始,每 3 年年末对协议执行情况进行一次审议。在协议执行中,如出现争端可诉诸 WTO 争端解决机制。

五、协议实施情况

执行一般良好。

（一）积极作用

1. 减少了技术性贸易壁垒对国际贸易的阻碍

协议实施提高了 WTO 成员制定、实施技术法规和认证制度的透明度,使出口商较以往更易于按照进口国的技术要求组织货源,进行生产,减少因技术差距影响货物的出口。

2. 减少因技术壁垒产生的贸易争端

技术性贸易壁垒委员会有助于成员之间因技术性贸易壁垒引起的争端和争端的解决。

3. 成员方标准化和认证体系日趋统一

协议实施促进成员方产品的标准化,促进了发展中成员产品质量和技术标准审批的提高,有利于出口的扩大。

（二）通报与争端

1. 通报数量逐年递增

WTO 成员向 TBT 委员会提交有关技术壁垒问题的通报从 1995 年的 3 件提高到 2014 年的 85 件。其中,发展中成员提交的数量达到 63 件,占总数的 75%。整个通报中涉及的问题中,健康、安全和环境占重要部分。

2. 争端案件

从 1995—2014 年,诉诸 WTO 争端解决机制的 TBT 案件共有 50 起,约占争端解决机制受案总数的 10%。特点是:主动提出争端解决申诉的成员以发达国家为主;加拿大和美国是主要申诉方,主要被诉方是欧盟和美国;经专家组和上诉机构审结的案件只有 5 件,只

占投诉案件的 10％。技术法规、不低于待遇，不必要贸易限制和发展中国家特殊和差别待遇成为引发争端的问题。

（三）存在的问题

（1）成员履行通报规定比例不高。1995—2014 年，只有 1/3 的成员履行了通报义务。

（2）因条款规定过泛和术语比较笼统，为成员滥用提供了机会，诱发了争端。

第三节 《装运前检验协议》

一、《装运前检验协议》产生背景与宗旨

进口商或进口方政府通过专业检验机构对出口产品在装运前进行检验，以确信产品符合合同中规定的条件，或符合对产品的安全要求，已成为一种普遍的国际贸易惯例。

实施装运前检验制度的有 30 多个发展中成员。为保障本国的财政利益，防止商业欺诈、逃避关税和非法输出资本，他们往往聘请外国专业检验机构对进口产品进行装运前检验，并以其出具的"清洁检验结果报告"作为海关估价和发放进口用外汇的依据。

但是，出口方政府认为，这种做法违背 GATT 1947 海关征收关税以进口货物"实际价格"为依据的完税价格规定。同时，他们担心装运前检验会增加贸易商的成本，导致交货迟延，干涉买卖双方的合同关系。因此，有必要在保留这种做法的前提下，通过多边谈判制定规则，规范进口方政府装运前检验的做法。

为此，乌拉圭回合把装运前检验列为谈判议题之一，并达成多边的《装运前检验协议》（*Agreement on Pre-shipment Inspection*，PSI），该协议适用于 WTO 所有成员。

协议由 9 个条款组成，包括适用范围、进口方和出口方的义务、检验机构与出口商之间争端的解决等。其宗旨是在保留装运前检验的前提下，该做法"不得造成不必要的迟延或不公平的待遇"，为此，"需要制定有关用户成员和出口成员权利和义务的议定的国际框架"，"使装运前检验实体的经营及与装运前检验相关的法律、法规具有透明度"和"迅速、有效和公正地解决出口商和装运前检验实体之间的争端"。

二、协议主要内容

（一）协议适用范围

协议适用于由 WTO 成员政府通过政府授权或政府合约的方式，指定检验机构对进口产品的质量、数量、价格、汇率与融资条件以及产品的海关分类等，在出口方进行的全部装运

前的检验活动。

（二）进口方政府的义务

1. 以非歧视方式实施

检验程序和标准应是客观的，且平等地适用于所有有关产品的出口商，所有检验人员都应按照相同的标准从事检验。

2. 在货物出口关税领土内进行

所有装运前检验活动，包括签发检验清洁报告书或不予签发的通知书，都应在货物出口的关税领土内进行。如因产品性质复杂而无法在关税领土内进行，或经双方同意，可在制造该货物的关税领土内进行。

3. 检验标准

依照买卖双方签订的购货合同中规定的标准进行检验。如无此类标准，则采用国际标准。

4. 保持透明度

公布所有有关装运前检验的法律、法规及其变化，把检验有关的要求和信息全部告知出口商。

5. 价格核实准则

价格核实准则包括：以合同价格为准；所用的比较价格，应是相同时间或大致相同时间来自同一个出口国家，以竞争性、可比性的销售条件，按照商业惯例销售，且扣除了任何标准折扣后的相同或类似产品的出口价格；按合同双方约定的运输方式审核运输费；在审核价格时，检验机构还应适当考虑销售合同条件，以及公认的与进出口交易有关的各种调整因素，如销售数量、交货期和交货条件、价格调整条款、质量规格、特殊设计风格、特殊装运或包装规格、订单的大小、季节影响、许可使用费或其他知识产权使用费等。同时，也应考虑影响出口价格的其他因素，如出口商和进口商之间的合同关系等。

6. 保守商业秘密

对装运前检验过程中收到的所有未公布且未被第三方获得，或未以其他方式进入公用领域的信息，检验机构应视其为商业秘密。检验机构不应要求出口商提供下列信息：制造数据、未公开的技术数据、内部定价（包括制造成本）、利润水平和出口商与供应商之间订立的合同条件。

7. 避免产生不必要的迟延

装运前检验应在检验机构与出口商约定的日期进行；检验机构应在结束装运前检验的5天内，出具一份"清洁检验结果报告"，并将该报告尽快送达出口商或其所指定的代表；只要出口商提出请求，检验机构应在实际检验日期前，根据出口商与进口商之间签订的合同、形式发票和有关的进口许可申请书，对价格或汇率进行初步核实。

（三）出口方的义务

（1）应保证其有关装运前检验的法律、法规以非歧视的方式实施。

（2）应及时公布有关装运前检验的法律、法规。

（3）如收到请求，出口方应根据双方议定的条件，向其提供有关技术援助。

（四）检验机构与出口商之间争端的解决

协议建立三个层次的争端解决制度：首先，鼓励双方通过相互协商的方式解决争端；其次，由分别代表检验机构和出口商的独立实体共同审查作出决定，该决定对争端双方都具有约束力；最后，经由 WTO 争端解决程序，解决争端。

三、协议的执行、争端与审议

（一）通报义务的履行

根据协议第 5 条的规定，各成员应就各自与装运前检验有关的法律法规以及它们在实施过程中的变化向 WTO 秘书处履行通报义务。截至 2014 年 12 月，共有 122 个成员（欧盟作为 1 个成员）做出通报。

（二）争端解决

1995—2014 年，争端解决机制受理的与协议相关的争端案件共五起。前四起都是针对印度尼西亚对园艺产品、动物和动植物产品的进口措施，投诉方是美国和新西兰，被诉方是印度尼西亚。第五起针对印度尼西亚影响鸡肉和鸡产品进口的措施，投诉方是巴西，被诉方是印度尼西亚。

（三）审议机构与职责

1. 协议的审议

与 WTO 框架下多数多边贸易协议不同，该协议的审议由海关估价委员会负责，并向 WTO 总理事会提交审议报告。1999 年以来，该委员会对协议执行情况提交了 3 次较为正式的审议报告。

2. 设立独立审议机构

根据协议第 4 条规定，可以设立独立审议机构以解决出口商和检验机构之间的争议，赋予出口商在向装运前检验机构提交书面申诉意见 2 日后直接将争议提交独立审议机构的权利。

1995 年 12 月 13 日，WTO 总理事会通过《关于依据装运前检验协议第 4 条成立独立审议机构的决定》,并定期向 WTO 货物贸易理事会提交审议报告。1996 年 5 月日决定正式生效。

根据该决定要求,独立审议机构由 WTO、国际商会和国际检验联合会共同派员组成。迄今为止,独立审议机构已提交了 16 份报告。

第四节　《原产地规则协议》

一、原产地规则含义与作用

原产地是指与产品生产地有关的经济国籍。原产地规则,是指任何成员为确定货物原产地而实施的普遍适用的法律、法规和行政裁决。其功能如下:

(1) 确定进口货物来源地,决定是否给予特殊优惠;

(2) 当成员对特定产品实施配额、数量限制等措施时,进口产品是否包括在内;

(3) 对进口产品执行卫生检疫或其他健康安全措施的根据,以保护消费者权益和安全;

(4) 作为统计基础;

(5) 参与政府采购的资格认定标准。

二、《原产地规则协议》产生背景

由于国际分工日趋细密,产品、原料与零部件的生产与加工,依据比较利益原则选择在不同国家和地区进行;一些国家为了规避反倾销税,往往在其他国家投资设厂;在全球区域经济一体化化下,一国产品是否享受优惠,也需要原产地证明。

长期以来,国际社会未能制定一套全球性原产地规则,影响国际贸易的发展。为此,要求形成一个国际社会公认的原产地规则。

乌拉圭回合达成了多边的《原产地规则协议》把 GATT 1994 第 9 条具体化。其宗旨是,在保留原产地规则的基础上,使它以公正、透明、可预测、一致和中性的方式制定和实施,不对贸易造成不必要的障碍,便利国际贸易的发展。

三、协议主要内容

协议共分 4 个部分,由 9 个条款和 2 个附件组成,主要内容有协议的适用范围、原产地规则的协调、实施纪律和机构设置等。

(一) 定义与适用范围

原产地规则是指 WTO 任何成员为确定货物原产地而实施的普遍适用的法律、法规和

行政裁决。协议只适用于实施非优惠性商业政策措施的原产地规则,而不适用于优惠性原产地规则。前者包括实行最惠国待遇、反倾销和反补贴税、保障措施、原产地标记要求、任何歧视性数量限制或关税配额,以及政府采购外国货物和贸易统计等。后者如自由贸易区内和普惠制下货物原产地规则。

(二)原产地规则的协调体系

(1)同一原产地规则适用于所有非优惠性贸易政策。

(2)原产地规则应是客观的、可理解和可预测的,且具有连贯性。

(3)原产地规则应以一致、统一、公正和合理的方式管理。

(4)原产地规则应以肯定性标准为基础,否定性标准可用以澄清肯定性标准。

肯定性标准,是指只要产品符合进口方原产地标准,就可授予产品原产地资格。否定性标准指在何种情况下不能授予产品原产地资格的规定。只有在作为对肯定性标准的部分澄清,或在无须使用肯定性标准确定原产地的个别情况下,才允许使用否定性标准。

(三)原产地确定的依据

"实质性改变"是确定产品原产地的依据,可用三种标准方式表现。

1. 税号改变标准

税号改变标准又称税则分类变化标准,指产品经加工制造成最终产品后,其税号与所用原材料的税号不同,此加工制造地即为该产品的原产地。例如,用其他国家或地区生产的零部件组装收音机,由于收音机与零部件的税号不同,收音机的组装地即为原产地。

2. 增值百分比标准

增值百分比标准指根据构成产品的进口原料或国内原料与产品本身的价值比确定产品的原产地。例如,一国可规定,当产品中进口成分的价值超过产品本身价值的30%时,这项产品的原产地就不能确定为该国。

3. 制造或加工工序标准

制造或加工工序标准指依据产品的制造或加工工序确定产品的原产地,这种制造或加工工序必须足以赋予产品某些本质特征。产品只有在一国或地区经历规定的制造或加工工序后,方可取得该国或地区的原产地资格。例如,某国可规定"缝制地"为服装的原产地。

(四)机构设置

设立原产地规则委员会。该委员会由各成员方代表组成,每年至少召开一次会议,审议协议的执行情况,并根据原产地规则协调工作的结果提出必要的修正建议。

四、协议的执行情况

（一）通报义务履行较好

截至 2014 年 12 月 31 日,所有成员都通报了优惠原产地规则的通知;92 个成员向原产地规则委员会通报了他们非优惠原产地规则的执行情况,但有 40 个成员未作出任何通报。

（二）委员会成员和观察员众多

截至 2014 年 12 月,原产地规则委员会成员达到 161 个,23 个国家和地区成为观察员,还有 9 个国际组织在委员会拥有观察员地位。

（三）美国成为争端解决被诉方主角

从 1997—2014 年,共有 9 起争端涉及《原产地规则协议》。在 9 起争端案件中,成为起诉方的成员顺次为:欧盟、阿根廷、欧盟、印度、加拿大、加拿大、墨西哥、加拿大、墨西哥。成为被诉方成员的顺次为:美国、美国、美国、美国、中国、美国、美国、美国、美国。争端的诱因多数来自纺织品服装的原产地规则和美国对特定国家原产地标签义务的要求。9 起争端,3 起得到解决,6 起处于磋商阶段。

（四）非优惠性原产地规则协调未果

非优惠性原产地规则协调是协议的核心内容,旨在规范成员的原产地规则以公正、透明、可预见、一致和非歧视的方式制定和实施。根据协议规定和 WTO 授权,非优惠性原产地规则协调的工作应在 1998 年 1 月 1 日前完成。但迄今为止,因成员间分歧过大,协调工作仍未完成。

第五节　《进口许可程序协议》

一、《进口许可程序协议》产生背景与宗旨

进口许可是指用以实施进口许可制度的行政程序。该制度要求进口商向有关行政机关提交申请或其他文件(报关所需文件除外),作为货物进入关税领土的先决条件。

这个制度可维护正常贸易秩序,也可以构成非关税措施,使出口成员难以适应,妨碍国际贸易发展。

在 GATT 东京回合中,曾达成《进口许可程序守则》。但因缔约方可自行选择参加,使

该守则的适用范围受到较大限制,作用受到局限。

在乌拉圭回合中,经过修订,达成多边协议《进口许可程序协议》(*Import Licensing Procedures*)。其宗旨是在保留进口许可证的基础上,期望简化国际贸易中使用的行政程序和做法,并使之具有透明度,保证公平、公正地实施和管理此类程序和做法。

二、协议主要内容

协议由序言和 8 个条款组成,包括一般规则、自动进口许可制度、非自动进口许可制度、通报和审议等。

(一) 一般规则

1. 及时公布必要的信息

成员应在已向 WTO 通报的官方公报、报纸、杂志等出版物上,公布进口许可证申请程序规定及有关信息,包括个人、企业和机构提交这种申请的资格,需要接洽的行政机关,以及需要申领进口许可证的产品清单等。

2. 简化申请和展期手续

申请进口许可证和进口许可证展期的程序应尽可能简化,表格应尽可能简单。申请者原则上应只需接洽一个同申请有关的行政机关,若确有需要,所涉及的行政机关最多不应超过三个。

3. 不得因小错而拒绝批准

如果申请者提交的许可证申请文件中存在微小差错,但并未改变文件的基本数据等内容,主管部门不得因此拒绝批准申请。

4. 不得在外汇供应上实行歧视

不管货物是否受进口许可证管理,任何进口商都应在同等条件下获得支付进口货物所需的外汇。

5. 允许安全例外和保密例外

(二) 自动进口许可制度

自动进口许可制度是指,在任何情况下对进口申请一律予以批准的进口许可制度。这一制度通常用于统计和监督。

实施的条件是:没有其他更合适的手段实现其管理目的,且已具备采取自动进口许可条件。实施时,不得对进口货物产生限制。

(三) 非自动进口许可制度

非自动进口许可制度指不属于自动许可制度管理的其他进口许可制度。它适用于对配额及其他限制性措施进行管理。非自动许可不得对进口产生额外的限制或扭曲,也不得造成更大的行政负担。

实施非自动进口许可制度,要遵守以下规定:

1. 保证许可证管理的透明度

应利害成员要求,实行者必须提供充分的信息,包括贸易限制的管理,近期签发的进口许可证,在出口方之间分配许可证的情况,以及受进口许可证管理的产品进口数量和金额统计。对与之有关的配额,要公布配额总量(数量或金额)、配额日期和变化。如配额是在出口方之间分配,应将分配情况立即通知所有利益关系方。

2. 及时、公正地实施许可程序

如果申请未获批准,申请者可要求主管机构告知理由,并有权要求复议或按进口方的国内法定程序上诉。若按先来先得的原则处理所有申请,审批的期限不应超过 30 天;若同时处理所有申请,审批的期限不应超过 60 天。

3. 合理分配许可证

在分配许可证时,主管机构应考虑申请者的进口实绩和以往许可证的使用情况,合理地分配给新的进口商,特别是从发展中成员进口产品的进口商。

4. 对误差采取补偿措施

在符合正常商业惯例的微小误差下,导致进口货物的数量、金额等超过许可证规定的水平,可在未来的许可证分配时作出补偿性调整。

（四）通报和审议

制定或更改许可程序的成员方,应在 60 天内通报 WTO 进口许可委员会。通报内容包括:许可程序是自动的还是非自动的;许可程序的预计期限;受许可程序管理的产品清单;索取许可资格申请资料的联系点;接受申请书的行政机关;公布许可程序的出版物名称与出版日期。

（五）管理机构

进口许可程序委员会由各成员方的代表组成,每 2 年应至少召开一次会议,审议协议执行情况。

三、协议执行情况

（一）通报义务履行不足

截至 2014 年年底,有 16 个成员没有递交协议下的任何通报,9 个成员没有调查问卷。

（二）争端不突出

截至 2014 年年底，涉及协议的案件 44 起，但争议不大，少数已经和解，多数尚在磋商阶段。

（三）协议审议正常

截至 2014 年 11 月，进口许可委员会共举行 40 次会议，均形成会议纪要。参加本协议的观察员有 24 个，还有 3 个国际组织被授予观察员地位。

第六节　《与贸易有关的投资措施协议》

一、《与贸易有关的投资措施协议》产生背景与宗旨

世界各国为了发展经济和保护本国经济，对外国直接投资采取两类措施：一种是鼓励措施，就是给予外国直接投资以各种优惠，如减免税收、贷款补贴等；一种是利用外国直接投资时，附以一些条件，如"当地成分""外汇平衡"和"最低出口额"等，对贸易产生扭曲或限制，成为贸易保护的一种方式。

在贸易与投资关系日益密切情况下，对外直接投资的附加条件对贸易发展有负面作用，对外直接投资居主要地位的发达国家强烈要求取消这些限制。

经过艰苦谈判，乌拉圭回合达成多边的《与贸易有关的投资措施协议》（*Trade-related Investment Measures*，TRIMs）取消对外国直接投资的一些附加条件。其宗旨是促进世界贸易的扩大和逐步自由化，便利跨国投资，以便提高所有贸易伙伴特别是发展中成员的经济增长，同时保证自由竞争。

二、协议主要内容

协议由 9 个条款和 1 个附件组成，主要内容为：基本原则，禁止使用的与贸易有关的投资措施，具体义务，例外条款，发展中成员待遇，透明度要求，争端解决，管理执行机构等。

（一）基本原则

协议规定，WTO 成员实施与贸易有关的投资措施，不得违背 GATT 1994 中的国民待遇原则和取消数量限制原则。

（二）禁止使用的与贸易有关的投资措施

1. 当地含量要求

当地含量要求指要求外资企业购买或使用最低限度的东道国产品，表现为规定国产品的名称，购买或使用国产品的数量或金额，在生产中必须加入的国产品的最低比例。

2. 外汇平衡要求

外汇平衡要求指要求外资企业购买或使用的进口产品数量或金额，不能超过他们在其出口成品中所包含的当地产品的数量或金额。

3. 贸易平衡要求

贸易平衡要求指外资企业进口物资的数量不能超过在当地生产所需的物资数量或金额，迫使该企业必须把进口物资数量及金额与出口成品所含的当地制造部分的数量或金额联系在一起。

4. 进口外汇要求

进口外汇要求将外资企业可使用的外汇限制在与该企业外汇流入相关的水平，以此限制该企业当地生产所需或与当地生产相关产品的进口。

5. 国内销售要求

国内销售要求限制外资企业出口或供出口的产品销售。其中包括出口产品的具体名称、数量或金额或占该企业当地生产的产品数量或金额的比例。

（三）WTO 成员的具体义务

在协定生效后 90 天内，WTO 成员将所有正在实施的，且同协议不相符的投资措施，通知 WTO 货物贸易理事会，并公告。这些措施要在协议生效后的过渡期结束前取消。

发达成员的过渡期是 2 年，发展中成员是 5 年，最不发达成员是 7 年。在过渡期内，各成员可以继续实施已经通报的与贸易有关的投资措施，但不得修改。

WTO 成员方在过渡期内设立的新外资企业，也要受到仍然有效的与贸易有关的投资措施的约束，以免形成差别待遇。

发展中成员和最不发达成员如能证明实施本协议存在特殊的困难，可以考虑延长其过渡期。

GATT 1994 规定的所有例外，可酌情适用于本协议。

在协议执行中，WTO 成员间出现的争端均可提交 WTO 争端解决机制处理。

（四）管理执行机构

为执行协议，WTO 成立与贸易有关的投资措施委员会，每年向货物贸易理事会报告协议的执行情况。该理事会在协议生效 5 年内审议有关执行情况。

三、协议执行情况

（一）执行情况

各成员基本按协议规定执行。

（二）贸易争端

（1）从1995年到2014年年底，各成员提起的贸易争端案件中有41起涉及本协议。

（2）发达成员与新兴发展中成员成为申诉方和被申诉方。

在2012—2014年提起的贸易争端中，申诉方的顺次为：俄罗斯、欧盟、日本、欧盟、阿根廷、美国、中国、墨西哥、日本、美国、阿根廷、欧盟。被诉方顺次为：欧盟、巴西、俄罗斯、俄罗斯、欧盟、欧盟、印度、欧盟、阿根廷、阿根廷、阿根廷、欧盟、阿根廷。

（三）增加或修正协议谈判进展缓慢

根据协议第9条规定，货物贸易理事会在《建立WTO协议》生效后最迟不超过5年，应对TRIMs的运行情况进行评估审议，以决定是否应增加或这修正协议的内容。

处于资本国家化的需要，发达成员一直在积极推动将协议扩大为多边投资协议，把与贸易有关的投资措施、服务贸易等与国际投资进行整合。

1. WTO本身的努力

在发达成员推动下，1996年WTO部长级会宣布成立"贸易与投资关系工作组"。2001年WTO部长级会议将贸易和投资议题列入"多哈发展议程"；2003年，因发展中成员坚持反对，投资谈判并未进入WTO坎昆部长级会议，谈判搁浅。

2. 搁浅原因

（1）1997年亚洲金融危机迫使各方，尤其是亚洲国家资本自由化流动重回采取审慎保守态度。

（2）在投资定义、国民待遇、文化例外、业绩要求、劳工和环保议题、争端解决机制等方面分歧过大，发展中成员对国际投资规则中的主权让渡程度出现担忧。

（3）一些敏感问题出现。2014年WTO与贸易有关的投资措施委员会举办的5次会议上，美国等国家对乌拉圭风电场投资的本地含量要求表示关切并就此展开讨论，美国对俄罗斯对该国机动车生产商补贴提出质疑并展开讨论，欧盟与美国对尼日利亚石油和天然气领域的本地含量要求提出质疑并展开讨论，印度对美国可再生能源计划的本地含量要求提出质疑，美国对印度尼西亚的专营权条款和本地采购提出质疑。

本章小结

1.《实施卫生与植物卫生措施协议》宗旨是，指导 WTO 各成员制定、采用和实施卫生与植物卫生措施，将这些措施对贸易的消极影响减少到最低程度，属于规范式协议。WTO 成员在设置措施时，如体现了协议的要求，就是正当的非关税壁垒；反之，就是不正当的非关税壁垒。由于竞争的需要，发达成员在设置这些措施时，有时有意背离协议规定，构成变相的贸易保护，不利于国际贸易的发展。

2.《技术性贸易壁垒协议》的宗旨是，指导 WTO 成员制定、采用和实施正当的技术性措施，鼓励采用国际标准和合格评定程序，保证这些措施不构成不必要的国际贸易障碍。属于规范式协议。WTO 成员在设置措施时，如体现了协议的要求，就是正当的非关税壁垒；反之，就是不正当的非关税壁垒。由于竞争的需要，发达成员在设置这些措施时，有时有意背离协议规定，构成变相的贸易保护，不利于国际贸易的发展。

3.《装运前检验协议》的宗旨是，确保成员方实施的装运前检验制度是非歧视和透明的，避免给贸易造成不必要的障碍。实施这项协议的主要是发展中成员，如实施得当，对发展中成员贸易发展有好处。

4.《原产地规则协议》的宗旨是，成员方以公正、透明、可预测和一致、中性的方式制定与实施原产地规则，使有关原产地规则的法律、法规和做法不对贸易造成不必要的障碍，以便利国际贸易的发展。属于规范式协议。

5.《进口许可程序协议》的宗旨是，保证进口许可程序的实施和管理简化、透明、公平和公正，避免对产品进口造成障碍或限制。协议规定，作为限制进口的非关税壁垒，进口许可程序要逐步取消。属于统计需要的进口许可程序，可以保留。

6.《与贸易有关的投资措施协议》的宗旨是，防止某些投资措施可能产生的贸易限制和扭曲，便利国内外投资，为贸易自由深化创造条件。协议属于约束性质。协议实施有利于投资环境的改善，促进世界范围的投资自由化，加深国际贸易自由化的深度。

7. 上述协议在 WTO 运行后，一般都在执行，但力度不一，对成员的贸易发展起的作用不同。整体执行不平衡。其中，与贸易有关的投资措施协议的扩围难度较大。

重要概念

卫生与植物卫生措施（Sanitary and phytosanitary measures，SPS）

技术性贸易措施（Technical barriers to trade，TBT）

合格评定程序（Conformity assessment procedures）

装运前检验（Preshipment inspection，PSI）

原产地规则（Rules of origin）

进口许可程序（Import licensing procedures）

与贸易有关的投资措施（Trade-related investment measures，TRIMs）

案例分析

一个关键事实和发现

非关税措施（NTMs）往往是纠正市场失灵的最优政策。但是，由于被用来追求公共政策目标的非关税措施也可以扭曲国际贸易，因此在此类措施的运用中，我们很难辨别它是合法的还是只是出于保护主义的动机。

从贸易角度来看，无非是非关税措施宣传的目标，还是非关税措施对贸易带来的影响，都不能成为我们提供确凿的证据判断其是否有害。但是，分析这些措施的本质（它们的不透明性、效率以及对不同社会群体的影响），以及其政治和经济背景，可以给我们提供重要的线索。

非关税措施（包括境内措施）将取代在贸易协定中会被制裁的关税和边境非关税措施，这使得在有关国际非关税措施的监管方面产生了很多问题。

在服务业中也出现了类似问题，这些问题在生产过程的国际分工中变得越来越显著。

21世纪，随着一些新问题的出现（如金融危机、关于气候变化的争论，以及引起人们高度关注的食品安全），世界各国对非关税措施和服务业措施的使用逐渐增多。这表明在分析公共政策措施以及这些措施对国际贸易的影响方面存在很多困难。

资料来源：世界贸易组织秘书处：《世界贸易报告2012贸易和公共政策：21世纪非关税措施探析》。

分析讨论

1. 在高度经济一体化的当今世界，非关税措施的使用要考量什么？

【解析】 在高度经济一体化的当今世界，非关税措施对贸易的影响可以很大，也可以通过复杂的全球供应链方式跨国形成。使用非关税措施作为贸易保护工具比较容易，但是如果关系社会福利，人们会担心别国以相同的措施进行报复。如果非关税措施只针对市场失灵而采取，那么政府采取的措施也可能是不透明的、设计不当的，或者未能妥善执行。它增加了贸易不确定性和交易成本，也将减少最初非关税措施要达到的贸易效果和福利收益。

2. 在技术性贸易措施中，合格认证对贸易影响如何？

【解析】 合格认证的技术流程包括测试、验证、检验和认证，用来评定产品是否符合规定和标准。通常，如果贸易中有这些程序，出口商承担评定费用。最理想的做法是合格认证只有一次，此后，在任何场合都被承认。但是，在许多情况下，进口国当局都不愿意接受外国生产者提交的声明或者报告/证书。进行重检，其结果则会提高该产品的贸易成本，影响贸易的正当发展。

3. 价格措施(国内税、生产补贴、出口补贴)如何改变贸易条件？

【解析】 价格措施会导致贸易流量的膨胀或收缩。例如，如果存在保护幼稚工业的立法，生产补贴不仅会减少进口，还会通过给国内企业时间积累经验，并最终以为整个企业带来利益的方式提高经济效益。如果市场发育不健全，由于国内企业的学习能力以及惠及行业其他公司的能力无法通过市场定价获得，会造成贸易过量。

同步测练与解析

1. WTO成员如何设置卫生检疫和技术要求？

【解析】 以科学为依据实施卫生与植物卫生措施；以国际标准为基础制定卫生与植物卫生措施；等同对待出口成员达到要求的卫生与植物卫生措施；根据有害生物风险分析确定适当的保护水平；接受"病虫害非疫区"和"病虫害低度流行区"的概念；保持卫生与植物卫生措施有关法规的透明度；成员方应指定一个中央政府机构负责履行通知义务制定、采用和实施技术性措施，WTO成员方还应遵守以下具体规则：必要性规则、贸易影响最小规则、协调规则、特殊和差别待遇规则。

2. 装运前检验应如何规范？

【解析】 实施装运前检验制度的WTO成员进口方应承担的义务，是《装运前检验协议》的核心内容。其中最重要的是进口方在价格审核方面应遵守的规则。应避免产生不必要的迟延。检验机构应保守商业秘密。《装运前检验协议》对出口方规定了有限的义务：出口方应保证其有关装运前检验的法律、法规以非歧视的方式实施；出口方应及时公布有关装运前检验的法律、法规；如进口方提出请求，出口方应根据双方议定的条件，向其提供有关技术援助。

3. 确定原产地的标准有几个？

【解析】 目前，大多数国家和地区在对"实质性改变"原则作出具体解释时，通常采用税号改变、增值百分比、加工工序三个标准。

4. 进口许可程序如何规范？

【解析】 及时公布必要的信息；简化申请和展期手续；不得因小错而拒绝批准；不得在外汇供应上实行歧视，不管货物是否受进口许可证管理，任何进口商都应在同等条件下获得支付进口货物所需的外汇；允许安全例外和保密例外。

5. 投资自由化包括什么内容?

【解析】《与贸易有关的投资措施协议》由9个条款和1个附件组成。该协议涉及的范围有限,仅对各成员方制定的投资措施中涉及货物贸易进出口的部分作了界定和限制。协议的主要内容包括:基本原则,禁止使用的与贸易有关的投资措施,各成员的具体义务,例外条款,发展中成员待遇,透明度要求,争端解决,管理执行机构等。

C 第十章

公平竞争与补救措施协议

学 习 目 标

通过本章学习，了解《反倾销协议》的产生背景，掌握反倾销的实体性规定和实施反倾销措施的基本程序。了解《补贴与反补贴措施协议》的产生背景，掌握该协议组成部分及概念界定、补贴的分类以及补贴的争端解决和反补贴措施。了解《保障措施协议》的产生背景，掌握实施保障措施的条件和程序以及保障措施的具体实施。

重 点 难 点 提 示

- 反倾销的实体性规定；
- 实施反倾销措施的基本程序；
- 《补贴与反补贴措施协议》组成部分及概念界定；
- 禁止性补贴的种类；
- 补贴的争端解决和反补贴措施；
- 实施保障措施的条件和程序；
- 保障措施的具体实施。

第一节　《反倾销协议》概述

一、《反倾销协议》产生背景与宗旨

倾销是指一国出口商以低于产品正常价值的价格，将产品出口到另一国市场的行为。产品倾销在国际贸易中由来已久，可追溯到 20 世纪初。倾销被一些国家认为是不公平的贸易行为，并通过立法进行反倾销，以保护受到倾销危害的产业。

加拿大在 1904 年的《海关关税法》中，在世界上首次系统地规定了反倾销措施。此后，新西兰、澳大利亚、荷兰、南非、美国等国家相继通过带有反倾销内容的立法。1948 年以前，反倾销立法基本限定在国内法的范畴内，缺乏统一、完善的国际规则。为了协调国与国之间的立法冲突，将反倾销措施合理和规范，保护企业正常发展并防止滥用，各国开始谋求将反倾销措施纳入多边贸易体制。

为此，在 GATT 1947 中专设第 6 条"反倾销与反补贴税"，首次将反倾销纳入多边贸易规则。该条款明确倾销定义，谴责倾销，允许缔约方抵制。但因是原则性条款，缺乏可操作性，出现滥用。

在肯尼迪回合中，首次就实施该条款达成协议，重新定义倾销，明确了实质损害标准，规定反倾销诉讼程序。但签署方有限，缺乏普遍约束性。

在东京回合对反倾销规则作出重大修改和补充，达成《反倾销守则》，但仅有 23 个缔约方接受，约束范围很小。

为抵制倾销的流行和防止反倾销措施的滥用。在乌拉圭回合中达成多边的《关于实施1994 年 GATT 第 6 条的协议》，又称为《反倾销协议》。其宗旨是为 WTO 成员发起和进行反倾销调查、采取反倾销行动确立规范。

二、协议主要内容

协议由三个部分、18 个条款、2 个附件构成，内容主要为实施反倾销措施的基本要件、反倾销措施、反倾销税的征收和价格承诺等。

（一）实施反倾销措施的基本要件

实施反倾销措施必须具备三个基本要件：存在倾销、出现损害、倾销与损害存在因果关系。

1. 倾销的确定
倾销是指一项产品的出口价格以低于正常价值的价格进入另一国的商业。

1) 正常价值的确定

产品正常价值的确定有三种方法：①按正常贸易过程中出口国国内销售价格；②按出口国向第三国正常贸易中的出口价格；③按结构价格。一般情况下，应优先采用第一种方法。只有在不能采用第一种方法时，才能采用第二种或第三种方法。

正常贸易过程中出口国国内销售价格，一般是指被指控出口产品的同类产品在调查期内（通常是1年至1年半），国内市场正常贸易中的成交价（包括批发价格），或销售牌价，或一段时间内的加权平均价。

出口国向第三国正常贸易中的出口价格，是指出口到具有代表性的第三国的可比价格，即产品有可比性，产品价格较高，销售做法相似且销售价不低于产品成本。

结构价格是根据同类产品在原产国的生产成本加上合理的管理费、销售费、一般费用和利润。

如果出口方被认为是"非市场经济"时，其国内价格不是正常价格，则要找出替代价格作为正常价格。其办法是找出与其相似的国家出口同样产品的价格，作为替代价格。

2) 出口价格的确定

出口价格是进口商实际支付或应支付给出口商的价格。如果不存在出口价格，或是因出口商与进口商或第三者之间有关联关系等原因而使出口价格不可靠时，可在进口产品首次转售给独立买主的价格基础上推定出口价格。如果该产品不是转售给独立买主，或不是以进口时的状态或条件转售，则可以在合理的基础上确定出口价格。

3) 倾销幅度的确定

倾销幅度是对正常价值和出口价格进行适当的比较后确定的。在比较这两个数据之前必须进行必要的调整，使之具有可比性。调整主要考虑的因素：相同的贸易水平、相同时间进行的销售、影响价格可比性的差异、转售的费用、汇率、产品的同类性等。

倾销幅度通常为征收反倾销的税率，计算方法为

$$倾销幅度 = \frac{正常价格 - 出口价格}{出口价格} \times 100\%$$

2. 损害的确定

损害分为三种情况：①生产同类产品的产业受到实质损害；②生产同类产品的产业受到实质损害威胁；③生产同类产品的产业建立受到实质阻碍。

1) 产业与产品的含义与确定

（1）国内产业的含义。国内产业是指国内同类产品的全部生产商，或是其产品合计总产量占全部国内同类产品产量的大部分的生产商。但如果生产商与出口商或进口商是关联企业，或者该生产商本身就被指控为倾销产品的进口商，则不属于这个范围。

（2）同类产品的确定。同类产品指在各方面均与该产品相似，或虽不尽相同，但具有与该产品非常类似的特征的其他产品，即与被调查的进口产品在物理性能与功能上类似或最

接近的产品,包括产品使用的原料、加工过程、外观、用途和销售渠道等。

2)实质损害含义

(1)被调查进口产品的数量与进口国生产或消费数量绝对或相对大量增加。

(2)该进口产品的价格与进口国相同或相似产品的价格相比存在大幅度低价销售,或者大幅度压低进口国同类或相似产品的价格。

(3)进口产品的倾销对国内同类产品、产业产生恶劣的影响。诸如销售、利润、产量、市场份额、生产率、投资收益或设备利用率的实际和潜在的下降;对流动资金、库存、就业、工资、增长率、筹措资本或投资能力出现实际和潜在的消极影响等。

3)实质损害威胁含义

实质损害威胁指进口方的有关产业虽尚未受到实质损害,但可以明显预见倾销将对相关产业造成实质性损害,且这种情形非常迫近。但其确定应依据事实,而不是依据指控和推测。

4)产业建立实质受阻含义

产业建立实质受阻指进口产品的倾销阻碍了新产业的实际建立过程。但必须有充分的证据依据,而不是阻碍建立一个新产业的设想或计划。

3. 倾销与损害之间存在因果关系

进口成员政府必须提供充分证据证明进口产品倾销与进口成员产业受到损害之间确有因果关系,即损害是因进口产品倾销造成,才能实施反倾销措施。

(二)反倾销措施

反倾销措施包括临时反倾销措施和最终反倾销措施。

1. 临时反倾销措施

临时反倾销措施是指,进口方主管机构经过调查,初步认定被诉产品存在倾销,并对国内同类产业造成损害,可以在全部调查结束前,采取临时性的反倾销措施,以防止在调查期间国内产业继续受到损害。

临时反倾销措施有两种形式:①征收临时反倾销税;②要求进口商自裁决之日起,提供与临时反倾销税数额相等的现金保证金或保函。

进口方主管机构采取临时反倾销措施应在反倾销案件立案调查起 60 天后,不得超过 4个月,特定情况下可以延长到 6~9 个月。

2. 最终反倾销措施

在全部调查结束后,如果达到三个反倾销要件,则进口方主管机构可以采取最终反倾销措施。其方式是征收反倾销税。

(三)反倾销税的征收

反倾销税是一种附加税,税额不得高于所裁定的倾销幅度。反倾销税的纳税者是倾销产品的进口商,出口商不得直接或间接替进口商承担反倾销税。初裁时的反倾销税率与终裁的税率不同时,其不足部分不再补交,而多交部分则应退还。

反倾销税的征收应自决定征收之日起不超过5年。

(四)价格承诺

1. 价格承诺含义

价格承诺是指,被控倾销产品的生产商和出口商与进口方主管机构达成协议,出口商提高价格以消除产业损害,进口方相应地中止或终止案件调查。从实际效果讲,价格承诺也属于反倾销措施的一种形式。

2. 价格承诺协议的条件

(1)缔结协议应在进口方主管机构已经作了肯定性的倾销和损害的初步裁决后。

(2)如进口方主管机构认为其接受出口商的价格承诺实际上不可行,则可以不接受出口商的价格承诺要求。

(3)价格承诺可由进口方主管机构提出,但不得强迫出口商接受。

(4)价格承诺被接受后,应出口商的请求或进口方主管机构决定,可以继续完成倾销和损害的调查。如果调查结论是否定的,则价格承诺自动失效;如结论是肯定的,价格承诺继续有效。

(5)如果出口商违反了价格承诺协议,则进口方主管机构可以采取行动,实施临时反倾销措施和追溯征收反倾销税。

三、实施反倾销措施的基本程序

(一)申请人申请

一般情况下,反倾销调查应从申请者的申请开始。申请者要有产业代表性,如支持者的企业产量占支持者和反对者企业总产量的50%以上,且支持者的集体产量不低于国内同类产品生产总量的25%,就具有代表性。

申请必须以书面形式提出,并提供有倾销、损害及因果关系的内容和有关材料。

(二)进口方主管机构审查立案

进口方主管机构应审查申请者提供的申请材料的准确性、充分性和代表性,判定是否立案,如立案,就进行反倾销调查。

(三)反倾销调查

立案后,立即发布立案调查公告。公告应载明出口国的名称、涉及的产品、开始调查的

日期、倾销的依据和损害存在的概要说明。反倾销调查应在 1 年内结束,最长不得超 18个月。

(1) 在调查开始后,如出现下列情况,反倾销调查应尽快终止:①无充分证据证明存在倾销或产业损害,或者两者之间没有因果关系;②倾销幅度不到 2%,倾销产品的进口数量在该产品的进口量中低于 3%。

(2) 调查的参与者。被控产品的出口商、生产商或其他利害关系方,有权要求参与反倾销调查,陈述自己的观点和意见。

(3) 听证会及其他申辩机会。初裁之后,进口方主管机构将会利用各种机会,进一步核实涉诉双方提供的证据材料,包括举行听证会,听取评论意见及实地核查。

(4) 快速审议。对于反倾销调查期间未出口被控产品的厂商,如在反倾销征税命令有效期间出口相同或相似产品,进口方应采取"快速审议"的办法确定这些厂商的单独的反倾销税率。

(5) 追溯征税,指对那些在临时措施适用之前 90 天内进入消费领域的产品,追溯征收最终反倾销税。追溯征税的条件是:①被控产品存在造成损害的倾销的历史记录,或者进口商知道或理应知道出口商在实施倾销,并且该倾销会造成损害;②损害是由于在相当短的时期内倾销产品的大量进入造成的。

(四) 行政复审和司法审议

1. 行政复审

征收反倾销税是以抵消倾销造成的损害为最终目的。一旦有证据证明倾销所造成的损害已经被抵消,或损害程度有所减轻,或出现了新的影响征税的情况,则反倾销税也应相应取消或变更。为此,利害关系方可向进口方主管机构申请复审的权利。利害关系方包括出口商、进口商、出口成员政府、进口成员生产同类产品的同业公会或商会。

行政复审内容主要是征收反倾销税是否继续,反倾销税取消或变更会否导致损害重新发生,反倾销税是否合理。

2. 司法审议

对于反倾销主管机构的裁决和复审,有利害关系的当事方如不服,可以上诉该国法院,寻求司法审议。

四、争端解决与协议管理

(一) WTO 争端解决机制

WTO 争端解决机制适用于反倾销。

（二）协议实施管理

为保障协议实施,WTO 设立反倾销措施委员会,由各成员代表组成,每年至少召开两次会议。各成员每半年向委员会报告一次前 6 个月采取的反倾销行动的情况。

五、协议的执行与修正

（一）反倾销活动一直强势,但发展不平衡

1. 印、美、欧为主要发起成员

从 1995 年到 2014 年 6 月,WTO 48 个成员共发起 4 627 件反倾销调查,最终实施 2 966 起,占反倾销调查的 64.1％。在 4 627 件反倾销调查中,印度占 15.5％,美国占 11.3％,欧盟占 9.9％。发起调查与最终实施的反倾销案,印度为 74％,美国为 62.6％,欧盟为 65.2％。

2. 中韩等成为反倾销立案主要成员

遭受反倾销调查的国家或地区多达百个,但集中在中国、韩国、中国台北等成员。中国入世后,遭受反倾销调查数量占全球反倾销调查总数的 22.1％,并且有 72.4％的反倾销调查最终进行实施。

3. 贱金属、化工、塑料多为反倾销调查涉案产品

4. 反倾销争端

1995—2014 年,共有 107 起涉及反倾销的争端。27 个 WTO 成员为起诉方。其中欧盟为 16 件,墨西哥为 11 件,韩国和印度各为 9 件,美国、巴西各为 8 件,加拿大和中国各为 7 件,日本、阿根廷、印度尼西亚各为 6 件。23 个成员为应诉方。其中,美国为 48 件,欧盟为 12 件,中国为 8 件,墨西哥为 6 件。争端焦点主要涉及倾销和损害的确定。

（二）协议执行后的修正

截至 2015 年 12 月 15 日至 12 月 18 日举行第九届部长级会议,对反倾销协议的完善与补充活动如下。

1. 为中国施加"替代国价格"条款

2001 年 11 月 11 日,中国被接纳为第 143 个成员。在中国加入议定书第 15 条款中,经过双方谈判,设立以"替代国价格"衡量中国倾销幅度,2016 年 12 月 11 日"替代国"价格条款要终止的条款。

2. 纳入多哈回合规则谈判

2001 年 11 月 9 日至 11 月 14 日在卡塔尔首都多哈回合举行的 WTO 第四届部长级上,启动"多哈回合议程"。在《多哈部长级宣言》中,反倾销被纳入规则谈判,目的是:"旨在澄

清和改进《关于实施1994年关税与贸易总协定第6条的协议》和《补贴与反补贴措施协议》中的有关规则,同时保持这些协议的基本概念、原则和有效性,以及这些协议所规定的手段和目标,并考虑发展中国家和最不发达国家参加方的需要。"

2003年9月10日至9月14日墨西哥坎昆举行WTO第五届部长级会议,在《坎昆部长宣言草案》中,提出包括反倾销等议题的规则谈判小组应切实寻求解决方案。

2005年12月13日至12月18日在中国香港举行的WTO第六届部长级会议发表的《香港部长宣言》中,规则谈判小组呼吁各成员在澄清和完善反倾销规则时,应特别考虑在保留反倾销的基本概念、原则、有效性以及此类被证明合理的措施目标的前提下,避免不合理的反倾销行为;在增强反倾销的法定诉讼程序、透明度和可预见的同时,尽量减少相关利益方和调查当局的成本、降低诉讼的复杂性。规则谈判小组还就具体议题进行讨论。

3. 公布《反倾销协议》的修正草案

2007年11月30日。WTO规则谈判小组主席公布了《反倾销协议》的修正草案(主席文本)。从此,规则小组进入实质性磋商阶段。经过磋商,2008年12月19日,WTO规则小组公布了新的主席文本。2011年再次公布主席文本,但基本沿用了2008年的主席文本。

在以上主席文本中,涉及的主要问题包括:倾销幅度计算中的"归零法",损害认定中因果关系的"非归因性",公共利益,从低征税原则,日落复查等。

因成员之间分歧较大,迄今尚未形成正式的协议修订文本。

第二节　《补贴与反补贴措施协议》概述

一、协议产生背景与宗旨

补贴作为公共经济政策的重要组成部分,为世界各国广泛采用。补贴措施如使用不当会导致不公平竞争,对进口方或第三方的相关产业或其他合法利益造成损害,扭曲贸易和影响资源的合理配置。补贴与倾销不同,补贴是政府行为,倾销是企业行为。

在GATT 1947第6条和第16条对补贴与反补贴做了一些规定,但表述含混,处理措施乏力。在东京回合中,达成《关于解释与适用1947年GATT第6条、第16条和第23条的协议》,也称《反补贴守则》。该守则确立了补贴的一般纪律,补充了反补贴的规定,制定了补贴争端解决的规则。因自愿签署,实际签署的仅有24个缔约方,约束范围有限。

乌拉圭回合中,在完善以前规则基础上达成多边的《补贴与反补贴措施协议》。其宗旨是区分对国际贸易发展不利的补贴,规范反补贴措施的实施。

协议由11个部分和7个附件组成。11个部分分别是:总则、禁止性补贴、可诉补贴、不可诉补贴、反补贴措施、机构、通知和监督、发展中成员、过渡性安排、争端解决、最后条款。

协议只适用于货物贸易。

二、补贴定义与范围

（一）补贴定义

补贴是指WTO成员政府或任何公共机构对企业提供的财政资助。

（二）补贴范围

（1）政府直接转让资金的行为，如赠款、贷款和控股；潜在的资金或债务的直接转移，如贷款担保。

（2）政府放弃或未征收在其他情况下应征收的政府税收，如税收减免类的财政鼓励。

（3）政府提供一般基础设施以外的货物或服务，或购买货物。

（4）政府通过基金机构支付，或向私人机构担保或指示私人机构履行通常应由政府执行的功能。

（5）政府给予企业其他形式的收入和价格补贴。

（三）专向性补贴

专向性补贴指上述补贴由授予当局给予管辖范围的特定企业、产业或企业集团。判定是否属于专向性的原则为：立法制定适用于获得补贴资格和补贴数量的客观标准或条件，则不存在专向性；根据立法将补贴的获得明确限于某些企业，则为专向性补贴；如事实上存在某些企业存在补贴的特殊情况，而表面上为非专业性补贴，则可判定该补贴为专向性补贴。

三、补贴的分类

WTO成员对于补贴行为能否采取反补贴措施，需要根据补贴性质。为此，协议将补贴分为三类：禁止性补贴、可诉补贴、不可诉补贴。

（一）禁止性补贴

协议列出13种禁止性补贴。

（1）政府视出口实绩对一公司或一企业提供的直接补贴。

（2）涉及出口奖励的货币留成方案或任何类似做法。

（3）政府提供或授权的对出口货物征收的内部运输和货物运费用，条件优于给予国内装运货物的条件。

（4）由政府或其代理机构直接或间接通过政府授权的方案，提供在生产出口货物中使用的进口或国内产品或服务,在条件上优于给予为生产供国内消费货物所提供同类或直接竞争产品或服务的条件;在产品上,在条件上优于其出口商在世界市场中商业上可获得的条款或条件。

（5）全部或部分免除、减免或递延工业或商业企业已付或应付的、专门与出口产品有关的直接税或社会福利费用。

（6）在计算直接税的征税基础时,与出口或出口实绩直接相关的特殊扣除备抵,超过给予供国内消费的生产的特殊扣除备抵。

（7）对于出口产品的生产和分销,间接税的免除或减免超过对于销售供国内消费的同类产品的生产和分销所征收的间接税。

（8）对用于生产出口产品的货物或服务所征收的前段累积间接税的免除、减免或递延超过对用于生产国内消费的同类产品的货物或服务所征收的前阶段累计间接税的免除、减免或递延;但是如前阶段累积间接税是对生产出口产品过程中消耗的投入物所征收的（扣除正常损耗）,则即使当同类产品销售供国内消费时的同类产品的前阶段累积间接税不予免除、减免或递延,对出口产品征收的前阶段累计间接税也可予的免除、减免或递延。

（9）对进口费用的减免或退还超过对生产出口产品生产过程中消耗的进口投入物所收取的进口费用（扣除正常损耗）。

（10）政府（或政府控制的特殊机构）提供的出口信贷担保或保险计划、针对出口产品成本增加或外汇风险计划的保险或担保计划,保险费率不足以弥补长期营业成本和计划的亏损。

（11）政府（或政府控制的和/或根据政府授权活动的特殊机构）给予的出口信贷,利率低于它们使用该资金所实际应支付的利率,或它们支付的出口商或其他金融机构为获得信贷所产生的全部或部分费用,只要这些费用保证在出口信贷方面能获得实质性的优势。

（12）对构成 GATT 1994 第 16 条意义上的出口补贴的官方账户取的任何其他费用。

（13）替代进口退税制度。替代进口退税制度构成的出口补贴是指进口费用的退税额超过最初对要求退税的进口投入物所收取的进口费用。政府在退税方案下任何退还的款项支付的利息在实付或应付利息的限度内,则被视为对进口费用的过量退税。

（二）可诉性补贴

可诉性补贴指政府给企业直接转让资金或潜在资金或债务的直接转移,豁免或不征收应征收的政府税收,提供货品或服务或收购产品,通过基金会或私人机构进行补贴,以及对收入或价格的支持。

确定为可诉性补贴需要两个条件:属于专向性补贴,对其他成员企业造成不利影响或严重损害。不利影响是指损害另一成员的国内产业,丧失或减损应获得的直接或间接利益,严重侵害另一成员的利益。

出现以下情况被认为是严重侵害。它们是对一产品从价补贴的总额超过 5%，用以弥补一产业承受的经营亏损的补贴，直接的债务补贴。

根据《补贴与反补贴措施协议》第 31 条规定，第 6 条规定临时适用 5 年（1995 年 1 月 1 日至 1999 年 12 月 31 日）。

（三）不可诉性补贴

不可诉性补贴是指成员实施某些 WTO 允许的补贴，受损害的成员通常不能向 WTO 起诉，且不能采取反补贴措施。不可诉性补贴包括：不具有专向性的补贴和特定要求的专向性补贴。符合特定要求的专向性补贴包括三类：

（1）政府对企业或高等院校、科研机构通过契约进行研究的补贴，其条件是资助不超过工业研究费用的 75%，或应用研究费用的 50%。

（2）按照地区发展总体框架对落后地区的援助，且属于非专向性补贴。

（3）对法规要求的环保进行的补贴。

四、补贴的救济措施

对补贴的救济措施，协议采取双轨制，就是直接通过 WTO 争端解决机制，或者征收反补贴税。

（一）通过争端解决的补贴救济

根据补贴导致的贸易后果采取不同的救济措施。

1. 禁止性补贴的救济程序

其程序是：双方磋商。如磋商未果，则可将争端提交争端解决机构。争端解决机构受理争端后，立即成立专家组。如专家组认定补贴为禁止性的，则应建议立即撤销补贴，并明确限定撤销补贴的时限。如专家组报告被上诉，由上诉机构裁定，争端各方必须无条件接受上诉机构报告，如被诉方没有执行，争端解决机构应授权申诉方采取适当的报复措施。如一方就反补贴措施是否得当存在质疑，可请求仲裁。

2. 可诉补贴的救济程序

程序与禁止性补贴的争端解决相似。

3. 对不可诉性补贴的救济程序

为防止不可诉性补贴滥用，造成危害，也规定可通过争端解决机制解决。若成员认为一种不可诉性补贴对国内产业产生严重不利影响，可向补贴与反补贴措施委员会寻求对此问题的建议和裁决。委员会可建议实施补贴的成员修改补贴计划，消除影响，如建议未得到执行，可授权受害成员采取相应反制措施，进行救济。

（二）通过反补贴措施的救济

WTO成员也可采取加征反补贴税的方式救济。其程序如下。

1. 申诉

申诉方要能代表国内有关产业，并提供存在补贴及伤害存在因果关系的充分证据。

2. 调查

进口成员主管机关依申请书审查，认为须立案调查时，向所有利害关系成员发出通知，要其提供书面证据。

如调查机构证实补贴额微小（不足从价的1%）或补贴进口量和损害可以忽略不计，则应立即终止调查。一般情况下，反补贴调查应在提出后12个月内结束，特殊情况下不得超过18个月。

3. 磋商

当补贴指控提出以后，进口成员应通知出口成员立即举行磋商，以资解决。在调查期间，出口成员有权进行磋商，通过协议解决问题。

4. 产业损害的确定

产业损害包括实质损害、实质损害威胁和实质阻碍习惯产业建立。确定是否存在实质损害时应考虑的因素包括：补贴进口产品的数量、价格、对国内产业影响的程度等。证实补贴进口与损害之间的因果关系。

5. 救济措施

进口成员主管部门经过立案调查，如发现存在补贴与损害，且二者有因果关系，则可单方面决定对申诉产业提供救济，包括采取临时措施、具结、征收反补贴税、司法审查和追溯征税等。反补贴税一般可持续5年。

对一项专向性补贴，进口成员可同时通过两项管道寻求救济，但最终获得救济只能为一项，即经过WTO采取反制措施，或通过反补贴措施征收反补贴税。

五、对成员实施协议的时间要求

（一）发展中成员

补贴可在发展中成员的经济发展计划中发挥重要作用。因此，协议对发展中成员和最不发达成员在补贴方面提供特殊和差别待遇。

根据联合国的有关标准，协议将发展中成员分为三类：一类是49个最不发达成员；二类是年人均国民生产总值低于1 000美元的20个发展中成员；三类是其他发展中成员。

1. 禁止性补贴

（1）最不发达成员可以无限期使用出口补贴，并在WTO成立后8年内（至2002年年底),可使用进口替代补贴。

(2)对 20 个发展中成员,在其年人均国民生产总值达到 1 000 美元之前,有权使用出口补贴,并在 WTO 成立后 5 年内(至 1999 年年底),可保留进口替代补贴。

(3)其他发展中成员在 WTO 成立后 8 年内(至 2002 年年底),可以保留出口补贴,但应在这 8 年内逐步取消,且不得提高其出口补贴的水平。如果能证明延长保留出口补贴的期限,是出于经济、金融和发展的需要,则可延长这一期限。

如他们某一产品已经具有"出口竞争力",即该种产品的出口连续 2 年达到同类产品世界贸易 3.25% 的份额,则该成员应在 2 年内取消对这种产品的出口补贴。但 20 个发展中成员除外。

2. 可诉补贴

如果发展中成员维持出口补贴、进口替代补贴的做法符合协议规定,则其他成员不得援引有关禁止性补贴的争端解决程序,只能援引可诉补贴的程序。

3. 反补贴调查

如果发展中成员产品的补贴水平不足从价金额的 2%(非发展中成员为 1%),则针对其采取的反补贴调查应立即终止。

(二)转型经济成员

转型经济成员可在 WTO 成立后的 7 年内,保留已向 WTO 通知的出口补贴和进口替代补贴。但在 7 年内应逐步取消。在此期限内,为了经济结构调整,他们可以免除政府持有的债务,向企业提供偿还债务赠款,而不受"严重侵害"条款的制约。

(三)发达成员

发达成员在 WTO 成立 3 年后,取消禁止性补贴。

六、协议执行与管理

为执行与管理协议,WTO 设立补贴与反补贴措施委员会和常设专家小组。常设专家小组可以在争端解决机构专家组的请求下,确定某一补贴是否属于被禁止的补贴。

七、协议的实施与争端

(一)协议的实施

WTO 成员基本实施协议的各种规定。

(二)对中国施加了特殊条款

在中国入世议定书第 15 条(b)项规定对衡量补贴利益基准调整做法的内容。其要点

是：在补贴相关程序上原则上可使用 WTO《SCM 协议》规定；如使用遇到困难，可参照投诉成员国内做法进行调整；没有规定调整终止的具体时间；该条款终止的前提是"一旦中国根据该 WTO 进口成员的国内法证实其是一个市场经济体"时。

（三）反补贴的行动特点

（1）反补贴的发起数量低于反倾销。从 1995 年到 2014 年 6 月，21 个 WTO 成员共发起反补贴调查 355 起，最终实施 193 起反补贴措施。

（2）美国、欧盟、加拿大是反补贴调查和实施的主要成员。上述期间，在发起反补贴调查中，美国为 150 起，占整个反补贴调查的 42.3%；欧盟为 73 起，占总数的 20.1%；加拿大为 40 起，占总数的 11.3%。他们也是实施反补贴措施的成员，实施比率美国为 52.7%，欧盟是 46.6%，加拿大为 60%。

（3）中国、印度是反补贴的主要目标成员。全球反补贴调查共涉及 46 个国际和地区。中国是 WTO 成员反补贴调查和最终实施反补贴措施的主要目标。受调查数占整个调查总数的 23.7%，而最终实施反补贴措施占被调查数的 63.1%；印度相应的数字分别为 17.5% 和 54.8%。

（4）贱金属、化工和塑料产品是反补贴涉案的主要产品。

（5）发达成员是协议争端的主要运用者。上述期间，由本协议引发的贸易争端 105 起。17 个 WTO 成员是起诉方，其中，美国 29 起，欧盟 24 起，加拿大 12 起，巴西 9 起，韩国 7 起，日本 6 起，印度、墨西哥和中国各为 5 起；20 个 WTO 成员为应诉方，其中，美国为 33 起，欧盟 15 起，中国 14 起，加拿大 10 起，巴西 6 起。引发争端的焦点是补贴定义、禁止性补贴和损害的确定。

（6）对补贴措施引起 WTO 成员尤其是发达成员的日益关注。发达成员美、澳、加企图掌握协议谈判的主动权；反补贴措施的使用逐渐由传统产业向高技术、新兴产业拓展；由一种贸易救济手段转变为反倾销、反补贴并用；贸易不公平行为由企业层面转向政府政策和经济体制层面，涵盖了更多的政治因素，"非市场经济"概念出现滥用。

八、协议的修正与完善活动

WTO 成员在履行协议的同时，也对协议的修正与完善展开活动。

第一届 WTO 部长级会议发表的《新加坡部长宣言》提出要继续审议本协议。在第四届部长级会议上，将补贴与反补贴作为规则谈判的内容之一，纳入多哈回合谈判的整体框架，并考虑发展中成员要求，将渔业补贴作为规则谈判的关键议题之一。在 WTO 第五届部长级会议发表的《坎昆部长宣言草案》中，提出负责补贴与反补贴规则谈判小组应切实寻求解决方案。在 WTO 第六届部长级会议发表的《香港部长宣言》附件 D 中，说明各成员提交修订协议的提案情况，呼吁以此为基础进行深入分析，以保证在谈判小组授权的所有方面获得平衡的结果,加快谈判进程,谈判小组主席尽早起草本协议的综合案文。

2007年和2008年规则谈判小组相继出台了两个主席文本。2011年规则谈判小组又出台了新的主席文本。但并未形成完整的协议修订草案,而是对各成员争议较大的议题予以说明。涉及的核心争议点包括:隐蔽性补贴、补贴利益转移、补贴利益认定的外部基准、管制价格的补贴专向性和扩大禁止性补贴范围等。

第三节　保障措施协议

一、《保障措施协议》产生背景与宗旨

保障措施是指,成员方在进口激增并对其国内相关产业造成严重损害或严重损害威胁时,采取的进口限制措施。

保障措施在性质上完全不同于反倾销措施和反补贴措施。保障措施针对的是公平贸易条件下的进口产品,反倾销措施和反补贴措施针对的是不公平贸易。

1943年,美国和墨西哥签订的《互惠贸易协定》首次规定了保障条款。在美国的倡导下,该条款纳入GATT 1947,成为第19条"对某种产品进口的紧急措施"。

但是,该条款的实施并不理想,主要是条款本身存在缺陷。如缺乏对重要概念的定义,没有界定"增加的进口"与"损害"之间的因果联系,程序规则不明确等。加以"自愿出口限制"之类的"灰色区域"措施泛滥,该条款形同虚设。因此,缔约方希望能进一步完善该条款。

就此,乌拉圭回合中达成多边的《保障措施协议》把第19条具体化。协议宗旨是澄清和加强GATT,重建对保障措施的多边控制,并消除逃避此类控制的措施。

协议由14个条款和1个附件组成。其内容包括总则、条件调查,严重损害和严重威胁的确定、保障措施的运用、临时保障措施、减让水平与其他义务、发展中成员、先前存在的第19条措施,禁止取消若干措施、通知与磋商、监督、争端解决等。

二、保障措施的定义与特征

保障措施是指如因不能预见的情况和某个成员在本协议项下负担包括关税减让在内义务的影响,某一产品进口到该成员的数量大量增加,并对生产相似或直接竞争的产品的国内产业造成严重损害或严重损害威胁,该成员可在适当时间和程度内,对该产品全部或部分中止义务或撤销或修改减让,以消除或减轻此种损害或损害威胁。

保障措施的作用主要是暂时免除一成员已承诺的义务,允许他对有损害产品的进口提高关税,实行配额等,以限制或减少进口,保护国内同类产品的生产。这种临时性保护措施最终为国内产业赢得结构调整时间与机会。

保障措施具有四个特征：①特定性。保障措施实施是针对有损害行为的特定产品，不是针对其他进口产品。②暂时性。保障措施实施应限于临时性或暂时性，在估计能消除损害造成影响的期限内实施，一旦损害消除，保障措施应立即取消，以免造成保障过当。③递减性。在保障措施实施中，其程度要随国内产业竞争力的恢复与增强而逐步放宽，直到恢复采取保障措施的水平。④非歧视性。一成员采取保障措施时，应在最惠国待遇原则上实施，不能有选择地针对某个成员。但"自由贸易区"或"关税同盟"不受保障措施的限制。

三、实施保障措施的条件与程序

(一)实施保障措施必须的条件

WTO成员方实施保障措施必须具备三个条件：①某项产品的进口激增；②进口激增是由于不可预见的情况和成员方履行WTO义务的结果；③进口激增对国内生产同类产品或直接竞争产品的产业造成了严重损害或严重损害威胁。

进口激增，是指产品进口数量的急剧增长，包括绝对增长和相对增长两种情况。前者指产品实际进口数量的增长，后者指进口产品所占市场份额上升。

进口激增是由于不可预见的情况和WTO成员方履行WTO义务的结果。"不可预见的情况"并无明确含义。后者主要指成员方履行关税减让和削减非关税壁垒等义务。

进口激增对国内生产同类产品或直接竞争产品的产业，造成了严重损害或严重损害威胁。

"严重损害"是指对国内某一产业的状况总体上造成重大损害。在确定对国内某一产业造成严重损害或严重损害威胁的调查中，主管机构评估影响的因素应包括：进口绝对增长或相对增长的比例和数量，国内产业的销售水平、总产量、生产率、设备利用率、盈亏与就业的变化等。

"严重损害威胁"指为损害危机显而易见，对其判定要基于事实，不能任意凭空指控。

(二)实施保障措施的程序

保障措施的实施程序主要包括调查、通报和磋商三个环节。

1. 调查

WTO成员主管机构在采取保障措施前，应向所有利害关系方发出公告、举行公开听证会，或给进口商、出口商及其他利害关系方提供适当的机会，以陈述证据和看法，对其他相关方的陈述作出答复。调查结束后，主管机构应公布调查报告，列明对一切相关事实和法律问题的调查结果，以及作出的合理结论。

2. 通报

WTO成员方应将下列事项立即通报保障措施委员会。其内容包括：发起调查的决定及理由;对进口增长造成严重损害或损害威胁的调查结果,就实施或延长保障措施作出的决定。

3. 磋商

保障措施会影响 WTO 相关产品所享有的权利,因此采取或延长保障措施的成员应与各利害关系方进行磋商,并达成谅解。磋商结果应及时通知货物贸易理事会。

四、保障措施形式与实施

(一) 保障措施形式和期限

1. 形式

实施保障措施,可以采取提高关税、纯粹的数量限制和关税配额等形式。在实施数量限制时,不得使进口数量低于过去三个有代表性年份的平均进口水平。在实施配额限制时,应与有利害关系的供应方就配额分配进行磋商。如磋商未能达成协议,则进口方应基于供应方前一有代表性时期的进口份额进行分配。

2. 期限

保障措施的实施期限一般不应超过 4 年。如果仍需以保障措施防止损害或救济受损害的产业,或有证据表明该产业正在进行调整,则可延长实施期限。但总期限(包括临时保障措施)不得超过 8 年。

(二) 临时保障措施

在紧急情况下,如果迟延实施保障措施会造成难以弥补的损失,进口成员方可不经磋商就采取临时保障措施,但应在采取临时保障措施前通知保障措施委员会,在采取措施后应尽快与各利害关系方举行磋商。

临时保障措施的实施期限不得超过 200 天,并把此期限计入保障措施总的期限。临时保障措施应采取提高进口关税办法。如果随后的调查不能证实进口激增对国内有关产业已经造成损害或损害威胁,则增收的进口关税应迅速退还给原交税的进口商。

(三) 实施保障措施递减

如果某一保障措施的适用期预计超过 1 年,进口方在适用期内应按固定的时间间隔逐渐放宽该措施;如果实施期超过 3 年,进口方须在中期审查实施情况,并根据审查结果撤销或加快放宽该措施。延长期内的保障措施不得比最初适用的措施更加严格,且应继续放宽。

(四) 补偿与报复

由于保障措施针对的是公平贸易条件下的产品进口,其实施必然影响出口方的正当利

益。为此,有关 WTO 成员可就保障措施对贸易产生的不利影响,协商贸易补偿的方式。

如果协商在 30 天内未达成协议,受影响的 WTO 出口方可以对实施方对等地中止义务,进行报复。但应在进口方实施保障措施 90 天后,且在货物贸易理事会收到中止义务的书面通知且不持异议的 30 天后进行。

五、禁止及取消"灰色区域"措施

灰色区域措施指有关国家根据双边达成的非正式协议,实施的与 WTO 规则不符的进口限制措施。因这些协议透明度很低,故被称为灰色区域措施。其主要特征是:名义上是出口国自愿承担的单方面行动,实际上是在进口方的压力下作出的;规避了取消数量限制和非歧视性原则;有关协议的内容一般包括提高产品价格、限制进口数量及进口监督等。

灰色区域措施种类很多。其中包括:自愿出口限制、有秩序的销售安排、出口节制、出口价格或进口价格调控机制、出口或进口监督、强制的进口卡特尔、任意性出口或进口许可制度等。灰色区域措施削弱了保障措施的作用。

协议明确规定,WTO 成员方不应寻求、采取或维持任何此类措施;WTO 成员方不应鼓励或支持国营或私营企业,采取或维持与上述做法效果相同的措施。协议要求,到 1999 年年底,所有的灰色区域措施都应取消。

六、发展中成员的特殊待遇

协议规定,如果源自发展中成员方的产品,在进口成员该产品进口总量中的比例不超过 3%,则不对该产品实施保障措施。但当比例均不超过 3% 的几个发展中成员的合计比例超过 9% 时,则适用保障措施。

发展中成员实施保障措施最长可至 10 年。

七、协议监督与争端解决

协议规定在货物贸易理事会下设立保障措施委员会,每年向货物贸易理事会提出报告,监督协议执行并提出建议。

成员之间就协议实施发生争端,可按争端解决程序进行。

八、协议实施与修正

(一)实施情况

(1)发起数量远高于最终实施和不实施数量。从 1995 年到 2014 年 6 月,49 个 WTO

成员共发起 295 起保障措施调查,最终实施 139 起保障措施,超过半数的标准措施调查最终未采取任何措施。

(2)发展中成员是保障措施的使用的主要成员。发展中成员印度、印度尼西亚、土耳其、约旦、智利是使用保障措施的主要成员。上述成员在保障措施发起总数中的比重相应为 13.2%、8.8%、6.8%、3.8%和 5.1%。印度、印度尼西亚和土耳其是最终实施的主要成员,他们的实施比率分别为 48.7%、53.8%和 70%。

(3)贱金属、化工、石料等制品是保障措施涉案的主要产品。

(4)发达成员与发展中成员运用争端解决机制基本持平。保障措施起诉方来自 22 个成员,其中,欧盟 6 件,阿根廷 5 件,美国 4 件,哥伦比亚、智利、日本各为 3 件,韩国、挪威、新西兰、危地马拉各为 2 件。10 个 WTO 成员为应诉方,应诉件中美国为 15 件,阿根廷、智利各为 8 件,欧盟为 4 件。引发的争端集中在保障措施的实施条件和对严重损害的定义等。

(二)协议修正与发展趋势

在 WTO 第一届部长级会议上,此协议受到关注,但未列入多哈回合谈判范畴,仅有与农产品相关的特殊保障措施作为农产品谈判焦点。WTO 成员已将保障措施作为常规化的贸易救济手段,实施产品对象主要为农产品和化工产品。

▪ 本章小结

1. 倾销是企业不公平的对外贸易行为。受到有倾销行为进口商品伤害的企业可以请求政府采取反倾销措施,维护公平竞争。WTO 负责实施管理的《关于实施 1994 年 GATT 第 6 条的协议》,又称《反倾销协议》。根据该协议,实施反倾销措施的基本要件为存在倾销、产生伤害、倾销与伤害之间存在因果关系。反倾销措施的基本程序有:申请人申请、进口方主管机构审查立案、反倾销调查、行政复审和司法审议。采取的反倾销措施有:临时征收、价格承诺和最终征收。反倾销税率不得高于倾销幅度。

2. 补贴是政府维护社会稳定的一种广泛行为。政府通过补贴扩大出口贸易属于不公平竞争行,如伤害进口国家同类产业,该产业可请求政府采取反补贴,以保护公平竞争。为此,在《补贴与反补贴措施协议》中对补贴进行了分类,即禁止性补贴、可诉补贴、不可诉补贴。对前二者可采取反补贴措施,其方法是征收反补贴税。

3.《保障措施协议》的目的是强化保障措施的正当运用,它不同于《反倾销协议》和《补贴与反补贴措施协议》,带有救济性质。该协议规定,WTO 成员方实施保障措施必须满足的三个条件:①某项产品的进口激增;②进口激增是由于不可预见的情况和成员方履行世贸组织义务的结果;③进口激增对国内生产同类产品或直接竞争产品的产业造成了严重损害

或严重损害威胁。如果违背上述条件，则属于滥用。

4. WTO 成立后，WTO 成员加强对反倾销和反补贴措施的运用，历届部长级会议关注这两个协议的修正与完善，但相关谈判都未结束，尚未形成 WTO 成员普遍接受的协议修正文本。保障措施协议已正常化。

重要概念

反倾销税（Anti-dumping duty）

正常价值（Normal value）

实质损害（Material injury）

严重损害（Serious injury）

价格承诺（Price undertaking）

反规避（Anti-circumvention）

出口补贴（Export subsidy）

反补贴税（Countervailing duty）

禁止性补贴（Prohibited subsidy）

可诉补贴（Actionable subsidy）

不可诉补贴（Non-actionable subsidy）

保障措施（Safeguards）

灰色区域措施（Grey area measures）

案例分析

应急（救济）贸易措施的差异

尽管保障措施、反倾销、反补贴均被视为应急贸易措施，但三者还是存在明显差异。

反倾销和反补贴措施只有在进口产品存在倾销（低于正常价值）、补贴的情况下才能使用，并且需要证明国内产业因进口受到实质性损害。如果进口仅仅导致对国内产业造成严重损害，而不存在倾销、补贴情形，或者严重损害是由一项特定贸易政策所致，则进口国可采用保障措施应对进口激增。

由于倾销或补贴行为因出口商和国家而异，因此反倾销和反补贴措施仅针对已经被证实其产品存在倾销或补贴行为的出口商，即该措施无须遵循最惠国待遇原则。但是，保障措施的实施原则上应以最惠国待遇为基础，即针对所有来源的进口产品，但如果发展中国家在进口中只占极小份额可申请豁免。

最后，由于反倾销和反补贴是针对特定贸易行为（倾销或补贴）采取的措施，所以不必对受影响的贸易伙伴予以补偿。与此不同，一成员方如果由于进口激增对国内产业造成损害而采取保障措施,而不是针对特定贸易行为,则应当对贸易伙伴遭受的不利影响予以补偿。

反倾销与保障措施的差别被认为是各国倾向于使用前者的主要原因。保障措施应遵守非歧视性原则是各国较少使用的原因之一,因为政府需要一个目标较为明确的工具,以直接针对对其造成损害的国家。各国较少使用保障措施也与各国不愿针对公平贸易的产品采取保护措施以及需要对贸易伙伴提供补偿有一定关系。最后一点还需要强调,作为一项应急措施,反倾销会导致效率下降,从而使贸易伙伴的福利水平无法维持在原有水平,而保障措施无法导致产生低效率现象。

资料来源:世界贸易组织秘书处:《世界贸易报告 2007》,中译本,191~192 页,中国商务出版社,2008。

分析讨论

1. 为什么保障措施、反倾销、反补贴均被视为应急贸易措施?

【解析】　应急贸易措施是指为了保护本国企业采取的临时性的补救措施,补救措施效益实现,这些措施就要终止。为了扩大对外贸易和打击进口国家的竞争企业,WTO 成员有时采用倾销和补贴方式以低价出口商品,对进口成员的同类产业构成伤害。在关税的不断下调,而又不能随意上调的情况下,为了保护本国受到伤害的产业,政府可以根据企业要求临时采取应急措施。应急措施应用比较灵活,故被成员国经常、广泛地运用。

2. 保障措施、反倾销与反补贴措施的主要差别是什么?

【解析】　三种措施有三大差别:①针对对象不同。反倾销和反补贴措施仅针对已经被证实其产品存在倾销或补贴行为的出口商,而保障措施是针对所有的进口商。②实施条件不同。反倾销和反补贴是有条件的,即反倾销和反补贴措施只有在进口产品存在倾销、补贴的情况下才能使用,并且需要证明国内产业因进口受到实质性损害。如果进口仅导致对国内产业造成严重损害,而不存在倾销、补贴情形,或者严重损害是由一项特定贸易政策所致,则进口国可采用保障措施应对进口激增。③补偿不同。由于反倾销和反补贴是针对倾销或补贴采取的措施,所以不必对受影响的贸易伙伴予以补偿。与此不同,一成员方如果由于进口激增对国内产业造成损害而采取保障措施,而不是针对反倾销和反补贴,则应当对贸易伙伴遭受的不利影响予以补偿。

3. 贸易应急措施与贸易自由化什么关系?

【解析】　贸易应急措施与贸易自由化有两种关系:①降低贸易自由化变革成本的工具。贸易自由化使得一国资源从比较劣势部门流向比较优势部门,这种变革可能导致企业加速调整,工人出现失业。贸易应急措施可以减缓进口增加,为国内产业进行调整以应对竞争提供时间。②抵消贸易保护的政治要求的压力。如果政府对上述要求不管,当企业要求积蓄到一定程度,保护主义压力将造成对贸易自由化的逆转。政府通过贸易应急措施,可以

抑制贸易保护主义势力的强化,维护贸易自由化的承诺。

同步测练与解析

1. 何为倾销?

【解析】 倾销是指一项产品的出口价格,低于其在正常贸易中出口国供其国内消费的同类产品的可比价格,即以低于正常价值的价格进入另一国市场。

2. 对非市场经济国家如何确定倾销可比价格?

【解析】 不以该国国内价格作为判断倾销的价格依据,而是采取替代价格判断该国出口产品是否存在倾销。其办法是找出与该国同类型的被认为是市场经济国家的同类出口产品的出口价格,作为判断该国出口产品是否倾销的价格依据,如低于替代价格,则为倾销行为。

3. 通过什么程序进行反倾销调查?

【解析】 实施反倾销措施的基本程序:申请人申请;进口方主管机构审查立案;反倾销调查;行政复审和司法审议。

4. 补贴分为几类?

【解析】 《补贴与反补贴措施协议》将专向性补贴分为三类:禁止性补贴,可诉补贴,不可诉补贴。

5. 采取何种方式对付非农产品禁止的补贴?

【解析】 禁止性补贴又称"红灯补贴"。《补贴与反补贴措施协议》明确将出口补贴和进口补贴规定为禁止补贴,任何成员不得实施或维持此类补贴。如果出现禁止性出口补贴,则允许进口成员采取反补贴税。

6. 实施保障措施的要件是什么?

【解析】 世贸组织成员方实施保障措施必须满足三个条件:①某项产品的进口激增;②进口激增是由于不可预见的情况和成员方履行世界贸易组织义务的结果;③进口激增对国内生产同类产品或直接竞争产品的产业,造成了严重损害或严重损害威胁。

C 第十一章

《服务贸易总协定》

学 习 目 标

　　WTO 负责实施管理的第二大多边协定是服务贸易总协定,其目的是促进国际服务贸易逐步自由化。本章系统完整地介绍了《服务贸易总协定》产生的背景,逐步自由化的规则和实施办法,协定执行的效果与后续谈判进展,在协定基础上开展的《服务贸易协定》(GATS)谈判。通过学习,学生应了解国际服务贸易的特点,知悉国际服务贸易逐步自由化的原因,掌握国际服务贸易协定中的各种概念和逐步自由化的措施与执行,GATS 后续谈判进展,明悉GATS 谈判的起因。

重 点 难 点 提 示

- ◉《服务贸易总协定》的管辖范围;
- ◉ 国际服务贸易的类型;
- ◉《服务贸易总协定》规定的一般义务;
- ◉ 服务市场准入表的构成;
- ◉ 服务贸易协定(TiSA)谈判。

第一节 《服务贸易总协定》的产生

一、服务贸易定义、产生与发展

中国《辞海》将服务界定为："以提供活劳动形式来满足他人的某种需要，并取得相应报酬的商业行为。"[1]英国经济学家希尔（T. P. Hill）给出的定义是："服务可以被定义为是一个人或是隶属于某经济体的货物的状态的改变，这种改变是由于其他经济体根据与接收服务的人或经济体事先达成的协议所从事活动的结果。"[2]该定义被学界广泛使用。

服务业称为第三产业，是农业和工业发展之后的产业。随着发达国家产业结构的调整和国际分工的深化，货物贸易发展的扩大，资本国际化和跨国公司的兴起，运输、旅游、金融、保险、咨询等服务业迅速扩大。国际服务贸易成为各国尤其是发达国家贸易的重要组成部分和提高竞争力的基础。

服务贸易与货物贸易不同，服务贸易具有如下主要特性。

（1）服务贸易标的具有不可储存性。服务的生产、供给和消费往往同时完成，属于同一个过程。

（2）服务贸易具有跨国流动的特性。包括服务贸易的提供者和服务设施，均可通过投资到别国境内进行。出口与进口的划分不再是货物贸易的关境，而是境内服务的提供和消费地。

（3）国家对服务贸易的管理，不再是边境和关境措施，而是通过国内法和行政进行管理，对象主要是服务的提供者和消费者，而非服务本身。

（4）服务贸易统计与货物贸易不同。货物贸易反映在海关统计上，而服务贸易则反映在一国国际收支表上。由于统计制度不一，公布的服务贸易额往往低于实际的服务贸易额。

世界各国经济发展阶段不同，发达国家在服务贸易上具有优势，希望通过服务自由化，扩大服务业市场。而发展中国家服务业比较落后，竞争力弱，倾向保护。

二、服务贸易壁垒的产生与种类

（一）服务贸易壁垒的含义

服务贸易壁垒是指一国政府对外国服务提供者的服务或销售所设置的各种限制措施。服务贸易壁垒的目的，一方面在于保护本国服务业的市场、扶植本国服务部门，增强其竞争

---

① 《辞海》，3442 页，上海辞书出版社，1997。

② T. P. Hill, On Goods and Services, Review of Income and Wealth, Vol. 23, No. 4, 1977, p. 318.

力;另一方面旨在抵御外来竞争者进入本国服务市场。随着服务业的快速发展和应对保护措施的加多,服务壁垒种类不断增加。

(二)服务贸易壁垒的种类

1. 产品移动壁垒

产品移动壁垒包括数量限制、当地成分或本地要求、补贴、政府采购、歧视性技术标准和税收制度,以及落后的知识产权保护体系等。

2. 资本移动壁垒

壁垒的形式主要有外汇管制、浮动汇率和投资收益汇出的限制等。如限制外国服务厂商将利润、版税、管理费汇回母国,或限制外国资本抽调回国,或限制汇回利润的额度等。这类限制措施大量存在于建筑业、计算机服务业和娱乐业。

3. 人员移动壁垒

如种种移民限制和出入境的烦琐手续,通过工作许可证等制度,限制技术人员的就近服务。

4. 开业权壁垒

开业权壁垒又称生产创业壁垒。如1985年以前澳大利亚禁止外国银行设立分支机构;1985年后,首次允许外资银行进入,但仅从众多申请者中选择了16家银行,其选择标准是互惠性和他们对金融制度的潜在贡献。加拿大规定外国银行在国内开业银行中的数量不得超过预定比例等。美国民权法、马来西亚定额制度、欧洲就业许可制度、巴西本地雇员比例法令等,都具有这类性质。

表11-1列出各国在服务贸易中设置的主要壁垒。

表11-1 世界主要服务业贸易壁垒内容概要

1. 航空业	国家垄断和补贴问题。给本国航空公司提供优惠待遇,如把空运的货源和航线保留给国内航空公司;为本国飞机提供机构的有限使用权;国内用户接受本国航空服务贸易通过对等原则的双边协议进行
2. 广告业	对外来广告企业要求本国参股权,政府在广告业的竞争中偏袒本国企业。如严格限制外国广告企业经营电视广告
3. 银行与保险	主要是开业权和国民待遇问题。许多国家禁止外国银行在本国设立任何形式的机构,如允许设立分支机构,但必须与母行中断业务上的直接联系。只允许外国银行在低储蓄地区、高税收率和限制财产经营范围的地区开业。对外国保险公司有绝对控股权和禁止经营某些保险业务
4. 工程建筑	主要是开业权、移民限制和国民待遇问题。禁止外国公司承建某些工程,在工程招标中偏袒本国公司
5. 咨询服务业	对设在本国的外国咨询机构要求有参与权,必须与本国相应的机构合作经营业务。在咨询程序上的不透明
6. 教育服务	进行移民限制和歧视外国文凭

7. 医疗服务	歧视外国医生的开业资格和商业存在开业权
8. 电信和信息服务	国家垄断和控制。知识产权保护、"幼稚工业"保护、技术标准和不公平税收等
9. 影视服务业	对本国影视直接拨款或通过税收优惠进行补贴,对外国影视业要求参与权、版权保护、进口垄断和限制播放
10. 零售商业	国内零售规则的不够透明,对不动产所有权、外国雇员的移民和利润汇回进行限制等
11. 旅游业	出入境限制,外汇管制,限制旅游设施所有权、开办旅行社和旅游购物等
12. 海运业	国家特许经营与垄断、为本国海运公司保留货源、倾销性运价等问题

资料来源：江林、王玉平：《关贸总协定法律体系引用指南》,上海,华东师范大学出版社,1993。

三、GATS 的产生、宗旨与特色

服务贸易壁垒抑制发达国家服务业的优势发挥。在发达国家尤其是在美国和欧盟的推动下,服务贸易规则谈判首次列为乌拉圭回合议题。经过发达国家和发展中国家艰苦的谈判,最终达成《服务贸易总协定》(General Agreement on Trade in Services, GATS)。服务贸易正式纳入多边贸易体制的管辖范围。

GATS 由 6 个部分 32 个条款组成,内容主要包括：管辖范围、一般义务和纪律、具体承诺、逐步自由化、机构条款和最后条款等。协定还有 8 个附件。

GATS 的前言对其宗旨作了原则性的规定,即希望建立一个服务贸易原则和规则的多边框架,以期在透明和逐步自由化的条件下扩大服务贸易,并以此为手段促进所有贸易伙伴的经济增长和发展中国家的发展。

GATS 具有以下特点：①协定是框架式的国际服务贸易规则,成为各类服务贸易进一步谈判,达成具体协议的基础;②关注成员国内与服务贸易相关政策法规的修订,具有浓厚的妥协成分;③对发展中成员的服务贸易发展和利益十分关注,强调发展中成员的特殊权利和差别待遇,以便利他们更多地参与服务贸易和扩大服务出口;④协定结构不是很严密。

第二节　国际服务贸易的概念与类别

服务与货物不同,有本身特定的术语与含义。为此,GATS 就协定范围内的名词术语,类别作出解释和界定。

一、服务的提供与消费

服务的提供包括服务的生产、分销、营销、销售和交付。服务提供者指提供服务的任何人。人指自然人或法人。自然人指成员的国民或有永久居留权的居民。法人是指根据适用法律适当组建或组织的任何法人实体,其类型包括公司、基金、合伙企业、独资企业或协会,其范围包括盈利与非盈利,私营所有和政府所有的法人。商业存在指任何类型的商业或专业机构,包括为提供服务而在一成员领土内组建、收购或维持法人或创建或维持一分支机构或代表处。

服务消费者则指服务提供的接受者。

二、服务部门分类

GATS 将服务分为 12 个部门,即商务服务,通信服务,建筑和相关工程服务,分销服务,教育服务,环境服务,金融服务,健康服务,旅游服务,娱乐、文化和体育服务,运输服务,其他服务。这 12 个部门又进一步细分为 160 多个分部门。

政府行使职权提供的服务不包括在协定的服务范围内。该服务是指不依据商业基础提供,也不与一个或多个服务提供者竞争的任何服务。

三、国际服务贸易概念

服务贸易的出口与进口界定地与货物贸易的出口与进口不同。货物贸易的进出口是依海关界定的,而服务贸易的进出口则是以服务提供和消费地点界定的。服务的提供成为一个成员的出口,服务的消费成为一个成员的进口。它们是发生在成员境内的同时出现的服务行为。就此,协定界定了国际服务贸易的四种形式,即跨境交付、境外消费、商业存在和自然人流动。

(一)跨境交付(Cross border supply)

跨境交付是指自一成员的领土向任何其他成员领土提供服务。例如,在美国的律师为在英国的客户提供法律咨询服务。

(二)境外消费(Consumption abroad)

境外消费是指在一成员领土内向任何其他成员的服务消费者提供服务。例如,一成员的国民到另一成员领土内旅游、求学等。

(三)商业存在(Commercial presence)

商业存在是指一成员的服务提供者通过在任何其他成员领土内的商业存在提供服务。

例如,一成员的银行或保险公司到另一成员领土内开设分行或分公司,提供金融、保险服务。

(四) 自然人流动(Movement of natural persons)

自然人流动是指一成员的服务提供者通过在任何其他成员的领土内的自然人存在提供服务。例如,某先生是 A 国的律师,他来到 B 国后,没有设立自己的律师事务所,而直接提供法律咨询服务。

第三节　WTO 成员一般义务和纪律

一、最惠国待遇原则

服务贸易上的最惠国待遇是指 GATS 的任何措施,每一成员对于任何其他成员的服务和服务提供者,应立即和无条件地给予不低于其给予任何其他国家同类服务和服务提供者的待遇。

但下列情况,属于最惠国待遇例外:

(1) 任何成员可列出最惠国待遇例外清单,从而有权继续在特定的服务部门给予特定国家以更优惠的待遇。这些例外只能一次确定,且例外清单中的内容不得增加。

(2) 区域贸易集团内成员之间提供的优惠待遇。

(3) 成员对相邻国家授予或给予的优惠。

二、国民待遇原则

国民待遇是指对于列入成员减让表的服务部门,在遵守其中所列任何条件和资格的前提下,每一成员在影响服务提供的所有措施方面给予任何其他成员的服务和服务提供者的待遇,不得低于其给予本国同类服务和服务提供者的待遇。

三、逐步自由化

乌拉圭回合有关服务贸易自由化仅是开端,其目标是通过不断探求扩大服务减让表中市场开放承诺,推进服务贸易自由化进程。

为此,GATS 作出如下具体规定:

(一) 定期举行服务自由化谈判

自 WTO 协定生效起 5 年内,各成员定期举行连续性的谈判,以逐步实现更高的自由化水平。谈判内容是减少或取消各种对服务贸易不利影响的各种措施。

（二）自由化进程要依具体国情为基础

自由化进程应适当尊重各成员本身的政策目标和总体部门的发展水平。个别发展中成员应有适当的灵活性，开放较少的服务部门和较少类型的服务交易。给予最不发达成员的特殊待遇。

（三）提高协定下的具体承诺水平

定期接续谈判的目标应是提高各成员在 GATS 下所作具体承诺的总体水平。

四、透明化原则

GATS 规定，WTO 成员应及时公布影响 GATS 实施的、所有普遍适用的相关服务贸易措施。如果 WTO 成员新制定或修改后的法律、法规和行政措施，对该成员在 GATS 下的服务贸易具体承诺产生影响，则应及时通知服务贸易理事会。

为此，WTO 成员应设立各自的服务贸易咨询点。发达成员和具备条件的其他成员还应设立联系点，以便发展中成员的政府和服务提供者，可以获得有关的商业和技术资料，以及有关专业资格要求等方面的信息。

五、关于国内法规的纪律

GATS 要求，对已作出具体承诺的服务部门，成员应以合理、客观、公正的方式实施相关的所有措施，在合理的时间内答复提供某种服务的申请。此外，还应提供司法或其他程序，以便服务提供者就影响其贸易利益的行政决定提出复议的申请。

在服务贸易具体多边规则形成以前，成员方在实施各自的标准和要求时，不能对服务提供者构成不必要的贸易限制。

GATS 敦促 WTO 成员方承认其他成员方服务提供者所具有的学历或其他资格，鼓励各成员之间就资格的相互承认进行谈判，同时给予其他具有类似标准的成员参与谈判的机会。资格要求应尽可能地以国际公认的标准为基础，不能在成员间造成歧视，也不能对服务贸易构成隐蔽性限制。

六、对不公平竞争行为的约束

WTO 成员方任何一种服务的垄断提供者，均不得滥用垄断地位，其行为不能违背该成员的最惠国待遇义务和已作出的具体承诺。如果一成员在对提供某种服务作出具体承诺后，又对提供该种服务授予垄断经营权，从而否认或损害了已有的承诺，则该成员应通过谈

判机制作出相应补偿。

GATS 承认服务提供者的"某些商业惯例"可能会抑制竞争,从而限制服务贸易。应 WTO 其他成员请求,可就此问题进行磋商,并进行信息交流,以最终取消这些限制性商业惯例。

七、例外规定

GATS 允许处于严重国际收支困难中的 WTO 成员,或受国际收支困难威胁的 WTO 成员,对其具体承诺所涉及的服务贸易采取限制措施。但是,这些限制不得造成歧视,避免对其他成员的利益造成不必要的损害。

这些限制措施应该是暂时的,一旦情况好转,就应逐步取消。在采取或维持这些限制措施时,成员方可以优先考虑对经济和发展具有重要意义的服务部门,但不能利用这种限制措施来保护特定的服务部门。

采取限制措施的成员应与其他成员进行定期磋商。磋商在国际收支委员会中进行,所遵循的规则与货物贸易领域中的规则相同。另外,除非因国际收支平衡原因而获得 WTO 的允许,任何成员不得对与其具体承诺有关的经常交易项目实施国际支付和转移方面的限制。

各成员方政府购买自用的服务可以不受最惠国待遇原则、市场准入和国民待遇承诺的限制。

只要不在情况类似的国家间造成任意的、不合理的歧视,或构成对服务贸易的变相限制,成员方有权援用一般例外和安全例外条款采取相应措施。这些例外内容包括:维护公共道德,保护人类、动植物的生命或健康等;防止欺诈做法,在处理个人资料时保护个人隐私,平等有效地课征税收等。

安全例外不要求成员披露会违背其根本安全利益的信息,也不阻止成员为保护其根本安全利益而采取任何行动。这些行动可以是与有关军事机构的给养有关的服务,也可以是与核聚变和裂变材料有关的行动;可以是在战时或其他国际关系紧张时采取的行动,也可以是根据《联合国宪章》为维护和平和安全而采取的行动。

八、关于保障措施和补贴纪律

在保障措施问题上,有关谈判应在非歧视原则基础上进行,并于 2002 年 3 月 15 日完成。在补贴问题上,GATS 承认补贴对服务贸易会产生扭曲,同时也承认补贴对发展中成员服务业的发展所起的作用,但成员方在受另一成员方补贴措施的不利影响时,可以要求进行磋商,有关成员方应对此给予同情的考虑。

但成员方不能完全自由地利用补贴帮助本国的服务提供者。如果他们在服务贸易承诺表中未明确说明补贴措施不适用外国服务提供者,则根据国民待遇原则,成员方有义务在纳入具体承诺表的服务部门给予外国服务者同样的补贴。

第四节 服务市场准入减让表

一、减让表作用与构成

在乌拉圭回合中,参与谈判方通过谈判,确定本国对外开放的服务贸易部门,表现在服务贸易具体承诺的减让表上。它成为 GATS 的组成部分。

在服务承诺的减让表上,要列明如下内容:市场准入的条款、限制和条件;国民待遇的条件和资格;与附加承诺有关的承诺;实施此类承诺的时限和生效的日期。表规则用于处理服务贸易的市场准入和国民待遇问题。与上节所述的一般义务和纪律不同,减让表规则仅适用于成员方在减让表中作出的具体承诺。

(一)市场准入

市场准入是指每一成员对任何其他成员的服务和服务提供者给予的待遇,不低于其在具体减让表中同意和列明的条款、限制和条件。

GATS 指出,如不在减让表中列明,则不能维持或采取以下 6 种影响市场准入的措施:①以数量配额、垄断、专营服务提供和经济需求测试要求的形式,限制服务提供者的数量;②以数量配额或经济需求测试要求的形式限制服务交易或资产总值;③以配额或经济需求测试要求的形式,限制服务业务总数或以指定数量单位表示的服务产出总量;④以配额或经济需求测试要求的形式,限制特定服务部门或服务提供者可以雇用的、提供具体服务所必需且直接有关的自然人总数;⑤限制或要求服务提供者通过特定类型法律实体或合营企业提供服务的措施;⑥以限制外国资股权最高百分比或限制单个或总体外国投资总额的方式限制外国资本的参与。

(二)国民待遇

针对成员服务逐步自由化的原则,GATS 规定,服务业的国民待遇只适用于成员方已经作出承诺的服务部门。在开放的服务业,对其他成员的服务或服务提供者,应给予其不低于本国服务或服务提供者的待遇。对不是整体开放的服务业要列出国民待遇的限制内容。

加入 WTO 的新成员也要达成服务贸易具体承诺的减让表,其格式与乌拉圭回合谈判各方承诺的服务贸易具体承诺的减让表相同。见表 11-2。

表 11-2　中华人民共和国服务贸易具体承诺减让表

部门或分部门	市场准入限制	国民待遇限制	其他承诺
一、水平承诺			
本减让表中包括的所有部门	（3）在中国，外商投资企业包括外资企业（也称为外商独资企业）和合资企业。合资企业有两种类型：股权式合资企业和契约式合资企业① 股权式合资企业中的外资比例不得少于该合资企业注册资本的 25％ 由于关于外国企业分支机构的法律和法规正在制定中，因此对于外国企业在中国设立分支机构不作承诺，除非在具体分部门中另有标明 允许在中国设立外国企业的代表处，但代表处不得从事任何营利性活动，在 CPC 861. 862. 863. 865 下部门具体承诺中的代表除外	（3）对于给予视听服务、空运服务和医疗服务部门中的国内服务提供者的所有现有补贴不作承诺	
二、具体承诺			
A. 专业服务 a. 法律服务 （CPC 861，不含中国法律业务）	（1）没有限制 （2）没有限制 （3）外国律师事务所只能在北京、上海、广州、深圳、海口、大连、青岛、宁波、烟台、天津、苏州、厦门、珠海、杭州、福州、武汉、成都、沈阳和昆明以代表处的形式提供法律服务 代表处可以从事营利性活动。驻华代表处的数量不得少于截止中国加入之日已设立的数量。一外国律师事务所只能设立一个驻华代表处。上述地域限制和数量限制将在中国加入 WTO 后 1 年内取消 外国代表处的业务范围仅限于下列内容： （a）就该律师事务所律师允许从事律师业务的国家/地区	（1）没有限制 （2）没有限制 （3）所有代表在华居留时间每年不得少于 6 个月。代表处不得雇用中国国家注册律师	

① 依照中国法律、法规及其他措施订立的设立"契约式合资企业"的合同条款，规定诸如该合资企业经营方式以及合资的投资或其他参与方式等事项。契约式合资企业的参与方式根据合资企业的合同规定，并不要求所有参与方均进行资金投入。

资料来源：石广生：《中国加入世界贸易组织法律文件导读》，807,810 页，北京，人民出版社，2002。

注：服务提供方式：（1）跨境交付；（2）境外交付；（3）商业存在；（4）自然人流动。

二、减让表的修改或撤销

（一）修改或撤销时间

减让表中任何承诺生效 3 年期满后的任何时间都修改或撤销。但此前 3 个月，要将修改或撤销意向通知服务贸易理事会。

（二）给予影响成员补偿

如修改或撤销减让表中任何承诺影响别的成员利益,可与该成员谈判,就补偿性调整达成协议。

（三）未达成协议前,不可修改或撤销原承诺

补偿性调整达成协议之前,不可修改或撤销原承诺。

（四）未按期达成协议时允许仲裁

在规定期限内未能达成补偿性调整协议时,受修改或撤销减让表中任何承诺影响的任何成员将此问题提交仲裁。

（五）对未遵守仲裁可实施报复

如果仲裁认定应给予补偿,而原成员未遵守仲裁结果,则任何参加仲裁的受影响成员可以享受被影响成员可修改或撤销实质上相等的利益。

第五节　GATS管理、争端解决与执行

一、服务贸易理事会

WTO设立服务贸易理事会,监督GATS的实施,促进服务贸易自由化。服务贸易理事会是专门机构,在总理会指导下工作。为有效履行职责,服务贸易理事会可以设立附属机构。WTO成员均可派代表参加理事会和其附属机构。理事会主席由各成员选举产生。

服务贸易理事会分支机构应履行如下的职责。

（1）透过持续的检讨和监督以确保GATS在各服务部门的适用。

（2）向服务贸易理事会及相关部门就有关问题提出建议或参考意见。

（3）对服务部门的专门附录提出修改建议,并向服务贸易理事会提出适当的意见。

（4）提供技术性论坛,研究和检讨有关服务贸易的技术事项。

（5）对发展中成员服务贸易提供技术协助。

（6）与其他服务贸易分支机构和有关国际组织进行合作。

二、争端解决

WTO整个争端解决机制适用于服务贸易领域,GATS根据本身特点作出补充规定,主

要包括磋商、仲裁、争端解决和实施三个程序。

（一）磋商

磋商可由当事成员双方直接进行，也可经过有关机构进行。成员就有关服务贸易问题向另一成员提出磋商请求时，被请求成员应给予考虑，并进行磋商。磋商没有结果，可请求服务贸易理事会或争端解决机制参与磋商。

（二）仲裁

仲裁主要用于解决有关避免双重课税国际协定范围内的服务贸易争端。一成员对另一成员采用的措施，不能援用国民待遇。措施是否属于该协定范围，各成员因见解不同产生争端，可由任一成员送交服务贸易理事会进行仲裁。仲裁具有一次解决的特点，结果对双方均有约束力。

（三）争端解决与实施

WTO 成员如认为某个成员未能实现他在 GATS 下承诺的责任和特定义务，可诉诸WTO 争端解决机制。该机制如认为情况严重，经认可后可暂停实施成员所承诺的责任和特定义务。如成员采用的措施与 GATS 不抵触，但使另一成员预期可得到的利益丧失或受损，也可向 WTO 争端解决机制申诉，由该机制或服务贸易理事会参与磋商，如磋商没有结果，受损成员可请求争端解决机制授权暂停履行对该成员依照 GATS 项下的义务。

三、GATS 的执行

（一）执行情况

整体良好。

（二）加入成员勇于开放服务业

到 2014 年 6 月，加入 WTO 成员达到 32 个。在 WTO 列出的 160 多个服务业中，开放服务业在 100 个以上的有 19 个成员，开放 80～100 个的有 6 个，开放在 80 个以下的有 7 个。开放服务业最多的加入成员为乌克兰，为 137 个。开放最少的加入成员为蒙古，开放 37 个。中国为 93 个。

（三）涉及 GATS 的贸易争端

从 1995 年到 2014 年年底，WTO 成员提起的涉及 GATS 的案件有 23 起。2000—2014年案件数为 12 件，接近整个案件数的 60%。其特点如下。

1. 申诉方多为发达成员

在 12 起案件中,美国,美国与欧盟为 5 起,其中美国为 4 起。各为 1 起的成员为俄罗斯、巴拿马、加拿大、安提瓜和巴布达、厄瓜多尔、洪都拉斯和哥伦比亚。

2. 被诉方多为发展中成员,中国居多数

在 12 起案件中,被诉发达成员只有 2 个,分别为欧盟和美国。其余为发展中成员,中国占据其中 5 起。对中国的申诉方为美国、美国与欧盟、加拿大。美国占 3 起,其他各为 1 起。

第六节 GATS 后续谈判

一、GATS 后续谈判源起

根据 GATS 第 19 条第 1 款的规定,WTO 各成员应自《建立 WTO 协定》生效后 5 年内开始定期举行谈判,逐步实现高水平的服务贸易自由化,谈判的内容主要是减少服务贸易壁垒,提供有效的市场准入方式。

二、后续谈判的历程

2000 年 2 月 25 日,在全面的新一轮多边谈判尚未开始前,WTO 服务贸易理事会就按照 GATS 第 19 条第 1 款的要求,正式启动了新一轮服务贸易谈判。

2001 年 3 月 28 日,WTO 服务贸易理事会通过了《服务贸易谈判准则和程序》,确定了此次谈判的基调。

2001 年 11 月举行的 WTO 多哈部长级会议正式发动新一轮贸易谈判。在服务贸易方面,多哈《部长宣言》强调,服务贸易谈判必须遵循促进所有贸易参加方的经济增长和发展中成员以及最不发达成员的经济发展,必须要以《服务贸易谈判准则和程序》为指导。至此,服务贸易谈判正式并入 WTO 新一轮多边贸易谈判的轨道。

2004 年 8 月 1 日 WTO 以总理事会决定形式就多哈回合谈判议题达成一份框架性协议《多哈工作议程》,附件 C 为《服务贸易理事会特别委员会的建议》,重要内容包括五个方面:①尚未提供服务贸易初步出价的成员应尽快提交;②各成员应努力提供高质量的出价;③在不预先排除任何服务贸易提供方式的前提下,努力逐步实现较高的贸易自由化水平;④各成员应集中精力完成涉及服务贸易的国内法规、保障措施、反补贴、政府采购等议题制定规则的谈判;⑤为帮助发展中成员更有效地参加谈判,提供必要的技术援助。

2005 年 12 月 13 日至 18 日,在 WTO 香港第六届部长级会议后公布的《部长宣言》中,强调应继续就服务贸易国内法规、保障措施、反补贴、政府采购等领域的规则进行谈判;要求各成员有针对性地提高四种服务贸易形式的具体承诺水平;各成员应立即提交具体承诺的

首轮出价,并在 2006 年 7 月 31 日前提交第二轮出价,在该年 12 月 31 日前提交具体承诺表的最终草案。

2006 年 7 月 27 日,WTO 总理事会正式批准总干事拉米提出的全面中止多哈回合谈判建议。新一轮服务贸易谈判陷入停顿。

随着多哈回合的重新启动,2008 年 7 月 21 日,35 个 WTO 主要成员在日内瓦举行小型部长级会议。在服务谈判方面,举行了服务业信号会议,无果而终。2009 年 4 月在服务贸易理事会特别会议上,与会者重申他们在服务贸易要价与出价方面的利益。在该年 WTO 第七届部长级会上,多哈回合议题没有取得进展。

2009 年 3 月,服务贸易理事会主席向贸易谈判委员会提交谈判盘点报告,指出服务贸易谈判的分歧所在。

2010 年 3 月 22 日,WTO 贸易谈判委员会公布了服务贸易谈判的最新动态,谈及市场准入、国内法规、GATS 规则以及最不发达成员模式的实施进展。

2011 年 4 月,服务贸易理事会主席向贸易谈判委员会提交了报告,告知上述四个方面取得的谈判成果与分歧。

2011 年 12 月,WTO 第八次部长级会议通过豁免决议,允许 WTO 成员对来自最不发达成员的服务和服务提供者给予优惠待遇,同意 WTO 成员暂时不对跨境电子商务交易征税。

2013 年 12 月 7 日,在 WTO 第九届部长级会议上,通过《巴厘一揽子协定》,强调后巴厘工作中服务贸易的重要性。

2014 年 4 月 1 日,WTO 举行了有关服务贸易的正式会议。会议上,各成员强调服务贸易的重要性,表达在后巴厘工作计划中,将服务贸易列入其中的强烈愿望。服务贸易理事会于 2014 年 12 月 17 日举行非正式会议,成员一致同意将 2015 年 7 月作为完成多哈回合整体工作谈判的新期限。会议列出关注的问题,其中包括:请求和提供谈判;服务贸易理事会特别会议 2005 年建议;2008 年新闻发布会上所有主要服务部门做出的市场准入承诺;2011年贸易谈判委员会主席的报告;解决已经存在的谈判问题的重要性和迫切性;实现与其他多哈回合谈判议题(农业和非农业市场准入)的均衡;解决服务贸易谈判议程、服务部门之间、服务模式以及市场准入和规则之间的内部平衡;避免自选择问题;将发展目标作为谈判维度的核心;为成员提供新的服务市场准入出价途径。

三、2014 年以来服务贸易谈判的进展

(一)市场准入谈判没有取得进展

市场准入议题内容复杂,基本上可归为三大方面,即农业补贴、农产品关税和工业品关税。它们是农业谈判中的老大难问题,各方利益冲突,没有取得进展。

（二）国内规则谈判稍有进展

国内规则谈判涉及的主要问题有三：①基于成员提出的与规则草案相关的技术问题进行最终讨论；②对来自成员和秘书处的监管问题进行审查；③区域贸易协定中的国内规则问题。

1. 技术问题

WTO 成员完成了对"潜在的技术问题列表"中的 93 号问题的审查工作，并进行了广泛的信息交流。服务贸易委员会国内规则工作组（WPDR）主席分发了包括工作组进程和各个成员信息交流的编译文件。在广泛交换意见基础上，应成员要求，WTO 秘书处准备了三个背景说明文件，即技术措施的一般适用、部门和服务提供模式的监管、服务技术标准。这些交流和文件有助于服务贸易谈判中涉及国家层面的监管措施、惯例以及可能带来的影响。

2. 监管问题

2014 年，WTO 成员完成了对秘书处提出的"监管问题的部门和供应模式"的讨论。成员特别强调将发展作为讨论的主题，要求秘书处编写一份文件，说明"发展中国家面临的服务相关的监管挑战"。整个讨论虽未达成任何具体结论，但成员相互交流了影响服务部门以及服务供应模式的监管问题，对后续谈判十分有利。

3. 区域贸易协议中的国内规则问题

2014 年，WTO 成员对区域贸易协议中服务国内规则的实施经验进行了详细讨论，对其与 GATS 第 6 条谈判规则的异同进行比较分析。在区域贸易协议中有关国内规则的条款一般都要基于 GATS 的规则上，进行少量修改达成共识。

（三）GATS 规则谈判

GATS 国内规则组在 2014 年举行三次正式会议，就 GATS 规则进行讨论，但未取得实质性成果。

1. 紧急保障措施谈判

2014 年，工作组就此进行细致讨论，并提出"紧急保障措施之友的概念"。提案的支持者们对区域贸易协议中的紧急保障措施的政治和经济原因作出解释。应成员要求，秘书处准备了一份综合清单，说明在 GATS 第 5 条规定下的并已向 WTO 提请的 122 个区域贸易协议中，与贸易相关的保障性措施条款的规定，供成员进行评价。

2. 政府采购谈判

工作组初步讨论了"服务贸易与政府采购承诺的关系：从近期的 WTO 协议与区域贸易协议的视角进行分析"的工作论文。在讨论中，代表团成员提出有效促进政府采购的建议。秘书处代表从法律和经济的角度强调《政府采购协议》与 GATS 之间的互补性，并认为《政府采购协议》的修订中包含服务贸易，增加了涉及各成员方政府采购的公共实体和服务

部门。

3. 补贴服务业谈判

根据工作组要求，秘书处发布"补贴服务业——包含于 WTO 贸易政策审议中的信息"进行评估，未取得一致。但成员一致认为，要开展更多基础性工作，以更好地了解如何对服务政府采购进行补贴，并评估它们带来的影响。

（四）谈判进展成果归结

迄今为止，WTO 服务贸易谈判取得如下初步成果。

1. 逐步确立和明确了推进多边服务贸易谈判的内容、方式和目标

WTO 服务贸易理事会制定的《服务贸易谈判准则和程序》，确定把所有服务部门、服务提供模式以及最惠国待遇例外情况等列入谈判，决定把要价—出价作为谈判的主要方式，辅以诸边谈判的方式，并确定推进自由化作为谈判的目标。此后，并把服务列进政府采购。

2. 提高了发展中成员参与服务贸易谈判的程度

在服务贸易谈判中，均考虑了发展中成员服务贸易发展的现实，确认逐步自由化，提高发展中成员的参与度，给予发展中成员一定程度上的谈判弹性，对最不发达成员给予特殊考虑，对发展中成员的小型服务贸易提供者的需要予以考虑。与此同时，发展中成员也逐步认识到服务贸易发展与参与规则谈判，对维护本身的利益日益重要，主动参与服务贸易谈判的意愿有所提高。

3. 在部分服务贸易议题上取得一些积极进展

（1）市场准入取得一定进展，一些成员分别提出要价、最初出价和修改要价。WTO 香港部长级会议启动了服务贸易诸边谈判方式，制定了谈判时间表。

（2）在 WTO 规则方面的谈判议题上取得一定共识。在服务贸易规则议题谈判中，成员参与境内法规谈判的程度较高，谈判进程速度也较快；关于服务贸易补贴议题，各成员已同意进行补贴的信息交换；对于紧急保障措施，开始进行评估。

（3）服务贸易提供模式方面有所进步。各成员对跨境交付的自由化达成基本共识。

（4）在发展中成员优惠待遇方面达成共识。

（5）在一些服务部门谈判达成一些共识或协议。在电子商务方面，成员同意暂时不对跨境电子商务交易征收关税。在会计服务、空运服务、计算机相关服务、海运服务等议题方面取得一定积极进展。

服务贸易是多哈回合谈判的一个重要领域。由于多哈回合进展不顺，新一轮服务贸易谈判进程也十分曲折。但总体上，这轮谈判已取得一定阶段性成果，但谈判最终达成仍然陷入好事多磨的境地。

中国加入 WTO 后，认真履行入世承诺的同时，也充分享受权利，发展中国服务贸易；积极参与多哈回合服务贸易谈判，在市场准入、规则谈判等方面积极提出议案，推动谈判的早日达成。

第七节 《服务贸易协定》(TiSA)谈判

一、源起

为突破多哈回合谈判的困境,进一步加速服务贸易自由化的需要,由美国、欧盟、澳大利亚等 WTO 成员自主结成了"服务业挚友"(Really Good Friends of Services,RGFs)集团,探索服务贸易谈判的新途径,开展《服务贸易协定》(Trade in Services Agreement,TiSA)。2012 年 7 月,该集团成员在日内瓦发表了题为《推进服务贸易谈判》的联合声明。倡议构建一个在 GATS 框架内,多哈议程之外的 TiSA 协定,并勾勒其基本轮廓。其主要内容包括:谈判不预先排除任何服务部门或服务提供方式,以期实现实质性的行业覆盖范围;通过谈判,使成员承诺的服务开放程度尽可能符合其实际水平,在此基础上增进服务市场的准入;通过谈判,对现有服务贸易规则进行改进和完善,并积极发展新规则。

RGFs 集团成员从最初的 16 个谈判方扩展到 2015 年的 24 个[①],其服务贸易总额约占全球服务贸易总额的 70%。但在全球服务贸易进出口排名前 20 个成员中,中国、印度、新加坡、俄罗斯、泰国、巴西与马来西亚等成员尚未加入 TiSA 谈判。中国自 2013 年 9 月提出申请,因美国反对,至今未能加入谈判。

截至 2015 年 9 月 30 日,TiSA 已举行 13 轮谈判,谈判方同意在 2015 年 9 月 15 日以前将已完成的市场准入承诺进行列表。

二、TiSA 谈判中的焦点问题

根据 RGFs 成员达成的基本共识,TiSA 谈判将以 GATS 既有成果为基础,结合现行的诸边贸易协议实践,进一步扩大服务市场的开放幅度,并建立一个广泛、实用、遵循自由化宗旨的服务贸易新规则,为 WTO 多边服务谈判树立典范效应。基于这种共识,确定的 TiSA 谈判议题主要包括:服务市场的进一步开放,对 GATS 规则的强化,新议题的加入。

(一)服务市场的进一步开放

服务市场进一步开放涉及的问题主要有:"具体承诺的列表模式""特殊条款对具体承

①　澳大利亚、加拿大、智利、哥伦比亚、哥斯达黎加、毛里求斯、欧盟、中国香港、冰岛、以色列、日本、列支敦士登、墨西哥、新西兰、挪威、巴基斯坦、巴拿马、巴拉圭、秘鲁、韩国、瑞士、中国台北、土耳其和美国。欧盟代表其 28 个成员作为一个谈判方。

诺的约束"和"自然人移动"。

在 TiSA 开始提出时,美国力主在服务市场准入与国民待遇的具体承诺上均采用《北美自由贸易协定》(NAFTA)的负面清单模式。欧盟则担心负面清单模式会降低 WTO 成员加入 TiSA 的意愿,且不利于 TiSA 谈判成果的最终多边化,因而主张 TiSA 谈判延续 GATS 现行的正面清单模式。经过美欧等成员技术性的磋商,最终决定采用折中方案,即在保持服务市场准入正面清单的基础上,实施国民待遇的水平承诺要求,使 TiSA 框架下的国民待遇趋于一般义务。TiSA 拟采用的"市场准入正面清单+国民待遇水平承诺(负面清单)"混合模式,可增加成员列表操作的灵活性和可控性,有助于各成员在实现服务市场更高水平自由化的同时,也便于吸引更多新兴国家与发展中国家的积极参与。

在此后的 TiSA 深入探索性阶段,美欧等成员提出主张,认为新协定的开放承诺应反映现实的服务市场的自由化水平,即以成员现有的服务市场开放水平为承诺起点,在此基础上提供新的和进一步的服务市场准入。为此,TiSA 拟引入"静止条款"(standstill clause)与"棘轮条款"(ratchet-in clause)。根据前条款,成员将不得实施较缔约时已存在的限制措施更为严厉的服务贸易限制措施,意在将 TiSA 谈判项下的各成员的服务市场开放点锁定在其现有实际水平上。依据后条款,成员一旦在未来自发实施更高水平的服务市场自由化,则该自由化措施应适用于所有成员,并且以后不得再恢复其原有的限制程度。该条款类似于自动修正承诺表的功能,使未来 TiSA 成员单方面所采取的服务市场自由化成果产生永久效力,并受 TiSA 的约束。

对于参与 TiSA 谈判的 RGFs 成员来说,其中多数已在 GATS 承诺表或 RTAs 实践中纳入"静止条款",故对将它引入 TiSA 并无过多分歧。但把"棘轮条款"引入 TiSA,则存在较大异议。在各方达成 TiSA 实施国民待遇水平承诺的共识后,美国和日本认为,"棘轮条款"可以保障那些在具体承诺表中就国民待遇不符措施作出保留的成员,在未来继续落实服务贸易的渐进式开放。而欧盟则认为,"棘轮条款"将过度限制成员调整其贸易政策的弹性空间,并有可能阻挡其他成员加入谈判。在"棘轮条款"具体实施方式上也存在争端,尚未达成共识。

此外,在 TiSA 谈判框架中,特别强调了自然人流动模式上要增强自由化的意识。因为 GATS 本身并未明确成员对哪些自然人流动应给予准入。土耳其、瑞士和加拿大以非穷尽方式,各自提出自然人流动承诺应涵盖的自然人分类"软清单",作为具体承诺表的附件。该清单普遍涵盖的四种自然人分别为:商业访问人员、公司内部调任人员、合同服务提供者和独立专业人员、咨询专家。TiSA 谈判方还提出,应关注半熟练技术人员的流动问题,提高签证发放透明度,以保证自然人流动的便利化。

(二)对 GATS 规则的强化

在 TiSA 谈判中,还关注对 GATS 现行规则的完善和强化。TiSA 谈判者拟在 GATS

现有成果基础上,制定覆盖所有服务部门的关于国内规制的横向规则。为促进缔约方之间的规则合作的协调,TiSA 拟建立一套一般部门与具体部门相结合的规制合作机制。此外,还将针对电信、金融、和能源等基础性关键服务业,设置专门的规制合作条款。

TiSA 作为高标准的服务贸易协定,认为有必要针对政府采购的特点构建适当的规则。TiSA 拟修改目前 GATS 给予"政府采购"豁免的方式。该方式下政府采购的豁免范围局限于警察、国防、司法等与国家核心职能直接相关的服务采购。TiSA 拟将豁免范围扩大到只要政府采购的服务不涉及国家核心职能,其采购活动就应接受 TiSA 规则的管辖,以促进服务采购市场的整体开放。此外,TiSA 还可能通过对"采购活动"的进一步界定,把国有企业在内的服务采购活动纳入 TiSA 的规则框架内。

(三)新议题的引入

为构建面向 21 世纪的高质量的服务贸易协定,解决和应对全球服务贸易发展中出现的新问题与新挑战,根据谈判成员的提案,TiSA 适当扩充了谈判议题,并拟新增加的相关规则。其中,美国提出的"国有企业"和"跨境数据流动"两大议题是其构建服务贸易公平竞争环境的核心内容,受到较为广泛的关注,成为 TiSA 谈判必须回应和解决的问题。

TiSA 拟在竞争章节中纳入专门的"国有企业规则",要求国有企业透明化经营、商业化运作,申明其所获的各种补贴并进行公开采购等,以实现竞争中立。在 TiSA 谈判中,关于"国有企业规则"的适用方式,美国和欧盟存在较大分歧。美国要求 TiSA 应将"国有企业规则"作为普遍使用的一般义务。欧盟与部分 RGFs 成员则主张,应仅针对构建服务部门制定相应的"国有企业规则"。美国可能做出妥协,同意采用较为温和的部门适用方案,国有企业规则将主要聚焦于金融、电信等发达成员具有竞争优势的关键服务部门。

关于跨境数据流动,RGFs 各方确认将在 TiSA 框架下提出具体准则。该准则原则上将保证跨境服务贸易中数据的自由流动。但如何解决跨境数据流动与隐私保护、国家安全等公共政策目标之间的冲突,有待 RGFs 成员进一步谈判。从互联网规制与数据保护的国内法体系来看,美国和欧盟存在根本性的差异和分歧。美国一贯倚重企业自治的市场模式,强调以企业自觉采取的技术手段为依托保障数据安全。欧洲则偏好政府直接监管模式,更多依靠法律规范企业使用数据的行为。

三、TiSA 与中国

(一)中国加入的提出与受阻

2013 年 9 月 30 日,中国宣布希望加入 TiSA 谈判的正式意向。因 TiSA 谈判对新成员采取的是自主选择机制,中国的加入意向需经 TiSA 现有成员的一致同意。美国对中国加入 TiSA 谈判持反对立场,主要理由如下:①中国市场虽然广阔,但仅在建筑和航运业有比较优势,服务业的总体竞争力弱,因此具有强烈的保护主义倾向,未来落实其开放承诺的阻力很大;②中国入世后的服务市场开放并未取得明显成效,国有企业仍占据较大份额,国内改革进展缓慢,包括外企在内的民营经济体难以进入服务市场,因此中国加入 TiSA,谈判的诚意不足;③中国加入 TiSA 谈判有遏制美国贸易战略的意图,可能会导致 ITA 扩围谈判僵局的重演。美国特别提出,中国在 GPA 的加入谈判以及 ITA 扩围谈判中的出价水平有限,导致谈判进展缓慢。因此,中国只有在这两项谈判中改进出价,展现与 TiSA 谈判成员志同道合的自由化雄心,美国才能考虑吸收中国加入谈判。但中国拒绝将 ITA、GPA 谈判上的出价作为加入 TiSA 谈判的条件。

(二)美国立场是非明智之举

1. 美国企业界并不赞同美国立场

美国企业界对中国加入 TiSA 谈判的视角与美国政府立场不同。如作为助推 TiSA,谈判的核心游说集团全球服务业联盟在其最新声明中表示,RGFs 集团应将吸引和拓展其他 WTO 成员加入 TiSA 作为一以贯之的目标,企业界期待和欢迎更多谈判方的加入,只要这些加入者有意恪守、发展并促进 TiSA 谈判,并作出与现有谈判方相匹配的市场开放承诺。在这方面,中国展现的加入 TiSA 谈判的兴趣显得尤为关键。

2. 美国立场是短视之见

一方面,鉴于 TiSA 谈判方已涵盖全球 70% 的服务贸易,而谈判内容旨在进一步开放服务市场和构建新一代服务贸易规则,中国为发展其服务业和拓展其服务贸易,提高本国服务产业的国际竞争力,加强在国际贸易规则中的话语权,并把发展服务业和拓展服务贸易的利益惠及 WTO 成员的愿望,会继续坚持加入 TiSA 谈判的立场。

另一方面,中国服务市场具有巨大的潜力和后发优势,TiSA 自身的未来多边化的目标,也将促使 TiSA 成员不得不重视中国加入 TiSA 的谈判问题。在重要的服务贸易规则制定中,如果没有中国的参与,其规则对于中国而言,可接受度自然会低很多,TiSA 多边化的愿望将会落空。

■ 本章小结

1. 随着世界各国产业结构的优化,国际货物贸易发展的需要和资本国际化的兴起,服务业和国际服务贸易得到迅速发展,但因各国对服务业的重视保护过度,影响了国际服务贸易的发展。在服务业上具有竞争优势的发达成员积极关注国际服务贸易自由化,在他们的要求下,服务贸易自由化列入乌拉圭回合,经过艰苦谈判,最终达成 GATS,成为该回合重要的谈判成果。由此,服务贸易被正式纳入多边贸易体制的管辖范围。

2. GATS 界定服务业为 12 个领域,确定了国际服务贸易的四种形式,规定 WTO 成员的一般义务和纪律。WTO成员具体谈判成果表现在服务市场准入表。

3. 鉴于发展中成员服务业发展比较落后,竞争能力不强,在GATS中给予一些特殊和差别待遇,以有利于其服务业的发展。

4. GATS促进了国际服务贸易的自由化,对WTO成员服务贸易的发展起了积极作用。为了加大GATS的作用,在执行GATS的同时,开始了服务贸易的新一轮谈判,并取得一些进展。

5. 为了摆脱多哈回合进展的缓慢,加强国际服务贸易的发展,由美国、欧盟、澳大利亚等WTO成员自主结成"服务业挚友",开展《服务贸易协定》谈判。该协定目标是在WTO GATS框架内,多哈议程之外,达成高质量的服务贸易协定。

重要概念

《服务贸易总协定》(*General Agreement on Trade in Services*,GATS)

服务贸易(Trade in services)

跨境交付(Cross border supply)

境外消费(Consumption abroad)

商业存在(Commercial presence)

自然人流动(Movement of natural persons)

水平承诺(Horizontal commitments)

具体承诺(Specific commitments)

《服务贸易协定》(*Trade in Services Agreement*,TiSA)

案例分析

服务贸易和货物贸易之间的互补

有证据表明,制造业部门如机床、汽车、化学品和电子设备行业的出口竞争力和内部的国外直接投资、商业服务进口是存在正相关关系的,此类贸易措施会产生负面影响,服务贸易和货物贸易之间的这种互补性可能通过不同的机制进行解释。

(1) 第一个机制由运输和物流之间的联系构成。运输和旅游服务约占一半的服务跨境贸易,而且对国际货物贸易来说这是最重要的直接服务收入。例如,Yeung等发现,使用第三方物流供应商服务(大部分来自中国香港)的中国制造型企业在出口市场的业绩要好于使用公司内物流或者在本地采购相关服务的企业的成绩。还有证据表明,限制运输和物流服务领域的贸易和竞争的措施对于商品贸易业绩会产生负面影响。例如,在海运产业的市场力量增加了贸易成本,特别对发展中国家来说尤为如此。

(2) 在最终市场,货物和服务往往捆绑在一起销售。比如,售后服务对于很多耐用品(如汽车等)销售非常重要。飞机发动机、打印机、自动售货机和其他设备或者租借越来越多地通过服务合同形式实现。另一个最近趋势是将货物主要看作一个服务平台。例如,移动电话通常以名义价格出售,消费者应签订固定长期合同作为条件。当货物和服务存在互补或者捆绑时,服务业措施也强烈影响所考虑的货物贸易。有证据表明,瑞典和英国的制造型企业(还有英国的采矿和石油公司)在服务贸易中非常活跃,而且它们总收益中服务份额随着时间的递延也不断增长。

(3) 货物贸易和服务贸易的互补因为国际贸易的中间商的作用(零售业和批发商)而进一步提高。Bernard 等发现美国出口商中 35% 为批发商,占美国出口价值的 10%。与此类似,意大利出口商中 25% 以上为中间人,占意大利出口价值的 10%。像处于领先地位的多国零售商一类的中间商倾向于直接从制造商或者农场主一方进货,而且通常有一个集中进货单位为所有销售渠道提供全球性的或者区域性的服务。因此,它们有助于促成其本国和分支机构所在国之间消费,推动货物贸易增长。

中间商组成的部门因市场集中对商品贸易造成影响。例如,在贸易开放中,拥有重大市场力量的零售商也很难将贸易成本转嫁给消费者。同时,规范的不一致性(如产品标准、标签和回收要求方面的差异)可能通过要求零售商为每一个目的改变产品而将大量成本强加给它们。

资料来源:世界贸易组织秘书处.世界贸易报告 2012.中译本.1782—1798 页(摘录).北京:中国商务出版社,2013.

分析讨论

1. 货物贸易和服务贸易之间如何构成互补性?

【解析】 货物贸易和服务贸易通过三种机制形成互补性:①制造业内部分工细化的需要,如汽车、机床、电子设备主机与零部件之间的分工生产与组装,需要通过各种运输服务实现。②货物和服务捆绑在一起销售日益流行。比如,售后服务对于很多耐用品,如汽车等销售非常重要。此外,飞机发动机、打印机、自动售货机和其他设备或者租借越来越多地通过服务合同形式实现。③中间商在国际贸易发展中的地位和作用加大,中间商需要更多的各种服务。

2. 货物和服务贸易互补性的加强对贸易政策带来什么倾向性?

【解析】 它们带来两种倾向性:①要求加强对非关税措施的约束、规范,如技术性贸易措施,尽量减少这些措施加大贸易成本的影响;②要求加大服务贸易领域的贸易自由化。

同步测练与解析

1.《服务贸易总协定》界定的服务范围包括几个?

【解析】《服务贸易总协定》界定的服务范围包括跨境交付、境外消费、商业存在、自然人流动。

2.《服务贸易总协定》把服务贸易分为多少部门？

【解析】　《服务贸易总协定》将服务分为 12 个部门，即商务服务，通信服务，建筑和相关工程服务，分销服务，教育服务，环境服务，金融服务，健康服务，旅游服务，娱乐、文化和体育服务，运输服务，其他服务。这 12 个部门又进一步细分为 160 多个分部门。

3. 在服务贸易中的国民待遇与货物贸易相比，有何特点？

【解析】　《服务贸易总协定》规定，成员方在实施影响服务提供的各种措施时，对满足减让表所列条件和要求的其他成员的服务或服务提供者，应给予其不低于本国服务或服务提供者的待遇。《服务贸易总协定》的国民待遇只适用于成员方已经作出承诺的服务部门。

4.《服务贸易总协定》列出的影响市场准入的限制有哪些？

【解析】　《服务贸易总协定》列举了 6 种影响市场准入的限制措施。具体包括：限制服务提供者的数量，限制服务交易或资产总值，限制服务网点总数或服务产出总量，限制特定服务部门或服务提供者可以雇用的人数，限制或要求通过特定类型的法律实体提供服务，限制外国资本参与的比例或外国资本的投资总额。

5. TiSA 对 GATS 带来什么影响？

【解析】　为突破多哈回合谈判的困境，进一步加速服务贸易自由化的需要，由美国、欧盟、澳大利亚等 WTO 成员自主结成了"服务业挚友"(Really Good Friends of Services, RGFs) 集团，探索服务贸易谈判的新途径，开展《服务贸易协定》(Trade in Services Agreement, TiSA)。2012 年 7 月，该集团成员在日内瓦发表了题为《推进服务贸易谈判》的联合声明，倡议构建一个在《总协定》框架内，多哈议程之外的《协定》协定，并勾勒其基本轮廓。主要内容包括：谈判不预先排除任何服务部门或服务提供方式，以期实现实质性的行业覆盖范围；通过谈判，使成员所承诺的服务开放程度尽可能符合其实际水平，在此基础上增进服务市场的准入；通过谈判，对现有服务贸易规则进行改进和完善，并积极发展新规则。

RGFs 集团成员从最初的 16 个谈判方扩展到 2015 年的 24 个，其服务贸易总额约占全球服务贸易总额的 70%。但在全球服务贸易进出口排名前 20 个成员中，中国、印度、新加坡、俄罗斯、泰国、巴西与马来西亚等成员尚未加入《协定》谈判。中国自 2013 年 9 月提出申请，因美国反对，至 2017 年 8 月未能加入谈判。

从 TiSA 发展过程来看，可能带来两种影响：①推动多哈回合《服务贸易总协定》深入谈判；②如该协议继续坚持把中国排除在外，出现排他性，将影响该协议的多边化。

C 第十二章

HAPTER TWELVE

《与贸易有关的知识产权协定》

学 习 目 标

通过本章的学习,了解《与贸易有关的知识产权协定》(TRIPs)的产生背景,掌握 TRIPs 的主要内容,掌握知识产权的保护措施;了解该协定的执行与后续发展情况。

重 点 难 点 提 示

- TRIPs 的产生背景;
- TRIPs 与原有相关的国际公约的关系;
- TRIPs 知识产权范围与协定构成;
- TRIPs 有关知识产权的效力;
- TRIPs 知识产权的获得、维持及有关程序;
- TRIPs 知识产权执法的一般义务;
- TRIPs 知识产权的保护措施;
- TRIPs 的修正。

第一节 概 述

《与贸易有关的知识产权协定》(*Agreement on Trade-Related Aspects of Intellectual Property Rights*,TRIPS)是与 GATT 1994 和 GATS 并列的三大协定之一。它对加强与贸易有关的知识产权制度有重要作用,对国际贸易的发展会产生深远的影响。

一、知识产权与国际保护

"知识产权"(Intellectual Property)这一概念在 17 世纪由法国人卡普佐夫最先使用。知识产权指公民或法人对其在科学、技术、文化、艺术等领域的发明、成果和作品依法享有的专有权,也就是人们对自己通过脑力活动创造的智力成果依法享有的权利。

对知识产权进行国际保护,是知识和技术交流日趋国际化的客观需要。随着科技的高速发展,智力成果的国际市场逐步扩大,统一知识产权制度的法律,成为国际社会的普遍要求。

1883 年制定的《保护工业产权巴黎公约》,是知识产权国际保护的开端。1967 年在瑞典斯德哥尔摩签订《成立世界知识产权组织公约》。世界知识产权组织于 1970 年 4 月成立,1974 年成为联合国的一个专门机构,主管工业产权、著作权及商标注册的国际合作。一些地区性的知识产权保护条约或组织也相继缔结或建立,知识产权的国际保护得到加强。

知识产权国际公约包括的公约主要有:《保护工业产权巴黎公约》(通称《巴黎公约》)、《商标国际注册马德里协定》(通称《马德里协定》)、《专利合作条约》《保护植物新品种国际公约》《保护文学艺术作品伯尔尼公约》(通称《伯尔尼公约》)、《保护表演者、录音制品制作者与广播组织公约》(通称《罗马公约》)、《集成电路知识产权条约》等。

随着国际贸易的不断发展,通过转让技术、专利和商标的使用权及版权许可,含有知识产权的产品在国际贸易中所占比重越来越大。这些产品包括新药品、新科技产品,计算机软件、电影、音乐、书籍,知名品牌商品,植物新品种等。

由于各国对知识产权的保护水平不一,法律规定不协调,假冒商标、盗版书籍和盗版电影等侵犯知识产权的现象不断发生,对国际贸易发展造成了障碍。在这种情况下,加强与贸易有关的知识产权保护,成为进一步发展国际贸易的迫切需要。

二、知识产权的特征

知识产权作为一种财产权,与普通意义上的财产权不同,具有以下特征。

（一）客体的无形性

知识产权的客体是基于智力活动而形成的创新成果，是无形财产。因其不占据一定的空间，难以实际控制。知识产权所有权人即使在其权利全部转让后，仍有利用其创造的智力成果获取利益的可能性。因此，法律上有关知识产权的保护、知识产权侵权的认定、知识产权贸易等比货物贸易的促进与保护措施复杂。

知识产权的无形性必须通过一定的物质载体表现，才能使人们感受和了解。但知识产权保护的法律体系着重于这些智力劳动成果本身，而不在于这些物质载体上。如著作出版后，读者可购买该著作，并拥有所有权，但没有该著作的著作权。

（二）主体的专有性

知识产权的专有性是指权利人对其智力成果享有垄断性的专有权，非经其同意或法律规定，其他任何人均不得享有或使用该项权利，其他任何单位或个人无权干预或妨碍知识产权人行使其权利。

各国法律对于权利人的这种独占的专有权都实行严格的保护。除通过依法规定的条件和程序，采用"强制许可"对权利人的专有权加以限制外，其他任何侵犯专有权的行为均构成侵权。专有权是知识产权最基本的法律特征，也是知识产权制度存在的保证和发展的动力。

（三）有效期的时间性

知识产权具有时间性，即它在一个法定的期限内受到保护。法律对知识产权的有效期作了限制，超出该期限，权利即告终止。此后进入公有领域，成为人类共享的公共知识，任何人都可以合法使用。由于各国对知识产权不同对象的保护期限存在差别，因而同一知识产权对象在不同国家获得的保护期限是不同的。例如，对发明专利的保护期有的国家为 15 年，有的国家为 20 年。

对商标各国虽然规定了有效期，但允许商标所有权人到期申请延续，对延续次数没有限制。例如，可口可乐等一些历史较长的商标可能经历了数十年，甚至上百年。

（四）专有权的地域性

知识产权的地域性是指按照一国法律获得确认和保护的知识产权只在该国具有法律效力，其他国家对该国知识产权没有保护义务。但如签有国际公约或双边互惠协定，则属例外。

此外，某项知识产权经过一定的国际间合作方式，可以在更多的国家与地区范围内得到保护。

（五）国家机构的认可性

知识产权因国家主管机关依法确认或授予而产生。知识产权所有者想正常地按自己意愿行使对其知识产权的占有、使用、处理权，就必须通过国家主管机关授权或认可，才得到国家法律的保护。此外，政府机构对知识产权进行审查、注册，也可把一些不符合创新性等法定标准的智力成果排除在保护范围之外。注册时对知识产权人、法律保护期、具体知识产权内容进行明确记录，也有利于知识产权侵权纠纷的解决。

三、TRIPS 的产生与宗旨

在乌拉圭回合之前，虽有前面提到的知识产权国际公约，但它们所规定义务的实施完全依赖国内法，缺乏有效的国际监督机制。GATT 本身直接涉及知识产权的条款和内容很有限。

东京回合曾就假冒商品贸易问题谈判，但未能达成协议。1982 年 11 月，GATT 首次将假冒商品贸易的议题列入议程。1985 年，GATT 总理事会设立的专家组得出结论：假冒商品贸易活动越来越严重，应当采取多边行动。但是否列入谈判议题各方分歧很大。

以美国、瑞士等为代表的发达缔约方，认为应将知识产权列入多边谈判的议题。以印度、巴西、埃及、阿根廷和南斯拉夫为代表的发展中缔约方认为，保护知识产权是世界知识产权组织（WIPO）的任务，应当把制止假冒商品贸易与广泛的知识产权保护区别开来。在 1986 年启动的乌拉圭回合谈判中，经过激烈的讨价还价，双方作出妥协，最终把它列入乌拉圭回合谈判议题。

1991 年，GATT 总干事提出的乌拉圭回合最后文本草案的框架获得通过，其中包括《与贸易（包括假冒商品贸易在内）有关的知识产权协定》，后更名为《与贸易有关的知识产权协定》。

TRIPS 共有 7 个部分 73 个条文，主要内容有：总则和基本原则，知识产权的效力、范围及使用标准，知识产权执法，知识产权的获得、维持及有关当事人之间的程序，争端的防止与解决，过渡性安排，机构安排和最后条款等。

TRIPS 追求的宗旨是：促进对知识产权的有效和充分保护，保证实施知识产权的措施和程序本身不成为合法贸易障碍，减少对国际贸易的扭曲和阻碍。知识产权的保护和实施应有助于促进技术革新及技术转让和传播，有助于技术知识的创造者和使用者的相互利益，并有助于社会和经济福利及权利和义务的平衡。

四、TRIPS 的特色

（一）关注的知识产权集中在与贸易有关方面

TRIPS 关注的是知识产权对贸易的影响。其他与贸易无关的知识产权，如科学发现权、

与民间文学有关的权利、实用技术专有权、创作者的精神权利等，没有进入 TRIPS 范围。

（二）加强了对与贸易有关知识产权的保护

与原有的知识产权国际公约相比，TRIPS 全面规定了对与贸易有关知识产权的保护标准；对知识产权保护执法和救济提出了严格要求；对知识产权国际争端的解决提供了途径；对原有的知识产权国际公约作出突破，如扩大了专利保护领域，将发明专利的保护期统一为 20 年等。

此外，TRIPS 为多边协定，WTO 所有成员都要接受和遵守它所确立的规则。因此，其保护的深度与广度远远超过原有的知识产权保护的国际协定。

（三）对成员提出保护的最低标准

TRIPS 规定，所有成员都应达到知识产权保护的最低标准，如专利保护期为 20 年。而 GATT 1994 和 GATS 则没有要求各成员政策完全统一，如不同成员对相同产品可以有不同的关税，对相同的服务领域可以有不同的开放水平。此外，要求各成员积极采取行动保护知识产权，而不是停留在对成员政策的约束上。

（四）纳入最惠国待遇原则

TRIPS 规定在所涉及的知识产权范围内，在既有国民待遇基础上，纳入最惠国待遇原则。而原有的知识产权公约均没有这个原则。这样，在国际保护知识产权上取得了重大进步。

五、TRIPS 中的基本原则

（一）国民待遇原则与例外

根据 TRIPS 第 3 条规定，凡是符合《巴黎公约》《伯尔尼公约》《罗马公约》及《集成电路知识产权条约》规定的例外前提下，每一成员给予其他成员国民待遇不得低于给予本国国民的待遇。

但 TRIPS 国民待遇适用范围有所限制，并不包括所有层面。例外规定如下：

（1）《巴黎公约》《伯尔尼公约》《罗马公约》及《集成电路知识产权条约》规定例外。

（2）有关知识产权在司法和行政程序方面的例外，但它不能对正常贸易构成隐性的限制，也不能与 TRIPS 的义务相抵触。

（3）在特定情况下，如 WTO 成员依照 TRIPS 规定引用《伯尔尼公约》《罗马公约》，可以实行"互惠待遇"，但必须在事前通告 TRIPS 理事会。

（二）最惠国待遇原则的单独实施与例外

TRIPS 第 4 条规定，一成员对任何其他国家国民给予的任何利益、优惠、特权或豁免，应立即无条件地给予所有其他成员的国民。但 TRIPS 的最惠国待遇仅适用于知识产权的保护。把最惠国待遇原则引入知识产权的国际保护，是 WTO 的创造。但这个原则也有很多例外，具体内容如下。

（1）成员在加入 WTO 前已经签订的司法协助或法律实施的双边或多边国际协定的优惠等例外。这些协定中提供的优惠、利益、特权或豁免权具有一般性，并非专门针对知识产权保护。

（2）依照《伯尔尼公约》和《罗马公约》的规定，容许以另一个国家所给予的待遇标准而给予的互惠性保护例外。

（3）TRIPS 所未规定的表演者、录音制品制作者和传播媒体的权利，不受最惠国待遇原则约束。

（4）WTO 生效前的有关知识产权的国际协定中的规定例外。但事前必须通告 TRIPS 理事会，且不得对其他成员的国民构成任意或不正当的歧视。

（5）由 WTO 监督下缔结的有关知识产权取得或维持的多边协定中所规定的程序，包括优惠、利益、特权或豁免权等，仅能在该协定签约国之间生效与适用，不能扩及所有 WTO 成员。

（三）权利用尽原则纳入争端解决

TRIPS 第 6 条对此作出原抽象性的规定，指出"就本协定项下的争端解决而言，在遵守第 2 条和第 4 条规定的前提下，本协定任何规定不得用于处理知识产权的权利用尽问题"。

第二节 与贸易有关的知识产权保护与获得

一、保护的知识产权类别与时间

TRIPS 列入的与贸易有关的知识产权包括版权和相关权利、商标、地理标识、工业设计、专利、集成电路布图设计、对未披露信息的保护和对许可合同中限制竞争行为的控制。

（一）版权和相关权利

1. 概念

版权是指作者对其创作的文学、艺术和科学作品依法享有的专有权利，包括署名、发表、

出版、获得报酬等权利。

相关权利是指与作品传播有关的权利,即表演者、录音制品制作者和传媒许可或禁止对其作品复制的权利。一些成员也称有关权利为邻接权。例如,未经表演者许可,不得对其表演进行录音、传播和复制;录音制作者对其录音制品的复制和商业出租享有专有权;传媒有权禁止未经许可对其传播内容进行录制、翻录和转播。

2. 保护期限

版权的保护期不得少于 50 年,表演者和录音制品制作者的权利应至少保护 50 年,传媒的权利应至少保护 20 年。

(二)商标

1. 概念

商标是一企业的商品或服务与其他企业的商品或服务区分的标记或标记组合。这些标记包括人名、字母、数字、图案、颜色的组合。注册商标所有人享有专有权,以防止任何第三方在贸易活动中未经许可使用与注册商标相同或近似的标记,标示相同或类似的商品或服务。

驰名商标应受到特别的保护,即使不同的商品或服务,也不得使用他人已注册的驰名商标。

2. 保护期限

商标的首次注册及各次续展注册的保护期均不得少于 7 年。商标的注册可以无限期地续展。

(三)地理标识

1. 概念

地理标识指识别一货物来源于一成员领土或该领土内一地区或地方的标识,该货物的特定数量、声誉或其他特定性主要归因于其地理来源。

各 WTO 成员应对地理标识提供保护,包括对含有虚假地理标识的商标拒绝注册或宣布注册无效,防止公众对商品的真正来源产生误解或出现不公平竞争。对葡萄酒和烈酒地理标识提供了更为严格的保护。成员方应采取措施,防止将葡萄酒和烈酒的专用地理标识,用于来源于其他地方的葡萄酒和烈酒。

2. 保护期限

保护期限不受限制。对在起源国不受保护或已停止保护,或在该国中已废止的地理标识无义务保护。

(四)工业设计

1. 概念

对新的或原创性的独立创造的工业设计提供保护,如工业设计不能显著区别已知的设计或已知设计特征的组合,则不属于新的或原创性设计。受保护的工业设计的所有人有权阻止未经所有权人同意而生产、销售或进口所载或所含设计是一受保护设计的复制品。

鉴于纺织品设计具有周期短、数量大、易复制的特点,因而得到了特别重视。对纺织品设计保护设置的条件,特别是费用、审查或公布的要求,不得无理损害寻求和获得保护的机会。

2. 保护期限

工业设计的保护期限应至少达到 10 年。

(五)专利

1. 概念

所有技术领域中的任何发明,无论是产品还是方法,只要它们具有新颖性、包括发明性步骤,并可供工业应用,都可授予专利。

2. 拒绝专利授予条件

如果某些产品发明或方法发明的商业性开发,会对公共秩序或道德,包括保护人类、动植物或植物的生命或健康或对环境造成严重损害,则成员方可以拒绝授予专利。另外,对人类或动物的诊断、治疗和外科手术方法,除微生物以外的植物和动物的主要生物方法,也可拒绝授予专利权。

3. 专利权内容

专利所有人享有专有权包括:防止对于未经所有权人同意的第三方制造、使用、销售,或为这些目的而进口该产品的行为;防止第三方未经所有权人同意而使用该方法的行为,以及使用、销售或为上述目的进口依该方法直接获得的产品。

4. 利权强制使用

WTO 各成员的法律可以规定,在特殊情况下,允许未经专利持有人授权即可使用(包括政府使用或授权他人使用)某项专利,即强制许可或非自愿许可。但这种使用须有严格的条件和限制,如授权使用应一事一议;只有在此前合理时间内,以合理商业条件要求授权而未成功,才可申请强制许可;授权应给予适当的报酬等。

5. 保护期限

专利保护期应不少于 20 年。

(六)集成电路布图设计(拓扑图)

1. 概念

集成电路是指以半导体材料为基片,将两个以上元件(至少有一个是有源元件)的部分或全部互连集成在基片之中或者之上,以执行某种电子功能的中间产品或最终产品。电路布图设计是指集成电路中的两个以上元件(至少有一个是有源元件)的部分或全部互连的三

维配置,或者为集成电路的制造而准备的上述三维配置。

2. 专利持有人权利

WTO 成员方应禁止未经权利持有人许可的下列行为:为商业目的进口、销售或以其他方式发行受保护的布图设计;为商业目的进口、销售或以其他方式发行含有受保护的布图设计的集成电路;为商业目的进口、销售或以其他方式发行含有上述集成电路的物品。

3. 保护期限

集成电路布图设计保护期应不少于 10 年。

(七)对未披露信息的保护

1. 未披露信息的特征

未披露信息具有以下三个特征:①属于秘密,该信息尚不为通常处理所涉信息范围的人普遍知道或不易获得;②具有商业价值;③已采取合理步骤保持其保密性质。

2. 未披露信息拥有者的权利

合法拥有该信息的人,有权防止他人未经许可而以违背诚实商业行为的方式,披露、获得或使用该信息。为获得药品或农药的营销许可而向政府提交的机密数据,也应受到保护,以防止不公平的商业应用。

(八)对许可合同中限制竞争行为的控制

国际技术许可合同中的限制竞争行为,可能对贸易具有消极影响,并可能阻碍技术的转让与传播。例如,独占性返授,即技术转让方要求受让方将其改进技术的使用权只授予转让方,而不得转让给第三方;又如,禁止对有关知识产权的有效性提出异议或强迫性的一揽子许可,即技术的转让方强迫受让方同时接受几项专利技术或非专利技术。成员方可采取适当措施防止或控制这些行为。有关成员还可就正在进行的限制竞争行为和诉讼进行磋商,并在控制这些行为方面进行有效合作。

二、知识产权的获得

(1)履行符合该协定规定的合理程序和手续是获得或维持 TRIPS 所指知识产权的条件之一。

(2)有关知识产权如符合获得权利的实质性条件,应在合理期限内授予或注册,以避免无端地缩短保护期限。

(3)《巴黎公约》中关于商标注册的规定,也适用于服务标记。

(4)获得或维持知识产权的有关程序,以及成员法律中行政撤销和当事人之间有关异议、撤销与注销等程序,应遵循 TRIPS 中"知识产权执法"所规定的一般原则。

(5)行政裁决,应受司法或准司法机构的审议。但在异议或行政撤销不成立的情况下,只要行使这种程序的理由可依照无效诉讼的程序处理,成员方则无义务提供机会对这种行政裁决进行复议。

第三节　知识产权实施

知识产权实施是 TRIPS 中的重要组成部分,它涉及成员对 TRIPS 的落实,内容包括:一般义务、民事和行政程序、临时措施、边境措施和刑事程序。

一、成员的一般义务

(1) 应保证国内法中含有 TRIPS 规定的执法程序。实施这些程序时,应避免对合法贸易造成障碍,并防止滥用。

(2) 知识产权实施的程序应公平、公正。这些程序不应过于烦琐或费用高昂,不应限定不合理的时限或导致无端的迟延。

(3) 案件裁决,最好采取书面形式,并陈述理由,且在合理的时间内告知诉讼当事方。只有在听取各方对证据的意见后才可作出裁决。

(4) 诉讼当事方应有机会要求司法机构对行政机构的决定进行审议,在遵守法律中有关案件司法管辖权规定的前提下,要求对初步司法决定的法律方面进行审议。但对刑事案的无罪判决,成员方没有义务提供审议机会。

(5) 不要求各成员建立一套不同于一般执法体系的知识产权执法体系,也不影响他们实施一般法律的能力。

二、民事程序及相关措施

(一) 坚持公平和公正的程序

各成员应使权利持有人可获得有关实施 TRIPS 涵盖的任何知识产权的民事司法程序。

(二) 有权要求获得证据

如果一当事方已出示合理获得的、足以支持其权利要求的证据,并指明了对方控制的、与证明权利请求相关的其他证据,司法机构在保证机密信息受到保护的条件下,有权命令对方出示该证据。

(三) 有权责令停止侵权

司法机构有权责令一当事方停止侵权,特别是有权在清关后立即阻止那些涉及知识产

权侵权行为的进口商品,进入其管辖内的商业渠道。

（四）有权责令损害赔偿

对明知或应知自己从事侵权活动的侵权人,司法机构有权责令其向权利持有人支付足够的损害赔偿。有权责令侵权人向权利持有人支付有关费用,包括相应的律师费用。

（五）有权清除销毁侵权物品

为有效地遏制知识产权侵权,成员方司法机构有权在不给予任何补偿的情况下,下令将侵权的货物清除出商业渠道;或者在不违背成员方宪法情况下,下令将侵权的货物销毁;还有权在不给予任何补偿的情况下,把主要用于制造侵权产品的材料和工具清除出商业渠道。

（六）有权获得侵权者的信息

司法机构有权责令知识产权侵权人将有关参与生产、分销侵权产品或服务的第三方的身份,以及他们的分销渠道,告知权利持有人。

（七）可责令滥用者进行赔偿

如应一当事方请求,政府采取了相应措施,但该当事方有滥用执法程序时,司法机关有权责令该当事方向受到错误禁止或限制的当事方就因此种滥用而受到的损害提供足够的赔偿。司法机构还有权责令该申请当事方支付辩论方费用。

三、临时措施与边境措施

TRIPS 规定成员司法当局有权采取迅速而有效的临时措施和边境行为,制止侵权行为。

（一）临时维权措施

为防止侵犯任何知识产权,特别是防止货物进入其管辖范围内的事业渠道,包括结关后立即进入的进口货物,保存关于被指控侵权的有关证据,成员司法机关有权责令采取迅速有效的临时措施,进行处理。如迟延采取措施将造成不可补救的损害时,司法有权采取不作预先通知的临时措施。但申请采取临时措施者要提供证据、信息并提供担保。如事后侵权并不存在,则要向因这些措施造成损害者提供适当补偿。

（二）海关中止放行

WTO 成员可制定程序,允许权利持有人在有正当理由怀疑假冒商标或盗版货物有可能进口时,向行政或司法主管机构提出书面申请,要求海关中止放行这些货物进入自由流通。任何援用上述程序的权利持有人,在提出书面申请时,应按要求提供充分的证据,以使主管机构相信,使海关容易辨认。主管机构应在合理期限内告知申请人,是否已受理其申请,以及在主管机构已作出决定的情况下海关何时采取行动。

主管机构有权要求申请人提供足以保护被告和主管机构,以及防止滥用程序的保证金或相当的担保。这种保证金或相当的担保不应妨碍诉诸这些程序。海关要把应及时中止放行决定通知进口商和申请人。

根据非司法机构或其他独立机关的裁定,海关对涉及侵权物品中止放行。但在正式授权部门未给予临时救济的情况下,如果货物暂停放行的期限已到,且已满足有关进口的所有其他条件,则货物的所有人、进口商或收货人在对任何侵权交纳一笔足以保护权利持有人的保证金后,有权要求予以放行。保证金的支付不得妨碍权利持有人的任何其他救济,若权利持有人未能在合理期限内行使诉讼权,则该保证金应予发还。

对因被错误扣押,或因扣押超过期限已放行的货物而遭受的损失,有关主管机构有权责令申请人向遭受损失的进口商、收货人和货物所有人支付适当的补偿。

在不妨碍权利持有人享有的其他行为权利,并在被告有权要求司法机构进行复议的情况下,主管机构有权责令销毁或处理侵权货物。对假冒商标货物,主管机构不得允许侵权货物在未作改变的状态下,再出口。

四、刑事程序与救济手段

WTO 成员应规定对侵权的刑事程序和处罚。采用的救济手段包括:监禁和/或罚金,扣押、没收和销毁侵权货物和侵权活动的任何材料和工具。

第四节 争端解决、过渡与协定管理

一、争端的防止和解决

(一)保持法律和法规的透明度

WTO 成员有效实施的与 TRIPS 相关的法律、法规,普遍适用的司法终审判决和行政终局裁决,均应以该成员文字公布。有关法律、法规应通报与贸易有关的知识产权理事会。应成员请求,可向其提供有关法律和法规的相关信息,但不包括妨碍执法或违背成员利益等机密信息。

(二)争端解决适用的规定

WTO 成员在实施 TRIPS 所产生的争端,可适用世贸组织争端解决机制。

二、过渡性安排与支持

WTO 成员在《建立 WTO 协定》生效 1 年内适用 TRIPS。其中，发展中成员有权将实施日期推迟 4 年，最不发达成员的实施日期可推迟 10 年，经济转型成员可推迟 4 年实施。

为促进 TRIPS 实施，发达成员应发展中成员和最不发达成员的请求，并按双方同意的条款和条件，提供技术与资金合作，协助制定有关知识产权保护和实施以及防止滥用的法律和法规，建立或加强相关的国内机关和机构。

三、协定管理与职能

为监督 TRIPS 的运用和便于成员磋商，WTO 建立与贸易有关的知识产权理事会，由各成员代表参加。理事会要履行各成员所指定的其他职责，特别是在争端解决程序方面提供个成员要求的任何帮助。在过渡期期满后，负责审议 TRIPS 实施情况，提出修正建议。

第五节　TRIPS 的实施、修正与发展

一、TRIPS 的实施阶段与争端

WTO 建立后，TRIPS 实施经历了两个阶段。

（一）第一阶段（1995—2000）

本阶段实施 TRIPS 的重点有二：①通过争端解决机制推进各成员对其所承担的 TRIPS 义务的遵循和落实；②以 TRIPS 理事会为中心，通过 WTO 的通知机制和政策审议机制，促进各成员知识产权制度的透明化及其对协议规定的履行。

（二）第二阶段（2001 年至今）

本阶段开始以来，主要围绕多哈回合谈判的筹备、发动而展开。其显著特征是通过对 TRIPS 谈判议题的筹划讨论，进行修正与发展。

二、与 TRIPS 的贸易争端

（一）争端件数与解决情况

1995 年至 2014 年 12 月 31 日，WTO 争端解决机制已接到 34 起涉及 TRIPS 协定的磋商请求。其中 14 起通过双边磋商获得解决，8 起被诉方已经通报执行情况，1 起申诉方请求

报复授权,1 起报告通过建议被诉方调整措施,4 起处在专家组审理阶段,5 起尚在磋商,1 起申诉方中止专家组工作。

(二)争端案件特点

(1)案件集中在专利和版权。34 起案件中,涉及专利领域的案件占 32.4%,涉及版权领域案件占 20.6%,涉及其他知识产权领域的占 47%。

(2)发达成员之间案件占主要地位。在 34 起案件中,发达成员之间的案件占 50%,发达成员诉发展中成员案件占 26.5%,发展成员诉发达成员案件占 23.5%。

(3)美国、欧盟是案件的集中者。在 34 起案件中,有 31 起涉及美国。美国作为原告 17 件,作为被告 4 件,作为第三方 10 件;在 34 起案件中,涉及欧盟的有 25 起。欧盟作为原告有 6 件,作为被告有 8 件,作为第三方有 11 件。

(4)新兴成员涉案争端增多,但作为原告较少。在 34 起案件中,涉及印度的有 14 起,其中,原告 1 起,被告 2 起,第三方 10 起。巴西涉案 13 起,原告 2 起,被告 1 起,第三方 10 起;阿根廷涉案 9 起,原告为 0,被告 2 起,第三方 7 起;中国涉案 9 起,原告为 0,被告 2 起,第三方 7 起。34 起案件中涉案较多的 WTO 成员,见表 12-1。

表 12-1 涉 TRIPS 案件较多的 WTO 成员 单位:起

成员	原告	被告	第三方	涉案总数
美国	17	4	10	31
欧盟	6	8	11	25
加拿大	1	2	9	12
日本	0	2	8	10
瑞士	0	0	5	5
澳大利亚	1	5	5	11
印度	1	2	11	14
巴西	2	1	10	13
阿根廷	0	2	7	9
中国	0	2	7	9

资料来源:作者根据 WTO 官方网站资料整理。

三、对 TRIPS 的修正、技术转移的关注

(一)对 TRIPS 的修正案决定的接受

1. 修正背景

20 世纪末以来,艾滋病、肺结核、疟疾等致命流行病在一些发展中成员蔓延,对当地人民生命安全和社会经济发展构成严重威胁,受到国际社会的关注。严重威胁加重的重要原

因是发达成员的药品专利权人严格控制药品的生产和定价,高昂的价格阻碍了贫穷国家患者获得及时有效的治疗。尽管 TRIPS 第 31 条允许官方通过强制许可解决本国公共健康问题,但根据该条款生产的药品仅能用于本国市场。对于没有或者缺乏药品生产能力的发展中成员,特别是最不发达成员,该条无济于事。故发展中成员迫切要求修改 TRIPS 相关条款。

在 2001 年 11 月 WTO 多哈回合部长级会议上,通过《TRIPS 与公共健康多哈宣言》,确认上述情况的存在,指示 TRIPS 理事会设计一个"快捷的解决方案"。

2003 年 8 月 30 日,WTO 总理事会通过《关于执行〈TRIPS 与公共健康多哈宣言〉第 6 段的决定》,免除强制许可下的药品应主要供应国内市场的义务,准许此等药品向正在遭受公共健康危机的国家出口。但该决定只是临时安排,缺乏永久性。

2005 年 12 月 6 日,WTO 总理事会通过《关于 TRIPS 修正案的决定》,将临时安排更改为永久性。该决定的附件《修改 TRIPS 议定书》(以下简称《议定书》)则成为 TRIPS 的正式修正案。截至目前,超过 60 个以上的 WTO 成员接受了该修改。

2.《议定书》对 TRIPS 内容的增加

1) TRIPS"31 条之二"增加的主要内容

允许 WTO 向"有资格进口的成员"出口药品目的而授予专利强制许可,突破了 TRIPS 原有的仅能供应国内市场的控制;出口成员授予强制许可后,应对药品专利权利人支付适当报酬,同时考虑该出口成员的授权使用对进口成员的经济价值,如果进口成员对同一产品授予强制许可,则免除进口成员向药品专利权利人再次支付报酬的义务;允许区域贸易协定(至少一半以上现有成员为最不发达成员)中的发展中成员或最不发达成员,可以将一项强制许可项下的生产或进口的药品,出口至该区域贸易协定的其他遭受共同公共健康问题的发展中成员或最不发达成员,以利用规模经济增强药品的购买力并促进药物生产的本地化。

2) TRIPS"31 条之二"的两个附录则分别对有关问题和概念做出界定和解释

《议定书》为发展中成员和最不发达成员执行 TRIPS 提供了灵活性,是对保护知识产权和维护社会公共利益的一种平衡。

2007 年 10 月 28 日中国第十届全国人大常委会第三十次会议上批准了《议定书》,以有助于中国对突发性公共健康问题的应对。

(二) 对 TRIPS 中有关发展中成员的技术转移受到关注

TRIPS 第 66.2 条专门就最不发达成员在获得对其发展有帮助的技术面临的困难规定了相关政策,要求发达成员有义务提供激励、以促进和鼓励向最不发达国家转让技术,以使后者从 TRIPS 中受益。但该义务的确切范围和本质没有具体规定,使发达成员对此拥有相当大的自由裁量权。

为使发达成员义务具体化,2001 年 11 月 WTO 多哈部长级会上予以关注。根据《多哈部长宣言》授权,TRIPS 理事会在 2003 年 2 月 9 日通过一项关于执行 TRIPS 第 66.2 条的决议。根据该决定,发达成员需提交为鼓励其领土内企业和组织向最不发达成员转让技术所采取或计划采取的行动的报告。该报告应每年更新,每 3 年应提交新的详细报告。TRIPS 理事会每年年底会议上要审查这些报告,3 年后审议该报告机制。发达成员有义务披露其有关激励机制的信息。2008 年 8 月 30 日,WTO 总理事会通过《关于执行〈TRIPS 与公共健康多哈宣言〉第 6 条的决定》,再次提出"各成员有必要促进在制药领域的技术转移和能力建设,以克服《多哈宣言》第 6 段确认的难题"。2005 年 12 月 6 日,WTO 总理事会通过《关于 TRIPS 修正案的决定》再次强调这个问题。在 2015 年 10 月 20 日贸易与技术转让工作组第 50 次会议上,各成员继续就贸易与技术转让的相关问题进行讨论。

由于 TRIPS 规则变化需要 WTO 众多成员的同意,但因经济发展水平存在差距,利益基点不同,导致技术转移问题讨论进展缓慢,尚未达成具有共识的文本。

四、对 TRIPS 具体内容谋求发展

2001 年 11 月,在 WTO 多哈第四届部长级会议通过的《多哈部长宣言》的第 18 段指出,WTO 成员"就建立一个葡萄酒和烈酒地理标志通知和注册的多边体制问题进行谈判"。此外,要特别审查 TRIPS 与《生物多样性公约》(CBD)[①]之间的关系。多哈回合开启后,WTO 就这两个议题进行了谈判,迄今为止,尚未达成共识。

(一)地理标志谈判案文与争议

根据《多哈部长宣言》授权,TRIPS 理事会于 2002 年 3 月开始进行地理标志通知和注册多边体制一体的谈判。2011 年 1 月 13 日,该理事会召开非正式会议,发布地理标志体制和注册多边体制谈判以来的第一份文本。同年 4 月 21 日,该理事会在报告中附上该议题的最新谈判案文,反映了谈判主要方在几个问题上的立场。

1. 关于通知和注册多边适用的产品范围问题

欧盟提案认为应该适用于所有的地理标志产品,而联合提案主张《多哈部长宣言》仅授权对葡萄酒和烈酒产品的通知和注册多边体制进行谈判,不同意将范围扩大。

2. 通知和注册多边制度的加入方式问题

欧盟主张建立一个全体成员强制性参与的通知和注册多边制度,一旦某一地理标志在

---

① 《国际生物公约》(*Convention on Biological Diversity*)是一项保护地球生物资源的国际性公约,旨在保护濒临灭绝的植物和动物,最大限度地保护地球上的多种多样的生物资源。该公约于 1992 年 6 月 1 日由联合国环境规划署发起的政府间谈判委员会第七次会议在内罗毕通过。1992 年 6 月 5 日,由签约国在巴西里约热内卢举行的联合国环境与发展大会上签署。公约于 1993 年 12 月 29 日正式生效。截至 2004 年 2 月,该公约的签约国有 188 个。中国于 1992 年 6 月 11 日签署该公约,1992 年 11 月 7 日全国人大批准,1993 年 1 月 5 日交存加入书。

该通知和注册制度进行注册,就应该在所有的成员方境内获得保护。因为注册是"多边"的,根据 WTO 术语的解释,"多边"意味着所有的成员必须参与,对所有成员有约束力。据此,欧盟反对成员方自愿参与注册制度。而美国等持反对态度。认为该提议对不生产葡萄酒和烈酒的成员而言,仅仅要求他们必须保护使用多边制度的成员的利益,却不能从中获得任何好处,甚至没有机会使用该制度,这是非常不公平的。

3. 关于通报和注册多边制度的法律效力问题

欧盟主张该制度对所有 WTO 成员具有法律约束力,一经注册,则在所有成员境内受到保护。美国等持反对态度。他们认为该制度仅作为一个信息数据库,对各成员在其本国立法中有关对相关地理标志予以保护仅具有参照意义,并无实质意义上的法律约束力。在2011 年 4 月的最新案文中,欧盟等提案方对法律效力的要求有所弱化。

中国是拥有较多的地理标志的成员,在葡萄酒和烈酒地理标志产品的出口利益并不明显,但将它们的地理标志的保护延伸到其他产品对中国较为有利,故主张将该制度与扩大保护范围议题进行"一揽子"谈判,进行平衡解决。

(二) TRIPS 与 CBD 等关系议题

1. 源起

CBD 由联合国环境规划署发起谈判,1992 年获得通过。但 TRIPS 没有吸收 CBD 相关内容,只在 TRIPS 第 27.3 条(b)项规定了对有关植物及其主要生物方法不给予专利保护的内容,这涉及 TRIPS 与植物品种保护的关系。在众多发展中成员提议下,《多哈部长宣言》第 19 段指示 TRIPS 理事会审查 TRIPS 与 CBD 的关系、传统知识和民间文艺的保护问题。2005 年 12 月的《香港部长宣言》重申将就此继续进行工作。2011 年 4 月 21 日,时任 WTO总干事的帕斯卡尔·拉米提交一份报告,认为成员在防止遗传资源和传统知识盗用方面有共同的兴趣,也同意仅通过改变专利体系并不足以确保平等的惠益分享。

2. 谈判中的对立面

在 TRIPS 理事会对 TRIPS 与 CBD 关系进行谈判中,巴西、印度、中国、秘鲁等发展中成员和以美国、加拿大、澳大利亚和日本等发达成员立场相佐。前者认为两者应同时实施,但背后的公共政策目标并不相同,因此要修改 TRIPS。后者认为二者之间并无任何矛盾之处,二者是相互支持的,现行措施已足以对遗传资源进行保护,没有必要修改 TRIPS。

3. 主要问题的对立观点

1) 是否规定披露义务,该义务为强制性还是程序性

上述前者要求在涉及遗传资源和传统知识的专利申请中,应对申请人建立披露来源信息的强制性义务,并且该项义务应作为授予专利的条件,如不遵守该项义务则不授予专利,已经授予的专利也可因此撤销。后者否定披露要求,认为界定遗传资源的来源国本身就存在难度,披露要求会造成"法律上不确定性和其他负面后果"。

2）是否需要修改 TRIPS

前者主张修改 TRIPS 与 CBD 一致,因为包括 WIPO 在内的其他平台缺乏强有力的执行机构。后者反对修改 TRIPS,认为 TRIPS 第 27.3 条(b)项和《多哈部长宣言》都未授权讨论修改 TRIPS 问题,主张通过国内立法解决相关问题。

3）是否在专利申请中提出已经取得事先知情同意和惠益分享的证据

前者要求专利申请人要根据相关国制度,通过相关机构的批准,提交获得事先知情同意和公平分享惠益的证据。欧盟认为此举属于各国国内法范畴,要求提交此等证据会给专利审查机构造成不必要的负担。美国主张成员应以契约安排解决事先知情同意,获取和惠益分享,为发展中成员带来其所追求的所有利益。

迄今为止,尚未进入草拟文本阶段。

在 TRIPS 与 CBD 关系议题上,中国支持发展中成员的立场。

■ 本章小结

1. TRIPS 的产生有深刻的历史背景。随着科技的高速发展,智力成果成为国际市场竞争力的重要基础。国际贸易中的侵权、盗版和假冒层出不穷,严重影响了国际贸易中公平竞争和产权持有人的利益。统一和加强与贸易有关的知识产权制度的法律,成为国际社会特别是发达国家的关注焦点。在发达国家强烈要求下,乌拉圭回合将与贸易有关的知识产权列入多边谈判的议题,经过艰苦谈判,最终达成 TRIPS。

2. TRIPS 所指的知识产权,包括版权及相关权利、商标权、地理标识权、工业品外观设计权、专利权、集成电路布图设计权、未披露信息专有权等。TRIPS 确定了总则和基本原则,关于知识产权的效力、范围及使用标准,知识产权执法,知识产权的获得、维持及有关当事人之间的程序,争端的防止与解决,过渡性安排,机构安排和最后条款。

3. TRIPS 是 WTO 负责实施管理的多边贸易协定,为 WTO 成员确定了知识产权制度的底线。WTO 成员已多达 160 多个,其对所列与贸易有关的知识产权的保护程度大大超过国际上其他有关的各种知识产权协定,使与贸易有关的知识产权制度地位提高,作用大大加强,促进了国际贸易的发展。

4. WTO 运行后,WTO 成员在执行 TRIPS 的同时,谋求 TRIPS 的修正与发展,已成为多哈回合重要的谈判议题。谈判有所进展,但尚未达成共识。

■ 重要概念

知识产权(Intellectual property rights,IPRs)

与贸易有关的知识产权(Trade-related intellectual property rights,TRIPs)

版权及邻接权(Copyright and Neighbouring rights)

商标（Trademarks）

地理标识（Geographical indications）

工业设计（Industrial designs）

专利（Patents）

集成电路布图设计（Layout-designs of integrated circuits）

限制性商业惯例（Restrictive business practices）

未公开信息（Undisclosed information）

知识产权执法（Enforcement of intellectual property rights）

世界知识产权组织（World Intellectual Property Organization，WIPO）

案例分析

世界知识产权日

1970年4月26日，《建立世界知识产权组织公约》生效，世界知识产权组织正式建立。2000年10月，在该组织召开的第35届成员大会上，中国和阿尔及利亚提出了建立"世界知识产权日"的提案，获大会通过，世界知识产权日由此设立，定在每年的4月26日。设立世界知识产权日的目的是在世界范围内树立尊重知识、崇尚科学和保护知识产权的意识，营造鼓励知识创新和保护知识产权的法律环境。

每年世界知识产权组织会确定世界知识产权日的一个主题，各成员国应围绕当年主题在世界知识产权日期间举办各种宣传活动，以达到设立该主题的目的。

历年世界知识产权日的主题：

2001年，今天创造未来；

2002年，鼓励创新；

2003年，知识产权与我们息息相关；

2004年，鼓励创造；

2005年，思考、想象、创造；

2006年，知识产权——始于构思；

2007年，鼓励创造；

2008年，赞美创新，增进人们对知识产权的尊重；

2009年，绿色创新；

2010年，创新——将世界联系在一起；

2011年，设计未来；

2012年，天才创新家；

2013年，创造力：下一代；

2014 年,电影——全球挚爱;

2015 年,因乐而动,为乐维权。

自 2001 年起,4 月 26 日"世界知识产权日"中国有关部门都会组织活动,以增强全社会的知识产权保护意识。从 2007 年开始,全国整规办、知识产权局等九个部门决定把每年的 4 月 19 日至 4 月 26 日作为"保护知识产权周",在全国范围内联合开展活动,共同推动知识产权的宣传和保护工作。

分析讨论

1. 中国对"世界知识产权日"的设立做出什么贡献?

【解析】 中国做出了两大贡献:①2000 年 10 月,在《建立世界知识产权组织公约》召开的第三十五届成员大会上,中国和阿尔及利亚提出建立"世界知识产权日"的提案,获大会通过,世界知识产权日由此设立,定在每年的 4 月 26 日。②中国政府高度世界知识产权日的公众活动。自 2001 年起,4 月 26 日"世界知识产权日",中国有关部门都会组织活动,以增强全社会的知识产权保护意识。从 2007 年开始,全国整规办、知识产权局等九个部门决定把每年的 4 月 19 日至 4 月 26 日作为"保护知识产权周",在全国范围内联合开展活动,共同推动知识产权的宣传和保护工作。

2. 设立"世界知识产权日"的目的是什么?

【解析】 设立世界知识产权日的目的是在世界范围内树立尊重知识、崇尚科学和保护知识产权的意识,营造鼓励知识创新和保护知识产权的法律环境。

3. "世界知识产权日"主题的核心内容是什么?

【解析】 最核心的内容是创造、创新。2001 年到 2015 年设立的主题中,直接提出创造和创新的主题就达 9 次。

同步测练与解析

1. 何为知识产权?

【解析】 知识产权是指公民或法人对其在科学、技术、文化、艺术等领域的发明、成果和作品依法享有的专有权,也就是人们对自己通过脑力活动创造的智力成果依法享有的权利。

2.《与贸易有关的知识产权协定》关注的问题是什么?

【解析】《与贸易有关的知识产权协定》关注的主要是知识产权对贸易的影响。科学发现权、与民间文学有关的权利、实用技术专有权、创作者的精神权利等,被认为是与贸易无关

的知识产权,因而没有包括在《与贸易有关的知识产权协定》内。

3. 何为版权?

【解析】 版权是指作者对其创作的文字、艺术和科学作品依法享有的专有权利,包括署名、发表、出版、获得报酬等权利。

4. 何为商标?

【解析】 商标是一家企业的商品或服务,与其他企业的商品或服务区分的标记或标记组合。这些标记包括人名、字母、数字、图案、颜色的组合。

5. 何为地理标识?

【解析】 地理标识用于标示某商品来源于某成员领土内,或来源于该成员领土内的某地区或某地点,显示该商品的特定质量、信誉或其他特征主要与该地理来源相关联。

6. 何为工业品外观设计?

【解析】 工业品外观设计是指,对产品的形状、图案、色彩或者其结合所作出的富有美感并适于工业上应用的新设计。

7. 何为专利? 强制许可的条件是什么?

【解析】 一切技术领域中的任何发明,不论是产品发明还是方法发明,只要其具有新颖性、创造性并适合于工业应用,均可获得专利。强制许可使用须有严格的条件和限制,如授权使用应一事一议;只有在此前合理时间内,以合理商业条件要求授权而未成功,才可申请强制许可;授权应给予适当的报酬等。

8. 何为未披露信息?

【解析】 未披露信息具有以下三个特征:①属于秘密,通常不为从事该信息领域工作的人所普遍了解或容易获得;②具有商业价值;③为保密已采取合理措施。

9.《与贸易有关的知识产权协定》对各成员的司法制度提出了哪些要求?

【解析】《与贸易有关的知识产权协定》对各成员的有关司法制度提出了原则性要求。

(1) 各成员应保证国内法中含有《与贸易有关的知识产权协定》规定的执法程序,以便对任何侵犯受该协定保护的知识产权的行为采取有效行动,包括采取及时防止侵权及遏制进一步侵权的救济措施。实施这些程序时,应避免对合法贸易造成障碍,并防止有关程序的滥用。

（2）知识产权执法的程序应公平、公正。这些程序不应过于烦琐或费用高昂,也不应限定不合理的时限或导致无端的迟延。

（3）对案件的裁决最好采取书面形式,并陈述理由,且在合理的时间内告知诉讼当事方。裁决只有在听取各方对证据的意见后方可作出。

（4）诉讼当事方应有机会要求司法机构对行政机构的决定进行审议,并在遵守法律中有关案件司法管辖权规定的前提下,要求至少对初步司法决定的法律方面进行审议。但是,对刑事案件中的无罪判决,成员方没有义务提供审议机会。

（5）TRIPs不要求各成员建立一套不同于一般执法体系的知识产权执法体系,也不影响各成员执行其国内法的能力。

C 第十三章

HAPTER THIRTEEN

《贸易便利化协定》

学 习 目 标

　　《贸易便利化协定》(*Trade Facilitation Agreement*，TFA)是WTO建立后达成的第一个多边贸易协定。本章系统介绍TFA产生的背景、宗旨，TFA有关货物便利化的规定，TFA有关对发展中特别是对最不发达成员的特殊和差别待遇，TFA生效实施的意义。通过学习，学生应了解贸易便利化的含义，TFA构成的框架，发展中成员和最不发达成员如何得到特殊和差别待遇，TFA对WTO、对WTO成员、对中国新型开放经济体系的重要意义。

重 点 难 点 提 示

- ◉ TFA宗旨；
- ◉ TFA约束力与实施；
- ◉ TFA生效实施的意义。

第一节 《贸易便利化协定》的产生

贸易便利化尚无世界范围内普遍接受的统一定义。世界贸易组织（WTO）和联合国贸易与发展会议（UNCTAD）认为，贸易便利化是指国际贸易程序（国际货物贸易流动所需要的收集、提供、沟通及处理数据的活动、做法和手续）的简化与协调。经济合作与发展组织（OECD）认为，贸易便利化是国际货物从卖方流动到买方并向另一方支付所需要的程序及相关信息流动的简化和标准化。亚太经济合作组织（APEC）认为，贸易便利化一般是指使用新技术和其他措施，简化和协调与贸易有关的程序和行政障碍，降低成本，推动货物和服务更好地流通。

随着国际贸易规模的扩大和世界贸易联系的加强，"贸易的非效率"作为一种"隐形"的市场准入壁垒日益受到国际社会的关注，强烈要求国际贸易便利化。

一、《贸易便利化协定》的产生

（一）《贸易便利化协定》的谈判成功

贸易便利化议题在 1996 年新加坡 WTO 部长级会议上纳入 WTO 工作日程，并与贸易与投资、贸易与竞争政策及政府采购透明度统称为"新加坡议题"。

在 2001 年 WTO 第四届部长级会议上（多哈回合部长级会议），各方同意将在就"新加坡议题"谈判模式达成一致的基础上启动谈判。2004 年 7 月，各方就多哈回合谈判模式达成一致，并在 WTO 总理事会通过了多哈工作计划，其中"新加坡议题"只有贸易便利化纳入工作计划，其他三个议题则从中剔除。在此基础上，贸易便利化谈判工作组于 2004 年 10 月成立并正式启动谈判。

谈判启动后，由于受到多哈回合谈判总体僵持形势的影响，贸易便利化谈判进展并不顺利。2011 年曾被认为是结束多哈回合谈判的"机会之窗"，但由于主要发达成员与主要发展中成员在农业特殊保障机制、非农工业品部门减让等议题上难以达成共识，多哈谈判进程遂被叫停，致使 2011 年全面实现多哈回合谈判基本无望。在此情况下，时任 WTO 总干事拉米和部分 WTO 成员转而争取在年底 WTO 第八届部长级会议上达成部分成果，实现早期收获，以维护多哈回合谈判以及多边贸易体制的信誉。尽管最终未能如愿，但在年底召开的第八届部长级会议上，各方在承认短期内无法达成多哈回合一揽子协议的同时，同意首先解决那些可能先期达成协议的领域。据此，主要谈判方在 2012 年开始探索就部分议题实现早期收获的可能性。

美国、欧盟等发达成员率先提出贸易便利化议题，并力推使其成为早期收获的唯一成果，但遭到发展中成员的强烈抵制。经过激烈交锋，多数成员谈判立场趋渐务实，支持就此议题开始谈判。2012 年 10 月在 WTO 总理事会上，除印度外，各方对推动早期收获显出一定的灵活性。美国也同意增加其他议题进行平衡。最终在 2013 年印度尼西亚巴厘岛第九届部长级会议上，经过美印之间的激烈交锋，在中国积极"促谈、促和、促成"谈判立场推动下，各方通过了包括贸易便利化、粮食安全和发展与最不发达成员问题等议题的早期收获，达成"巴厘一揽子协议"。

根据巴厘岛部长级会议"《贸易便利化协定》部长决定"，WTO 总理事会应不迟于 2014 年 7 月 31 日通过将《贸易便利化协定》纳入《建立 WTO 协定》的议定书，以便 WTO 成员启动国（区）内审批程序。但由于印度再次将通过议定书与粮食安全议题挂钩，致使该议定书未能按期通过。经过美印再次博弈，《贸易便利化协定》（*Trade Facilitation Agreement*，TFA）的相关议定书最终于 2014 年年底获得通过。

（二）WTO 总理事会决定把 TFA 纳入 WTO 议定书

WTO 总理事会 2014 年 11 月 27 日在关于《修正〈马拉喀什建立世界贸易组织协定〉议定书》中指出：

忆及 2004 年 8 月 1 日通过的关于根据附件 D 所列谈判模式启动谈判的总理事会决定及 2013 年 12 月 7 日通过的关于起草将《贸易便利化协定》纳入《建立 WTO 协定》附件 1A 的修正议定书（下称《议定书》）的部长决定；

忆及 2001 年 11 月 20 日多哈部长宣言第 47 段；

忆及多哈部长宣言第 2 段和第 3 段、2004 年 8 月总理事会决定附件 D 以及《贸易便利化协定》第 13.2 款关于提供能力建设和支持以帮助发展中和最不发达国家实施《贸易便利化协定》条款的重要性；

欢迎总干事关于在现有 WTO 机构内设立《贸易便利化协定》基金的声明，以用于管理各成员为增加在实施《贸易便利化协定》条款方面的补充援助而自愿向 WTO 提供的支持以及在援助方面与附件 D 所列机构保持一致；

虑及贸易便利化筹备委员会提交的《贸易便利化协定》（WT/L/931）；

注意各方一致同意将拟议修正提交各成员供接受；

决定如下：

1. 特此通过本协定所附《修正〈WTO 协定〉议定书》并提交各成员供接受。

2. 《议定书》特此开放供各成员接受。

3. 《议定书》应根据《建立 WTO 协定》第 10 条第 3 款生效。

为此，WTO 向 WTO 成员发出如下通告。

虑及《贸易便利化协定》；

注意到 WT/L/940 号文件所载总理事会决定已根据《马拉喀什建立世界贸易组织协

定》(《建立 WTO 协定》)第 10 条第 1 款获得通过;

特此协议如下:

1. 自本协定书根据第 4 条生效时起,《建立 WTO 协定》附件 1A 应予以修正,其中纳入本议定书附件所列《贸易便利化协定》,位列《保障措施协议》之后。

2. 未经其他成员同意,不得对本议定书任何条款提出保留。

3. 本议定书特此开放供各成员接受。

4. 本议定书应依照《WTO 协定》第 10 条第 3 款生效。

5. 本议定书应交存世界贸易组织总干事,总干事应及时向每一成员提供一份经核正无误的副本。

6. 本议定书依照《联合国宪章》第 102 条予以登记。

2014 年 11 月 27 日订于日内瓦,正本一份用英文、法文和西班牙文写成,三种文本具有同等效力。

2017 年 2 月 22 日在日内瓦 WTO 总部,WTO 总干事阿泽维多宣布,核准《贸易便利化协定》成员已达 112 个,超过 WTO 164 个成员的 2/3,该协定正式生效。

二、《贸易便利化协定》的架构与宗旨

(一)架构

整个协定由序言和三大部分 24 条构成。第一部分(第 1 至第 12 条),规定了各成员在贸易便利化方面的实质性义务。第二部分(第 13 至第 22 条),规定了发展中成员在实施 TFA 第一部分条款方面可享受的特殊和差别待遇,主要体现在实施期和能力建设两个方面。第三部分(第 23 条至第 24 条),规定了机构安排等内容,包括各成员应成立国家贸易便利化委员会或指定一现有机制,以促进 TFA 的国内协调和实施。

(二)条款具体名称

第一条,信息的公布与可获性。第二条,评论机会、生效前信息及磋商。第三条,预裁定。第 4 条,上诉或审查程序。第 5 条,增强公正性、非歧视性及透明度的其他措施。第 6 条,关于对进出口征收或与进出口和处罚相关的规费和费用的纪律。第 7 条,货物放行与结关。第 8 条,边境机构合作。第 9 条,受海关监管的进口货物的移动。第 10 条,与进口、出口和过境相关的手续。第 11 条,过境自由。第 12 条,海关合作。第 13 条,总则。第 14 条,条款类别。第 15 条,关于 A 类条款的通知和实施。第 16 条,关于 B 类和 C 类条款最终实施日期的通知。第 17 条,预警机制:B 类和 C 类条款实施日期的延长。第 18 条,B 类和 C 类条款的实施。第 19 条,B 类和 C 类条款之间的转换。第 20 条,适用《关于争端解决规则与程序的谅解》的宽限期。第 21 条,能力建设与支持的提供。第 22 条,向委员会提交的援

助信息。第 23 条，机构安排。第 24 条，最后条款。

（三）协定宗旨

在《贸易便利化协定》序言中列出的宗旨为：期望澄清和改善 GATT 1994 第 5、8 和 10 条的相关方面，以期进一步加快货物、包括过境货物的流动、放行和结关；认识到发展中成员特别是最不发达成员的特殊需要及期望增强在此领域能力建设方面的援助和支持；认识到成员间需要在贸易便利和海关守法问题上的有效合作。

第二节 TFA 有关货物规定的主要内容

一、关于贸易法规透明度

（一）信息的公布与获得

TFA 规定 WTO 成员应以非歧视和易获取的方式迅速公布进出口程序及表格和单证、关税和国内适用税率、进出口或过境征收的规费和费用；海关货物归类或估价规定、原产地规则有关的法律法规及行政裁决；进出口或过境的限制或禁止；针对违反进出口或过境程序行为的处罚规定，申诉程序，与任何一国或多国缔结的与进出口或过境有关的协定或协定部分内容，与关税配额有关的程序。每一成员应通过互联网公布进出口和过境程序的说明；进出口和经该成员过境所需要的表格和单证；鼓励各成员通过互联网提供更多与贸易有关的信息；每一成员应在其可获资源内，建立或设立一个或多个咨询点，以回答政府、贸易商和其他利益相关方提出的咨询；关税同盟的成员或参与区域一体化的成员可在区域一级建立或设立共同咨询点；鼓励各成员不对答复咨询和提供所需表格和单证收取费用，如收费，应将其规费和费用限制在所提供服务的近似成本以内；咨询点应在每一成员设定的合理时间范围内答复咨询和提供表格和单证，该时间可因请求的性质或复杂程度而不同。每一成员应向贸易便利化委员会通知公布贸易信息的官方地点，网站链接地址，咨询点联络信息。

这些条款可以帮助贸易厂商明确、详细和及时获取贸易信息，减少贸易中的不确定因素，帮助企业能够较为准确地对贸易条件进行判断，对于信息资源不足的中小贸易厂商具有更加重要的意义。法律和法规信息可获得性的提高，可在一定程度上降低企业交易成本，有助于促进中小经贸企业的贸易发展。

（二）贸易法规信息的提前公布、评论与磋商

TFA 规定 WTO 成员在法律法规生效前应尽早公布如下信息：向贸易商及其他利益方提供机会和适当时限，就与货物包括过境货物的流动、放行和结关的拟议或普遍适用的法律

法规进行评论;保证与货物,包括过境货物的流动、放行和结关相关的新立或修正的普遍适用的法律法规在生效前尽早公布或使相关信息可公开获得,以便贸易商和其他利益方能够知晓;在遵守上述规定下,在紧急情况下,关税税率的变更和具有效力的措施所适用的措施或国内法律和法律体系的微小变更除外;边境机构应与其领土内的贸易商或其他利害关系方进行定期磋商。

这些对新制定或修订的贸易法规提前公布的要求,增强了贸易法规的可预见性,可使贸易商能够提前知晓政策的变化,以便及时对贸易运营行为和策略做出必要调整,减少可能产生的负面影响。在制定或修订贸易法规过程中,边境机构通过定期与贸易商进行磋商、积极听取贸易厂商的意见或要求,有助于新制定或修订的贸易法规能够更好地体现企业诉求。

(三)预裁定的效力与撤销条件

预裁定指一成员在申请所涵盖的货物进口之前向申请人提供的书面决定,其中规定该成员在货物进口时有关下列事项的待遇:它们包括货物的税则归类;货物的原产地。鼓励各成员提供关于下列事项的预裁定:诸如根据特定事实用于确定完税价格的适当方法或标准及其适用;成员对申请海关关税减免要求的适用性;成员关于配额要求的适用情况,包括关税配额;成员认为适合作出预裁定的任何其他事项。申请人指出口商、进口商或任何具有合理理由的人员或其代表。一成员可要求申请人在其领土内拥有法人代表或进行注册。在可行的限度内,此类要求不得限制有权申请预裁定的人员类别,并应特别考虑中小企业具体需要。这些要求应明确、透明且不构成任意的或不合理的歧视。

为做好预裁定,TFA 做出如下规定。

每一成员应以合理的方式并在规定时限内向已提交包括所有必要信息的书面请求的申请人作出预裁定。如一成员拒绝作出预裁定,则应立即书面通知申请人,列出相关事实和作出决定的依据。如申请中所提出的问题出现下列情形,如已包含在申请人提请任何政府部门、上诉法庭或法院审理的案件中或已由任何上诉法庭或法院作出裁决,则一成员可拒绝对一申请人作出预裁定。预裁定在作出后应在一合理时间内有效,除非支持该预裁定的法律、事实或情形已变化。如一成员撤销、修改或废止该预裁定,应书面通知申请人,列出相关事实和作出决定的依据。对于具有追溯效力的预裁定,该成员仅可在该预裁定依据不完整、不正确、错误或误导性信息作出的情况下撤销、修改或废止该预裁定。对于寻求作出该裁定的申请人而言,一成员所作预裁定对该成员具有约束力。每一成员应至少公布:申请预裁定的要求,包括应提供的信息和格式;作出预裁定的时限;预裁定的有效期。应申请人书面请求,每一成员应提供对预裁定或对撤销、修改或废止预裁定的复审。每一成员应努力公布其认为对其他利益相关方具有实质利益的预裁定的任何信息,同时考虑保护商业机密信息的需要。

预裁定制度实质上是将通关审核关口"前推"。在货物进口前,海关就可通过经贸企业预先提交的材料,对货物的归类和原产地等事项做出初步评估。在货物实际到达后,海关只需进行简单核对即可放行,极大地减少了经贸企业通关时间,提高了通关效率,及早地投入市场。

（四）"申诉或审查程序"

TFA规定WTO成员应允许贸易厂商就海关行政决定提出行政申诉或司法审查。如成员未在其法律或法规规定的期限内做出申诉或审查决定,或出现不适当的拖延,贸易厂商有权向更高一级的行政机关或司法机关进一步提出上诉或审查的要求,以维护贸易厂商自身的合法权益。

（五）关于增强公正性等规定

WTO各成员对进口食品、农产品普遍采取严格而烦琐的检验检疫程序,且检验项目多,检验频率高,大大增加了通关时间及检验、仓储等通关成本,削弱了进口农产品及食品的竞争力。

为改善上述状态。TFA为此作出许多规定,加强了有关方面的约束纪律。它们包括坚持非歧视、透明度原则,加强对成员发布加严进口食品安全检查通知的纪律,海关或其他主管机关扣留货物时应立即通知承运商或进口商;进口成员增加新的检验要求需要以风险评估为依据,采取产生贸易限制较小的方式,仅适用于特定入境地点,且在情况变化或不复存在后迅速终止等;在首次检验不合格的情况下,经申请,贸易厂商可获得二次检验的机会,减少由此带来的损失或运营成本的提高。

二、关于进出口收费和手续

（一）进出口收费的一般纪律

TFA规定,除了关税和国内税外,WTO成员对进出口征收费用的信息应予以公布,并在公布时间与生效时间之间留出过渡期;对收费要求要进行定期审议,以期减少收费的数量和种类;相关海关费用不得超过所提供服务的成本。

这些规定有助于贸易厂商及时或提前了解进出口收费的数量、种类、支付时间和方式等,以便对贸易运营行为进行更好的规划。TFA对海关业务所收取费用的规定,有利于减少和约束乱收费现象,帮助贸易厂商进一步降低贸易成本。

（二）处罚纪律

TFA要求WTO成员海关做出的处罚决定应与有关贸易行为违反程度和严重性相一致,处罚的认定和罚金收取应避免产生利益冲突或形成一种对海关官员的激励。海关在做出处罚时,应向被处罚人提供书面说明,列明违法性质和所使用的法律、法规或程序。如果被处罚人在海关发现前主动披露违法情节,则鼓励海关减轻处罚。

TFA 的这些规定有助于增强海关处罚行为的规范化和透明度,维护贸易厂商的合法权益;对于贸易厂商主动披露违规做法,鼓励海关减轻处罚的规定,也有助于推动贸易厂商诚信守法。

(三) 货物的放行与清关

TFA 不得影响一成员对货物进行检查、扣留、扣押或没收或以任何与其 WTO 权利和义务不相冲突的方式处理货物的权利。每一成员应尽可能采用或设立为海关监管目的的风险管理制度。每一成员设计和运用风险管理时应以避免任意或不合理的歧视或形成对国际贸易变相限制的方式进行。每一成员应将海关监管及在可能的限度内将其他相关边境监管集中在高风险货物上,对低风险货物加快放行。每一成员应将通过选择性标准进行的风险评估作为风险管理的依据。此类选择性标准可特别包括协调制度编码、货物性质与描述、原产国、货物装运国、货值、贸易商守法记录以及运输工具类型。为加快货物放行,每一成员应采用或设立后续稽查以保证海关及其他相关法律法规得以遵守。每一成员应以透明的方式进行后续稽查。如该当事人参与稽查且已得出结果,则该成员应立即将稽查结论、当事人的权利和义务以及作出结论的理由告知被稽查人。鼓励各成员定期并以一致的方式测算和公布其货物平均放行时间,使用特别包括世界海关组织(协定中称 WCO)《世界海关组织放行时间研究》等工具。鼓励各成员与委员会分享其在测算平均放行时间方面的经验,包括所使用的方法、发现的"瓶颈"问题及对效率产生的任何影响。对经认证的经营者的贸易要采取便利化措施。鼓励各成员根据国际标准制订经认证的经营者计划,如存在此类标准,除非此类标准对实现所追求的合法目标不适当或无效果。为加强向经营者提供的贸易便利化措施,各成员应向其他成员提供通过谈判互认经认证的经营者计划的可能性。此规定不得影响一成员对货物进行查验、扣留、扣押、没收或拒绝入境或实施后续稽查的权利,包括使用风险管理系统相关的权利。

TFA 规定 WTO 成员应允许进口商在货物抵达前办理舱单等进口单证提交业务,以便货物在抵达后能够快速放行。当货物的关税、费用等暂时无法确定时,在贸易商提供担保的前提下,海关可对货物先行放行。TFA 要求成员采用风险管理和货物稽查等管理措施,鼓励成员公布平均放行时间。

对经认证的经营者(指具备满足特定标准的贸易商,可包括具有良好守法记录、拥有良好的内部控制记录管理系统和财务偿付能力等)给予通关便利,如降低单证和数据要求,降低查验比例,加放行等。

对通过航空运输入境的快运货物,TFA 规定在运营商满足一定条件下,如货物抵达前已提交放行所需信息、快运企业通过使用内部安保和追踪技术对货物保持高度控制,拥有良

好守法记录等,给予通关便利,包括减少进口单证要求、尽快放行以及对于微量货值的货物免征关税和国内税等。

对于易腐货物,如鲜活农产品等,TFA规定,WTO成员应适当考虑予以优先查验,并在最短时间内放行。关于每一成员安排或允许一进口商安排在易腐货物放行前予以正确储藏。该成员可要求进口商安排的任何储存设施均已经相关主管机关批准或指定。货物运至该储藏设施,包括经认证的经营者运输该货物,可能需获得相关主管机关的批准。应进口商请求,在可行并符合国内法律的情况下,该成员应规定在此类储藏设施中予以放行的任何必要程序。

从贸易厂商的角度看,货物抵达前申报和将货物放行,与关税、收费分开的凭保放行,有助于加速货物抵达后的清关和放行,降低贸易成本,缩短交货时间。

对海关等口岸管理部门而言,实施上述措施,可实现将监管环节"前推后移",有助于提高实际监管效能;对经认证的经营者提供更加便利的措施,有利于口岸管理部门与经贸企业通过合作大幅度提高通关效率。

(四)进出口手续

涉及的相关内容包括:减少和简化进出口手续和单证要求,接受进出口证明单证副本;鼓励WTO成员以国际标准为依据,规定进出口手续和单证要求,努力设立具有一点提交和一点反馈功能的单一窗口;取消与税则归类和估价有关的装运前检验、不得强制性要求使用海关代理等。

上述措施将有助于减少货物的滞留时间,降低交易成本,增加商业机会。通报是单一窗口的建立,将有效提高口岸监管部门之间的协作程度,也将加大经贸企业的通关的便利和缩短通关时间。

(五)过境自由

各成员不得寻求、采取或设立对过境运输的任何自愿限制或任何其他类似措施。此规定不妨碍与管理过境相关的且与WTO规则相一致的现行或未来国内法规、双边或多边安排。每一成员应给予自任何其他成员领土过境的产品不低于给予此类产品在不经其他成员领土而自原产地运输至目的地所应享受的待遇。鼓励各成员在可行的情况下为过境运输提供实际分开的基础设施(如通道、泊位及类似设施)。一旦货物进入过境程序并获准自一成员领土内始发地启运,即不必支付任何海关费用或受到不必要的延迟或限制,直至其在该成员领土内的目的地结束过境过程。各成员不得对过境货物适用《技术性贸易壁垒协定》范围内的技术法规和合格评定程序。各成员应允许并规定货物抵达前提前提交和处理过境单证和数据。一旦过境运输抵达该成员领土内出境地点海关,如符合过境要求,则该海关应立即结束过境操作。如一成员对过境运输要求以保证金、押金或其他适当货币或非货币手段提供担保,则此种担保应仅以保证过境运输所产生的要求得以满足为限。一旦该成员确定其过境要求已得到满足,应立即解除担保。每一成员应以符合其法律法规的形式允许为同一经营者的多笔交易提供总担保或将担保展期转为对后续货物的担保而不予解除。每一成员应使公众获得其用以设定担保的相关信息,包括单笔交易担保,以及在可行的情况下,包括多笔交易担保。在存在高风险的情况下或在使用担保不能保证海关法律法规得以遵守的情况下,成员可要求对过境运输使用海关押运或海关护送。适用于海关押运或海关护送的一般规定应依照第 1 条予以公布。各成员应努力相互合作和协调以增强过境自由。每一成员应努力指定一国家级过境协调机构,其他成员提出的有关过境操作良好运行的所有咨询和建议均可向该机构提出。

TFA 规定 WTO 成员过境运输法规或程序不得构成变相限制,也不得寻求任何自愿限制;过境费用应与所提供服务的成本相当,手续和单证要求不得超过必要限度,不得对过境货物适用技术法规和合格评定程序提出过高的要求。

这些规定对处于内陆的 WTO 成员实现货物陆陆铁路、公路联运非常有利。

(六)海关合作

1. 合作意义

为促进 WTO 成员方贸易商知晓守法义务、鼓励自愿守法,以允许进口商在适当情况下自我纠错而免予处罚以及对违法贸易商适用守法措施以实施更为严厉的措施。

鼓励各成员通过委员会等方式分享保证海关规定得以遵守方面最佳做法的信息。鼓励各成员在能力建设的技术指导或援助和支持方面开展合作,以管理守法措施并提高此类措施的有效性。合作内容包括信息的提供、保护等。

2. 信息交换与保护

在符合本条规定的前提下,各成员应交换相关信息,以便在有合理理由怀疑一进口或出口申报的真实性或准确性时,对该项申报进行核实。

信息内容包括:所涉进口申报相对应的出口申报的序列号;提出请求成员寻求信息或单证的目的,并附与该请求相关人员的姓名和联系方式。

对被请求成员提供的所有信息或单证严格保密,并至少给予与被请求成员按其国内法律和法律制度规定的同等水平的保护和机密性;仅向处理所涉事项的海关提供信息或单证;未经被请求成员明确书面许可,不得披露信息或单证;不得将未经被请求成员验证的信息或单证用作在任何指定情况下减轻疑问的决定性因素;尊重被请求成员就特定案件提出的关于保留和处置保密信息或单证及个人数据的任何条件;应请求,将根据所提供的信息或单证就相关事项作出的任何决定或行动通知被请求成员。如提出请求成员根据其国内法律和法律制度可能无法遵守本协定的任何规定,则提出请求成员应在请求中对此予以说明;被请求成员对于根据协定得到的任何请求及核实信息,应给予至少与自身类似信息相同的保护和

机密性等级。

3. 信息的提供与拒绝提供

在遵守本条的前提下,被请求成员应迅速做好以下有关信息的提供:通过纸质或电子形式予以书面答复;提供进口或出口申报中所列具体信息,或在可获得的情况下提供申报本身,并附要求提出请求成员给予的保护和保密性等级的描述;如提出请求,提供下列用于证明进口或出口申报的单证中所列具体信息,或在可获得的情况下提供单证本身:商业发票、装箱单、原产地证书以及提单,以单证提交的形式提供,无论纸质或电子形式,并附要求提出请求成员给予的保护和保密性等级的描述;确认所提供单证为真实副本;在可能的情况下,在提出请求之日起 90 天内提供信息或对请求作出答复。

被请求成员可根据其国内法律和法律制度,在提供信息之前要求得到以下保证,即未经被请求成员明确书面许可,特定信息不被用作刑事调查或司法诉讼以及非海关诉讼的证据。如提出请求成员无法满足这一要求,则应向被请求成员予以说明。

在下列情况下,被请求成员可对提供信息的请求予以迟复或全部或部分拒绝,并应通知提出请求成员迟复或拒绝的原因:与被请求成员国内法律和法律制度所体现的公共利益相抵触;其国内法律和法律制度禁止发布该信息;提供信息将妨碍执法或者干扰正在进行的行政或司法调查、起诉或诉讼;管辖保密信息或个人数据的收集、保护、使用、披露、保留和处理的国内法律和法律制度要求必须获得进口商或出口商同意,而未获同意;提供信息请求在被请求成员关于保留单证的法律规定失效后收到。

4. 关注信息的行政负担和程序安排

提出请求成员应考虑答复信息请求对被请求成员资源和成本的影响。提出请求成员应考虑寻求请求获得答复的财政利益与被请求成员为提供信息所付出努力之间的均衡性。

如一被请求成员自一个或多个提出请求成员处收到数量庞大的提供信息请求,或信息请求范围过大,无法在合理时间内满足此类请求,则该成员可要求一个或多个提出请求成员列出优先顺序,以期在其资源限度内议定一可行的限额。如未能达成双方同意的方式,则此类请求的执行应由被请求成员根据其自身优先排序结果自行决定。

5. 未经授权的使用或披露

如发生任何违反本条项下关于交换信息的使用或披露条件的情形,则收到信息的提出请求成员应迅速将此类未经授权的使用或披露的详细情况通知提供信息的被请求成员,同时可采必要措施弥补违反行为,防止未来的任何违反行为;采取的措施通知被请求成员;被请求成员可暂停履行本条项下对提出请求成员的义务。

6. 有关双边和区域协定的规定

本条任何规定不得阻止一成员达成或维持关于海关信息和数据共享或交换,包括自动或在货物抵达前等以安全快速为基础的共享或交换的双边、诸边或区域协定。

本条任何规定不得解释为改变或影响各成员在此类双边、诸边或区域协定项下的权利或义务,也不管辖根据其他此类协定项下的海关信息和数据交换。

第三节 TFA 有关成员待遇和组织机构的内容

一、对发展中成员和最不发达成员的特殊和差别待遇

(一)原则规定

1. 依据

2004 年 7 月框架协议及《香港部长宣言》确定的模式确立。

2. 目的

向发展中成员和最不发达成员提供能力建设援助和支持,以帮助其依照协定性质和范围实施这些条款。

3. 条件

实施协定条款的程度和时限应与发展中成员和最不发达成员的实施能力相关联。如一发展中或最不发达成员仍然缺乏必要能力,则在获得实施能力前,不要求实施相关条款。最不发达成员作出与其各自发展、财政和贸易需求或其管理和机构能力相一致的承诺。

(二)具体规定

1. 自行拟定执行条款类别

(1)A 类,包含一发展中或最不发达成员指定的自协定生效时起立即实施的条款,或对于最不发达成员在生效后 1 年内实施的条款,如第 15 条所规定。

(2)B 类,包含一发展中成员或最不发达成员指定的在协定生效后的一过渡期结束后的日期起实施的条款,如第 16 条所规定。

(3)C 类,包含一发展中成员或最不发达成员指定的在协定生效后的一过渡期结束后的日期起实施的、同时要求通过提供能力建设援助和支持以获得实施能力的条款,如第 16 条所规定。

2. A 类条款的通知和实施

(1)自协定生效时起,每一发展中成员应实施其 A 类条款。A 类项下所指定的承诺将因此成为本协定组成部分。

(2)最不发达成员可在协定生效后 1 年内向委员会通知其所指定的 A 类条款。每一最不发达成员在 A 类项下所指定的承诺将成为协定组成部分。

3. B 类和 C 类条款最终实施日期的通知

(1)自协定生效时,每一发展中成员应将指定的 B 类条款及相应的指示性实施日期通

知委员会。

（2）不迟于协定生效后1年，每一发展中成员应将其实施B类条款的最终日期通知委员会。如一发展中成员在截止日期前，认为需要额外时间通知其最终日期，则该成员可请求委员会将期限延长至足以作出通知的长度。

（3）自协定生效时起，每一发展中成员应将指定的C类条款及相应的指示性实施日期通报委员会。为透明度目的，提交的通报应包括该成员为实施目的而要求的能力建设援助和支持的信息。

（4）B类信息通报。不迟于协定生效后1年，一最不发达成员应将其B类条款通知委员会，还可通知这些条款相应的指示性实施日期，同时考虑给予最不发达成员的最大灵活性。在通知日期后2年，每一最不发达成员应向委员会作出通知，确认条款的指定情况，并通报其实施日期。如一最不发达成员在截止日期前，认为需要额外时间通报其最终日期，则该成员可请求委员会将期限延长至足以作出通知的长度。

（5）C类信息通报。协定生效1年后，每一最不发达成员应将其指定的C类条款通报委员会，同时考虑给予最不发达成员的最大灵活性。在此规定的日期后1年，最不发达成员应通报其为实施目的所要求的能力建设援助和支持的信息。在作出此项通知后2年内，最不发达成员及相关援助成员应在考虑根据此项提供的信息的情况下，向委员会提供该信息。委员会还应邀请非成员捐助方提供关于现行或已完成安排的信息。在此后18个月内，相关捐助成员和相应发展中成员应将提供能力建设援助和支持方面的进展通报委员会。每一最不发达成员应同时将其最终实施日期清单通报委员会。

（6）实施日期难以执行困难的处理。发展中成员和最不发达成员如因缺乏捐助支持或在提供援助和支持方面缺乏进展，致使其在所确定实施截止日期内提交最终实施日期方面遇到困难，则应在截止日期期满前尽早通报委员会。各成员同意开展合作以在处理此类困难方面提供协助，同时考虑有关成员所面临的具体情况和特殊问题。委员会应酌情采取行动处理此类困难，包括如必要，延长有关成员通知其最终实施日期的截止日期。

（7）按时提交所需附件。在最终实施日期通报后60天，委员会应注意到包含每一成员B类和C类条款最终实施日期的附件，使这些附件成为协定组成部分。

4．B类和C类条款实施日期的延长

（1）实施日期难以落实的通报。一发展中成员或最不发达成员认为确定的截止日期遇到困难，则应通知委员会。发展中成员应不迟于实施日期期满前120天通报委员会。最不发达成员应不迟于90天通报委员会。

（2）明确实施的新日期与原因。向委员会作出的通报应列明发展中成员或最不发达成员预计能够实施有关规定的新日期。通知还应详细说明推迟实施的原因。此类原因可包含有助于增加和支持能力建设的事先未预计到的或额外的援助和支持需求。

（3）额外实施时间确定的要求。如一发展中成员请求的额外实施时间不超过18个月或一最不发达成员请求的额外实施时间不超过 3 年,则提出请求成员有权获得此额外时间而无须委员会采取任何进一步行动。

(4)实施后续延期的规定。如一发展中成员或最不发达成员认为其所需第一次延期长于第 2 款所规定期限或需要第二次或后续延期,则该成员应向委员会提交所述信息的延期请求,发展中成员应不迟于原定最终实施日期或后续延长日期期满前 120 天提交,最不发达成员应不迟于 90 天提交。

5. B 类和 C 类条款实施困难的处理

(1)通报实施的困难。如一发展中成员或最不发达成员,自我评估认为缺乏实施一 C 类条款的能力,则该成员应向委员会通知其无能力执行相关条款的情况。

(2)提出审查建议。委员会应立即设立一专家小组,无论如何不迟于委员会自相关发展中成员或最不发达成员处收到通报后 60 天。专家小组将在组成后 120 天内,审查该事项并向委员会提出建议。

(3)专家组的职能。专家小组应由 5 位在贸易便利化及能力建设援助和支持领域的资深独立人员组成。专家小组的组成应保证来自发展中成员和发达成员国民的平衡性。如涉及最不发达成员,则专家小组应至少包含一位来自最不发达成员的国民。如在专家小组设立后 20 天内无法就其组成达成一致,则总干事在与委员会主席磋商后,应依照本款所列条款决定专家小组的组成。专家小组应考虑该成员关于缺乏能力的自我评估,并应向委员会提出建议。在审议专家小组有关一最不发达成员的建议时,委员会应酌情采取行动,以便利可持续的实施能力的获得。

(4)《争端解决谅解》的不适用。自该发展中成员向委员会通知其无能力实施相关条款时起至委员会收到专家小组建议后的第一次会议时止,该成员在此事项上不受《争端解决谅解》诉讼的管辖。在第一次会议上,委员会应审议专家小组的建议。对于最不发达成员而言,自其向委员会通知其无能力实施相关条款时起至委员会就此事项作出决定或在委员会上述会议后 24 个月内,以较早者为准,《争端解决谅解》诉讼不适用于相关条款。

6. B 类和 C 类条款之间的转换

(1)做出转换通报。已对 B 类和 C 类条款作出通知的发展中成员和最不发达成员,可通过向委员会提交通报在两类别之间对条款进行转换。如一成员提出将一条款自 B 类转换至 C 类,则该成员应提供关于能力建设所需的技术援助和支持的信息。

(2)转换额外时间的实施。如一条款自 B 类转换至 C 类而需要额外时间实施,则该成员可:运用自动延期的机会或请求委员会审查该成员关于为实施该条款的额外时间请求,给予转换困难的最不发达成员需要能力建设援助和支持。

7. 适用《关于争端解决规则与程序的谅解》的宽限期

(1)宽限期的确定。协定生效后 2 年内经《关于争端解决规则与程序的谅解》详述和适用的 GATT 1994 第 22 条和第 23 条的规定不得适用于针对最不发达成员的、涉及该成员指定列入 A 类条款的任何条款的争端解决。协定生效后 6 年内,经《关于争端解决规则与程序的谅解》详述和适用的 GATT 1994 第 22 条和第 23 条的规定不得适用于针对最不发达成员的、涉及该成员指定列入 A 类条款的任何条款的争端解决。最不发达成员实施 B 类或 C 类条款后 8 年内,经《关于争端解决规则与程序的谅解》详述和适用的 GATT 1994 第 22 条和第 23 条的规定不得适用于针对最不发达成员的、涉及此类条款的争端解决。

(2) 考虑《关于争端解决规则与程序的谅解》的一些规定。尽管存在适用《关于争端解决规则与程序的谅解》的宽限期,但当最不发达成员提出磋商请求前及在争端解决程序各阶段,一成员应对最不发达成员的特殊情况给予特别考虑。各成员应保持适当的克制。

8. 能力建设援助的提供

(1) 成员同意提供能力建设援助。捐助成员同意依据共同议定的条款,通过双边或适当国际组织,便利向发展中成员和最不发达成员提供能力建设援助和支持。目的旨在援助发展中成员和最不发达成员实施协定第一部分条款。

(2) 能力建设援助的原则。各成员应努力在提供实施协定的能力建设援助和支持方面适用下列原则:考虑接受国和地区的整体发展框架及在相关和适当时,考虑正在开展的改革和技术援助项目;在相关和适当时,包括用以处理区域和次区域挑战并促进区域和次区域一体化的活动;保证将正在开展的私营部门贸易便利化改革活动纳入援助活动;促进各成员间及与包括区域经济共同体在内的其他相关机构之间的合作,以保证自援助中获得最大效益和结果。为此,主要在提供援助的对象国家和地区中开展的、在合作伙伴成员和援助方之间及在双边和多边援助方之间的协调,应旨在通过技术援助与能力建设干预的紧密协调,避免援助项目的重叠和重复及改革中的不一致性;对于最不发达成员,给予最不发达成员贸易相关援助的增强一体化框架应成为该协调过程的一部分;各成员在实施协定和技术援助时,还应促进其在首都和日内瓦的贸易和发展官员之间的内部协调。鼓励使用现有的如圆桌会议和协商小组等国内和区域协调构架,以协调和监督实施活动;在可能的情况下,鼓励发展中成员向其他发展中和最不发达成员提供能力建设,并考虑支持此类活动。

9. 委员会职责

1) 召开会议,专门研究

为此,委员会应至少每年举行一次专门会议,讨论关于实施协定条款或条款某部分的任何问题;审议在为支持协定实施所提供能力建设援助和支持方面的进展,包括任何未得到充足能力建设援助和支持的发展中成员或最不发达成员;分享关于正在开展的能力建设援助和支持及实施项目的经验和信息,包括挑战和成就;审议捐助通报等。

2) 接受援助信息

援助发展中成员和最不发达成员,实施协定的每一捐助成员应在协定生效时及随后每年,向委员会提交其此前 12 个月中支付的能力建设援助和支持的信息,及在可获得的情况下,提交未来 12 个月中承诺提供的能力建设援助和支持的信息。其内容包括:能力建设援助和支持的描述;承诺/支付状态和金额;援助和支持支付的程序;受惠国,或在必要的情况下,受惠地区;及提供援助和支持成员的实施机构。

鼓励宣布有能力提供能力建设援助和支持的发展中成员提供上述信息。

为获得与贸易便利化相关的援助和支持的发展中成员和最不发达成员,应向委员会提交关于负责协调和确定能力建设援助和支持优先次序机构的联络点信息。

3)加强合作

委员会应邀请相关国际和区域组织(如国际货币基金组织、OECD、联合国贸易与发展会议、WCO、联合国各区域委员会、世界银行及其附属机构以及各区域开发银行)及其他合作机构提供相关信息。

二、组织机构的设立与职能

(一)设立贸易便利化委员会

WTO 成员依协定设立贸易便利化委员会。

(二)委员会职能

委员会应向所有成员开放,并选举自己的主席。委员会应根据协定有关条款的需要或设想举行会议,但每年不能少于一次,以给予成员机会就有关协定的运用或促进其目标实现的任何事项进行磋商。委员会应承担由协定或成员赋予其的各项职责。委员会应制定自己的议事规则。其内容包括:按要求设立附属机构;制定供成员酌情分享相关信息和最佳做法的程序;与贸易便利化领域中的其他国际组织,如 WCO,保持密切联系,旨在获得关于实施和管理本协定的最佳建议,并保证避免不必要的重复工作。为此,委员会可邀请此类组织或其附属机构的代表:出席委员会会议,并讨论与本协定实施相关的具体事项。

为此,委员会应自协定生效起 4 年内并在此后定期审议协定的运用和实施情况;鼓励各成员向委员会提出与协定实施和适用相关的问题;委员会应鼓励和协助成员之间就协定项下的特定问题进行专门讨论,以期尽快达成双方满意的解决方案。

(三)设立国家贸易便利化委员会

每一成员应建立并/或设立一国家贸易便利化委员会,或指定一现有机制,以促进国内协调和协定条款的实施。

三、TFA 约束力与实施

(一)约束力

协定全部条款对所有成员具有约束力。各成员应自协定生效之日起实施协定。选择使用第二部分规定的发展中成员和最不发达成员应依照第二部分实施协定。在协定生效后接受协定的成员应在实施其 B 类和 C 类承诺时计入自协定生效之日起的时间。关税同盟或区域经济安排的成员可采用区域方式支持其实施协定项下义务，包括通过建立和使用区域机构。

（二）对 WTO 已有协定不能违背

协定任何条款不得解释为减损各成员在 GATT 1994 项下的义务。协定任何条款不得解释为减损各成员在《技术性贸易壁垒协议》和《实施卫生与植物卫生措施协议》项下的权利和义务。

GATT 1994 项下所有例外和免除应适用于本协定。

经《关于争端解决规则与程序的谅解》详述和适用的 GATT 1994 第 22 条和第 23 条的规定应适用于协定项下的磋商和争端解决，除非协定另有具体规定。

未经其他成员同意不可对协定的任何条款提出保留。

附在协定之后的发展中成员和最不发达成员的 A 类、B 类和 C 类承诺应构成协定组成部分。

第四节　《贸易便利化协定》生效实施的意义

一、拓宽了 WTO 多边贸易规则，影响深远

《贸易便利化协定》是 WTO 建立后达成的第一个多边贸易协定，是多哈回合谈判启动以来的重要突破。已赢得国际社会众多赞誉。

WTO 总干事阿泽维多认为，《贸易便利化协定》是 21 世纪全球贸易领域发生的最大变革。

联合国贸易和发展会议副总干事约阿基姆·赖特雷尔认为，这一协定在实现"更便宜、更方便和更快捷"的全球贸易之路上向前迈进了一大步。

欧盟委员会主管贸易的委员塞西莉亚·马尔姆斯特表示，更好更快的边境手续、更顺畅的贸易流动、将令全球贸易焕发新活力，而中小企业将成为最大赢家。

联合国国际贸易中心执行主任阿兰查·冈萨雷斯（Arancha González）认为，协定将使更多中小企业走出本地、本国市场限制，更好地融入地区及国际价值链。

二、给全球经贸带来可观的收益

据 OECD 测算，TFA 实施将使各类经济体贸易成本实现实质性下降，其中低收入经济

体贸易成本可下降 14.5％,中低收入经济体贸易成本下降 15.5％,中高收入经济体贸易成本下降 13.2％。据彼得森经济研究所测算,TFA 将使全球贸易增加 1 万亿美元,其中发展中国家和发达国家分别增加 5 690 亿美元和 4 750 亿美元;可使全球 GDP 增长 9 600 亿美元,其中发展中国家 5 200 亿美元,发达国家 4 400 亿美元;给全球带来 2 100 万个新的就业岗位,其中发展中国家 1 800 万个,发达国家 300 万个。

据 WTO 估算,《贸易便利化协定》实施后,将使全球贸易成本减少约 14.3％,到 2030 年将令全球出口额外增加 2.7％,推动全球经济额外增长 0.5％。总干事阿泽维多强调说,TFA 实施后的贡献比取消全世界所有关税的意义还大。

具体来看,相对于发达经济体,发展中经济体和最不发达经济体,由于目前承担更高的贸易成本,所以未来将从 TFA 中获益更多。

WTO 预计,TFA 实施后,发展中经济体和最不发达经济体的出口商品数量将分别增加 20％和 35％;同时,两者的海外市场规模将分别扩大 30％～60％,有助于减少他们在面对外部经济动荡时的脆弱性。

三、TFA 有助于中国从贸易大国走向贸易强国

中国积极支持《贸易便利化协定》的达成。早在 2014 年 6 月 30 日就向 WTO 通报 TFA 的实施计划,除对单一窗口、公布平均放行时间、货物暂准出境加工以及海关合作要求一定的过渡期外,对于 TFA 其余条款,均作出在 TFA 生效后立即实施的承诺。中国 2015 年 9 月 4 日向 WTO 提交批准书。

在 TFA 实施后,有助于中国从贸易大国走向贸易强国。

首先,实施 TFA 将有助于中国口岸综合治理体系现代化,提高中国产品竞争力和改善吸引外资环境。

其次,加强贸易企业利用“申诉或审查程序”维护合法权益。中国经贸企业较少使用进口成员的申诉或司法审查机制,而更多是采取“找关系”的习俗做法解决问题。在 TFA 实施后,在中国出口货物在进口成员遭遇不合理对待时,中国经贸企业若能主动运用申诉或审查法律手段,将有利于维护企业自身的合法权益。

再次,TFA 实施将普遍提高中国主要贸易伙伴特别是发展中成员的贸易便利化水平,减少中国产品出口障碍并营造便捷的通关环境,有利于“一带一路”倡议的落实和贸易通。

最后,TFA 实施,将推动中国相关部门的深化改革,在货物通关、检验等方面提供更好的服务,减少中国口岸进口货物的程序,减少费用和缩短通关时间,既满足了中国深入参与全球价值链和互联网时代新商业业态发展的需要,也符合中国进一步深化改革,构建新型开放体系的目标。

本章小结

1. WTO建立后，关注WTO成员的贸易便利化成为多哈回合的议题之一。但因多哈回合进展缓慢，决定以此议题为突破点。经过WTO成员共同努力，达成《贸易便利化协定》，受到国际社会的欢迎，有助于多哈回合谈判的进展。协定已纳入WTO议定书。

2. 为了促进WTO成员的贸易便利化，协定做出的规定主要有：关于货物贸易法规透明度，包括关于贸易法规透明度；贸易法规信息的提前公布、评论与磋商；预裁定的效力与撤销条件；"申诉或审查程序"；关于增强公正性等规定。关于进出口收费和手续，包括进出口收费的一般纪律；贸易法规信息的提前公布、评论与磋商；货物的放行与清关；进出口手续；过境自由与海关合作等。

3. 为了帮助发展中成员尤其是最不发达成员实施协定，对其做出特殊和差别待遇的规定。对其实施条款的类别可自主确定。在实施中，对各种类的延长，困难处理，条款之间的转换，适用《关于争端解决规则与程序的谅解》的宽限期，能力建设援助的提供等做出具体规定。

4. 《贸易便利化协定》是WTO多边贸易协定，WTO成员都要接受和实施，不能违背已有的WTO协定。

5. 《贸易便利化协定》实施后，将对WTO及其成员和中国产生重要的影响，具体表现为拓宽了WTO多边贸易规则，给全球经贸带来可观的收益，有助于中国从贸易大国走向贸易强国。

重要概念

贸易便利化（Trade facilitation）
过境自由（Freedom of transit）
海关合作（Customs cooperation）
预警机制（Early warning mechanism）

案例分析

离岸外包成本决定因素的跨国比较

	决 定 因 素	高收入国家	中等收入国家	低收入国家
交通运输	机场质量，指数0~7(2006)	5.9	4.2	3.3
基础设施	港口设施质量，指数0~7(2005)	5.5	3.5	2.9
质量	每100平方公里铺设机场数量(2006)	2.6	1.2	0.1

续表

决 定 因 素	高收入国家	中等收入国家	低收入国家
海信基础设施质量 每1 000人拥有电话干线的数量(2005)	499.6	201.1	26.7
每1 000人拥有手机的数量(2005)	837.8	376.7	76.5
每1 000人网络使用者的数量(2005)	523.4	114.3	44.0
每100 条固定线路发生故障量(2005)	8.4	16.8	40.3
营商制度的完善度 法规,指数−2.5～2.5(2006)	1.2	−0.3	−0.9
执行合同所需时间/天(2006)	548.2	629.1	625.0
执行合同的程序/项(2006)	34.2	38.2	40.8
执行合同费用,占索赔的/%(2006)	20.0	28.7	53.6
时间相关壁垒 开办企业所需时间/天(2006)	22.2	51.3	58.3
办理执照所需时间/天(2006)	162.6	217.7	265.0
出口文件/份(2006)	4.8	7.2	8.6
出口所需时间/天(2006)	11.3	25.0	41.0
进口所需时间/天(2006)	12.9	29.3	40.6

资料来源:WTO秘书处:《世界贸易报告2008》,146～147 页,中译本。

分析讨论

1. 跨国公司离岸外包成本决定因素与 TFA 什么关系?

【解析】 在跨国企业外包业中,影响它们成本的因素包括:交通运输基础设施质量、通信基础和设施质量、营商制度的完善度、对象国家国内的时间相关壁垒等。而《贸易便利化协定》实施后,这些因素都会改善,有利于跨国公司外包和形成供应价值链的形成和完善。

2. 上述因素在高收入、中等和低收入国家整体情况如何?

【解析】 按优良差区分,整体情况是高收入国家为优,中等收入国家为良,低收入国家为差;但从数据上看,有的顺向,有的逆向。在交通运输基础设施质量和通信基础和设施质量两项,数字从高而低,表明优良差。而在营商制度的完善度,对象国家国内的时间相关壁垒等两项的数字从低到高也表明优良差。

3. 上述情况改进的途径是什么?

【解析】 作为 WTO 成员,要加速《贸易便利化协定》的执行。

 同步测练与解析

1. 什么是贸易便利化?

【解析】 世界尚无普遍接受的统一定义。世界贸易组织(WTO)和联合国贸易与发展

会议(UNCTAD)认为,贸易便利化是指国际贸易程序(国际货物贸易流动所需要的收集、提供、沟通及处理数据的活动、做法和手续)的简化与协调。经济合作与发展组织(OECD)认为,贸易便利化是国际货物从卖方流动到买方,并向另一方支付所需要的程序及相关信息流动的简化和标准化。亚太经济合作组织(APEC)的定义是:贸易便利化一般是指使用新技术和其他措施,简化和协调与贸易有关的程序和行政障碍,降低成本,推动货物和服务更好地流通。

2. 中国在 TFA 达成中起了什么作用?

【解析】 起了重要作用。在 2012 年 10 月 WTO 总理事会上,除印度外,各方对推动多哈回合早期收获显出一定的灵活性。美国也同意增加其他议题进行平衡。最终在 2013 年印度尼西亚巴厘岛第九届部长级会议上,经过美印之间的激烈交锋,在中国积极"促谈、促和、促成"的谈判立场下,各方通过了包括贸易便利化、粮食安全和发展与最不发达成员问题等议题的早期收获,达成"巴厘一揽子协议"。

2017 年 2 月 22 日 WTO 总干事阿泽维多宣布,核准 TFA 成员已达 112 个,超过 WTO 164 个成员的三分之二,该协定正式生效。

3. TFA 宗旨是什么?

【解析】 TFA 序言中指出其宗旨为:期望澄清和改善 GATT 1994 第 5 条、第 8 条和第 10 条的相关方面,以期进一步加快货物、包括过境货物的流动、放行和结关;认识到发展中特别是最不发达成员的特殊需要及期望增强在此领域能力建设方面的援助和支持,认识到成员间需要在贸易便利和海关守法问题上的有效合作。

4. TFA 的主要内容是什么?

【解析】 TFA 由序言和三大部分 24 条构成。第一部分(第 1 条至第 12 条),规定了各成员在贸易便利化方面的实质性义务。第二部分(第 13 条至第 22 条),规定了发展中成员在实施 TFA 第一部分条款方面可享受的特殊和差别待遇,主要体现在实施期和能力建设两个方面。第三部分(第 23 条至第 24 条),规定了机构安排等内容,包括各成员应成立国家贸易便利化委员会或指定一现有机制,以促进 TFA 的国内协调和实施。

5. TFA 实施有何意义?

【解析】 初步来看,TFA 实施有三大意义。

(1) 拓宽了 WTO 多边贸易规则。TFA 是 WTO 建立后达成的第一个多边贸易协定,是多哈回合谈判启动以来的重要突破,已赢得国际社会众多赞誉。WTO 总干事阿泽维多认为,TFA 是 21 世纪全球贸易领域发生的最大变革。联合国贸易和发展会议副总干事约阿基姆·赖特雷尔认为,这一协定在实现"更便宜、更方便和更快捷"的全球贸易之路上向前迈进了一大步。

(2)给全球经贸带来可观的收益。

据WTO估算,TFA实施后,将使全球贸易成本减少约14.3%,到2030年将令全球出口额外增加2.7%,推动全球经济额外增长0.5%。总干事阿泽维多强调说,TFA实施后的贡献比取消全世界所有关税的意义还大。

具体来看,相对于发达经济体,发展中经济体和最不发达经济体,由于目前承担更高的贸易成本,所以未来将从TFA中获益更多。

WTO预计,TFA实施后,发展中经济体和最不发达经济体的出口商品数量将分别增加20%和35%;同时,两者的海外市场规模将分别扩大30%~60%,将有助于减少它们在面对外部经济动荡时的脆弱性。

(3)有助于中国从贸易大国走向贸易强国。

首先,实施TFA将有助于中国口岸综合治理体系现代化,提高中国产品竞争力和改善吸引外资环境。

其次,加强贸易企业利用"申诉或审查程序"维护合法权益。在TFA实施后,在中国出口货物在进口成员遭遇不合理对待时,中国经贸企业若能主动运用申诉或审查法律手段,将有利于维护企业自身的合法权益。

再次,TFA实施将普遍提高中国主要贸易伙伴特别是发展中成员的贸易便利化水平,减少中国产品出口障碍并营造便捷的通关环境,有利于"一带一路"倡议的落实和贸易通。

最后,TFA实施,将推动中国相关部门的深化改革,在货物通关、检验等方面提供更好的服务,减少中国口岸进口货物的程序,减少费用和缩短通关时间,既适应了中国深入参与全球价值链和互联网时代新商业业态发展的需要,也符合中国进一步深化改革,构建新型开放体系的目标。

C

第十四章

HAPTER FOURTEEN

WTO建立后的业绩

学 习 目 标

　　本章比较系统、全面地介绍了WTO建立后的六大业绩。通过学习,学生应掌握维护和加强多边贸易体制的措施,有效机制中规则的构建;知悉整合成员经贸关系、促进发展中成员和新成员的发展与改革的手段;了解参与全球经济治理的途径和多哈回合的进展。

重 点 难 点 提 示

● WTO 主要业绩;
● 多边贸易体制;
● 全球经济治理;
● 多哈回合;
● 巴厘岛一揽子协议。

第一节　维护和加强多边贸易体制

一、WTO 成为代表多边贸易体制的常设机构

WTO 创建于 1995 年,源于 1948 年临时生效的关贸总协定,成为国际法人,与国际货币基金组织(IMF)和世界银行(World Bank)并列为世界三大经济组织。其宗旨是:成员方"认识到在处理它们在贸易和经济领域的关系时,应以提高生活水平、保证充分就业、保证实际收入和有效需求的大幅稳定增长以及扩大货物和服务的生产和贸易为目的,同时应按照可持续发展的目标,考虑世界资源的最佳利用,寻求既保护和维护环境,又以与它们各自在不同经济发展水平的需要和关注相一致的方式,加强为此采取的措施。

进一步认识到需要作出积极努力,以保证发展中国家、特别是其中的最不发达国家,在国际贸易增长中获得与其经济发展需要相当的份额。

期望通过达成互惠互利安排,实质性削减关税和其他贸易壁垒,消除国际贸易关系中的歧视待遇,从而为实现这些目标作出贡献。

因此决定建立一个完整的、更可行的和持久的多边贸易体制,以包括含《关税与贸易总协定》、以往贸易自由化的结果以及乌拉圭回合多边贸易谈判的全部成果。

决心维护多边贸易体制的基本原则,并促进该体制目标的实现"。[①]

为了完成宗旨,《建立 WTO 协定》赋予 WTO 五大职能,即促进 WTO 协定的实施、管理和运行;为成员提供一个多边贸易谈判的论坛,并为谈判结果的执行提供一个框架;管理《关于贸易争端的规则与程序的谅解》(DSU);通过贸易政策审议机制审议各国的贸易政策;以适当的方式与国际货币基金组织和世界银行及其他附属机构展开合作,以便进一步促进全球经济政策制定的一致性。此外还肩负对发展中国家提供技术援助和培训的任务。

为了完成宗旨,WTO 通过最惠国待遇和国民待遇坚持非歧视原则,并把它普遍化。

二、WTO 成为以协商一致作为决策机制的成员驱动的组织

WTO 由其成员政府管理。所有主要的决定都是由全体成员作为一个整体做出的,为此,WTO 所有成员的部长们至少每两年会面一次,或者由其大使或代表团成员定期在日内瓦会面,以协商一致的方式做出决策。在这方面,WTO 不同于其他国际组织,如世界银行和国际货币基金组织。他们是将某些权利授权给董事会或组织负责人,根据多数或加权投票

---

① 对外贸易经济合作部国际经贸关系司:《WTO 乌拉圭回合多边贸易谈判结果法律文本》,4 页,北京,法律出版社,2000。

进行决策。由此，WTO 成员不能被期待执行进行他们并未同意的承诺。这种决策方式可防止最有实力的成员主导议程，从而保证各成员进行谈判直至协议达成并最终合法化，确保 WTO 以合作为基础而并非以强制的方式运作。

在组织结构上，WTO 是一个更结构化、更为广泛的理事会和委员会体系。成员在其中能够共享信息、辩论议题并作出决定，从而使 WTO 政策范围扩大和更多成员的参与。

最高级别的会议是部长级会议，至少每两年召开一次。为了强化指导，加强各成员政府间的联系和鼓励高水平的政治参与，确定每两年召开一次正式的部长级会议。到 2017 年年底，WTO 共召开过 11 届部长级会议，即新加坡第一届部长级会议（1996 年），日内瓦第二届部长级会议（1998 年），西雅图第三届部长级会议（1999 年）、多哈第四届部长级会议（2001 年）、坎昆第五届部长级会议（2003 年）、香港第六届部长级会议（2005 年），日内瓦第七届部长级会议（2009 年），日内瓦第八届部长级会议（2011 年），巴厘岛第九届部长级会议（2013 年），内罗毕第十届部长级会议（2015 年），阿根廷第十一届部长级会议（2017 年）。

总理事会是部长会议休会期间的执行机构，被授权监督 WTO 的所有机构。为解决争端相关事宜，理事会成立争端解决机构。为了审议贸易政策，理事会启动贸易政策审议机构。总理事会下又设立货物贸易理事会、服务贸易理事会以及与贸易有关的知识产权理事会，各自负责处理本领域的贸易规则事务，再报告给总理事会。这些下设理事会又有各自次一级的委员会向他们报告。其他还有六个委员会管理贸易和发展、环境和行政事务等方面的问题。2001 年又设立贸易谈判委员会，监督多和回合谈判的所有行为。总理事会还监督总干事的任命和布置会议的筹备工作。

三、WTO 秘书处提供了精干高效的服务

随着 WTO 成员不断增加和管理范围的日益扩大，对秘书处的要求有所增加。秘书处负责在 WTO 开展的所有活动中，为成员们提供服务。其主要功能是为各理事会、各委员会提供专业支持和建议；为发展中国家提供培训和技术援助；监测和分析世界贸易的发展情况，向公众和媒体提供信息，编制各种报告；筹备部长级会议；在争端解决程序中提供法律援助；编制和分析成员和世界贸易措施的数据；将收集的专家意见扩展到新的领域，如服务、知识产权、卫生和植物检验检疫（SPS）、贸易和环境等方面。

秘书处的工作人员来自 80 多个成员，主要是经济学家、律师、统计学家、国际贸易政策专家，以及提供技术信息、人力资源、语言、管理服务的专业人员。为确保秘书处尽可能广泛地多样化，在招聘中坚持机会平等，不论性别、国籍、种族或宗教。自 1995 年以来，秘书处成员数量增加了近 70%，来自发展中成员和最不发达成员的工作人员（不包括语言类工作人员）的比例从 1995 年的 21% 上升到 2014 年的 37%。

WTO 在监督世界贸易体系中起关键作用，秘书处在主要的国际性机构中不但小而且精干。与国际货币基金组织和世界银行相比，其预算开支要少得多。2015 年 WTO 秘书处的

预算大约是 2.05 亿美元,正式工作人员只有 634 人;而国际货币基金组织和世界银行预算开支和工作人员分别为 8.7 亿美元、2 600 人和 20 亿美元和 4 500 名员工。

第二节　通过有效机制整合成员经贸关系

一、审议贸易政策,提高政策透明度

透明度是维护和完善多边贸易体制不可或缺的一个要素,以此应对保护主义潜在威胁和确保贸易承诺顺利的执行,监督成员对其承诺的履行,实现贸易政策制定的约束力,提升成员对多边贸易体制的信心。WTO 形成一套有效的政策履行机制。

(一)坚持贸易政策审议机制

1995 年 WTO 成立后,贸易政策审议机制(TPRM)常规化。

贸易政策审议通过由所有成员组成的贸易政策审议机构(TPRB)执行,在秘书处和被审议成员政府提交的两份报告基础上进行。这些报告要在确定的审议日期前至少 5 个星期发送给各个成员,所有成员都可以在审议日期前向被审议成员提交书面问题或在审议会议上提出问题。被审议成员有义务回答以上问题。审议的频率取决于该成员在全球货物和服务贸易中所占的比重。排名前四的成员,目前是美国、欧盟、中国和日本,每 2 年审议一次;第五至第二十位的成员每 4 年审议一次;其他成员每 6 年审议一次;对于最不发达成员,审议间隔可以更长。1989—2014 年,TPRB 共计对 161 个成员中的 149 个执行了 405 次审议。审议由集体审议发展到以组为单位的审议,审议结果要取得审议成员一致同意。

贸易政策审议内容与扩大到未被 WTO 规则囊括,但对货物、服务、资本和劳动力跨境流动有重要影响的政策,如竞争、公司治理和环境政策等。

贸易政策审议机制不仅促进成员内部不同部门之间的合作,而且帮助其明确潜在问题和立法任务,被成员认为是技术援助的一种。

(二)通过贸易政策监督遏制保护主义

为应对 2008 年金融和经济危机,WTO 开始监督全球贸易政策变化,增强贸易政策发展的透明度,供 WTO 成员和观察员知悉贸易政策最新发展趋势。

为此,WTO 秘书处要编写两种报告:一种报告以总干事名义发布,内容涵盖国际贸易环境的最新变化,对多边贸易体制的影响。第二种报告与经济合作与发展组织(OECD)和联合国贸易与发展会议(UNCTAD)共同编写,内容是 G20 国家采取的贸易和投资措施。前者在贸易政策审议机构(TPRB)的会议上通过,后者要提交 G20 领导人峰会。所有报告都

是公开和透明的。总干事从 2009 年开始会引用贸易监测报告的内容向 WTO 和成员提出政策领域需要关注的问题。2009 年以来，贸易政策审议机构共讨论了 14 份上述第一种报告，G20 共收到 12 份 WTO 的报告。

（三）监督和记录区域贸易协议

2006 年 12 月 WTO 总理事会推进和调整了 WTO 监督区域贸易协议的程序，引入了更多加强透明度的要求和条件。该机制要求所有区域贸易协议在实施前必须通知 WTO，对所有区域贸易协议一视同仁。

为此，区域贸易协议正式批准后，必须在实施前通知 WTO。区域贸易协议的成员必须就协议执行后对现有协议的改变和影响发布通知，在完全执行时提交短篇书面报告。秘书处建立了区域贸易协议公共数据库，包括所有区域贸易协议向 WTO 提交的信息和贸易数据。

该程序有效地促进了成员执行通知义务。自 2007 年 1 月开始，WTO 共计收到成员关于 244 个自由贸易协议和关税联盟的通知，98 份即将开展的区域贸易协议谈判和已签署但尚未执行的区域贸易协议的早期公告。

为使监督比较容易进行，自 2006 年 12 月开始，秘书处共准备和发布了 194 份区域贸易协议通知的事实陈述，占 WTO 收到的所有区域贸易协议通知的 48%。

（四）督促成员履行通报义务

依据规定，所有 WTO 成员都要向 WTO 秘书处通报生效的法律、采取的新措施和协议承诺执行的进展。《实施卫生与植物卫生措施协议》（SPS）和《技术性贸易壁垒协议》（TBT）还要求成员向 WTO 通报相关措施草案或咨询点情况，以便于回答关于新的或既有的 SPS/TBT 措施的问题，以此保护消费者和贸易伙伴，防止产生保护主义和隐蔽的、不必要的技术壁垒。

WTO 建立后，TBT 领域共有 23 404 份通报，涉及 126 个成员。通报数量从 1995 年的 389 份，增加到 2012 年的 2 000 份。

如果一项通报关注的问题不能在双边层次上得到解决，成员可以向 SPS 和 TBT 委员会提出，要求委员会主席组织开展磋商，寻求解决。

这种形式的监督在其他委员会中也存在。以农业委员会为例，1995 年开始，许多实质性信息都是通过问答方式提供的。截至 2014 年，成员互问的问题数量达到 5 013 个。这一审议过程加强了农业委员会的监督职能，使成员有机会澄清和在上升至争端解决之前解决贸易上的关注事项。

二、基于规则和程序解决成员间争端

(一)建立一个以规则为基础的争端解决机制

为确保"多边贸易体系的安全性和可预测性",WTO 建立了一个以规则为基础的争端解决机制(DSM),即根据法律规则而非通过外交手段进行争端解决。其特点如下。

1. 优先选择双方一致同意的方案

DSM 鼓励各方在不诉诸正式申诉程序情况下解决争端,一旦正式提出申诉,成员有 60 天时间进行双边磋商,看能否解决争端。允许当事人请求总干事进行斡旋,而不诉诸裁决。这使得自 WTO 建立以来,有一半以上争端在协商阶段就达成一致。

2. 自动使用"反向一致"原则

DSM 取消了个别成员,特别是受到挑战的成员,阻止专家组成立或阻止专家组报告通过的权利。根据争端解决谅解,DSM 应在争端中设立专家组,向上诉机构进行报告,除非WTO 成员达成一致取消设立进程。它防止某个成员利用政治手段阻挠多数人的意愿。

3. 建立上诉机构进行终裁

在争端一方不接受专家组争端解决意见后,就交由上诉机构进行终裁。上诉机构在审查法律问题和司法解释基础上进行终裁。WTO 建立后,约 70％的专家组报告被提出上诉。它确保 WTO 协议解释的一致性,促进了多边贸易体系的安全性和可预测性。

4. 监督败诉方落实专家组和上诉机构报告结果

为落实专家组和上诉机构报告结果的执行,争端解决机制建立了一个监督机制,可以让任何成员在 DSM 会议上提出有关执行的报告,督促败诉成员执行报告。

5. 不经授权,禁止单方面报复

争端解决谅解考虑成员可能会不遵守裁决,因此允许已经受到非法措施影响的成员进行报复,即 WTO 授权胜诉方对败诉方中止与其利益损失同等价值的减让义务,以此激励败诉成员修改措施以符合 WTO 规则。

6. 机制比较严谨

首先,强调高效。其次,明确期限。在专家组阶段,绝大部分案件约束在 14 个月左右,上诉机构报告一般 3 个月内发出。再次,确定"反向一致"原则,即争端解决专家组成立以及裁决均会通过,除非包括申诉方在内的所有成员都反对。最后,胜诉方经过授权可向未履行裁决的败诉方实现贸易报复,而且在每月两次的 DSM 大会上,败诉方必须向 WTO 全体成员报告其执行裁决的情况。

(二)所有成员都能有效利用争端解决机制

WTO 争端解决机制对所有成员一视同仁。截至 2015 年年底,发展中成员总共发起

226 起争端，而发达成员总计发起 292 起。有些年份，发展中成员申诉案件数目甚至超过发达成员。例如，2010 年和 2012 年发展中国家提出上诉的案件占所有案件的 65％和 63％，反映了发展中成员对争端解决机构不断增长的信心。为维护发展中成员正当的申诉，上诉机构也主动给予各种法律援助和支持。

（三）办案效率名列类似机构之首

从 1995 年到 2017 年的 20 多年内，WTO 已经受理约 500 多个争端案件，发出 300 份裁决报告。联合国原则裁决机构国际法庭司法部自成立以来的 68 年间，总共收到 161 起争端案件。国际海洋法法庭自 1966 年成立后总计受到 23 起申诉案件。某种程度上来说，向 WTO 提交争端的数目越来越多的原因，是因为世界贸易不断扩张和乌拉圭回合规则的强化，也表明成员对于 WTO 逐渐增长的信心。

第三节　促进发展中成员和新成员的发展与改革

一、支持发展中成员的贸易能力建设

（一）日益关注对发展中成员的技术援助

在 WTO 协议中，有各式各样的按照成员的特殊发展需求而制定的法律条款。这些条款给予了发展中成员和最不发达成员在实施 WTO 协议和决议时更大的灵活性。WTO 建立后，应发展中成员要求，WTO 成为一个更加重要的向政府提供技术援助的主体。同时在电信和计算机领域的技术变革改变了 WTO 提供技术援助和培训的方式。自启动多哈回合以来，WTO 已经组织了 4 500 项技术援助和培训活动，培训了超过 46 000 名政府官员。

贸易和发展委员会作为讨论贸易和发展相关广泛议题的主要平台，每两年举办一次会议，回顾发展中国家参与多边贸易体系的情况。定期审议和讨论特殊与差别待遇（S&D）条款和实施情况，已成为 WTO 工作的一项固定内容。

（二）积极支持最不发达成员融入世界贸易体系

WTO 建立后，给予最不发达成员更大的关注。2013 年 7 月，WTO 完善了 2002 年以来启动的一系列广泛的最不发达成员工作计划，旨在审议诸如为最不发达成员产品提供更多的市场准入机会，以及增强技术援助和能力建设的需要等问题。

WTO 采纳了很多重要意见，帮助最不发达成员融入多边贸易体系，更好地受益于全球贸易的市场准入开放，包括制定更为灵活的加入条款以促进最不发达成员加入 WTO 的建议。

（三）建立促贸援助体系

促贸援助计划的创立旨在帮助发展中国家,特别是最不发达国家建立其所需的供应能力和贸易相关的基础设施。通过技术援助、基础设施建设以及生产能力建设,促进国家投资产业和部门实现出口多样化,降低成本,减少出口关税下降带来的政府收入损失。

自促贸援助计划启动以来,援助资金稳步增加。根据经济合作与发展组织数据,2013年促贸援助承诺达到554亿美元,比2006—2008年的平均水平增加222亿美元。

（四）帮助人才培训,提高参与WTO活动度

WTO通过学习方式向政府官员提供技术援助。2014年通过网络学习的政府官员超过4 500名。1999年后,WTO通过"日内瓦周",编制简报,提供给发展中成员特别是最不发达成员非常驻日内瓦代表团,增加与WTO秘书处和其他代表团扩大交流的机会。

二、扩大新成员并推动其改革与发展

（一）WTO新成员不断扩大

WTO建立后至2015年3月,有33个国家(地区)加入WTO,涵盖从中国、俄罗斯等经济大国到瓦努阿图、塞舌尔和佛得角等小型岛国。占WTO成员总数的1/5。这使国家(地区)在全球贸易和GDP中占重要份额,2014年,约占全球贸易和全球GDP的各1/5,占全球人口的1/4以上。仅中国就占全球GDP的13%、全球贸易的17%和全球人口的21%。此外,还有8个最不发达国家(地区)的其他22个国家(地区)正在进行入世谈判。

（二）加入WTO促进了新成员的改革和发展

1. 通过入世谈判与多边贸易体制接轨

每一个新加入成员需要与原有成员谈判入世条件。WTO建立后,新成员的入世谈判平均为9年半。具体时间取决于新加入成员的谈判承诺、贸易规则与WTO的一致程度,以及谈判议题的组成和复杂性。通过入世谈判,新成员接受全面整体的入世进程和组织规则的严格审查,接受WTO的原则和所有的多边贸易协定与协议,通过市场准入表明确加入后的权利与义务,促进对外开放,登上世界经济舞台。

2. 增强WTO规则意识

入世谈判涵盖了WTO规则的45个核心领域。除接受WTO成员已达成的协议,新成员还要接受为取得WTO成员资格商定的额外条件,其数目达到1 361项。加入的新成员有些是经济转型国家,国有企业占据重要地位,为了约束它们的垄断地位,在额外条件中加入对国有企业的监督,出现对国有企业的特殊承诺。

3. 触发和倒逼国内改革

作为入世谈判的一部分,申请加入的政府需要评估其国内与贸易相关的法律和实践与 WTO 规则的一致性。他们需要填写一份全面的立法行动计划,全面申报已经颁布的与 WTO 相关的法律,提供将要进行的与 WTO 相关的国内法律工作计划。在 33 个加入成员 中,提交到 WTO 的,接受 WTO 成员审议的法律及其相关的实施细则超过 7 000 份。这推 动了新成员与 WTO 相一致的国内改革的法律进程,逐步构建制度化的法律体系。

4. 降低壁垒和增加贸易机会

新成员加入后,关税和非关税贸易壁垒逐步降低,增加和扩大了贸易机会。新成员的 "约束税率"几乎涵盖了所有农产品和非农产品;非关税逐步削减、取消和规范化,提高了新 成员贸易制度的确定性和可预见性。

5. 扩大了概念边境

新成员通过法律体系的规范化和制度化,加速了改革和开放的进程,扩大了利用经济全 球化的机遇,在贸易扩大的同时,加强了与国际社会的交流,提高了国民的相互学习和交流 机会,更新过时的理论和观念,扩大视野,接受新的观念。

(三)发展中成员贸易地位迅速提高

发展中成员在全球货物贸易的比重从 1995 年的 27% 提高到 2014 年的 43%,同时期 内,商业服务贸易比重由 25% 提升到 35%。

(四)WTO 成员的扩大增强了多边贸易体制

WTO 新成员通过以下方式增强了多边贸易体制:①促进了多边贸易体制的边际范围; ②丰富和加强了多边贸易体制的贸易规则;③推动生产网络的国际化,使经济全球化向纵 深发展;④改善了地缘政治环境;⑤加强了多边贸易体制的韧性和抵制保护主义的能力。

第四节　落实和拓展贸易规则

WTO 建立后,贸易自由化和规则在落实的同时,拓展贸易规则,推动更加开放的贸易环 境的形成。

一、巩固关税化以及处理关税配额未充分使用问题

(一)关税普遍下降

发达成员和发展中成员的关税都在持续下降,使得全球平均实施关税在 2014 年已经低

至 8%。

（二）削减药品、公共医疗健康产品的关税

WTO建立后,部分成员取消了医药产品以及生产这些医药品的中间产品的关税,覆盖医药品贸易的大部分份额。这些成员们定时进行会面,对协议进行回顾审查,扩大适用产品的范围。由此,发达成员大举削减了一些其他健康产品的关税,其他国家的关税也显著下降。这些关税的削减是在最惠国的基础上完成的,WTO的所有成员都可以因此受益。

（三）农业领域非关税壁垒关税化

《农业协议》规定,禁止在农业领域采用非关税措施,全部农产品贸易都只能征收普通的海关关税。但允许使用关税配额(TRQs),即在事先确定的配额范围内的进口可以享受比配额外进口更低的关税,而且超过配额外部分的关税税率通常会很高。经过实践,在2013年WTO巴厘部长级会议上决定采取措施改进TRQs的管理方法。会议决定,如果一个配额持续未被充分使用,而且信息共享和咨询都没有带来任何效果,进口国政府需要采取一系列规定步骤消除阻碍。

（四）信息技术产品削除关税

WTO建立后,2015年6月达成《信息技术协议》(ITA),取消技术产品关税,该协议成员达到53个。这些产品每年贸易额高达1.3万亿美元,约占世界贸易额的7%。受此协议约束的IT产品已经占全部IT产品的97%。它们是在最惠国待遇原则基础上实施,即使是没有签署ITA的成员,也可以从IT部门关税自由化所产生的贸易机会中获利。这使包括发展中成员在内都通过高品质的产品、更低成本的便利化,以及建立信息技术驱动的产业和服务业,参与全球化的生产网络。

二、巩固和扩展非关税贸易措施规则

（一）完善《技术性贸易壁垒协议》条款

WTO建立后,通过TBT委员会的努力,TBT协议的条款得到了发展和完善。在国际标准方面,该委员会已经建立了关于国际标准发展,指引和建议的六大原则。该委员会通过在一系列领域,诸如透明度,合规评估,标准,技术援助及特殊差别待遇,改进决策、指引与建议的权力,保证了协议的实施。

（二）加强进口许可和海关估价方面的规则

WTO建立后,通过进口许可程序委员会的努力,进口许可程序的多边规则得到了进一

步加强。例如,协议清楚地规定了成员要向 WTO 通报进口许可程序方面的规定和做法,对进口许可程序审议做出回应的时间期限。由于进口许可程序委员会同行评审和监督工作的加强,进口许可制度的透明度和可预测性方面有显著改善,超 90％的成员已向 WTO 通报他们国家涉及进口许可方面的立法和管理程序。

在《海关估价协议》委员会监督下,WTO 成员在海关估价过程中的透明度和可预见性有显著改进。超过四分之三的成员已通报 WTO 其国内关于海关估价的法律制度。一些规则得到进一步加强。如澄清了对利息和软件进口进行海关估价的方式,提出成员向 WTO 通报相关规则的方式。

(三)促进农业补贴的削减

在乌拉圭回合中,成员第一次同意减少国内支持措施即农业补贴,并对其中最具贸易扭曲性的补贴规定数量限制。由于成员对履行义务意识的加强,在 1995 年至 2013 年期间,WTO 成员对出口补贴的使用有了显著下降。那些传统上的最大补贴使用者的补贴有了明显下降。以金额计算,欧盟在 1995—2012 年削减了 90％,日本削减了 82％。美国的贸易扭曲性补贴在 2000—2012 年下降了 60％。

(四)TRIPS 不断完善

在审议 TRIPS 协议执行时,TRIPS 理事会发现,通过执行发现它在知识产权及相关领域积累了独特的、权威的政策信息,从而更深入地了解了 130 多个国家的政府灵活地对不同政策的选择和使用,从而为讨论更明智、更包容,且具有代表性的敏感知识产权议题奠定基础。在此基础上,WTO 成员进行较全面、最广泛的知识产权法律的修改,并使它们成为最具权威的标准。

(五)巩固和扩展服务贸易规则

WTO 建立后,GATS 有效地保证了服务政策机制稳定执行。其中,承诺减让表是一份具有法律约束力的文件,它为国内或现有供应商提供了避免潜在的开放倒退的保证。那些制度较不完善的国家更加珍视 GATS 减让表的开放承诺所带来的稳定性,因为这为他们提供了一种维持来之不易的改革,并成为向投资者保证政策可信度的方法。

在 GATS 实施中,成员还就金融、电信、海运和模式继续谈判,加大减让承诺的深度。电信和金融两个部门中有 70 多个成员共同促进了承诺的加强。

WTO 为各类服务机构提供了一个论坛,供各国监管者分享与贸易有关的信息、最佳实践和监管经验,促进信息的传播,鼓励采用新的监管措施。

此外,服务贸易概念的确立有助于开展对服务贸易自由化的成本和好处及其对经济的影响的学术讨论和分析。它还提高了获得服务业市场实际准入条件信息的重要性,以及更准确衡量服务贸易的重要意义,从而推动了许多国际机构参与数据的收集和分析工作。

（六）政府采购协议扩展

政府采购占世界经济的 15% 以上,同时它也是政府的一项日益重要的战略重点。WTO 的诸边《政府采购协议》(GPA)涵盖了货物、服务和建筑服务(公共工程),成为这个领域维持和促进市场开放的最主要的工具。新修订的协议于 2014 年 4 月开始生效。

该协议的重要性和影响力在不断增加,同时它也是 WTO 的谈判和政策制定的重点。

（七）《贸易便利化协定》的达成

2013 年 12 月巴厘部长级会上最终达成的《贸易便利化协议》是 WTO 成立之后达成的第一个多边贸易协议。该协议的实施将加速成员间商品的移动、放行与清关。《2015 年世界贸易报告》估计,该协议将使贸易交易成本大幅降低 14.5%。对于中等收入国家和低收入国家,贸易成本降低的幅度更广,对中小企业参与跨境贸易更加便利,政府可以更好地分配稀缺资源,消费者可以享受低价产品带来的优惠。其中尤以发展中国家和最不发达国家受益最大。这类成员在总获利中获得超过半数的利益。

在 WTO 在 2014 年制定的《贸易便利化协议》机制中,对发展中成员尤其是最不发达成员建立援助机制,提供训练以及技术支持,对资金不足的成员提供资金支持。

第五节　参与全球经济治理

一、全球经济概念与治理内涵

（一）全球经济概念、特点与失衡

全球经济一般是指世界贸易、生产、投资、金融、运输和信息整体的融合,构成全球性的世界市场。它既是实物、服务市场和金融业的全球化,也是国际生产关系的全球化。

第二次世界大战以后,随着贸易、投资自由化、跨国公司的兴起和冷战的结束,全球经济形成并加速发展。20 世纪 90 年代后,整体性的全球经济出现。它具有有十大特点,即市场的共认性,多维的参与体,企业的跨国化,运输的高效率,信息的网络化,快速的传递性,经济的虚拟性,数字经济的涌现,电商的普遍性,运行的共振性。

在 2008 年的世界性金融危机冲击下,全球经济出现严重失衡。其主要表现是:虚拟经济脱离实体经济并冲击实体经济,原有全球经济格局受到新兴国家的挑战,国际金融贸易规则滞后于全球经济的发展,最不发达国家发展目标迟迟不能实现,危机后经济复苏缓慢。

全球经济失衡的原因主要是:世界经济政治发展的不平衡,经济金融大国金融监管的

缺失,虚拟经济下非理性的繁荣追求,新自由主义思想的泛滥,守成大国忽视新兴经济体的出现,急于见效的经贸治理对策,金融贸易规则的滞后和松弛等。

出于本身和世界经济发展的需要,国际社会要求加强全球经济治理的呼声日益高涨。

（二）全球经济治理的内涵、目标和主体

全球经济治理,顾名思义,是对全球经济运行机制的调节和管理,是超越民族国家的国民经济更高层次宏观经济的调节和管理。它是全球总体治理的一个重要的、基础性的组成部分,涉及国际经济关系的调整和国际经济秩序的变革。其目标是协调国际经济关系,使全球经济在共识的秩序和规则基础上,做到可持续的良性发展,促进和提高世界人民生活的福祉,使世界稳定与和谐。

以此而言,主权国家、国际组织、国际企业和非政府组织应是参与全球经济治理的重要角色。其中,由主权国家组建的国际经济组织是最主要的担当者。

第二次世界大战以后,国际经济组织包括联合国系统内的各专业组织以及与联合国建立关系的专业组织,其中最重要的是国际货币基金组织（IMF）、世界银行（WB）和关贸总协定/世界贸易组织（GATT/WTO）,既是全球经济形成的促进和推动者,也是全球经济治理的主要担当者。其中,1995年由1948年临时性生效的关贸总协定（GATT）演变而成的WTO成为重要角色。

二、WTO在全球经济治理中的地位与作用

（一）WTO具备承担全球经济治理中的基本条件

国际经济组织在全球经济治理中的地位和作用取决于以下基质:建立的基础性、参与的全面性、决策的民主性、规则的渐进性、执行的有效性、广泛的协调性、利益的众多性。WTO初步具备了参与全球经济治理的上述基质。

1. 国际法人

根据《维也纳条约法公约》,世界贸易组织是一个常设性和永久性存在的国际组织。

2. 整体性

WTO负责实施管理的多边与诸边贸易协定与协议将近30个,涵盖国际货物贸易、服务贸易和知识产权。

3. 世界性

WTO负责实施管理的贸易协定与协议都是WTO成员共同接受的国际规则。截至2017年WTO成员已达到164个,占世界贸易的98%。

4. 均衡性

WTO负责实施的贸易协定与协议,通过最惠国待遇和差别待遇原则维护各类成员尤其

是发展中成员和最不发达成员的经贸权益。

5. 宪法性

WTO 以政策审议机制、贸易争端解决程序和国内规则与其一致的原则约束对已承诺规则的遵守。在 WTO 争端解决机制中,上诉机构报告的通过遵循反向协商一致规则,这就使报告不可能不通过。这使上诉机构的最终裁决具有宪法性效果。

6. 连续性

WTO 规则延续了 GATT 中的精华理念和规则。WTO 运行后,对已有规则又不断深化和扩展。

7. 缘起性

在 20 世纪 60 年代和 70 年代,多边贸易体制重点规制反倾销税、反补贴税、自愿出口限制协议等。在 20 世纪 80 年代和 90 年代,开始纳入许多"新"议题,如服务贸易、知识产权保护、成员国内投资措施。自乌拉圭回合之后,开始关注环保问题和竞争政策问题。21 世纪以来国际社会关注的国际经贸问题多数都纳入 2002 年开始的多哈回合谈判议题中。

8. 合规性

现在双边和地区性贸易安排协定之间达成的地区性经贸规则只有纳入 WTO,才能具有国际性质。

9. 难替代

WTO 的上述条件使其难以被别的国际经济组织替代。

(二) WTO 在全球经济治理中可以发挥的作用

1. 扭转虚拟机经济的不当发展

2008 年全球金融危机的爆发,很大程度上与发达经济体,特别是美国的过度金融化、盲目的金融创新以及经济虚拟化所致。金融危机后,各国加强金融管理,同时普遍转向实体经济的发展。实体经济的发展需要通过交换环节(国际贸易)实现。而 WTO 通过各种贸易规则促进贸易自由化,形成开放、公平和无扭曲竞争的贸易环境,消除过度依赖虚拟经济特别是金融业忽视实体经济发展带来的恶果。

2. 搭建全球经济治理的合作平台

在 WTO 164 个成员中,涵容了不同经济发展水平、不同社会制度、不同宗教信仰的各类国家,通过共同协商和遵守的贸易规则,使国内经济与世界经济融合,促进了成员国的改革和良性市场体系的形成与运行。对最不发达国家给予各种特殊差别优惠待遇,促进其经济发展。为 WTO 成员提供贸易谈判的场所是 WTO 的重要职能之一。通过无条件最惠国待遇和国民待遇为 WTO 构建平等的合作平台。

3. 参与全球经济治理的民主性

WTO 是"合约"性的国际组织,采取的决策方式首先是"协商一致",如不能一致,则采取多数投票制进行表决,而投票是基于"一个成员一张票"的原则。在完成其职责的方式上,采取多边会议的方式,又以上述决策方式达成多边协议。其民主性高于由经贸实力获得"加权的"多数投票决策权的 IMF 和 WB。

4. 参与全球经济治理的渐进性

WTO 一方面负责实行和管理乌拉圭回合谈判达成多边和诸边协议,同时组织谈判和发动多哈回合,使货物、服务、知识产权和与贸易有关的投资措施协议向深化和广化发展,以体现世界经济贸易发展的要求。

5. 参与全球经济治理的有效性

在 WTO 要求成员国内政策与多边贸易规则一致性基础上,通过政策审议制度、贸易争端解决机制,保证 WTO 成员充分享受权利,如实履行义务,维护正当贸易权益,促进经济发展,有力地抑制 2008 年金融危机导致的贸易保护主义兴起和泛滥。

6. 具有广泛的国际协调功能

WTO 在负责执行和制定国际贸易规则的同时,还注意与国际上相关的国际、区域、非政府组织合作。如被邀参加总理事会会议的观察员就有联合国、联合国贸易与发展会议,国际货币基金、世界银行,联合国粮农组织,世界知识产权组织,经济合作与发展组织,国际贸易中心,G20 等,与区域协定密切合作。

三、WTO 在全球经济治理中地位加强的途径

(一)扩展政策一致性

1. 强化贸易与金融政策一致性

1)加强 WTO 与 IMF、WB 的合作

乌拉圭回合谈判尾声,世界贸易组织成员发表了《世界贸易组织对于实现经济决策更大一致性》的部长宣言,倡议世界贸易组织 WTO 与国际货币基金组织(IMF)和世界银行(WB)合作。其目的是通过金融和宏观政策的支持,鼓励更多发展中国家参与国际贸易并得到发展援助,可以有力地促进贸易自由化和多边贸易规则的制定。

2)合作内容

(1)贸易与金融。

一方面,WTO 通过与 WB 的合作明确了贸易问题在发展战略中起举足轻重的作用。在多哈回合谈判中主要表现为签署《增强整体框架协议》,建立"标准及贸易发展促进基金"和提出"贸易援助倡议"等。WTO 建立后,与 WB 共同发布 2015 年报告《贸易在消除贫困中的作用》。

WTO 与 IMF 的合作内容主要是解释贸易与金融的关系。20 国集团成立后,以三大国际经济组织为合作平台,加强国际政策的协商,深化了彼此间的合作。

（2）贸易与发展。

《增强整体框架协议》提到 WTO 与 IMF 和 WB 合作最终目的是不断扩大全球贸易范围，最大限度地吸纳其他经济体参与合作。帮助一些国家解决发展面临的瓶颈问题，从而更好地参与区域经济一体化和经济全球化。该协议倡导通过国际金融支持政策解决各国面临的经济困难。在"贸易援助倡议"中，各成员承诺提高对发展中国家的全球贸易援助份额，包括与贸易有关的技术援助和基础设施建设援助。该倡议规定部分援助项目直接受 WTO 管理，其他由 WB 负责。此外，双方在贸易融资方面还有重要合作，对"贫穷国家贸易融资的有效性"进行研究；建立"全球贸易流动基金"，旨在支持发展中国家的贸易活动和解决 2008 年金融危机后的短期贸易融资难问题。

（3）汇率与贸易。

汇率波动幅度过大甚至失衡，一方面对国际贸易造成不利影响；另一方面增加了各国利用贸易保护工具解决问题的风险。WTO 秘书处力促各成员解决汇率与贸易的问题。IMF 支持以世界贸易组织为平台解决汇率问题，从而加强对汇率和宏观经济的监管。利用该平台，双方可以组织敏感问题的商讨，解决各自关心的核心问题，WTO 防止贸易保护主义回头，IMF 组织加强对汇率的监管。国际贸易体系一直经历大小不同的危机，比如 20 世纪 90 年代的亚洲金融危机和 2008 年的全球金融危机。IMF 可以帮助 WTO 更好地理解金融危机对实体经济和贸易的破坏程度。各国如能正确了解大国宏观经济政策的溢出效应，将会有助于全球经济政策一致性的实现。

2. 加强贸易与环境问题的合作

1）目的

目的是实现可持续发展。

随着全球环境问题日益严重，贸易与环境议题已纳入联合国可持续发展框架，并已制定相关日程。解决贸易与环境问题需要全球多边贸易体系实现政策的协调一致，要求 WTO 和其他环境治理机构承担更多的责任。"实现可持续发展"丰富了 WTO 的建立初衷。WTO 与环境委员会已被授权维护环境与贸易的可持续发展，实现二者之间的相互促进。

2）途径

（1）进行信息交流。多边环境协定与 WTO 相关委员会的信息交流程序。

（2）削减贸易壁垒。削减或取消与环境产品和服务有关的关税和非关税壁垒。

（3）环境立法服从贸易政策。为了实现保护环境的目标，WTO 成员可以采取措施提高本国立法标准，但必须服从全球贸易政策，不能作为实现贸易保护的手段。

3. 关注贸易与劳工问题的合作

1）合作必要性

1996 年，WTO 新加坡部长级会议重申支持国际劳工组织作为合法机构制定国际劳工标准并处理相关问题，同时指出贸易发展促进了各国的经济增长，贸易自由化程度越高对劳

工的标准要求也越高。各国部长反对成员利用劳工标准问题进行贸易保护。

2) 合作内容

在新加坡会议期间,各国部长决定加强世界贸易组织与国际劳工组织秘书处的合作与交流,并积极参加其组织的各类会议。2006年,鉴于贸易领域出现的不景气和全球劳工市场的情况,WTO和国际劳工组织进行了一项关于贸易与劳工方面的研究,该成果已经公开发表。

4. 与卫生与植物卫生、食品安全和商品组织加强合作

1) 合作必要性

WTO《实施卫生与植物卫生措施协议》将国际食品法典委员会、世界动物卫生组织和国际植物保护公约组织分别作为食品安全、动物卫生和植物保护标准的制定者。

2) 合作方式

三者在WTO卫生与植物卫生措施委员会拥有观察员身份,同时WTO也作为观察员参加三个组织的主要会议。在会议上,WTO通过主题报告,从国家和国际角度将各方的视线聚焦在贸易和卫生政策一致性问题上,相互之间采取联合技术援助行动,提高了解决国际问题的效率。

国际食品法典委员会、世界动物卫生组织和国际植物保护公约组织不仅负责制定国际标准,而且参加卫生与植物卫生方面的研讨会,并在日内瓦接受相关培训。该委员会还邀请其他国际或区域性组织作为观察员参与食品安全、动植物卫生方面的监督,欢迎他们建言献策。

此外,WTO与20国集团合作,共同应对农业、价格波动和食品安全问题。

5. 国际统计合作

国际统一的统计方法可以穿越时空成为公共产品。联合国统计委员会是全球最权威的统计部门。1994年,该委员会成立特别小组明确国际服务贸易的概念、定义及分类。从其运行之日起,WTO便是一个积极的参与者。与此同时,WTO世还监管"联合国千年发展目标"中涉及贸易方面的问题。贸易和市场准入在联合国"永续发展目标"中发挥作用。2015年9月,该作用已被联合国认可。

此外,WTO在衡量贸易增值方面有所创新,通过每个产业和国家产业链计算增值部分,研究21世纪全球制造业产生的整体效应和发展情况。WTO还与联合国贸易暨发展会议和世界银行进行非关税措施分类并汇总数据。

6. 卫生和知识产权的合作

1) 合作必要性

TRIPS引发国际社会关于贸易政策中知识产权规则适用性的讨论,关注点是贸易增值问题和知识产权的作用问题。在全球政策"一致性"的问题上,知识产权和健康卫生问题成为焦点。

2）合作途径

TRIPS加强各国知识产权法律和政策转向解决一系列全球问题，如保护环境、防止气候变化、确保生物多样性、平等使用基因资源等，以促进社会经济进步和人类发展。

为此，WTO与贸易有关的知识产权委员会已将该协议视为解决全球问题的重要政策平台，加强与世界卫生组织、联合国气候变化公约组织以及其他政府间和非政府组织的合作。

7. 政府采购的合作

在政府采购上，WTO已与其他政府间组织在加强一致性和提高合作方法上达成共识。作为联合国最高商业法机构的联合国国际贸易法委员会，保持与WTO政府采购协议的协调一致，在谈判时保持合作和信息共享。联合国国际贸易法委员会模型定律已被许多成员运用到国家采购立法上，并与WTO的政府采购协议一致。

为了发展政府间采购新模式，WTO秘书处与欧洲复兴开发银行开展政府采购方面的技术援助，促使更多WTO成员加入政府采购协议。

8. 技术援助合作与发展中国家授权

加强经济政策制定的一致性和对发展中国家提供技术援助是WTO的重要使命。多哈回合强调技术援助对发展中成员的意义重大。它需要WTO与其他国际组织加强协调合作。目前，WTO一半以上的技术援助任务与其他合作组织完成。考虑全球技术援助者参差不一，WTO创建了"全球与贸易相关的技术援助数据库"为合作提供服务，成为政府间信息管理交流工具，覆盖国家和地区的援助项目，提供增强透明度方面的培训，做到信息共享。

在区域范围内，世界贸易组织与多个合作伙伴建立了技术援助关系，其中包括：非洲的非洲发展银行和联合国非洲委员会、拉美的美洲发展银行和美洲国家组织、亚洲的联合国亚太经社会、伊斯兰发展银行、阿拉伯货币基金组织和国际货币基金组织经济与金融中心。

（二）加强行动一致性

1. 增强《整体框架协议》一致性与合作

1996年，新加坡部长级会议宣言提到，我们将继续关注欠发达国家的问题，同意通过会议的形式加强整合，目的是帮助这些国家提升贸易机会。1997年10月，WTO与欠发达国家代表、IMF、国际贸易委员会、UNCTAD、联合国开发计划署和WB举行会议，达成《与贸易相关的技术援助整体框架协议》（简称《整体框架协议》）。

《整体框架协议》的最终目的是帮助欠发达国家克服供给约束的问题，挽回由于供给约束而丧失的市场准入机会。

为了发挥好《整体框架协议》的作用，WTO成立了运行委员会和工作小组，加强合作方之间的政策协调和一致性。2003年以后，《整体框架协议》成员决定提升该协议的级别，其倡议得到世界贸易组织第六次香港部长级会议的支持，为此建立了专门的信托基金和秘书处。

目前,已有 51 个成员成为该协议的受益者,其中绝大多数是欠发达国家。2015 年 6 至 7 月,第五次全球贸易援助审查开启《整体框架协议》增强的第二阶段,确保与贸易有关的技术援助能够有效进行,确保欠发达国家能够得到最有价值的资金援助。

2. 落实千年发展目标

WTO 高度关注联合国千年发展目标,不仅要对整体目标的实现做出贡献,还特别关注消除极度贫困和饥饿目标的实现。其行动主要包括保持经济稳定、提供经济预期和反对贸易保护主义。

然而,全球 12 亿人口仍然处于贫困状态,撒哈拉以南的非洲没有实现联合国千年发展目标的贫困削减。WTO 将继续与联合国和其他组织保持密切合作,帮助实现联合国永续发展目标。

3. 加强公共卫生政策制定的一致性

TRIPS 和《公共卫生协议》有利于发展中国家面临的卫生问题的解决。该协定特别提到其应该解释并实现世界贸易组织成员提升药品准入的权利。

为促进上述目标的实现,WTO 秘书处与联合国世界卫生组织和世界知识产权组织进一步建立技术合作对话机制,合作重点是根据经验数据建立一个非正式政策辩论平台,共同编辑出版《公共卫生政策制定的方法研究》和《提高医药技术的准入与创新》,为政策制定者处理贸易与知识产权方面的公共卫生问题提供借鉴。

4. 加强标准与贸易发展基金作用

WTO 通过标准与贸易发展基金的设立,加强了成员利益相关者集体行动并制定统一的政策标准。标准与贸易发展基金根据公私部门伙伴关系和区域合作情况,建立了一套新的农药数据生成和交换方法并在三个地区实行。该基金通过积极努力,寻求特别农作物最大农药残留量的立法,以维护发展中国家的经济利益。标准与贸易发展基金将卫生和植物卫生方面的专家聚在一起,与它的合作伙伴共同协商,建立卫生与植物卫生相关的政策,并促成政策的协调一致。

5. 促进多边环境协定的达成

WTO 与环境委员会认为国际间通力合作、协商一致是各国政府解决全球环境问题的最好方式。为此,WTO 鼓励使用与贸易有关的措施解决环境问题,促进卫生与植物卫生措施协议和技术性贸易壁垒协议的修订。为了进一步提升 WTO 与《国际濒危物种贸易公约》的合作,双方加强了合作,促进 WTO 与多边环境协定之间的信息交流、技术合作和共建活动。

（三）增进外部联系

WTO 建立后,面临的重要挑战来自其全球影响力的不断提升和公众对其监督的不断增加。早在 WTO 成立之初,反对全球化运动就对其大肆批判。民间的抗议活动破坏了 1998 年 5 月在日内瓦召开的部长级会议,并在 1999 年 12 月西雅图部长级会议期间升级为大规模的示威活动,严重破坏了西雅图会议进程。

西雅图会议之后,WTO 开始反思。成员意识到既要尊重政府间组织本身的运作规律,也要积极努力与民间团体进行沟通,及时解决针对 WTO 的各种指责。为此,WTO 开展了如下活动。

1. 加强与非政府组织的联系,建立互相尊重的工作关系

西雅图会议后,WTO 加强与非政府的联系与合作。2001 年多哈部长级会议准备期间,秘书处在日内瓦及其他地区为非政府组织举办多场技术性研讨会。2001 年 7 月,WTO 第一场由非政府组织提议的、关于世界贸易体制面临问题的研讨会成功举办。多哈回合开始后,WTO 总干事办公室成立非正式的非政府组织咨询小组。2006 年,秘书处倡议定期向非政府组织、民间社会以及公民进行通报,以加强他们与 WTO 的沟通交流,增加透明度。在具体事务及一般事务上向非政府组织通报的惯例已经被制度化,每一次总理事会和贸易谈判委员会的会议结束后,秘书处都会对外公开简报。

2000 年以来,秘书处已经为非政府组织提供了超过 200 份简报。非政府组织也参加了包括全球贸易援助审查会和年度开放日等公开活动。2013 年,来自 66 个国家将近 350 个非政府组织团在巴厘岛部长级会议上的倡议得到认可,这些倡议涵盖了环境、发展、消费、贸易联盟、商业和农业等方面的内容。非政府组织在巴厘会议中心举办多场公开的和内部的会议,并举办了 15 个左右公共活动。

2. 加强与议会之间的联系,确保协议及时批准

对于 WTO 而言,议会作用非同小可。绝大多数情况下,在 WTO 达成的任何政府间协议都需要各国立法机关的批准。1999 年 12 月西雅图部长级会议期间,WTO 成员第一次立法机构代表会议举行。在这次会议上,代表们就各国立法机关加强与 WTO 的联系以及成员立法机关派出常驻人员等事宜交换意见,并对如何了解和监督 WTO 谈判及其他活动达成了共识。另外,通过信息与对外关系司举办的研讨会,WTO 加强了与议员、议会组织的对话合作。

3. 加强与商业机构的联系和互动

《贸易便利化协定》重新激发了商业机构对 WTO 工作的兴趣。大量的行业组织发表声明支持巴厘一揽子协定,并鼓励成员在此基础上进一步有所建树。WTO 秘书处与商业界建立联系的相关举措包括:为商业界组织建立一个专门网页和电子信息快报、举办商界领袖与 WTO 方面专家的对话交流会议、在区域及国家层面帮助发展中成员达成商业业务等。

4. 加强与媒体建立信任的联系

2013 年,巴厘岛部长级会议取得成功以及之后为促进贸易便利化协议落实等工作首次吸引了媒体的大量关注。将近 300 名记者和 30 多个电视台报道了巴厘岛会议。这中间有 12 名记者来自最不发达的国家,他们往返巴厘岛的费用由 WTO 资助。争端解决,尤其是涉及主要贸易成员的案件依旧吸引媒体大量报道。

为此，WTO举办了一系列与媒体的联系和交流活动，如与非洲记者的研讨会（阿克拉，2012年）、与东南亚记者研讨会（曼谷，2011年）、与拉丁美洲和加勒比海地区的研讨会（日内瓦，2011年；圣多明戈，2013年）、与俄罗斯记者的研讨会（日内瓦，2013—2015年）。WTO秘书处针对日内瓦当地媒体举办"WTO介绍"主题研讨会，在日内瓦为法语区非洲记者举办了一个讨论会。

5. 加强与学术界的联系

为加强与学术界的联系，WTO于2010年启动教席计划，旨在提高发展中国家学术界在贸易及相关领域的教学和研究能力，希望借此帮助WTO提高成员的政策制定者关于贸易问题的认识。建立专业化、有效的决策机制。该项目为相关机构提供为期4年的资助。在项目实施的第一期，总共有14家机构得到资助。2014年，另外7家机构入选。入选项目的大学之间将开展联合研究、联合教学，以及学生、学者交流合作，举办促进研究成果传播、增强国际贸易与合作研讨等公共活动。

6. 开放总部，举行讲座和出版研究成果

WTO总部对公众开放。2014年，有超过200家组织团体参观WTO总部，参观者大多是学生，也有来自商业协会、政府及民间组织的代表。参观中，来访者可以了解WTO日常工作和历史，参加农业、知识产权以及争端解决等专业性讲座。

迄今为止，WTO发行了超过70种的出版物，大部分内容都能够在网络上免费下载。WTO定期每年出版《世界贸易报告》和《世界贸易统计》。

7. 举行公共论坛

公共论坛已成为WTO年度最大的活动，鼓励参与者为加强多边贸易体制出谋划策。每次年会吸引了超过1 500名来自民间、学术界、商业界、媒体、政府、议会以及政府间组织的代表。2001年，第一次公共论坛——世贸组织研讨会成功举行。时任世贸组织总干事麦克·穆尔（Mike Moore）总结时强调："关于全球化的讨论说明人们正密切关注WTO组织，我们欢迎大家的关注。WTO为此做出了一系列重要的工作，WTO的每项决议都会影响全世界普普通通的人们的生活。我们受到关注，尽管这也容易招致批评。"

已有超过9 000人参加WTO公众论坛。每次会议都有不同的主题，如制定多哈发展议程、通过创新和数字经济塑造世界贸易和扩大贸易，"多边体制下的贸易如何能刺激经济增长、帮助人们脱离贫困、扩宽人们对于药品和商品接触的渠道，促进国家和平共处、平等互利的关系"。会议还探讨未来几年贸易如何更好地发展，WTO在哪些领域能够做出更多贡献等问题。

8. 加强网络的联系

WTO重视以WTO官方网站为基础促进宣传与交流。2014年全年网站页面浏览量超过4 200万。秘书处为增强网站新闻的传播作出了很大努力。脸书（Facebook）、推特（Twitter）上WTO的粉丝和关注者的数量激增。2014年以来，WTO总干事在推特上关注

者的数量增长了 3 倍。

第六节　发动多哈回合谈判

2001 年 11 月,WTO 启动多哈回合谈判。这是 1995 年 1 月 WTO 成立以来的首轮多边贸易谈判。返轮谈判不仅继承原 GATT 在推动贸易自由化的追求,还首次以"发展"作为谈判核心,旨在建立更加公平透明的贸易环境,保证发展中成员特别是最不发达成员与其他成员一道从贸易发展中收益,实现可持续发展,增加就业,消除贫困。谈判在艰难曲折中前进,使 WTO 经受历练,增加韧性,表现活力。

一、多哈发展回合启动、目标与计划

(一)多哈发展回合启动

2001 年 11 月,WTO 第四届部长会议在卡塔尔多哈通过《部长宣言》,决定从 2002 年起到 2005 年年底以前,举行多哈发展回合的多边贸易谈判。

(二)基本目标

1. 推动贸易自由化进程,抵制贸易保护主义

鉴于 WTO 建立后世界经济处于低迷状态,通过多哈回合谈判,推动成员贸易政策改革和自由化进程,以保证多边贸易体制在促进世界经济恢复、增长和发展方面发挥作用,以拒绝采取保护主义。

2. 促进发展中成员的贸易发展

WTO 成员绝大多数是发展中成员,通过多哈回合谈判,帮助发展中成员获得更多市场准入,得到技术援助,加强能力建设,以保证发展中成员特别是最不发达成员在世界贸易的增长中获得与他们经济发展需要相当的份额,促进他们的贸易发展,防止最不发达成员被边缘化。

3. 维护和改善多边贸易体制

鉴于区域贸易协定的迅猛发展和国际环境的变化,决定通过谈判,在维护多边贸易体制的前提下,承认区域贸易协定在促进贸易自由化、扩大贸易以及促进发展方面发挥重要的作用。同时继续与布雷顿森林体系机构一起工作,处理成员与贸易有关的问题。

4. 坚持可持续发展目标

通过多哈回合谈判,加强多边贸易体制与可持续发展之间的相互支持。根据 WTO 规则,不得阻止任何成员在其认为适当的水平上采取措施以保护人类、动物或植物的生命或健康及保护环境,但是要求这些措施不得以构成在情形相同的国家之间进行任意或不合理歧

视的手段或以构成对国际贸易的变相限制的方式实施,并应在其他方面与 WTO 各协定的规定相一致。为此,要继续与联合国和其他政府间环境组织进行合作。

(三)回合谈判计划与内容

在《部长宣言》中,列出了多哈回合谈判的工作计划。2003 年 5 月结束关于《争端解决谅解》的谈判,2003 年第五届部长级会议前结束关于地理标志注册的谈判,第五届部长级会议期间对多哈回合进行中期盘点,2005 年 1 月前全面结束多哈回合。

《部长宣言》列出的谈判议题有 19 个,即:与实施有关的问题和关注,农业,服务,非农产品市场准入,与贸易有关的知识产权,贸易与投资的关系,贸易与竞争政策的相互作用,政府采购透明度,贸易便利化,WTO 规则,《争端解决谅解》,贸易与环境,电子商务,小经济体,贸易、债务和财政,贸易与技术转让,技术合作和能力建设,最不发达国家,特殊和差别待遇等。有些议题所涉及的具体议题有很多,如与实施有关的问题和关注的议题,就包括了 10 多个具体内容,即有 GATT 1994 第 18 条,《农业协议》《实施卫生与植物卫生措施协议》《纺织品与服装协议》《技术性贸易壁垒协议》《与贸易有关的投资措施协议》《反倾销协议》《海关估价协议》《原产地规则协议》《补贴与反补贴措施协议》《与贸易有关的知识产权协定》等。

(四)多哈回合谈判原则和方式

1. 谈判原则

《多哈部长宣言》确定的谈判原则包括协商一致、一揽子方式、包容性、透明度、特殊和差别待遇。协商一致是指谈判中任何重要的决定均需要所有成员一致同意。一揽子方式是指将所有谈判领域打包一起完成,目的是确保谈判的整体平衡。同时,成员也留下"早期收获"的可能性。《多哈部长宣言》第 47 条指出:"早期达成的协议可在临时或最终基础上实施。早期协议应在评估谈判的总体平衡时予以考虑。"这为后来的巴厘部长级会议取得成功奠定了基础。

2. 谈判执行机构

《多哈回合宣言》第 46 条指出:"谈判的全面进行将由在总理事会授权下的一个贸易谈判委员会负责监督。"贸易谈判委员会主席通常由 WTO 总干事担任,贸易谈判委员会可根据谈判的情况设立下设机构,监督并促进相应领域的谈判进展,下设机构的主席通常由常驻 WTO 的各成员大使担任。此外,每两年一次的部长级会议、不定期的小型部长级会议和每年数次的总理事会也是讨论和作出重大谈判决定的重要场所。

二、艰难曲折的谈判历程

(一)坎昆会议首次碰壁

多哈回合启动之后,各国贸易官员在日内瓦很快投入密集谈判。然而,在核心问题上,成员并未能迅速找到出路,最初两年的谈判未形成一个能够凝聚共识的基础。

2003 年 9 月,WTO 第五届部长级会议在坎昆召开。会议旨在对多哈回合进行中期盘点,并推动谈判取得进展,为 2 年后全面结束多哈回合做好准备。然而,会议很快在三个核心议题上碰壁。在农业议题上,美国和欧共体拿出一份对农业议题的方案,但遭到发展中成员的反对。这些反对提案的发展中成员随后组成了"20 国集团"(G20),在未来谈判中代表发展中成员的农业利益。第二个议题是棉花补贴问题。这一问题最初并未单独纳入多哈谈判议程,但非洲国家高度关注,逐步成为讨论的核心。美国在会上提出补贴削减方案,但没能成功说服非洲"棉花四国"。最后,在"新加坡议题"上,《多哈部长宣言》中的建设性模糊引起成员激烈争论,南北双方对该议题授权的解读各持己见,僵持不下,最终导致会议的彻底破裂,为刚刚开始的多哈回合谈判蒙上阴影。

(二)达成"7 月框架"

2004 年的总理事会上,WTO 成员终于打破了谈判僵局,就农业和非农产品准入等议题取得一定进展,同时终止"新加坡议题"中的 3 个议题讨论,即贸易与投资、贸易与竞争政策、政府采购透明度,仅保留其中的贸易便利化议题继续谈判,形成上述内容为主的"七月框架"。然而,由于谈判进展大幅落后,谈判错过了原设定的 2005 年 1 月 1 日结束时间。

(三)香港会议令多哈回合再度起航

2005 年 12 月,WTO 第六届部长级会议在香港召开。这次会议以"七月框架"为基础,发布《香港部长宣言》,确立了多哈回合部分谈判框架。在发展中成员的推动下,欧共体在会上明确承诺取消出口补贴,美国在削减棉花补贴问题上做出让步,但同时指出,这些让步都取决于达成一个总体的农业协议。同时,成员就部分发展议题取得成果,发达成员和部分发展中成员承诺在 2008 年向最不发达成员所有产品提供免税、免配额的市场准入;发达成员2006 年取消棉花出口补贴,2013 年年底前取消农产品出口补贴。2006 年 4 月 30 日完成模式部分谈判,到 2006 年 7 月 31 日,成员将根据非农和农业模式提交全面的减让表草案,并且提交服务的修改出价。

(四)2008 年失之交臂

香港部长级会议后,WTO 谈判再次陷入低谷,2006 年和 2007 年缓慢进行。2007 年WTO 成员甚至破例选择不按期举行部长级会议。直到 2008 年 7 月,成员决定在日内瓦举办的小型部长级会议就达成协议再度尝试。这次会议共 70 个成员参加,但主要谈判是在更小范围内进行。由澳大利亚、巴西、中国、欧盟、印度、日本和美国组成的"七方"与总干事进行核心磋商。会议前,农业和非农业主席均对谈判模式案文召集讨论,并形成可以拿到小型部长级会议上讨论的基础。这次会议在最核心的农业问题上几乎要达成共识。WTO 总干

事拉米提出一页纸的建议,包含了对农业所有核心问题的解答,并获得大部分成员的接受。但最终由于美国与印度在农产品特殊保障机制问题上的分歧,多哈回合在接近成功的一刻功亏一篑。

(五)新兴经济体问题困扰谈判

2008年12月,各工作组主席更新了谈判案文,在非农业方面是第三版主席案文,而农业则是第四版主席案文。与此同时,金融危机开始席卷全球,多哈回合谈判在危机下依然没有明显起色。在金融危机中,金砖国家一枝独秀,保持了较快的经济发展速度。发达成员开始提出世界经济变化论、失衡论,要求新兴经济体承担更多义务和责任。

(六)取得"早期收获"

2011年12月,WTO第八届部长级会议在日内瓦召开,由于谈判依然缺乏基础,会议并未在谈判方面取得重大突破。然而,成员在这次会上就"早期收获"达成一致,同意在已有基础的议题上先行一步。在2012年12月11日举行的WTO总理事会上,有成员提出2013年将《贸易便利化协定》纳入"早期收获"范围。2013年9月,新上任的WTO总干事阿泽维多敦促成员展开密集谈判,并挑选了贸易便利化、农业和发展三个议题作为"早期收获"的目标,大力推动成员在这三个领域开展技术工作。

2013年12月,WTO第九届部长级会议在印度尼西亚巴厘岛召开。印度在粮食安全上的立场强硬,要求给予发展中成员作为公共储备项目补贴的灵活性度,美印双方在WTO总干事及其他核心成员的斡旋下,最终达成一致。巴厘岛部长级会议成功达成了"巴厘一揽子协议",包括贸易便利化、部分农业议题以及发展三个部分的10份决定。会议同时明确,在未来12个月内,对所有多哈未决议题,尤其是农业、发展中成员和最不发达成员关心的议题制订工作计划,在下一届部长级会议上全面结束多哈回合谈判。

(七)实施巴厘一揽子协定和制订"后巴厘"工作计划

巴厘岛部长级会议的成功极大地鼓舞了WTO成员士气。WTO成员立即着手两方面的工作,一方面进一步落实巴厘岛成果;另一方面开始谈判"后巴厘"工作计划。

落实巴厘岛会议成果的重点在于《贸易便利化协定》。根据巴厘岛部长宣言,该协定需进一步通过法律审议,并在成员一致同意基础上,纳入WTO规则体系,最终经成员批准正式生效实施。成员原定于2014年7月31日总理事会上通过《贸易便利化协定》议定书,并开始成员国内批准程序。但印度在会前最后一刻拒绝通过该议定书,要求WTO总理事会厘清巴厘岛有关粮食安全和平条款,实际上把粮食安全问题和美国关切的《贸易便利化协定》挂钩。

2014年11月,按照印度的最初要求,美国最终做出妥协。WTO总理事会通过了三项决定：①明确在找到永久解决办法前，"巴厘一揽子协议"中的粮食安全"和平条款"继续有效；②通过《贸易便利化协定》的议定书；③多哈回合谈判立即恢复，在 2015 年 7 月完成"后巴厘"工作计划。

2015 年 12 月 19 日通过的《内罗毕部长宣言》对前两个决定作出肯定，对第三个决定作出下表述："我们认识到许多成员愿重申多哈发展回合，以及在多哈及此后历届部长级会议通过的宣言和决定，并重申其充分承诺以此为基础结束多哈发展议程。而其他成员并未重申多哈授权，因其认为有必要采取新方式以便在多边贸易谈判中获得有意义的结果。成员间对如何处理谈判存在不同观点。我们承认本组织所拥有的强有力法律框架。尽管如此，所有成员均承诺继续推进关于多哈剩余议题的谈判……但需经全体成员同意。"以此可知，多哈回合剩余议题继续谈判需经全体成员同意，谈判方式将有变化。

本章小结

1. 1995 年 WTO 建立后，通过其世界贸易发展的宗旨和被赋予的五大职能，以体现货物贸易、服务贸易和知识产权协定中的规则为基础，加以高效率的秘书处，加强 WTO 的权威性和影响力，从而维护和加强了原关贸总协定建立的多边贸易体制。

2. WTO 建立后，通过政策审议机制，加强 WTO 成员贸易政策的透明度；通过争端解决机制妥善解决 WTO 成员之间的贸易争端，防止贸易战和抑制贸易保护主义，加强 WTO 成员之间的经贸整合和相互市场的融合，促进了相互的经贸发展。

3. WTO 建立后，在维护发达成员和创建成员的权益外的同时，关注发展中成员尤其是最不发达成员的贸易发展和在世界贸易比重的提升。为此，给予发展中成员尤其是最不发达成员各种特殊和差别待遇，通过援助帮助他们发展能力的成长；此外，通过加入 WTO 谈判，国内规则与 WTO 规则的接轨和附加条款的接受与履行，促进新加入成员的改革与开放，发展了贸易，提高了视野，更新了观念。

4. WTO 建立后，在管理和实施各种多边和诸边贸易规则的同时，还加深已有的规则和拓展新规则，整体丰富 WTO 负责实施的货物、服务和知识产权等方面的规则。

5. WTO 建立后，积极参与全球经济治理，在全球经济治理中担任重要角色。WTO 通过加强贸易规则制定、执行的一致性和强化与体外的沟通与合作，提高了 WTO 在全球经济治理的参与度和影响力。

6. 为促进 WTO 宗旨进一步实现，促进 WTO 成员整体经贸发展，2001 年 WTO 启动多哈发展回合多边贸易谈判，原定 2005 年年底结束谈判，因受体内和体外各种因素的困扰，使多哈回合谈判在艰难曲折中进行。经过成员共同努力和新任总干事的敦促，2013 年 12 月在巴厘岛召开的第九届部长级会议达成巴厘一揽子协议。2017 年 2 月 22 日，WTO 总干事阿泽维多宣布，核准《贸易便利化协定》成员已达 112 个，超过 WTO 164 个成员的 2/3，该协定

正式生效。

重要概念

多边贸易体制(Multilateral trade system)
多哈发展回合(Doha development round)
全球经济(Global economy)
非政府组织(Non-governmental organization)
巴厘岛一揽子协定(Bali package)

案例分析

WTO 总干事阿泽维多对 WTO 业绩的总结

20 年前 WTO 的创建不仅仅是对原有 GATT 体系的改革,而是被视为一个"冷战"后形成的新的开放、包容、合作的全球经济秩序的关键支柱。在近半个世纪中自绝于世界经济之外的大批国家转向开放市场和经济一体化。许多在数十年中被先进工业国抛在后面的发展中国家开始奋起直追。新的运输、通信、信息技术把各个经济体更紧密地联系在一起,并以此重新构造国际关系。如果说 GATT 是一个分化世界的产物,那么 WTO 就意味着一个更加团结的世界。

迄今为止,WTO 没有辜负这样的期待。自 1995 年以来,33 个新成员加入了 WTO,包括像中国和俄罗斯这样的大国,意味着几乎所有经济体都是这一贸易体系的一部分。国际规则而非权力治理着贸易关系,冲突不是通过贸易战而是通过 WTO 争端解决机制这一全球贸易法院得到解决。贸易壁垒持续下降,超过一半的世界贸易已经免于关税,各经济体之间的相互联系程度前所未有。尽管最新一轮的多边贸易谈判——多哈发展回合谈判进展艰难,但一系列新的 WTO 协议以创新性的方式在新的部门开辟新的贸易机会,诸如海关改革、信息技术产品、政府采购、金融和电信服务。据估计,仅 2013 年达成的 WTO《贸易便利化协议》在降低贸易成本方面的效果就超过消除全部剩余关税。2015 年 7 月达成的 ITA 扩围谈判将消除占世界贸易 7% 的高技术产品的关税,其贸易额超过纺织品服装和钢铁贸易之和。

与此同时,WTO 为 161 个成员间的政策对话、信息共享和经济合作提供了关键平台,并越来越成为当今全球治理体系的重要支柱。

更重要的是,WTO 还为前所未见的全球增长和发展的扩散做出了重要贡献。自 1995 年以来,发展中国家在全球货物贸易中的份额从 27% 增至 43% 以上,在全球 GDP 中的份额从 41% 增至 53% 以上。新兴经济体如中国、印度和巴西已经成为全球经济不可或缺的重要推动力量以及国际经济体系重要的领导者。发展中国家的经济腾飞归因于许多因素,但无疑融入全球经济是其中最重要的一个,而当今高度开放、可靠和安全的世界贸易体系正是他们这样做的关键原因。

当然,WTO 短暂的历史并非完全成功,多哈回合的拖延不决无疑是令人失望的,但 WTO 对世界经济尤其是发展的贡献远远超过多哈回合谈判。

归根结底,WTO 是成员开展贸易合作意愿的结果,而非原因。它的创建和随后的成功反应了越来越多的国家意识到贸易开放将带来增长和发展,协商达成的规则将加强而非弱化主权,国家利益的实现越来越取决于集体利益的实现。随着当今世界经济越来越开放、相互依赖和多极化,国际贸易合作和世界贸易体系显然将更加重要。但仅仅因为其重要,并不足以保证 WTO 的坚强。WTO 的前 20 年之所以成功,正是由于成员的决心,而其接下来 20 年能否成功仍然将取决于它的成员。

资料来源:节选自 WTO,The WTO at Twenty Challenges and achievements。

分析讨论

1. 为什么总干事说"如果说 GATT 是一个分化世界的产物,那么 WTO 就意味着一个更加团结的世界"?

【解析】 1947 年达成的《关税与贸易总协定》是由美国为首的 23 个国家签署的,1948 年临时生效,等到国际贸易组织建立后,就并入其中。但国际贸易组织未能建立,关贸总协定就一直临时生效到世界贸易组织建立。在《关税与贸易总协定》签署和临时生效后,以苏联为首的东欧社会主义国家组成"经济互助委员会"与之抗衡。故可以说《关贸总协定》是一个分化世界的产物。WTO 建立前,东欧发生剧变,"社会主义阵营"瓦解。WTO 建立后,中国和俄罗斯都成为 WTO 成员,WTO 成为一个开放、包容、合作的国际贸易组织。从这个意义上可以说,WTO 是"一个更加团结的世界"。

2. WTO 总干事如何描绘 WTO 最重要的机制功能?

【解析】 总干事认为 WTO 最重要的功能是以"国际规则而非权力治理着贸易关系,冲突不是通过贸易战而是通过 WTO 争端解决机制这一全球贸易法院得到解决"。这段话表明,WTO 是以成员共同接受的 WTO 规则发展相互之间的贸易关系,为成员间的政策对话、信息共享和经济合作提供了关键平台。通过 WTO 争端解决机制妥善处理相互之间的贸易争端,避免贸易战的发生,为全球增长和发展的扩散做出了重要贡献。

3. 总干事如何看待多哈回合谈判对多边贸易体制的影响?

【解析】 首先,他不悲观,而且看到机遇。他认为:"尽管最新一轮的多边贸易谈判——多哈发展回合谈判进展艰难,但一系列新的 WTO 协议以创新性的方式在新的部门开辟新的贸易机会,诸如海关改革、信息技术产品、政府采购、金融和电信服务。"其次,他不因"多哈回合"困境而否定 WTO 巨大成就。他说:"多哈回合的拖延不决无疑是令人失望

的,但 WTO 对世界经济尤其是发展的贡献远远超过多哈回合谈判。"

同步测练与解析

1. WTO 建立后,取得了哪些业绩?

【解析】 取得六大业绩,即维护和加强多边贸易体制,通过有效机制整合成员经贸关系,促进发展中成员和新成员的发展与改革,落实和拓展贸易规则,参与全球经济治理,发动多哈回合谈判。

2. WTO 如何维护和加强多边贸易体制?

【解析】 WTO 通过以下途径维护和加强多边贸易体制:①WTO 成为代表多边贸易体制的常设机构,成为国际法人和多边贸易体制的组织和法律基础;②WTO 成为以协商一致作为决策机制的成员驱动的组织,其民主性高于其他国际经济组织;③WTO 秘书处提供了精干高效的服务,保证 WTO 比较顺畅地运作。

3. WTO 通过何种有效机制整合成员经贸关系?

【解析】 WTO 通过以下有效机制整合成员经贸关系:①审议贸易政策,提高政策透明度。其具体包括:坚持贸易政策审议机制、通过贸易政策监督遏制保护主义、监督和记录区域贸易协议、督促成员履行通报义务等。②基于规则和程序解决成员间争端,为此,建立一个以规则为基础的争端解决机制;所有成员都能有效利用争端解决机制,该机制比较科学、公正,办案效率名列类似机构前茅。

4. WTO 如何促进发展中成员和新成员的发展与改革?

【解析】 WTO 通过以下途径促进发展中成员和新成员的发展与改革:①支持发展中成员的贸易能力建设,措施包括日益关注对发展中成员的技术援助,积极支持最不发达成员融入世界贸易体系,建立促贸援助体系,帮助人才培训,提高参与 WTO 活动度。②积极扩大新成员,并推动其改革与发展。其办法包括通过入世谈判与多边贸易体制接轨,增强 WTO 规则意识,触发和倒逼国内改革,降低壁垒和增加贸易机会,扩大概念边境等。这样做带来两种积极后果,即发展中成员贸易地位迅速提高,增强了多边贸易体制。

5. WTO 建立后,如何落实和拓展贸易规则?

【解析】 WTO 建立后,通过以下途径落实和拓展贸易规则:①巩固关税化以及处理关税配额未充分使用问题。其措施包括:削减药品、公共医疗健康产品的关税;农业领域非关税壁垒关税化;信息技术产品削除关税。②巩固和扩展非关税贸易措施规则。其措施包括:完善《技术性贸易壁垒协议》条款;加强进口许可和海关估价方面的规则;促进农业补贴的削减;TRIPS 不断完善;巩固和扩展服务贸易规则;政府采购协议扩展;达成《贸易便利化协定》等。

6. WTO 如何加强参与全球经济治理?

【解析】　WTO 通过以下途径加强参与球经济治理:①扩展政策一致性,其办法包括通过与 WTO 与 IMF、WB 的合作强化贸易与金融政策一致性,加强与贸易与环境组织的合作,关注与贸易与劳工组织的合作,与卫生与植物卫生、食品安全和商品组织加强合作,与国际统计组织合作,与卫生和知识产权组织合作,与政府采购的合作,技术援助合作与发展中国家授权等。②加强行动一致性,其措施有增强 WTO《整体框架协议》一致性与合作,落实联合国千年发展目标,加强公共卫生政策制定的一致性,加强标准与贸易发展基金作用,促进多边环境协定的达成。③增进外部联系,其中包括加强与非政府组织的联系;加强与议会之间的联系;加强与商业机构的联系和互动;加强与媒体建立信任的联系;加强与学术界的联系;开放总部,举行讲座和出版研究成果;举办公共论坛和加强网络的联系等。

7. WTO 多哈回合谈判成绩与挑战如何?

【解析】　2001 年 11 月,WTO 启动多哈回合谈判,这是 1995 年 1 月 1 日 WTO 成立以来的首轮多边贸易谈判。谈判不仅继承原 GATT 推动贸易自由化的追求,还首次以"发展"作为谈判核心,旨在建立更加公平透明的贸易环境,保证发展中成员特别是最不发达成员与其他成员一道从贸易发展中收益,实现可持续发展,增加就业,消除贫困。

但谈判在艰难曲折中前进:坎昆会议首次碰壁;达成"7 月框架";香港会议令多哈回合谈判再度起航;2008 年与结束谈判失之交臂;新兴经济体问题困扰谈判;取得"早期收获"。2011 年 12 月,WTO 第八届部长级会议在日内瓦召开,就此达成一致。巴厘岛部长级会议成功达成了"巴厘一揽子协议",包括贸易便利化、部分农业议题以及发展三个部分的 10 份决定。此后,WTO 成员实施巴厘一揽子协定,WTO 制订"后巴厘"工作计划。

C 第十五章

HAPTER FIFTEEN

中国与世界贸易组织

学 习 目 标

　　本章系统阐述了中国复关/入世的历程、谈判成果、权利与义务,入世后产生的诸多红利与维护和拓展红利的途径。通过本章学习,学生应了解中国复关/入世的背景与历程,知悉中国入世后的权利与义务,知悉产生红利的内容,掌握中国入世后维护红利和拓展红利的途径。

重 点 难 点 提 示

◉ 中国加入世界贸易组织的法律文件的构成;
◉ 中国加入世界贸易组织的法律文件的产生基础;
◉ 中国加入世界贸易组织后的权利与义务;
◉ 加入世贸组织后中国经济的机遇与挑战。

第一节　中国入世历程与法律文件的产生

中国是 GATT 的 23 个创始缔约方之一。1950 年国民党政府退出 GATT。1949 年中华人民共和国成立后到 1978 年改革开放前，没有与 GATT 交往。1978 年后，随着改革开放成为国策，中国提出恢复在 GATT 缔约方地位的申请（以下简称复关）；1995 年后，接着申请加入世界贸易组织（WTO）（以下简称入世）；2001 年 12 月中国成为 WTO 第 143 个成员。中国从复关到入世长达 15 年，大致经历了四个阶段，最后达成了入世的法律文件。

一、入世历程

（一）第一阶段，准备复关（20 世纪 80 年代初至 1986 年 7 月）

1971 年中国恢复在联合国的合法席位，1978 年改革开放成为国策，1980 年中国成为国际货币基金组织（IMF）和世界银行（IBRD）成员。20 世纪 80 年代初，中国开始与 GATT 交往。1982 年 11 月，中国政府成为 GATT 观察员，并派代表团列席 GATT 第三十六届缔约方大会。

1986 年 7 月 11 日，中国政府正式照会 GATT 总干事，提出恢复中国在 GATT 缔约方地位的申请。1986 年 9 月 15 日至 9 月 20 日，中国政府代表列席 GATT 缔约方全体会议，并全面参与 GATT 发动的乌拉圭回合谈判。

（二）第二阶段，审议中国经贸体制（1987 年 2 月至 1992 年 10 月）

1987 年 3 月 4 日，GATT 理事会设立关于恢复中国缔约方地位的中国工作组。该组由 36 个缔约方组成，对中国提交的《中国对外贸易制度备忘录》进行审议，中国派出代表团以口头和书面形式回答审议中提出的各种问题。在 1992 年 10 月第十一次中国工作组会议上，正式结束长达 6 年的审议。

（三）第三阶段，议定书内容谈判（1992 年 10 月至 2001 年 9 月）

1994 年 4 月 12 日至 4 月 15 日，GATT 部长级会议在摩洛哥的马拉喀什举行。乌拉圭回合谈判结束，与会各方签署《乌拉圭回合谈判结果最后文件》和《建立 WTO 协定》。中国代表团参会并签署《乌拉圭回合谈判结果最后文件》。但复关谈判继续，因双方立场差距过大，到 1994 年年底仍未达成协议。

1995 年 11 月，中国政府照会 WTO 总干事鲁杰罗，把中国复关工作组更名为中国入世工作组，中国复关谈判转为入世谈判。中方开始就中国加入议定书内容，与工作组的 WTO

37个成员(在原工作组基础上增加1个)进行双边谈判。到2001年9月30日,双边谈判完成。其中,难度最大的是中美和中欧双边谈判。前者于1999年11月15日结束,后者于2001年5月19日结束。

(四)第四阶段,完成入世手续(2001年9月至2001年11月)

双边谈判基本结束,开始起草入世的法律文件。法律文件包括:《中华人民共和国加入议定书》和《中国加入工作组报告书》。2001年9月17日WTO中国工作组第十八次会议通过上述文件。此后,中国入世工作组按照程序把它们交到WTO总理事会。

11月9日至11月13日在卡塔尔首都多哈举行的WTO第四届部长级会议上,就中国入世进行表决,获得一致通过。11月11日,对外贸易经济合作部部长石广生代表中国政府在《中华人民共和国加入议定书》上签字,并向WTO秘书处递交了由国家主席江泽民签署的中国入世批准书。2001年12月11日,中国成为WTO第143个成员。

中国从复关到入世历时15年,创下多边贸易体制加入史上的漫长记录。工作组前后共举行了38次会议。中美举行了25轮双边谈判,中欧进行了15轮双边谈判。在整个谈判过程中,中国代表团换了四任团长,美国和欧盟分别换了五位和四位首席谈判代表。中国作为最大的发展中国家入世,使WTO接近名副其实的全球性的贸易组织。

二、中国入世的法律文件

(一)中国入世法律文件的构成

中国入世的法律文件包括:《马拉喀什建立WTO协定》《中华人民共和国加入的决定》《中华人民共和国加入议定书》(以下简称为《加入议定书》)及其附件、《中国加入工作组报告书》(以下简称《工作组报告书》)。

《加入议定书》是确定中国作为申请加入方权利与义务关系的法律文件,《工作组报告书》则是对中国整个加入谈判情况的记录和说明(也包括部分承诺)。《工作组报告书》在结构上与《加入议定书》有一定差异,但作为谈判过程的记录和对《加入议定书》有关条款的进一步细化和说明,与《加入议定书》具有内在的统一性,具有与《加入议定书》同等的法律效力。

中国入世的法律文件是双边谈判和多边谈判的结果。中国作为申请加入方与工作组WTO成员之间进行的入世准入谈判是双边谈判,而《加入议定书》和《工作组报告书》的谈判和起草过程是多边谈判。双边谈判的重点是解决市场准入问题,涉及关税逐步降低、进口限制逐步取消、服务市场逐步开放等内容。多边谈判重点是解决遵守WTO规则问题,涉及中国遵守WTO基本原则和要求,明确中国在WTO相关协定中享受的具体权利,WTO成员承诺逐步取消对中国歧视性贸易限制和措施,中国根据WTO要求进一步改革外贸体制、与贸易有关的投资措施等内容。

作为 WTO 成员，中国的权利与义务不仅体现在《加入议定书》和《工作组报告书》当中，也全面反映在 WTO 现行的各项协定与协议中。

（二）《加入议定书》和《工作组报告书》产生的基础

1. 谈判依据的基础文件

1986 年中国向 GATT 提交《中国对外贸易制度备忘录》，工作组成员就中国对外贸易制度备忘录提出问题，中国主管机关对此作出答复，并提供相关的大量文件。

2. 谈判中双方的意愿

（1）中方。中国为复关和入世所做的一贯努力，符合其经过改革建立社会主义市场经济的目标及对外开放的国策。中国入世将促进其经济增长，并加强与 WTO 成员的经贸关系。

（2）工作组成员。工作组成员欢迎中国入世，认为中国的加入将有助于多边贸易体制的加强，增加 WTO 的普遍性，为中国和其他 WTO 成员带来共同利益，保证世界经济的稳步发展。

3. 谈判中双方坚持的原则

（1）中国。虽然经济发展取得了重要成就，但是中国仍然是发展中国家，因此应有权利根据《建立 WTO 协定》享受给予发展中成员的所有差别和更优惠待遇。

（2）工作组成员。由于中国经济的巨大规模、快速增长和过渡性质，在确定中国援用发展中国家可使用的过渡期和《建立 WTO 协定》中的其他特殊规定的需要方面，应采取务实的方式，应认真考虑和具体处理每个协定和中国的情况。在这方面要强调的是，需要对这种务实的方式进行调整，以便适应少数几个领域中国加入的特定情况。

（三）《加入议定书》和《工作组报告书》的框架内容

1.《加入议定书》的框架

《加入议定书》由序言、三个部分 18 个条款构成。第一部分为总则，包括 18 个条款。第 1 条总体情况，第 2 条贸易制度的实施，第 3 条非歧视，第 4 条特殊贸易安排，第 5 条贸易权，第 6 条国营贸易，第 7 条非关税措施，第 8 条进出口许可程序，第 9 条价格控制，第 10 条补贴，第 11 条对进出口产品征收的税费，第 12 条农业，第 13 条技术性贸易壁垒，第 14 条卫生与植物卫生措施，第 15 条确定补贴和倾销时的价格可比性，第 16 条特定产品过渡性保障机制，第 17 条 WTO 成员的保留，第 18 条过渡性审议机制。第二部分减让表。第三部分最后条款。此外，还有 9 个附件。分别是：附件 1A 中国在过渡性审议机制中提供的信息，附件 1B 总理事会依据《中国加入议定书》第 18 条第 2 款处理的问题；附件 2 A1 国营贸易产品（进口），附件 2 A2 国营贸易产品（出口），附件 2B 指定经营产品；附件 3 非关税措施取消时

间表;附件4实行价格控制的产品和服务;附件5A根据《补贴与反补贴措施协议》第25条作出的通知;附件5B需要逐步取消的补贴;附件6实行出口税的产品;附件7 WTO成员的保留;附件8第152号减让表——中华人民共和国;附件9服务贸易具体承诺减让表。

2.《中国加入工作组报告书》的构成

《中国加入工作组报告书》由8个部分342段构成。

第一部分为导言,包括提供的文件和介绍性说明。第二部分为经济政策,包括:非歧视(包括国民待遇),货币和财政政策,外汇和支付,国际收支措施,投资体制,国有企业和国家投资企业,定价政策和竞争政策。第三部分为政策制定和执行的框架,包括:政府的结构和权力,地方各级政府的职权,贸易制度的统一实施,司法审查。第四部分为影响货物贸易的政策,包括:贸易权,进口法规,出口法规,影响货物的国内政策。第五部分为与贸易有关的知识产权制度,包括:总体情况,保护的实体标准(包括获得和维持知识产权的程序,控制滥用知识产权的措施和执行)。第六部分为影响服务贸易的政策,包括:许可,合资伙伴的选择,股权的调整,保险部门中设立商业机构的以往经验要求,检验服务,市场调查,法律服务,少数股持有者的权利和具体承诺减让表。第七部分为其他问题,包括:通知,特殊贸易安排,透明度和政府采购。第八部分为结论。

第二节　中国入世后的权利、义务与履行

一、基本权利

1. 全面参与多边贸易体制

入世前,中国作为观察员参与多边贸易体制,所能发挥的作用受到诸多限制。入世后,中国将充分享受正式成员的权利,其中包括:全面参与WTO各理事会和委员会的所有正式和非正式会议,维护中国的经济利益;全面参与贸易政策审议,对美国、欧盟、日本、加拿大等重要贸易伙伴的贸易政策进行质询和审议,敦促其他WTO成员履行多边义务;在其他WTO成员对中国采取反倾销、反补贴和保障措施时,可以在多边框架体制下进行双边磋商,增加解决问题的渠道;充分利用WTO争端解决机制解决双边贸易争端,避免某些双边贸易机制对中国的不利影响;全面参与新一轮多边贸易谈判,参与制定多边贸易规则,维护中国的经济利益;对于现在或将来与中国有重要贸易关系的申请加入方,将要求与其进行双边谈判,并通过多边谈判解决一些双边贸易中的问题,包括促其取消对中国产品实施的不符合WTO规则的贸易限制措施、扩大中国出口产品和服务的市场准入机会和创造更为优惠的投资环境等,从而为中国产品和服务扩大出口创造更多的机会。

2. 享受非歧视待遇

中国入世后,将充分享受多边无条件的最惠国待遇和国民待遇,即非歧视待遇。入世前双边贸易中受到的一些不公正的待遇将会被取消或逐步取消。其中包括:美国国会通过永久正常贸易关系(PNTR)法案,结束对华正常贸易关系的年度审议;根据《中国入世议定书》附件7的规定,欧盟、阿根廷、匈牙利、墨西哥、波兰、斯洛伐克、土耳其等成员对中国出口产品实施的与 WTO 规则不符的数量限制、反倾销措施、保障措施等将在中国入世后5～6年内取消;根据 WTO《纺织品与服装协议》的规定,发达成员的纺织品配额在2005年1月1日取消,中国将充分享受 WTO 纺织品一体化的成果;美国、欧盟等在反倾销问题上对中国使用的"非市场经济国家"标准将在规定(15年)期限内取消。

3. 享受发展中成员权利

除一般 WTO 成员所能享受的权利外,中国作为发展中成员还将享受 WTO 各项协定规定的特殊和差别待遇。其中包括:中国经过谈判,获得了对农业提供占农业生产总值8.5%"黄箱补贴"的权利,补贴的基期采用相关年份,而不是固定年份,使中国今后的农业国内支持有继续增长的空间;在涉及补贴与反补贴措施、保障措施等问题时,享有协定规定的发展中国家待遇,包括在保障措施方面享受10年保障措施使用期、在补贴方面享受发展中国家的微量允许标准(即在该标准下其他成员不得对中国采取反补贴措施);在争端解决中,有权要求 WTO 秘书处提供法律援助;在技术性贸易壁垒采用国际标准方面,可以根据经济发展水平拥有一定的灵活性等。

4. 获得市场开放和法规修改的过渡期

为了使中国相关产业在入世后获得调整和适应的时间和缓冲期,并对有关的法律和法规进行必要的调整,经过谈判,中国在市场开放和遵守规则方面获得了过渡期。例如,在放开贸易权的问题上,享有3年的过渡期;关税减让的实施期最长可到2008年;逐步取消400多项产品的数量限制,最迟可在2005年1月1日取消;服务贸易的市场开放在加入后1～6年内逐步实施;在纠正一些与国民待遇不相符的措施方面,包括针对进口药品、酒类和化学品等的规定,将保留1年的过渡期,以修改相关法规;在对进口香烟实施特殊许可证方面,中国将有2年的过渡期修改相关法规,以实行国民待遇。

5. 保留国营贸易

WTO 允许通过谈判保留进口国营贸易。为使中国在入世后保留对进口的合法调控手段,中国在谈判中要求对重要商品的进口继续实行国营贸易管理。经过谈判,中国保留了对粮食、棉花、植物油、食糖、原油、成品油、化肥和烟草8种关系国计民生的大宗产品的进口实行国营贸易管理(由中国政府指定的少数公司专营),保留了对茶、大米、玉米、大豆、钨及钨制品、煤炭、原油、成品油、丝、棉花等的出口实行国营贸易管理的权利。同时,参照中国目前实际进出口情况,对非国营贸易企业进出口的比例作了规定。

6. 对国内产业提供必要的支持

对国内产业提供必要的支持包括:地方预算提供某些亏损国有企业的补贴;经济特区

的优惠政策；经济技术开发区的优惠政策；上海浦东经济特区的优惠政策；外资企业优惠政策；国家政策性银行贷款；用于扶贫的财政补贴；技术革新和研发基金；用于水利和防洪项目的基础设施基金；出口产品的关税和国内税退税；进口税减免；对特殊产业部门提供的低价投入物；对某些林业企业的补贴；高科技企业优惠所得税待遇；对废物利用企业优惠所得税待遇；贫困地区企业优惠所得税待遇；技术转让企业优惠所得税待遇；受灾企业优惠所得税待遇；为失业者提供就业机会的企业的优惠所得税待遇等补贴项目。

7. 维持国家定价

保留了对重要产品及服务实行政府定价和政府指导价的权利。其中包括：对烟草、食盐、药品等产品，民用煤气、自来水、电力、热力、灌溉用水等公用事业，以及邮电、旅游景点门票、教育等服务，保留政府定价的权利；对粮食、植物油、成品油、化肥、蚕茧、棉花等产品，运输、专业服务、服务代理、银行结算、清算和传输、住宅销售和租用、医疗服务等服务，保留政府指导价的权利；在向 WTO 秘书处作出通报后，可增加政府定价和政府指导价的产品和服务。

8. 保留征收出口税的权利

保留对鳗鱼苗、铅、锌、锑、锰铁、铬铁、铜、镍等共 84 个税号的资源性产品征收出口税的权利。

9. 保留对进出口商品进行法定检验的权利

10. 有条件、有步骤地开放服务贸易领域并进行管理和审批

二、基本义务

（一）遵守非歧视原则

中国承诺在进口货物、关税、国内税等方面，给予外国产品的待遇不低于给予国产同类产品的待遇，并对目前仍在实施的与国民待遇原则不符的做法和政策进行必要的修改和调整。

（二）贸易政策统一实施

承诺在整个中国关境内，包括民族自治地方、经济特区、沿海开放城市及经济技术开发区等统一实施贸易政策。WTO 成员的个人和企业可以就贸易政策未统一实施的情况提请中国中央政府注意，有关情况将迅速反映给主管机关，如反映的问题属实，主管机关将依据中国法律可获得的补救，对此迅速予以处理，处理情况将书面通知有关当事人。

（三）确保贸易政策透明度

承诺公布所有涉外经贸法律和部门规章，未经公布的不予执行。入世后设立"WTO 咨询点"。在对外经贸法律、法规及其他措施实施前,提供草案,并允许提出意见。咨询点对有关成员咨询的答复应该完整,并代表中国政府的权威观点,对企业和个人也将提供准确、可靠的贸易政策信息。

(四)为当事人提供司法审议的机会

承诺在与中国《行政诉讼法》不冲突的情况下,在有关法律、法规、司法决定和行政决定方面,为当事人提供司法审查的机会,包括最初向行政机关提出上诉的当事人有向司法机关上诉的选择权。

(五)逐步放开外贸经营权

承诺在入世后3年内取消外贸经营审批权。在中国的所有企业在登记后都有权经营除国营贸易产品外的所有产品。同时中国还承诺,入世3年内,已享有部分进出口权的外资企业将逐步享有完全的贸易权。贸易权仅指货物贸易方面进口和出口的权利,不包括在国内市场的销售权,不同产品的国内市场销售权取决于中国在服务贸易作出的承诺。

(六)逐步取消非关税措施

中国承诺按照WTO的规定,将现在对400多项产品实施的非关税措施(配额、许可证、机电产品特定招标)在2005年1月1日之前取消,并承诺今后除非符合WTO规定,否则不再增加或实施任何新的非关税措施。

(七)不再实行出口补贴

中国承诺遵照WTO《补贴与反补贴措施协议》的规定,取消协议禁止的出口补贴,通知协议允许的其他补贴项目。

(八)实施《与贸易有关的投资措施协议》

中国承诺入世后实施《与贸易有关的投资措施协议》,取消贸易和外汇平衡要求、当地含量要求、技术转让要求等与贸易有关的投资措施。根据大多数WTO成员的通行做法,承诺在法律、法规和部门规章中不强制规定出口实绩要求和技术转让要求,由投资双方通过谈判议定。

(九)以折中方式处理反倾销反补贴条款可比价格

中国入世15年内,在采取可比价格时,如中国企业能明确证明该产品是在市场经济条件下生产的,可以该产品的国内价格作为依据,否则,将找替代价格作为可比价格。

（十）接受特殊保障条款

中国入世 12 年内，如中国出口产品激增对 WTO 成员国内市场造成市场紊乱，双方应磋商解决，在磋商中，双方一致认为应采取必要行动时，中国应采取补救行动。如磋商未果，该 WTO 成员只能在补救冲击所必需的范围内，对中方撤销减让或限制进口。

（十一）接受过渡性审议

中国入世 8 年内，WTO 相关委员会将对中国和成员履行 WTO 义务和实施入世谈判所作承诺的情况进行年度审议，然后在第十年完全终止审议。

三、基本承诺

（一）逐步降低关税

根据入世承诺，中国关税总水平从 2002 年 12％下降至 2005 年 10％左右。

（二）逐步开放服务市场

开放服务市场的承诺主要涉及电信、银行、保险、证券、音像、分销等部门。主要承诺如下。

1. 电信

承诺逐步允许外资进入，但在增值和寻呼方面，外方最终股比不超过 50％，不承诺外商拥有管理控制权；在基础电信中的固定电话和移动电话服务方面，外方最终股比不得超过 49％。

2. 银行

承诺在加入 2 年后允许外资银行在已开放的城市向中国企业提供本币服务，加入 5 年后允许其向所有中国个人提供本币服务。

3. 保险

在寿险方面，承诺允许外资进入，但坚持外资股比不超过 50％，不承诺外资拥有管理控制权；承诺 3 年内逐步放开地域限制。

4. 证券

A 股和 B 股不合并，不开放 A 股市场（不开放资本市场）。

5. 音像

承诺开放录音和音像制品的分销，但不包括出版和制作。电影院的建设不允许外资控股，音像领域只允许根据中国的法律规定设立中外合作企业，同时音像制品的输入和分销必须按中国国内法律法规进行审查。

6. 电影

承诺加入后每年允许进口 20 部电影。

四、中国对入世承诺的恪守与践行

（一）清理、修改和新建法规，形成新的贸易体制

入世后，中国对现存法律、行政规章和部门规定进行了系统清理。全国人大和中央政府共制定和颁布、修订或废除的法律规章 2 300 多件，此外还有 19 万多件地方性法规、规章和政策文件。它们涉及货物贸易、服务贸易、与贸易有关的知识产权，贸易政策与措施的全国统一和透明度等各个领域，确保了中国贸易制度与 WTO 规则和中国入世承诺的一致性和新的法律规章体系的形成。

中国相继修订了《中华人民共和国对外贸易法》《中华人民共和国进出口商品检验法》《中华人民共和国专利法》《中华人民共和国商标法》《中华人民共和国中外合资经营企业法》。制定《中华人民共和国反倾销条例》《中华人民共和国反垄断法》等。这样，2001 年前原有部分依据法律和部分依赖行政手段管理经济贸易的旧体制，被以法律和规章为基础、透明和可预测的新的管理体制所取代。中国对外经济贸易体制已经与 WTO 规则高度接轨。

（二）按期或超前履行减少贸易限制承诺

中国按期或提前完成了入世承诺的减少贸易限制措施。2005 年 1 月 1 日，全部取消进口配额、进口许可证，按承诺执行关税管理办法。2006 年 1 月 1 日，取消了所有植物油的关税配额，到 2010 年 1 月 1 日，中国按期完成了关税减让承诺的义务，平均关税总水平降至9.8%。其中，农产品平均关税降至 15.2%，非农产品平均关税降至 8.9%。约束关税范围为中国税则税目的 100%。

在服务贸易的市场准入方面，中国不但履行了全部加入承诺，而且自主开放程度超越了承诺规定的义务。服务业开放达到 104 个，开放率达到 62.5%，大大高于主要发展中成员的开放度，接近美国、欧盟和日本三个发达成员平均开放度 70.21% 的水平。

（三）加强知识产权保护制度

入世后，中国逐步建立比较完备的保护知识产权法律体系，设立知识产权法院，加大刑事打击力度。中国国务院还专门成立了全国打击侵权假冒工作领导小组。加强修订《反不正当竞争法》《专利法》《著作权法》等法规。最高人民法院出台《关于审理侵害专利权纠纷案件应用法律若干问题的解释（二）》等与知识产权保护相关的司法解释。2014 年在北京、上海、广州设立 3 个知识产权法院。

（四）坚持履行附加的条款

尽管这些超 WTO 条款对中国贸易发展有约束作用,但作为条款达成一方的中国毅然践行,没有食言。与此同时,对不恪守这些规则的成员进行投诉,如 2016 年 12 月 11 日后,中国对不按期终止"替代国"价格条款的美国、欧盟和日本向 WTO 争端解决机制提示。

（五）不断提高经贸法规透明度

2015 年 3 月修订《中华人民共和国立法法》,明确立法公开的原则;商务部每年编发 80 期《中国对外经济贸易文告》;为强化法规语言翻译的规范,国务院办公厅发布《关于做好与贸易相关部门规章英文翻译的通知》;认真履行向 WTO 通报的义务,仅 2014—2015 年,中国向 WTO 通报 TBT 措施 160 项,SPS 措施 406 项,总通报数量居 WTO 成员前列。

（六）通过争端解决机制,恪守规则

入世后,中国在积极进行投诉和应诉,通过抗辩维护中国正当贸易权益时,还主动发起 214 起贸易救济调查。中国作为申诉方,在 WTO 争端解决机制起诉的案件已达 10 余起,均获得胜利;接受并执行 WTO 裁决。

（七）积极参与正常的政策审议

中国 2006 年前,接受每 4 年进行一次政策审议。此后,中国贸易地位上升到 4 位以上,改为 2 年接受一次政策审议。到 2016 年,中国已接受 6 次贸易政策审议。与此同时,中国也积极参与对 WTO 主要成员美国、欧盟、日本和新兴经济成员的政策审议。

（八）中国在日内瓦设立驻 WTO 大使馆

中国加入 WTO 后,为践行入世后中国接受的 WTO 规则,商务部设立世贸司予以应对;在日内瓦 WTO 总部,设立中国大使馆,负责处理中国与 WTO 的事务。

（九）中国积极参与新协定的谈判与执行

这些新协定包括《信息产品协议》和《贸易便利化协定》等。

（十）中国政府领导人高度重视和支持 WTO

中国加入 WTO 后,党和国家领导人都坚决支持以 WTO 为组织和法律基础的多边贸易体制。2013 年,中国国家主席习近平在俄罗斯圣彼得堡会见 WTO 总干事阿泽维多时强调,多边贸易体制,以 WTO 为核心的多边贸易体制是贸易自由化便利化的基础,是任何区域贸易安排都无法替代的。一个开放、公正、透明的多边贸易体制,符合世界各国共同利益,

中国是多边贸易体制坚定的支持者,将一如既往做负责任的 WTO 成员,积极参与多边贸易体制建设。

入世后,中国在恪守践行承诺和 WTO 规则方面,得到 WTO 成员的肯定和 WTO 官员的赞扬,前 WTO 总干事帕斯卡尔·拉米对中国履行入世承诺表现,给出"A＋"的评价。

第三节　中国履行入世承诺产生的红利

一、中国履行入世承诺产生的红利

(一)政府职能与整体法规建设取得长足进步

在中国履行承诺和恪守 WTO 规则中,中国政府逐渐构建有效运行的基础框架;在开放、转轨与发展背景下进行宏观调控,将市场机制引入政府职能的实现过程等方面确立了新的定位。

(二)对 WTO 规则历练日臻成熟

入世后,中国经历了抓紧学习与适应规则到学有所成、尝试运用规则阶段再到参与 WTO 新规则制定与引领,积极参与 WTO 新规则的制定。

(三)增强规则意识,推动商务法治建设

入世后,中国政府部门、企业和个人真实地感受了 WTO 规则的约束性和保障性,形成了倒逼效应;逐步享受 WTO 规则带来的红利,从而提升了自觉遵守 WTO 规则,积极利用 WTO 规则,维护 WTO 规则的意识,推动了中国商务法治的建设和不断完善。

(四)以规则"锁定"改革开放成果

入世后,建立和完善了符合 WTO 原则和市场经济总体要求的统一、公正、透明的经济法律体系,为中国特色社会主义市场经济体制不断完善和可持续发展提供了坚实的法律基础,锁定了改革开放的成果。

(五)改善国内外经贸法律环境

通过履行入世承诺,中国企业获得了非歧视待遇,得到 WTO 成员相互之间给予的永久性最惠国待遇;提高了中国经贸政策可预见、可预测和贸易发展的稳定性,为外国企业进入中国市场和投资提供了法律保障;通过政策审议和争端解决机制抑制,维护境内外企业的合法权益。

二、政府企业运用 WTO 规则能力增强

（一）建立"四体联动"贸易摩擦应对机制

入世后，在商务部主导下，建立"四体联动"的贸易摩擦应对机制。该机制以下述方式运作：①商务部条法司，作为应对贸易案件的核心团队，专门建立一个 WTO 法律处；②如果案件涉及发改委、工信部、财政部、海关、农业部等部门，这些部门都要派出熟悉各自领域政策和法规的代表参加案件的处理；③在处理案件和出庭辩论时，邀请专业律师和善于从事 WTO 案件的外国律师参加，组成一个应对诉讼团队，分工合作。

（二）企业主动应诉和遵规意识提高

随着"四体联动"应对诉讼机制建立与发展，中国企业主动应诉的意识提高，运用规则意识和能力提升。

（三）律师队伍快速成长，执法水平接近世界

入世推动了中国律师行业的快速发展，律师业务的专业化在加速。到 2015 年年底，中国律师已达到 29.8 万人，每年加入律师队伍的执业律师超过 1.5 万人。中国知识产权执法水平进入世界先列。

（四）谈判和运用规则的全面人才出现

入世后，中国高校有关 WTO 事务的院系专业加多，培养了一批具有 WTO 谈判经验、专业知识、外语熟练、身心健康的 WTO 谈判人才，涌现一批为企业运用 WTO 规则投诉和抗诉的法律专家。

三、成为世界经贸大国，国际经济功能加大

（一）成为比较全面发展的大经贸国家

1. 第一大货物贸易国

中国货物出口额从 2000 年的 2 500 亿美元增加到 2008 年的 1.43 万亿美元，2014 年的 2.43 万亿美元，2015 年的 2.28 万亿美元。在世界贸易中的比重同期从 3.9％增加到 8.9％、12.3％和 13.8％，成为世界货物贸易第一大出口国。

2. 服务贸易大国

对外服务贸易总额从 2001 年的 719 亿美元增长至 2008 年的 3 045 亿美元和 2015 年的 7 518 亿美元，占全球服务贸易的比重为 8％，仅次于美国（13％）已成为世界第二大服务贸易进口和第五大服务贸易出口国家。

3. 利用外资和对外投资大国

中国实际利用外资额从 2001 年的 468.7 亿美元提升到 2015 年的 1 262.7 亿美元。累计利用外资总额超过 1.2 万亿美元。中国对外投资从入世初期不足 10 亿美元提升到 2015 年的 1 456.7 亿美元。预计 2017—2022 年，中国将吸收 6 000 亿美元的外来投资。中国已成为对外投资大国。

4. 外汇储备大国

入世后，中国经常项目(主要反映国际贸易情况)和资本金融项目(主要反映国际资本流动情况)持续出现顺差。中国国际收支出现持续的双顺差格局，为中国积累了超过 4 万亿美元的外汇储备。

5. 成为世界专利大国

联合国教科文组织在《2015 年科学报告：面向 2030 年》指出，2015 年中国研发支出 1.4 万亿元，占 GDP 的 2.1%，占全球比重的 20%，高于欧盟，仅次于美国。

中国专利申请从 2011 年的 52.6 万件提升到 2014 年的 92.8 万件，约占全球专利申请总量的 34.6%。

(二) 成为世界第二大经济体

中国经济规模(GDP)在 1980 年约为 3 000 亿美元，全球排名第八，仅为美国的 1/10；人均 310 美元，仅为美国的 1/40。2015 年中国经济规模达到 11 万亿美元，仅次于美国，约为其 60%；人均 8 000 美元，成为世界仅次于美国的第二大经济体。

(三) 人民币"入篮"成为主要国际储备货币

特别提款权(Special Drawing Rights, SDR)是国际货币基金组织于 1969 年创建的一种国际准备资产和记账单位，是会员国在国际货币基金组织普通提款权的补充。SDR 是国际货币基金组织分配给会员国的一种潜在求偿权，必要时可向指定的其他会员国换取外汇以进行国际偿付。2015 年 11 月 30 日，人民币确定"入篮"。一种货币被纳入篮子要达到两个标准，即在国际贸易中使用的规范性和"可自由兑换"。在 2010 年进行的评审中，人民币被认为符合第一个标准，但达不到第二个标准。在 2015 年的评审中，人民币被认定为"可自由使用货币"。2015 年 11 月 30 日，人民币"入篮"确定。新的货币篮子在 2016 年 10 月 1 日生效。其中，人民币所占比重为 10.92%，欧元下调至 30.92%，英镑下调至 8.09%，日元下降至 8.33%，美元微降至 41.73%。

人民币"入篮"有利于提高 SDR 作为国际储备资产的内在价值。对人民币来说，成为主要国际储备货币，有利于人民币国际化的顺利推进，扩大中国以本币进行贸易、投资等国际经贸活动，推动资本市场的开放，使中国经济的发展可获得源源不断的外部资金支撑。

（四）国际经济辐射带动作用加大

1. 中国为世界提供巨大市场

中国入世后，在成为第一出口贸易大国的同时，成为第二大进口国家。从 2001 年到 2015 年，中国货物贸易进口额从 0.24 万亿美元增长到 1.68 万亿美元；同期在世界进口中的比重从 3.8％上升至 10.1％。中国已成为 124 个国家的头号贸易伙伴。

2. 财富国际外溢效应加大

它表现在中国成为美国国债最大持有者；中国对外投资迅速增长，到 2014 年，中国境外机构和企业已近 3 万家，资产近 3 万亿美元；随着中国财富的剧增，国民收入的提高，中国居民海外旅游、购物和置业活动兴起；中国对世界经济增长贡献率不断加大，2015 年对世界经济增长的贡献率达到 30％。

3. 协助 WTO 成员摆脱金融危机

2008 年全球金融危机爆发后，中国大幅度增加对国际金融机构的出资，对其他发展中成员伸出援助之手，也购买了更多发达国家债券。中国尽力扩大从其他发展中成员的进口，特别是最不发达成员的进口。中国自最不发达成员进口年平均增长 24％。

四、提升国际分工地位，拓展分工模式

在 WTO 规则基础上，中国充分享受权利，如实履行义务，为中国产业带来了良好的发展机遇，充分发挥比较优势，激活后发优势，国际分工地位提升，全面整体参与国际分工，拓展参与国际分工模式。

（一）开始深入参与国际分工阶段

2001 年，中国加入 WTO 后，进入对外开放新阶段，国内市场进一步开放，中国企业嵌入跨国公司全球价值链的程度进一步加深，部门内贸易、公司内部贸易和价值链不同环节间贸易迅速增长；2010 年后，中国以对外贸易、引进外资和对外投资三种并存的方式参与国际分工。中国在国际分工中的角色出现三大变化，即参与国际分工的方式出现多样化和多层次化，参与国际分工从部分引领，适应全球价值链和嵌入全球价值量变为自己构建价值链。

（二）通过中国产业全面发展，整体全面参加国际分工

入世后，中国实物经济、服务经济和知识产权、科技创新的全面发展，利用外资和对外投资的扩大，使中国可以全面整体地参加世界分工。

中国已成为国际公认的工业最齐全的国家。几乎拥有各种制造工业，如造船、智能手机、笔记本电脑、平板电脑、芯片制造和封装、液晶面板、卫星导航、民航客机、航空发动机、智能手机芯片设计、通信设备、无人机、互联网等。此外，玩具、服装、家具、水泥、玻璃、纺织等

产业也很发达,占了世界一半以上的份额。全球 500 种重要工业产品中,中国占据第一的有 220 种。

世界分工是世界贸易的发展基础,中国整体全面地参与世界分工,为中国大贸易的发展奠定了坚实的基础。

(三)通过各种形式,深度参与国际分工

(1)通过产业优化、新兴产业兴起,提高货物分工地位。

(2)参与全球价值链从被"俘获型"转化为自主型。

(3)结合产业能源需要,构建国际性的产能分工。截至 2015 年年底,中国已同 20 多个国家签署产能合作协议,初步形成涵盖亚、非、拉、欧四大洲的国际产能合作布局。

(4)开拓"一带一路"沿线国家分工,加强区域性的国际分工。

(5)通过进入国际金融领域加深国际分工。

(6)开拓超大型产业分工。中国已出现六张超大型产业的"名片",即中国航天、中国交通、中国桥梁、中国新能源、中国电商、中国超算。中国高铁已具备在各种复杂地质条件和气候环境下运营的能力,安全可靠,技术过硬,已成为中国自主参与国际分工的"名片"。这些超大型产业的兴起,开拓世界分工的新领域。

五、对国际规则构建认识不断提高

(一)WTO 规则提供中国对外经贸交往法律保障

依照国际规则进行对外经济交往。WTO 规则是多边贸易体制的法律和组织基础。随着经济全球化,世贸组织成员经济交往日益频繁,相互依赖和相互合作日益紧密,互相竞争也不断加强。由于社会制度不同,发展水平各异,有关当事国和当事人的利害得失也常有矛盾冲突,彼此之间的经济交往就迫切需要借助 WTO 规则统一规范、调整和约束,做到权利与义务平衡,促进相互的经贸发展。在中国特色社会主义建设中,只有坚定履约和恪守 WTO 规则,以规则的比较稳定性应对成员的经济、政治、社会等的变化,为中国对外经济交往合作保驾护航。

(二)本国国内经贸法规要与 WTO 规则适度合规

中国特色社会主义的本质决定国内要不断改革,对外加大开放,两者相辅相成。一方面,中国欢迎外商来中国投资,对于外商在中国的投资、贸易活动给予法定优惠,对其合法权益给予法律保护;同时要求他们遵守中国的法律,接受中国的法律管理。所有这些涉外法规既要从中国的国情出发,又要与接受的 WTO 规则保持合规和基本一致。适时修改和废止与其不相适应的法规,加快立法步伐,在立法中不背离 WTO 规则,为社会主义市场经济体

制提供日益完善的法律环境。

(三) 以 WTO 规则维护中国经贸的正当权利

中国入世后,对外经贸的对象既有发达国家,也有新兴经济体、一般发展中国家和最不发达国家。在相互合作的同时,也会发生经贸摩擦和矛盾。在中国对外经贸交往中,真正做到独立自主、平等互利,不会一帆风顺、轻而易举,借助 WTO 的各种规则,在履行义务的同时,享受权利,运用 WTO 规则,进行投诉和抗诉,维护中国经贸企业的正当权利,为振兴中华,实现中国梦效力。

(四) 以 WTO 规则参与全球经济治理

WTO 是中国参与全球经济治理的理想平台。首先,WTO 成为中国积极参与全球经济治理的理想平台基质。中国积极参与全球经济治理的目标是:"推动国际经济治理体系改革完善,积极引导全球经济发展,维护和加强多边贸易体制,促进国际经济秩序朝着平等公正、合作共赢的方向发展,共同应对全球性挑战。"其次,WTO 居于中国积极参与全球经济治理的主渠道地位。最后,WTO 提供了中国积极参与全球经济治理的可靠机制。由于 WTO 居于国际法人地位,已构建相对完善的法治规则体系,可以保证 WTO 成员权利与义务的平衡和维护正当权利的争端解决机制,成为国际法治的典范。它为中国参与全球经济治理,承担国际责任和义务奠定了坚实基础,为中国参与其他国际经济组织治理提供了重要借鉴。

六、国民、社会和国际出现新意识

以对外开放观念取代闭关自守意识,形成规则意识、包容意识、共赢意识、义利并重和分享等意识,在社会主义核心价值观中把这些意识与观念合并为"富强、民主、文明、和谐、自由、平等、公正、法治、爱国、敬业、诚信、友善"。

在中国社会发展中,提出创新、协调、绿色、开放和共享的发展理念。在国际交往中,形成开放意识、透明意识、包容意识、共赢意识和全球意识。

七、主动对外开放的发展道路受到关注

世界银行的研究表明,"二战"以后,100 多个国家摆脱了贫困进入中等国家行列,但只有 13 个经济体进入高收入国家行列,其共同特征是实施了与本国发展相适应的对外开放战略。其中,中国跨越式的发展来自主动对外开放,加入 WTO。

根据中国特色社会主义内在发展的需要,中国加强了独特的、适合自身的政治制度、经济体系、发展模式和赶超路径,构成有形手与无形手有机结合的市场经济体制,主动对外开放。

加入 WTO 后,中国在融入世界经济中,做到以我为主,在坚持政治、文化独立基础上,抓住经济和商务发展机遇,竞争优势逐渐显现。中国主动对外开放的发展模式对世界具有启示,可以总结从低收入到中等收入高速发展的独特经验,探索从中等收入到高收入的转型途径。

八、为新型开放型经济体系奠定基础

新型开放型经济体制的确立为中国开启了第三次对外开放。第一次开放是以建立深圳特区为标志的对外开放。第二次开放是以加入 WTO 为标志的进入多边贸易体制的规则开放。第三次对外开放是在以 WTO 为组织和法律基础上的深化开放,这次开放与加入 WTO 的开放有所不同。

(1) 开放的基点转化。加入 WTO 的开放主要是中国市场本身的对外开放,从而享受国外市场对中国的开放。第三次开放是基于国内市场开发的基础上主动拓展国外市场的开放。

(2) 开放的领域扩大。入世开放是在经贸领域。第三次开放是更深层次、范围更广、更高水平的开放。

(3) 开放的目标提高。入世开放的目标是利用经济全球化机遇,加速中国现代化,成为世界工厂,提升中国的综合国力,提高人民生活水平;第三次对外开放是理顺和推动、引领经济全球化,构建包容、联动、合作、共赢的国际合作。

(4) 开放的规则优化和升华。入世的对外开放是中国接受 WTO 规则、运用 WTO,参与 WTO 新规则的制定。第三次开放规则是以多边贸易体制规则为基础,扩大、深化、加强中国对新规则的引领和创新。

中国第三次对外开放将促进世界经济的增长、深化地区合作,打造更坚实的发展基础,创造更便利的市场融合条件,发挥经济全球化的长处,抑制经济全球化的不足,更好地造福于世界和各国人民。

九、中国在 WTO 的角色出现巨大转变

中国加入 WTO 时,正值多哈回合谈判启动。一路走来,中国已经成为世界第二大经济体,第一大货物贸易国。在多哈回合中也迈入谈判舞台中央,不仅对谈判做出了重要贡献,还将对多哈回合乃至多边贸易体制的未来走向发挥关键性的影响作用。

在 WTO 中,中国已从蹒跚学步的新成员,成长为举足轻重、对各个谈判领域都能发挥影响的核心成员,逐步由适应 WTO 规则走向引领 WTO 规则制定。多哈回合启动以来,中国广泛参与了农业、非农、服务、规则等领域谈判,独立或联合提交了 100 多份提案,许多提案被成员接受,成为谈判推进的基础。在 2008 年小型部长级会议上,中国首次跻身由 7 个

成员构成的谈判"核心圈"，并在多个领域提出关键意见。尽管谈判最终与成功失之交臂，但中国首次发挥了推进谈判的关键作用。中国在多边贸易体制舞台中心的"亮相"给外界留下了深刻印象，时任欧盟贸易委员的曼德尔森称赞中方"作为新加入多边核心谈判圈的谈判者，显示了推动谈判强有力的决心"，中国已成为多边贸易体制"令人印象深刻的参与者"。

随后，中国以更加积极自信的姿态，深度参与了达成"巴厘岛一揽子协定"的过程。在粮食安全、贸易便利化和发展领域的磋商中，中国均提出了自己的方案，为形成最终部长决议作出重要贡献。在巴厘部长级会议最后僵持不下时，中国发挥了关键的作用，为谈判的最终达成铺平了道路，展现了中国对谈判的领导力，受到 WTO 总干事和其他成员的充分尊重和高度赞赏。

在实施巴厘岛谈判成果的过程中，2014 年 6 月中国按期提交了《贸易便利化协定》通报，是第一批完成通报的成员。不仅如此，中国还主动承担了超过发展中成员承诺一倍的义务。多数 WTO 成员认为中国此举为发展中成员起到了表率作用，推动了《贸易便利化协定》的实施。

十、拓展了中国经济外交的内容

中国改革开放以后，对外经济交往不断扩大，出现经济外交。中国加入 WTO 和加入 WTO 后的作为和成果，从以下方面拓展了中国经济外交的内容。

（1）中国作为最大的发展中国家和特色社会主义国家加入 WTO，标志中国对外开放进入一个新阶段，使 WTO 更加完整。

（2）通过入世谈判和加入 WTO 后的履约，极大地促进了中国由计划经济向市场经济体制转变，与世界主流经济体制接轨，加强了国内外市场运行的规则性和互惠性。

（3）中国入世后，可以通过 WTO 规则赋予的权利履行承担的义务，使中国在最惠国待遇的基础上，与 WTO 成员进行广泛和公平的合作，获得更大的发展机遇。

（4）在长期复关/入世谈判和入世后参与 WTO 众多谈判活动中，培养出众多德才兼备的涉外人才，极大地丰富了经济外交实践，增长并提高了中国处理众多国际经济问题和政治问题的经验与自信，为中国全面参与经济全球化和全球经济治理积累了宝贵的经验。

（5）中国入世，为国有企业和民营企业带来发展机遇，也使他们受到了激烈竞争的挑战和考验，从而推动了中国企业的现代化，掌握与外来企业合作竞争的本领，增长了才干，为中国企业走出去，参与全球价值链和构建本身的价值链奠定了物质、人才和经营管理的基础。

（6）入世不仅使中国经济与世界经济接轨，深度参与国际分工，而且在开放的经济体制中，提高了收入，扩大了有效需求的实现度，改善了生活水平；扩大了中国国民与世界经济、文化、学术、旅游等的交流，丰富了物质生活，提高了开放意识和世界观念，提高了判断力、鉴别力，加强了自信，

（7）在多边外交场合和 WTO 多边贸易谈判中，中国主动充当发达成员和发展中成员经

贸关系和经贸利益冲突协调者,多边贸易体制和经济全球化的维护者和支持者,肩负大国的历史责任。中国在尊重和融入第二次世界大战后国际经济组织秩序的基础上,在支持、维护和恪守国际规则的前提下,推动建立国际经济政治新秩序,改革不合理的国际贸易规则。

(8)根据国际政治、经济等的变化和矛盾的转换,中国适时调整经济外交的步骤和重点,不断与时俱进,变挑战为机遇,加大了中国整体外交的应对能力,提高了中国国际声誉和话语权,成为对世界有重大影响力的国家。

第四节　中国维护和拓展入世红利的途径

一、从战略高度重视 WTO 对中国进一步发展的作用

中国于 1980 年成为 IMF 和 IBRD 成员,2001 年成为 WTO 第 143 个成员。入世后,中国切实履行承诺恪守 WTO 规则,加入 WTO 后 16 年的发展情况,全面整体地超过成为 IMF 和 IBRD 成员国后的 20 年。中国成为全球第一大货物贸易国家和第二大经济体,为积极参与这两大组织提供了物质基础,加大了参与全球经济治理话语权和实力。事实证明,WTO 规则体系是世界经济发展、市场经济发展结合的精华,是推动经济全球化的法律和组织保证。以 WTO 为核心的多边贸易体制是任何其他全球和区域贸易安排无法替代的。

当前,中国改革进入攻坚期和深水区,发展处于转型期和换挡期,面临国际环境日趋复杂,国内利益格局固化等诸多挑战。在国际方面,中国面临的挑战有:与发达国家优势的转化与经贸失衡;美国对 WTO 规则实用主义的加大;WTO 成员国内问题的加重与再工业化;各成员经贸高速发展带来竞争的加强;WTO 规则存在漏洞和不足,发达成员故意模糊条款涵容,为不履行规则制造借口;要中国多承担义务的压力加重;一些新兴经济体对中国竞争的加大;经济全球化的负面影响等。国内面临的挑战有:贸易风险、金融风险和运用外资风险加大;出台经贸法规与 WTO 规则合规有所淡化;恪守规范意识尚不扎实,甚至出现抵触情绪;市场经济秩序失守;某些法规滞后;企业对贸易争端的抗诉主动性不强;WTO 规则研究、评价与对应不足,缺乏统筹协调等。

多边贸易体制的建立和中国入世后若没有法律规则保障的,不论是战略还是发展规划,都会遇到很大问题,反而激化贸易摩擦和争端,处于被动地位。

中国应当珍惜履行承诺恪守 WTO 规则带来的巨大红利,把面临的众多挑战转化为中国进一步发展的机遇,推动进一步完善社会主义市场经济体制,冲破思想观念的束缚,突破利益固化的藩篱,使市场在资源配置中真正起到决定性作用;强化中国负责守信大国的良好形象,增强国际社会对中国的信任,提升在 WTO 规则的话语权;激发企业的活力,引发经济发展的内生动力,提高与国际资本的合作与竞争,提升中国在全球价值链和世界分工的地

位；促进中国政治、经济、社会的全面发展，提升国民的福祉和素质，抑制国际社会对中国的负传递；加大中国对国际社会的正传递和贡献，显示中国特色社会主义制度的优越性。

二、坚定履行继续恪守 WTO 规则应采取的措施

（一）强化落实国务院《关于进一步加强贸易政策合规工作的通知》

为了纠正和加强中国中央和地方政府出现的与 WTO 规则的违规苗头和重谈轻施的旧习，2014 年 6 月，国务院办公厅印发了《关于进一步加强贸易政策合规工作的通知》，要求国务院各部门、地方各级人民政府及其部门制定的贸易政策，应当符合 WTO 规则和中国加入 WTO 的有关承诺。文件发布后，国务院和地方政府努力进行合规，取得一定成效。但并不理想，主要问题如下：中国特色社会主义市场经济体制尚待进一步完善，部门利益的固化和地方经济发展的不平衡，导致规则意识尚未成为社会自然。政府对企业的管理与服务理念没有完全转变，依然习惯于过去那种自上而下的"指挥式"的行政管理，不能适应市场经济主体多元化、经济结构网络化和经济发展国际化的需要；政府公共服务职能没有充分发挥，特别是对公平制度的供给不充分；在投资领域对非公有经济还有一些限制，不利于市场经济主体的公平竞争；政府行政垄断在某些领域依然存在，行政审批制度较多；一些部门和地方政府出于部门利益、地方利益甚至长官意志，对企业进行不适当的行政干预，角色"越位"和"错位"现象存在，加以个别地方政府和领导干部存在功利主义倾向，盲目追求政绩和短期利益，习惯于拍脑袋、拍胸脯蛮干，为此，出现对 WTO 规则和中国入世承诺不愿、不主动履行甚至抵触的做法。

在强化落实国务院通知中，以下四个方面应予加强。

（1）建立权威性领导机构。中央政府各部门和地方政府在涉及有关中国国际经贸的决策中，务必以 WTO 规则和中国加入 WTO 议定书为基础。国务院和地方政府设立决策委员会和裁决委员会，决策委员会进行政策决策协调，在协调出现争端后，交由裁决委员会进行裁决。地方决策委员会和裁决委员会直接受国务院两会领导。

（2）加强定期有针对性的 WTO 规则培训和掌握。建立高校、政府和企业构成的 WTO 规则培训机制，高校负责规则理论、规则构建培训，政府负责谈判情况介绍和应对指导培训，企业负责具体案例介绍。

（3）加强人才和专家支持体系。一方面，通过高校、政府和企业组成的 WTO 规则培训机构，建立部门和地方既熟悉 WTO 规则，又精通本部门、本地区事务的专业化队伍；另一方面，甄选熟悉 WTO 规则、有较高学术造诣或有比较丰富谈判的专家，组建专家智库。

（4）按专长编制国内外接受解决 WTO 争端事务的律师事务所名单，加强相互联系、沟通与聘用。

（二）政府要确立恪守规则观念和契约精神

在现代市场经济条件下,恪守承认的国际经贸规则是政府的首要职责,是在国际社会安身立命的基础,是参与全球经济治理的保证。应将中央政府和地方各部门履行承认的国际经贸规则的履约和守诺、新出台的经贸法规是否合规纳入政府绩效评价体系,建立政务失信记录,建立政府失信责任追究制度及倒查机制,加大对政务失信行为的惩戒力度。

政府应在招商引资、政府与社会资本合作等活动中认真履行与投资主体依法签订的各类合同,不得以政府换届、领导人更替等理由违约、毁约。因国家利益、公共利益或者其他法定事由确需调整政府承诺和合同约定的,要严格依照法定权限和程序进行,并对企业和投资人因此受到的损失依法予以补偿。

（三）提高企业运用 WTO 规则的能力

WTO 负责实施管理的贸易协定与协议反映市场经济体制的基本要求。而这些贸易协定与协议的实施,又促进 WTO 成员市场经济的发展和完善。

企业是市场经济的主体,有独立的物质利益,并在此基础上形成自己独立的意志,是独立的决策者,自负盈亏承担经营决策的后果。在市场活动中,企业没有高低贵贱之分,没有社会地位的差别;在市场交易活动中,遵循自愿交换原则,具有平等竞争条件和发展机会。

逐渐良好的国内外经贸环境,使中国多种经济成分特别是民营企业得到蓬勃发展,一些"冠军企业"已经成为行业领导者;一些行业中的企业在与跨国公司的本土竞争中占据优势,并着手启动强有力的国际化进程;很多行业的中国企业都在低成本和本土营销方面建立了竞争优势。这些中国本土企业的发展展示了一个重要启示:熟悉 WTO 规则并善于运用维护企业正当权利的企业发展都比较顺利,忽视 WTO 规则,遭遇投诉时,不以 WTO 规则维权和抗诉的中国企业都受到挫折,陷入困境。

在中国本土企业的崛起和国际化中,企业与 WTO 规则的关系将出现几个变化:①从被动接受走向主动适应和运用;②从局部走向全面,主动适应 WTO 规则从货物向服务向与贸易有关的知识产权延伸;③运用 WTO 规则日益细化;④随着中国企业创新能力的提高,标准认定和知识产权保护需要加强;⑤日益关注 WTO 成员境内规则与 WTO 规则的合规;⑥从 WTO 成员国家层面向区域贸易安排内部的规则延伸。

为此,中国政府在恪守 WTO 规则中,要加强与企业和中介组织的沟通,加强从下而上和从上而下相结合的谈判决策;在出台国家部门规章制度、规范性文件时,听取企业意见,进而修改,再实施。

（四）推广经验,吸取教训,坚持有效机制

（1）推广企业运用规则和抗诉成功的机制

入世后,中国企业在运用规则和抗诉方面出现不少成功案例。例如,华为"以法律遵从的确定性,应对国际政治的不确定性"作为商业准则,加强科研扩大知识产权拥有和维护的做法,为中国企业做出了榜样。

坚持和完善中国已经建立的"四体联动"应对诉讼机制。

充分发挥行业协会、商会在协助企业掌握和运用WTO规则的作用。鼓励行业协会、商会制定发布产品和服务标准,参与制定国家标准、行业规则和政策法规,支持有关企业投诉和应诉。

(2)明晰中国贸易争端案件败诉或被驳回的原因

(3)杜绝本身引发贸易争端的原因

(五)认真评估入世后的经济效应

中国入世后,恪守WTO规则,充分享受权利如实履行义务,中国经济开发度的提高,协调国内和国际市场,进行比较有效的资源配置,促进了中国市场经济体制的完善和整体竞争力的提高。

中国入世影响需要在整体宏观经济框架下进行评估。这个框架应包括一个基于储蓄投资差额的简单会计框架和基于经常账户基础变量的行为框架。前者可以评估中国入世对部门发展和维护系统稳定的影响,后者可以评估经常账户与基础变量间的协调性,以及确认入世恪守规则带来的影响,为国内公共政策制定、确定参考依据。

公共政策在弥补政策缺口以及帮助中国应对入世后恪守规则利益权衡具有重要作用。通常,适当的公共政策包括财政、货币、汇率和结构政策手段。财政政策和结构政策适合于国内稳定,而货币和汇率政策更适合于实现国际收支稳定。公共政策应当支持那些受到入世调整影响的部门和人群,减少进一步改革和对外开放的阻力。

中国缺乏上述框架进行经济效益的评估,导致社会、国民包括学界对入世成绩和问题看法缺乏衡量依据,出现各种误解和曲解,减弱中国履约恪守WTO规则的动力。

(六)建立部门监管和协调机制

从竞争力和经济发展的角度看,降低贸易成本成为WTO成员和中国的首要任务,而它们将涉及国家和地方政府自主的、单边的改革和投资。随着中国全球价值链与企业纵向专业化日益普及,中国政府需要更清楚地了解不同地区的政策,如何影响共同供应链的贸易机会和投资。提高贸易监管效率需要中国政府建立一个部门监管机构、贸易官员和利益相关者的协调机制,评估贸易政策实施的效果并采取有力的改革方案。与此同时,为广泛获得社会支持,建立信息交流机制,促进商业协会、投资者、民间社会团体和媒体之间的互动。

(七)通过自贸区的发展,加深WTO规则的延伸

WTO与兴起的区域贸易安排(当前主要是自贸区)的关系,是WTO允许在不违背

WTO 基本原则下建立自贸区,并把它们作为 WTO 规则向纵深发展的试验区。中国已把"形成面向全球的高标准自贸区网络"作为战略目标,在实施这个战略中,坚持自贸区不能背离 WTO 的规则,殊途同归于多边贸易体制的立场。

(八)尽快推动与 WTO 规则相关国际协定的达成

这些协定包括出口信贷国际规则和多边国际投资协定,以及电子商务的多边规则。中国在国际电子商务发展已具优势,预计跨境电子商务占国际贸易的比重将达 70%,2016—2020 年,中国每年跨境电子商务增速将在 30%以上。中国应大力推动 WTO 有关电子商务协议的多边贸易谈判,掌握主导权和主动权。

(九)加强规则运用、人才培养与宣传

1. 对已有规则深度的掌握与运用

中国从贸易大国走向贸易强国,与 WTO 成员在规则基础上的合作与竞争向纵深发展。规则作用从局部走向整体,从宏观走向微观,从泛泛走向细微,加大"灰区"的利用与争议等。

WTO 规则体系博大精深,不易掌握。而且规则在向深化和广度发展,新成员加入议定书也成为 WTO 的重要部分。加入成员已占 WTO 成员总数的 20%,其具体承诺达到 1 361 个,都是中国的贸易对象。

世界贸易进入规则为基础的时代,忽视对 WTO 规则的深度掌握与运用,将影响中国利用机遇和应对化解诸多挑战的能力。

2. 研究已有规则运用策略

对 WTO 规则的运用策略应包括:主动发起策略、受诉应对策略、协调和构建规则的谋划等。

3. 加强规则高端法规人才的培养

中国作为第二大经济体、第一大货物贸易国家,作为 WTO 核心成员,涉及国际经贸事务不断加多、不断深化,迫切需要一大批通晓国际和世贸组织规则善于处理涉外法律业务的律师人才。目前能够熟练从事涉外业务的律师不到 3 000 名,能够办理"双反双保"(反倾销、反补贴、保障措施和特定产品保障措施)业务的律师不到 50 名,能够在 WTO 上诉机构独立办理业务的律师只有数名。因此,亟须加速高端法律人才的培养。

(1)素质要求:敬业,熟练的外语,全面的法律知识,熟悉经贸理论与政策,掌握科学研究方法,具有法律文件阅读与书写的技巧。

(2)人才类别:具有综合能力,是善于谋划的领军人才;深度掌握和透彻理解专业知识的专家型人才;掌握全面知识,善于谈判的智谋人才。

(3)形成途径:由学校和部门系统培养,在业务单位边干边学,再进行定期提高。

(4)培养机制:在校通过本科、硕士、博士连续培养,通过校内与业务部门联合定向培

养,通过业务部门与学校培养,根据业务需要进行专项培训。

4. 关注媒体宣传

媒体宣传事关国人对 WTO 规则的认知和支持,企业对 WTO 规则的掌握和运用经验的推广,防止对 WTO 规则和贸易争端的误解和曲解。亟须加强对媒体人员的培训与提高,强化政府、中介组织与媒体的合作。

本章小结

1. 中国从复关到入世谈判历时 15 年。经过漫长而艰巨的谈判,在中国与谈判方的共同努力下,最终达成入世协议,中国于 2001 年 12 月 11 日成为 WTO 第 143 个成员,使中国对外开放进入新阶段。

2. 中国加入 WTO 的法律文件包括:《马拉喀什建立 WTO 协定》《中华人民共和国加入的决定》《中华人民共和国加入议定书》及其附件、《中国加入工作组报告书》。它们都成为 WTO 文件的组成部分。这些文件确定了中国入世后的权利与义务,给中国带来空前的机遇和挑战。

3. 中国入世后,在享受权利的同时,积极认真履行义务,废除和修订相关法规,接受政策审议,社会主义市场经济体制不断完善,使国内外经济贸易环境不断改善。其结果,使中国的比较优势和竞争能力得到充分发挥,对外贸易高速发展,成为世界贸易大国,利用外资增加,外汇储备加多,综合国力提高,对世界经济贸易影响力和贡献率加大。

4. 中国入世后履行义务的良好表现,积极支持 WTO 多哈发展回合的各种举动,受到 WTO 和成员赞誉。中国的社会制度、经济贸易实力和经济发展方式,使中国成为 WTO 中具有独特影响力的成员。从 WTO 发展的大局出发,根据中国对外开放的深化,中国在充分享受权利、认真履行义务的同时,加大在 WTO 中的作用,推动 WTO 改革,完善和加强多边贸易体制,使之在世界贸易发展中起到更大的促进作用。

5. 中国入世后,在获得众多红利的同时,也面临国际和国内的众多挑战。为应对和化解这些挑战,并把它变成发展的机遇,中国应珍惜和敬畏 WTO 规则,一如既往地履行承诺和恪守 WTO 规则,深度掌握和运用 WTO 规则,提高各级政府的规则意识、出台法规的合规意识,加大对 WTO 人才的培养。

重要概念

加入议定书(Protocol on the Accession of the People's Republic of China)
中国加入工作组报告书(Report of the Working Party on the Accession of China)
关于中华人民共和国加入的决定(Decision:Accession of the People's Republic of China)

案例分析

易小准大使演说后的提问回答与评论

中国驻 WTO 大使易小准 2012 年 10 月 11 日在莫斯科的"俄罗斯入世高级别研讨会上讲演"后,就"中国确实从入世中获益了吗?"提问进行回答:"我们的回答'是'。在过去的 30 多年里,我们亲眼目睹中国经济和社会经历了一个前所未有的转变。我们走上了一条发展的道路来推动我们的改革,并且坚持以对外开放为中心的一贯政策来促进发展。加入 WTO 是这个过程中的一个里程碑。2001 年,尽管有许多来自国内与国外的困难和挑战,中国郑重地选择了接受多边贸易规则。从那时起,我们的改革和开放进程就进入了一个经济高速发展的新阶段。"

一位 WTO 专家就此回答进行评论:"中国的改革开放政策始于 1978 年。中国走上了一条以贯彻对外开放政策来推动国内改革与发展的道路。正如易大使所言,在过去的 30 多年里,我们亲眼目睹中国的经济和社会经历了一个前所未有的转变。从 1986 年中国第一次提出入世申请,到 2001 年中国终于加入 WTO,这段时期已经成为中国改革开放史上的一个里程碑。尽管有许多困难和挑战,中国领导人始终保持坚定的决心,通过在中国经济的各个方面做出广泛而深入的承诺来拥抱多边贸易规则。这对于中国这样一个发展中大国来说,绝对是艰难而勇敢的选择。但是历史用鲜有的增长奇迹做出了回报。自 2001 年以来,中国的改革开放进程已经进入了坚定不移地推动改革和追求进一步转型的新时代。"

资料来源:摘编自[法]尤里·达杜什、[尼日利]奇都·奥萨奎《加入世界贸易组织和多边主义》,中译本,150 页,对外经济贸易大学出版社,2016.

分析讨论

1. 如何理解加入 WTO 是中国对外开放的一个里程碑?

【解析】 改革开放从 1978 年成为中国国策,但复关/入世前的对外开放的特点是局部性的地区和产业,对外开放的主导是高层决策,中国开放的国内市场经济体制是从计划转向市场经济,对外开放的是国家,对外开放是单边自主,对外开放与国内改革联系不密切,对外开放是国家层面,对外开放意识是本国发展等。

中国加入 WTO 后,对外开放从局部走向整体,从决策主导到规则为主,对外开放的经济体制是社会主义市场经济体制,对外开放从单边自主变成多边,对外开放从国家变成对拥有 100 多个成员的国际组织,从国家的单边开发变成对所有世贸成员的开放,对外开放的承诺与国内规制改革关系密切,从单向接受传递变成多边互动,对外开放意识从本国发展到关注世界发展。中国入世后的开放是承前启后的对外开放,是全面参与世界经济组织的对外开放,是迈上世界经济舞台的对外开放,是史无前例的对外开放。以此而言,中国加入 WTO 的确是对外开放的里程碑。

2. 这个里程碑对中国意味着什么?

【解析】 这个里程碑意味着两个方面:①确立中国经贸发展新起点,给中国带来拓展国际市场、改善投资环境、扩大对外投资、提高资源配置效率、促进国有企业改革、促进私营企业发展机遇,完善特色社会主义市场经济体制的大好机遇。②加重中国的世界重任。中国要肩负成为WTO核心成员,促进世界经贸健康发展,建立公平、公正、互利、包容的全球国际经贸秩序,参与全球经济治理,纠正全球化弊病的责任。

同步测练与解析

1. 中国何时成为WTO成员?

【解析】 2001年12月11日,中国正式成为世贸组织第143个成员。

2. 中国加入WTO法律文件是什么?

【解析】 中国加入世贸组织的法律文件包括:《马拉喀什建立世界贸易组织协定》《中华人民共和国加入的决定》《中华人民共和国加入议定书》及其附件、《中国加入工作组报告书》。

3. 中国加入WTO作了何种基本承诺?

【解析】 中国作了以下基本承诺:①逐步降低关税。中国自1992年以来,经过几次大幅度自主降税,2001年的总体关税水平为14%。根据加入世贸组织承诺,2002年已降至12%,并承诺到2005年下降至10%左右。②逐步开放服务市场。开放服务市场的承诺主要涉及电信、银行、保险、证券、音像、分销等部门。

4. 中国加入WTO后享受什么样的权利?应尽什么义务?

【解析】 中国加入WTO享受的基本权利:①全面参与多边贸易体制;②享受非歧视待遇;③享受发展中国家权利;④获得市场开放和法规修改的过渡期;⑤保留国营贸易体制;⑥对国内产业提供必要的支持;⑦维持国家定价;⑧保留征收出口税的权利;⑨保留对进出口商品进行法定检验的权利;⑩有条件、有步骤地开放服务贸易领域并进行管理和审批。

基本义务:①遵守非歧视原则;②贸易政策统一实施;③确保贸易政策透明度;④为当事人提供司法审议的机会;⑤逐步放开外贸经营权;⑥逐步取消非关税措施;⑦不再实行出口补贴;⑧实施《与贸易有关的投资措施协议》;⑨以折中方式处理反倾销反补贴条款可比价格;⑩接受特殊保障条款;⑪接受过渡性审议。

5. 加入 WTO 给中国带来哪些红利？

【解析】　加入 WTO 给中国带来如下红利：①政府职能与整体法规建设取得长足进步。②政府企业运用 WTO 规则能力增强。③成为世界经贸大国，国际经济功能加大。④提升国际分工地位，拓展分工模式。⑤对国际规则构建认识的不断提高。⑥国民、社会和国际出现新意识。⑦主动对外开放的发展道路受到关注。⑧为新型开放型经济体系奠定基础。⑨中国在 WTO 的角色出现巨大转变。⑩拓展了中国经济外交的内容。

6. 中国应如何维护和拓展加入 WTO 的红利？

【解析】　中国应采取以下办法维护和拓展加入 WTO 的红利：①应从战略高度重视 WTO 对中国进一步发展的作用。②应采取的措施包括：落实国务院《关于进一步加强贸易政策合规工作的通知》；政府要确立严格的恪守规则的观念和契约精神；充分激励企业运用 WTO 规则的能力；推广经验，吸取教训，坚持有效机制；认真评估入世后的经济效应；建立汇集各部门的监管和协调机制；通过自贸区的发展，加深 WTO 规则的延伸；尽快推动与 WTO 规则相关国际协定的达成；加强规则运用、人才培养与宣传。

综合测试与解析

综合测试与解析(一)

一、单项选择题(每题 1.5 分)

1. 世贸组织确立的经济体制是(   )。

    A. 自由贸易体制　　　　　　B. 市场经济体制　　　　　C. 公平竞争机制

2. 世界贸易组织追求的目标之一是(   )。

    A. 贸易自由化　　　　　　　B. 自由贸易　　　　　　　C. 全球经济一体化

3. 《建立世界贸易组织协定》由其本身案文(   )和 4 个附件构成。

    A. 16 条　　　　　　　　　　B. 15 条　　　　　　　　　C. 14 条

4. 世界贸易组织成立于(   )。

    A. 1995 年 1 月　　　　　　B. 1994 年 1 月　　　　　C. 1993 年 12 月

5. 世贸组织的常设机构是(   )。

    A. 总理事会　　　　　　　　B. 专门贸易理事会　　　　C. 秘书处及总干事

6. 世界贸易组织是一个(   )。

    A. 临时生效的多边贸易协定

    B. 国际法人

    C. 法律地位较低的国际组织

7. 世界贸易组织解决争端的机制是(   )。

    A. 部长级会议

    B. 世界贸易组织争端解决机制

    C. 工作组

8. 《与贸易有关的知识产权协定》关注的问题是(   )。

    A. 科学发现权

    B. 知识产权对贸易的影响

    C. 与民间文学有关的权利

    D. 实用技术专有权、创作者的精神权利等

9. 世界贸易组织允许自由贸易与（　　）并存。

    A. 超保护贸易　　　　　　B. 正当保护贸易　　　　　C. 非关税保护贸易

10. 世界贸易组织对排名前四的贸易实体进行每（　　）年一次的贸易政策审议。

    A. 4 年　　　　　　　　　B. 3 年　　　　　　　　　C. 2 年

二、多项选择题（每题 3 分）

1. 世贸组织确立与发展的基础有（　　）。

    A. 保护贸易理论　　　　　B. 市场经济体制　　　　　C. 经济全球化

    D. 可持续发展　　　　　　E. 国际贸易利益的协调

2. 在世贸组织中,发达成员处于主导地位的原因有（　　）。

    A. 成员数目多

    B. 经贸实力强大

    C. 发达市场经济国家一直是世界分工和贸易中心

    D. 有巨大影响的经贸集团是以发达国家为主组成的

    E. 发达市场经济国家的货币,如美元和欧元均是主要国际货币

3. 世界贸易组织的宗旨有（　　）。

    A. 提高生活水平,保证充分就业

    B. 扩大货物、服务的生产和贸易

    C. 坚持走可持续发展之路

    D. 保证发达国家贸易和经济的发展

    E. 建立更加完善的多边贸易体制

4. 世界贸易组织的主要职能是（　　）。

    A. 实施和管理协议

    B. 提供双边贸易谈判场所

    C. 解决成员方之间的贸易争端

    D. 审议各成员的贸易政策

    E. 与有关机构的合作

5. 《纺织品与服装协议》中非法转口包括（　　）。

    A. 加工　　　　　　　　　B. 转运　　　　　　　　　C. 改道

    D. 谎报原产地

6. 与 1947 年《关税与贸易总协定》相比,世界贸易组织的法律地位有（　　）变化。

    A. 世界贸易组织具有国际法人资格

    B. 世界贸易组织每个成员方向世界贸易组织提供其履行职责时所必需的特权与豁免权

    C. 世界贸易组织官员和各成员方的代表在其独立执行与世界贸易组织相关的职能时,享有每个成员提供的必要的特权与豁免权

D. 世界贸易组织可以缔结总部协议

7. 世界贸易组织与之合作的组织有(　　)。

    A. 联合国贸易与发展会议

    B. 世界银行

    C. 国际货币基金组织

    D. 非政府组织

    E. 世界卫生组织

8. 世贸组织成员来自(　　)。

    A. 原始成员　　　　　　　B. 主权国家　　　　　　C. 加入成员

    D. 联合国成员

9. 世贸组织成员可以互不适用的条件有(　　)。

    A. 在成为世贸组织成员时,双方均可作出互不适用的决定

    B. 原关贸总协定缔约方转变成世贸组织原始成员已采取的互不适用不可以沿用

    C. 对新加入成员,在部长级会议批准前已通知部长级会议的前提下,可以使用

    D. 诸边贸易协议参加方的互不适用,按该协议的规定执行

10. 世界贸易组织决策办法为(　　)。

    A. "协商一致"的原则　　B. 发达成员决定　　　　C. 投票表决

    D. 发展中成员决定

11. 世界贸易组织审议机制的贸易目的是(　　)。

    A. 促使成员方提高贸易政策和措施的透明度

    B. 促使成员方履行所做的一切承诺

    C. 促使成员方更好地遵守世界贸易组织规则

    D. 有助于多边贸易体制平稳地运行

    E. 促进非世界贸易组织成员加入世界贸易组织

12. 世界贸易组织成员报复的种类分为(　　)。

    A. 平行报复　　　　　　　B. 跨领域报复　　　　　C. 跨行业报复

    D. 跨协议报复

13. 多边关税减让谈判的基础有(　　)。

    A. 商品基础　　　　　　　B. 价格基础　　　　　　C. 税率基础

    D. 公平基础

14. 下列属于世界贸易组织货物多边贸易协定的是(　　)。

    A. 1994年关税与贸易总协定

    B. 农业协议

    C. 纺织品与服装协议

D. 与贸易有关的知识产权协定

E. 基础电信协议

15. 在世贸组织中,发展中成员的特点为( )。

A. 成员数目占绝大比重

B. 整体经济发展比较落后

C. 货物和服务贸易在世界货物和服务所占比重接近1/2

D. 在世贸组织参与权、决策权、谈判能力上处于弱势地位

三、简答题(前6题每题5分,第7题10分)

1. 为何要发动多哈回合多边贸易谈判?

2. 加入世贸组织给中国经济带来的机遇有哪些?

3. 世贸组织新成员如何加入?

4. 《与贸易有关的知识产权协定》为各成员的有关执法制度提出了哪些要求?

5. 世界贸易组织如何进行政策审议?

6. 以世贸组织为基础的多边贸易体制有何特点?

7. 世贸组织在国际贸易利益协调中起了何种作用?

【参考答案】

一、单项选择题

1. B;2. A;3. A;4. A;5. C;6. B;7. B;8. B;9. B;10. C。

二、多项选择题

1. BCDE;2. BCDE;3. ABCE;4. ACDE;5. BCD;6. ABCD;7. ABCD;8. AC;9. ACD;10. AC;11. ABCD;12. ABD;13. AC;14. ABC;15. ABD。

三、简答题

1. 为何要发动多哈回合多边贸易谈判?

答:多哈发展回合能够启动,源于以下原因:①世界经济发展缓慢,贸易保护主义增强,需要举行新的多边贸易谈判,加强贸易自由化的共识,进一步推动贸易自由化,增强抑制贸易保护主义的能力。②新兴贸易事务的挑战。③纠正世界贸易组织原有协定与协议实施上的失衡。由于发展不平衡和竞争力强弱差距等原因,世贸组织成员在实施原有的贸易协定与协议中出现了不平衡,有的协议执行得较好,有的较差。④修复世界贸易组织的形象。⑤世界贸易组织本身为新回合谈判做了大量有效工作,世贸组织第二任总干事穆尔进行了艰苦卓绝的游说工作。⑥从世界贸易大局出发,在着眼于共同利益的基础上,成员方尤其是发达成员与发展中成员相互作出让步。

2. 加入世贸组织给中国经济带来的机遇有哪些?

答:加入世贸组织符合中国的根本利益和长远利益,加入世贸组织是中国对外开放

进入一个新阶段的重要标志,加入世贸组织是对中国社会主义市场经济体制改革的有力推动。

加入世贸组织是促进中国经济持续快速健康发展的加速器;促进海峡两岸经贸关系进一步发展。

加入世贸组织为中国的经济发展提供了新的历史机遇:拓展国际市场、改善投资环境、扩大对外投资、提高资源配置效率、促进国有企业改革、促进私营企业的发展。

3. 世贸组织新成员如何加入?

答:加入世界贸易组织的程序:

第一阶段,提出申请与受理。

第二阶段,对外贸易制度的审议和双边市场准入谈判。

第三阶段,多边谈判和起草加入文件。

第四阶段,表决和生效。

影响加入过程的因素:①经济体制因素;②经济发展阶段与经济发展水平;③申请者谈判成员的谈判水平。

4.《与贸易有关的知识产权协定》对各成员的有关执法制度提出了哪些要求?

答:《与贸易有关的知识产权协定》对各成员的有关执法制度提出了原则性要求:

(1) 各成员应保证国内法中含有《与贸易有关的知识产权协定》规定的执法程序,以便对任何侵犯受该协定保护的知识产权的行为采取有效行动,包括采取及时防止侵权及遏制进一步侵权的救济措施。实施这些程序时,应避免对合法贸易造成障碍,并防止有关程序的滥用。

(2) 知识产权执法的程序应公平、公正。这些程序不应过于烦琐或费用高昂,也不应限定不合理的时限或导致无端的迟延。

(3) 对案件的裁决,最好采取书面形式,并陈述理由,且在合理的时间内告知诉讼当事方。裁决只有在听取各方对证据的意见后方可作出。

(4) 诉讼当事方应有机会要求司法机构对行政机构的决定进行审议,并在遵守法律中有关案件司法管辖权规定的前提下,要求至少对初步司法决定的法律方面进行审议。但是,对刑事案件中的无罪判决,成员方没有义务提供审议机会。

(5)《与贸易有关的知识产权协定》并不要求各成员建立一套不同于一般执法体系的知识产权执法体系,也不影响各成员执行其国内法的能力。在知识产权执法与一般执法的资源配置方面,该协定未设定任何义务。

5. 世界贸易组织如何进行政策审议?

答:贸易政策审议职责由世界贸易组织总理事会承担。

贸易政策审议对象主要是世界贸易组织各成员的全部贸易政策和措施,审议范围从货物贸易扩大到服务贸易和知识产权领域。贸易政策审议机制还要求对世界贸易环境的发展

变化情况进行年度评议。

贸易政策审议机构的审议有别于世界贸易组织各专门机构的审议。世界贸易组织专门机构,如纺织品监督机构、补贴与反补贴措施委员会等,只负责审议成员执行特定协议的情况,包括在成员提交通知的基础上,对通知涉及的具体贸易政策和措施进行审议。

成员方接受贸易政策审议机构审议的频率,取决于该成员对多边贸易体制的影响程度。确定这种影响程度的主要依据,是成员在世界贸易中所占的份额。成员方占世界贸易的份额越大,接受审议的次数就越多。对目前在世界贸易额中排名前 4 位的成员每 2 年审议一次,对排在其后的 16 个成员每 4 年审议一次,对余下的成员每 6 年审议一次,对最不发达成员的审议可以间隔更长。

6. 以世贸组织为基础的多边贸易体制有何特点?

答:多边贸易体制是"为各国相互处理贸易关系时必须遵守的一系列国际规则的集合"。其特点是:

(1) 以世贸组织为基础的多边贸易体制更为完整;

(2) 以世贸组织为基础的多边贸易体制具有更强的可行性;

(3) 以世贸组织为基础的多边贸易体制更能持久;

(4) 影响力大于原多边贸易体制。

7. 世贸组织在国际贸易利益协调中起了何种作用?

答:世贸组织在国际贸易利益协调中起着重要作用,其作用表现在以下方面:

(1) 世贸组织成员国国内与世贸组织贸易协定与协议经贸法规要适应世贸组织的规范。《建立世贸组织协定》指明,各成员方对建立世贸组织的协定的任何规定不可有保留,并须保证其国内有关的立法和政策措施与《建立世贸组织协定》及其附件的义务相一致。

(2) 世贸组织负责实施管理的贸易协定与协议从 1947 年关贸总协定的货物领域扩展到投资、服务和知识产权领域,使国际贸易利益协调面扩展到整个世界经贸领域。

(3) 提高基本原则的统一性。最惠国待遇(MFN)是保证无歧视的基本原则,它是无条件的。

(4) 世贸组织体系中的权利、义务规范趋于"量化",更加便于衡量判断,也便于监督检查。

(5) 对世贸组织中发达成员与发展中成员的贸易利益加强协调。

(6) 世贸组织重视与其他国际组织和非政府组织的合作与联系,为世贸组织本身贸易利益协调创造良好的外部环境。

(7) 通过监督、约束机制的加强,促进世界贸易组织成员在享受权利的同时,履行承诺的义务。

综合测试与解析(二)

一、单项选择题(每题1.5分)

1. 1947年《关税与贸易总协定》条款开始实施的时间为(   )。
   A. 1947年11月   B. 1948年1月   C. 1947年10月

2. 乌拉圭回合谈判后,发达成员关税下降为(   )。
   A. 6.3%   B. 3.8%   C. 6.8%

3. 经济全球化对世贸组织建立的作用是(   )。
   A. 经济全球化完全有利于世贸组织的发展
   B. 经济全球化是世贸组织得以成立的唯一动力
   C. 推动世贸组织建立的动力来源于经济全球化,世贸组织反过来,促进和发展经济全球化

4. 中国入世,成为世贸组织的第(   )个成员。
   A. 144   B. 143   C. 142

5. 世界贸易组织部长级会议至少每(   )年举行一次。
   A. 4   B. 3   C. 2

6. 下列不属于乌拉圭回合谈判议题的是(   )。
   A. 农产品
   B. 与贸易有关的知识产权
   C. 贸易与竞争政策

7. 世界贸易组织的顶级决策机构是(   )。
   A. 部长级会议   B. 总理事会   C. 专家组

8. 从2002年9月到2005年8月任世界贸易组织总干事的是泰国的(   )。
   A. 皮特·萨瑟兰   B. 麦克·穆尔   C. 素帕猜·帕尼奇帕克蒂

9. 对于申请加入世界贸易组织的国家或单独关税区,世界贸易组织部长级会议对加入议定书、工作组报告书进行表决,须经(   )的多数成员同意方可通过。
   A. 1/2   B. 3/4   C. 2/3

10. 世界贸易组织在进行决策时,主要遵循的原则是(   )。
    A. 协商一致   B. 投票表决   C. 以发达国家的意志为主

二、多项选择题(每题3分)

1. 制定、采用和实施技术性措施,世贸组织成员方还应遵守的具体规则为(   )。
   A. 必要性规则

    B. 贸易影响最小规则

    C. 协调规则

    D. 特殊和差别待遇规则

    E. 互惠规则

2. 世界贸易组织的组织机构有( )。

    A. 部长级会议

    B. 总理事会

    C. 董事会

    D. 争端解决机构和贸易政策审议机构

    E. 秘书处及总干事

3. 乌拉圭回合举行的背景是( )。

    A. 为了遏制贸易保护主义

    B. 避免全面的贸易战发生

    C. 力争建立一个更加开放、持久的多边贸易体制

    D. 发展中国家的倡导

4. 《农业协议》规定的"绿箱"措施是指( )。

    A. 由政府提供的,其费用不转嫁给消费者

    B. 政府对农产品的直接价格干预和补贴

    C. 这些措施对农产品贸易和农业生产不会产生或仅有微小的扭曲影响,成员方无
       须承担约束和削减义务

    D. 对生产者不具有价格支持作用的政府服务计划

    E. 按固定面积和产量给予的补贴

5. 世贸组织的基本原则有( )。

    A. 非歧视原则

    B. 贸易自由化原则

    C. 允许保护原则

    D. 加快贸易发展原则

    E. 公平竞争原则,鼓励发展和经济改革原则

    F. 例外与免责原则,透明度原则

6. 非歧视原则是由( )构成的。

    A. 最惠国待遇条款

    B. 市场准入条款

    C. 国民待遇条款

    D. 例外条款

7. 世贸组织规则的特点是(   )。

   A. 转化性   B. 结构性   C. 结合性

   D. 协调性   E. 延伸性

8. 海关估价最基本的方法是(   )。

   A. 以出口货物的成交价格确定完税价格

   B. 以进口货物的成交价格确定完税价格

   C. 以类似货物的成交价格确定完税价格

   D. 以倒扣价格方法确定完税价格

   E. 以计算价格方法确定完税价格

   F. 以"回顾"方法确定完税价格

9. 《装运前检验协议》对出口方规定的义务为(   )。

   A. 出口方应保证其有关装运前检验的法律、法规以非歧视的方式实施

   B. 出口方应及时公布有关装运前检验的法律、法规

   C. 如进口方提出请求,出口方应根据双方议定的条件,向其提供有关技术援助

   D. 进口后随意检验

10. 《与贸易有关的投资措施协议》列出应取消的投资限制措施包括(   )。

   A. 两种违反国民待遇的投资措施

   B. 三种违反普遍取消数量限制的投资措施

   C. 各成员的具体义务

   D. 例外条款

   E. 发达成员待遇

11. 《补贴与反补贴措施协议》将专向性补贴分为(   )。

   A. 禁止性补贴   B. 可诉补贴   C. 不可诉补贴

   D. 任意补贴

12. 进行反倾销调查的程序有(   )。

   A. 申请人申请

   B. 进口方主管机构审查立案

   C. 反倾销调查

   D. 行政复审和司法审议

   E. 与出口国商议

13. 实施保障措施的要件是(   )。

   A. 某项产品的进口激增

   B. 进口激增是由于可预见的情况和成员方履行世界贸易组织义务的结果

   C. 进口激增对国内生产同类产品或直接竞争产品的产业造成了严重损害或严重

损害威胁

D. 同类产品恶性竞争导致产业受到严重损害

14. 《服务贸易总协定》界定的服务范围包括(　　)。

  A. 跨境交付　　　　　B. 境外消费　　　　　C. 商业存在

  D. 自然人流动　　　　E. 资本流动

15. 《民用航空器贸易协议》的目的是(　　)。

  A. 消除贸易壁垒,加强补贴纪律

  B. 全面开放民用航空器及其零部件的进口市场

  C. 实现全球范围内民用航空器贸易的最大限度自由化

  D. 全面开放军用航空器及其零部件的进口市场

  E. 促进航空工业技术的持续发展

三、简答题(前6题每题5分,第7题10分)

1. 《农业协议》谈判的背景是什么?

2. 多边关税减让谈判包括哪些内容?

3. 关税与贸易总协定与世贸组织有何不同?

4. 《农业协议》规定的国内农业支持的三项措施的含义是什么?

5. 对非市场经济国家如何确定倾销可比价格?

6. 服务贸易中的国民待遇与货物贸易相比,有何特点?

7. 如发现非法转口纺织品,如何处理?

【参考答案】

一、单项选择题

1. B;2. B;3. C;4. B;5. C;6. C;7. A;8. C;9. C;10. A。

二、多项选择题

1. ABCD;2. ABDE;3. ABC;4. ACD;5. ABEF;6. AC;7. ACDE;8. BCDEF;9. ABC;10. AB;11. ABC;12. ABCD;13. AC;14. ABCD;15. ABCE。

三、简答题

1. 《农业协议》谈判的背景是什么?

答:农产品贸易作为一个特殊的领域,一直游离于关税与贸易总协定规则的有效约束之外,农业保护深深地植根于发达国家的农业政策之中,以至于在肯尼迪回合以后的多边贸易谈判中,尽管试图将农产品贸易问题纳入关税与贸易总协定的管理框架,但都未能如愿以偿。由于不能对农业保护主义进行有效的约束,发达国家利用GATT的体制缺陷,一方面极力推行农业支持和进口限制政策,造成农产品生产过量和结构严重失衡;另一方面又为缓解库存压力,处理剩余产品,通过巨额出口补贴向国际市场大量销售农产品。这些做法导致国际农产品贸易冲突在20世纪80年代初不断升级,严重扭曲了国际农产品市场。1986年乌拉圭回合启动时,农产品贸易问题被列为该轮谈判的中心议题之一。

2. 多边关税减让谈判包括哪些内容?

答:关税减让谈判必须有两个基础:一是商品基础,二是税率基础。关税减让谈判的原则:互惠互利是关税谈判的指导思想,应考虑对方的需要,对谈判情况予以保密,按照最惠国待遇原则实施关税减让谈判权的确定:产品主要供应利益方;产品实质供应利益方;最初谈判权方。

关税减让谈判的类型:多边关税谈判;加入世界贸易组织时的关税谈判;产品对产品谈判;公式减让谈判;部门减让谈判。

3. 关税与贸易总协定与世贸组织有何不同?

答:世界贸易组织和关税与贸易总协定的区别有以下几点。

(1) 机构性质。关税与贸易总协定以"临时适用"的多边贸易协议形式存在,不具有法人地位。世界贸易组织是一个具有法人地位的国际组织。

(2) 管辖范围。关税与贸易总协定只处理货物贸易问题。世界贸易组织不仅处理货物贸易问题,还处理服务贸易和与贸易有关的知识产权问题,其协调与监督的范围远大于关税与贸易总协定。世界贸易组织和国际货币基金组织、世界银行,成为维护世界经济运行的三大支柱。

(3) 争端解决。关税与贸易总协定的争端解决机制,遵循协商一致的原则,对争端解决没有规定时间表。世界贸易组织的争端解决机制,采用反向协商一致的原则,裁决具有自动执行的效力,同时明确了争端解决和裁决实施的时间表。因此,世界贸易组织争端裁决的实施更容易得到保证,争端解决机制的效率更高。

4. 《农业协议》规定的国内农业支持的三项措施的含义是什么?

答:这三项措施分别是"绿箱""黄箱""蓝箱"措施。

《农业协议》规定的"绿箱"措施是指,由政府提供的,其费用不转嫁给消费者,且对生产者不具有价格支持作用的政府服务计划。这些措施对农产品贸易和农业生产不会产生或仅有微小的扭曲影响,成员方无须承担约束和削减义务。

《农业协议》规定的"黄箱"措施是指,政府对农产品的直接价格干预和补贴,包括对种子、肥料、灌溉等农业投入品的补贴,对农产品营销贷款的补贴等。这些措施使农产品贸易产生扭曲,成员方必须承担约束和削减补贴义务。

通常用综合支持量衡量"黄箱"补贴的大小。综合支持量是指,为支持农产品生产者而提供给某种农产品,或为支持广大农业生产者而提供给非特定产品的年度支持水平,一般用货币单位表示。

《农业协议》规定的"蓝箱"措施是指,按固定面积和产量给予的补贴(如休耕补贴,控制牲畜量),按基期生产水平的85%或85%以下给予的补贴,按固定牲畜头数给予的补贴。

5. 对非市场经济国家如何确定倾销可比价格?

答:在实践中,《反倾销协议》的规定往往被一些进口方利用,成为使用特殊方法判断来自"非市场经济国家"产品正常价值的借口。如选择产品成本大大高于出口国的第三国作为替代国进行价格比较,这常导致歧视性的反倾销政策。

6. 在服务贸易中的国民待遇与货物贸易相比,有何特点?

答:《服务贸易总协定》规定,成员方在实施影响服务提供的各项措施时,对满足减让表所列条件和要求的其他成员的服务或服务提供者,应给予其不低于本国服务或服务提供者的待遇。《服务贸易总协定》的国民待遇只适用于成员方已经作出承诺的服务部门。

7. 如发现非法转口纺织品,如何处理?

答:非法转口又称"舞弊",是指通过转运、改道、谎报原产地或原产国、伪造文件规避协议的规定和逃脱配额管理的做法。如有足够的证据说明进口产品属非法转口,进口方在与涉及非法转口的出口方及其他有关参与方进行磋商之后,可以采取适当行动,包括拒绝清关,如产品已经入境,则可以扣除有关出口方相应数量的配额。

《纺织品与服装协议》还规定,所有世贸组织成员应在符合本国法律和程序的情况下,制定必要的法规和行政措施处理并打击非法转口行为。

综合测试与解析(三)

一、单项选择题(每题1.5分)

1. 世贸组织确立的理论基础是(　　)。
    A. 自由贸易理论　　　　　　B. 比较优势理论　　　　　C. 有节制的自由贸易理论

2. 最惠国待遇体现了世界贸易组织基本原则中的(　　)。
    A. 公平竞争原则　　　　　　B. 正当保护原则　　　　　C. 非歧视原则

3. 世界贸易组织的最高行政长官是(　　)。
    A. 部长会议主席　　　　　　B. 总干事　　　　　　　　C. 专家组组长

4. 世界贸易组织鼓励其成员运用(　　)进行正当保护。
    A. 关税措施　　　　　　　　B. 非关税措施　　　　　　C. 行政措施

5. "授权条款"指的是(　　)。
    A. 为维护公共道德所必须采取的措施
    B. 为维护公共秩序所必须采取的措施
    C. 发达国家给予发展中国家的"普惠制"等特殊和差别待遇

6. 《政府采购协议》属于世界贸易组织的(　　)。
    A. 多边贸易规则　　　　　　B. 诸边贸易规则　　　　　C. 展边贸易规则

7. 根据《纺织品与服装协议》,成员方应在(　　)取消所有的剩余产品的配额限制,届时该协议自行终止。
    A. 2005年1月1日　　　　　B. 2006年1月1日　　　　C. 2008年1月1日

8. 《农业协议》定义的农产品范围以(　　)为基础。
    A. 《商品名称及编码协调制度》
    B. 《海关合作理事会税则目录》
    C. 《联合国国际贸易标准分类》

9. 《补贴与反补贴措施协议》将出口补贴列为(　　)。
    A. 禁止性补贴　　　　　　　B. 可诉补贴　　　　　　　C. 不可诉补贴

10. 中国加入WTO的主要谈判原则是(　　)。
    A. 发展中国家地位　　　　　B. 公平竞争　　　　　　　C. 和平共处
    D. 平等互利

二、多项选择题(每题3分)

1. 规范进口许可程序的一般规则有(　　)。
    A. 及时公布必要的信息

B. 简化申请和展期手续

C. 可因小错而拒绝批准

D. 不得在外汇供应上实行歧视

E. 不允许安全例外和保密例外

2. 《与贸易有关的投资措施协议》列出的应取消的投资限制措施包括( )。

A. 两种违反国民待遇的投资措施

B. 三种违反普遍取消数量限制的投资措施

C. 各成员的具体义务

D. 例外条款

E. 发达成员待遇

3. 倾销是指( )。

A. 一项产品的出口价格,低于其在正常贸易中出口国供其国内消费的同类产品的可比价格

B. 倾销是一种以低于进口国同类产品价格的不公平贸易行为

C. 以低于出口国正常价值的价格进入另一国市场

D. 以高于出口国正常价值的价格出口产品的行为

4. 在服务贸易中的国民待遇与货物贸易相比,特点为( )。

A. 《服务贸易总协定》规定,成员方在实施影响服务提供的各种措施时,对满足减让表所列条件和要求的其他成员的服务或服务提供者,应给予其不低于本国服务或服务提供者的待遇

B. 《服务贸易总协定》的国民待遇只适用于成员方已经作出承诺的服务部门

C. 国民待遇程度高于货物贸易

5. 知识产权是指( )。

A. 公民或法人对其在科学、技术、文化、艺术等领域的发明、成果和作品依法享有专有权

B. 人们对自己通过脑力活动创造的智力成果依法享有的权利

C. 人们的构想与理想

D. 科学家的智慧

6. 《信息技术协议》包括的产品主要有( )。

A. 计算机　　　　　　B. 电信设备　　　　　　C. 机床

D. 软件　　　　　　　E. 半导体

7. 多哈部长级会议的主要业绩是( )。

A. 接受中国加入世贸组织

B. 接受中国台北加入世贸组织

C. 启动新一轮多边贸易谈判

D. 接受中国香港加入世贸组织

E. 通过了《关于与贸易有关的知识产权协定与公共卫生的宣言》和《关于与实施有关的问题和关注的决定》

8. 世贸组织建立后主要积极作用是（　　　）。

A. 世贸组织成为当今世界多边贸易体制的组织和法律基础

B. 世贸组织能够完全保障世界市场竞争的规范化

C. 有利于资源在世界范围内的合理配置，从而提高全球的福利水平

D. 促进政府改革

9. 中国加入世贸组织作出的基本承诺包括（　　　）。

A. 逐步降低关税

B. 逐步开放服务市场

C. 取消所有的非关税措施

10. 政府采购是指（　　　）。

A. 政府为政府机关自用或为公共目的而选择购买货物或服务的活动

B. 其所购买的货物或服务不用于商业转售

C. 其购买货物的服务可以有限度地用于供商业销售的生产

D. 其购买货物的服务也不用于供商业销售的生产

11. 未披露信息具有的特征是（　　　）。

A. 属于秘密

B. 具有商业价值

C. 为保密已采取合理措施

D. 具有垄断性、排他性

12. 确定原产地的标准有（　　　）。

A. 税号改变　　　　　　B. 增值百分比　　　　　　C. 出口国当地成分

D. 加工工序

13. 世贸组织负责实施管理的贸易协定主体构成包括（　　　）。

A. 正文　　　　　　　　B. 附件　　　　　　　　C. 协定序言

D. 协定组成部分　　　　E. 条款

14. 世贸组织规则按规则涉及领域划分有（　　　）。

A. 货物贸易领域规则

B. 服务贸易领域规则

C. 与贸易有关的知识产权领域规则

D. 框架规则

15. 世贸组织考虑可持续发展的原因是(　　)。

　　A. 可持续发展之目的有利于最合理地利用世界资源

　　B. 有利于实现国际贸易利益协调

　　C. 保护和维护环境

　　D. 贸易自由化的要求

三、简答题(前 6 题每题 5 分,第 7 题 10 分)

1.《信息技术协议》产生的背景是什么?

2. 关税与贸易总协定前七次回合谈判取得什么成果?

3. 与关税与贸易总协定相比,世界贸易组织的法律地位有哪些特点?

4.《服务贸易总协定》列出的影响市场准入的限制措施有哪些?

5. 中国加入世贸组织的法律文件是什么?

6. 加入世贸组织给中国经济带来的机遇有哪些?

7. 多哈发展回合谈判的主要议题有哪些?

【参考答案】

一、单项选择题

1. C;2. C;3. B;4. A;5. C;6. B;7. A;8. A;9. A;10. A。

二、多项选择题

1. ABD;2. AB;3. AC;4. AB;5. AB;6. ABDE;7. ABCE;8. ACD;9. AB;10. ABD;11. ABC;12. ABD;13. CDE;14. ABC;15. AC。

三、简答题

1.《信息技术协议》产生的背景是什么?

答:信息技术革命对世界经济贸易产生重大而深刻的影响,推动了经济全球化的不断深入。随着信息技术的迅猛发展,信息技术产品贸易额不断增加。最大限度地扩大全球范围内信息技术产品市场并降低成本,变得越来越迫切和重要。1996 年年初,美国率先提出了到 20 世纪末实现信息技术产品贸易自由化的设想。

2. 关税与贸易总协定前七次回合谈判取得什么成果?

答:1947 年 4~10 月,关税与贸易总协定第一轮多边贸易谈判在瑞士日内瓦举行。下调关税的承诺是第一轮多边贸易谈判的主要成果。

1949 年 4~10 月,关税与贸易总协定第二轮多边贸易谈判在法国安纳西举行。这轮谈判总计达成 147 项关税减让协议,关税水平平均降低 35%。

1950 年 9 月至 1951 年 4 月,关税与贸易总协定第三轮多边贸易谈判在英国托奎举行。这轮谈判共达成 150 项关税减让协议,关税水平平均降低 26%。

1956 年 1~5 月,关税与贸易总协定第四轮多边贸易谈判在瑞士日内瓦举行,所达成的

关税减让只涉及 25 亿美元的贸易额。

1960 年 9 月至 1962 年 7 月,关税与贸易总协定第五轮多边贸易谈判在日内瓦举行,共有 45 个参加方。这轮谈判使关税水平平均降低 20%。

1964 年 5 月至 1967 年 6 月,关税与贸易总协定第六轮多边贸易谈判在日内瓦举行,共有 54 个缔约方参加。这轮谈判又称"肯尼迪回合"。这轮谈判使关税水平平均降低 35%。这轮谈判首次涉及非关税壁垒。

1973 年 9 月至 1979 年 4 月,关税与贸易总协定第七轮多边贸易谈判在日内瓦举行。主要成果有:①开始实行按既定公式削减关税,关税越高减让幅度越大;②产生了只对签字方生效的一系列非关税措施协议;③通过了对发展中缔约方的授权条款,允许发达缔约方给予发展中缔约方普遍优惠制待遇。

3. 与关税与贸易总协定相比,世界贸易组织的法律地位有哪些特点?

答:世界贸易组织的法律地位可归纳为以下几点:

(1) 世界贸易组织具有法人资格,其成员应当赋予世界贸易组织在行使职能时必要的法定能力。

(2) 世界贸易组织每个成员方向世界贸易组织提供其履行职责时所必需的特权与豁免权。

(3) 世界贸易组织官员和各成员方的代表在其独立执行与世界贸易组织相关的职能时,也享有每个成员提供的必要的特权与豁免权。

(4) 每个成员方给予世界贸易组织官员、成员方代表的特权与豁免权,等同于联合国大会于 1947 年 11 月 21 日通过的特殊机构的特权与豁免公约所规定的特权与豁免权。

(5) 世界贸易组织可以缔结总部协议,与其他国际组织进行较密切的协商和合作。

4.《服务贸易总协定》列出的影响市场准入的限制措施有哪些?

答:《服务贸易总协定》列举了 6 种影响市场准入的限制措施。具体包括:限制服务提供者的数量,限制服务交易或资产总值,限制服务网点总数或服务产出总量,限制特定服务部门或服务提供者可以雇用的人数,限制或要求通过特定类型的法律实体提供服务,限制外国资本参与的比例或外国资本的投资总额。

5. 中国加入世贸组织的法律文件是什么?

答:中国加入世贸组织的法律文件包括:《马拉喀什建立世界贸易组织协定》《中华人民共和国加入的决定》《中华人民共和国加入议定书》及其附件、《中国加入工作组报告书》。

6. 加入世贸组织给中国经济带来的机遇有哪些?

答:加入世贸组织符合中国的根本利益和长远利益。加入世贸组织是中国对外开放进入一个新阶段的重要标志,加入世贸组织是对中国社会主义市场经济体制改革的有力推动,加入世贸组织是促进中国经济持续快速健康发展的加速器,加入世贸组织还可以促进海峡两岸经贸关系的进一步发展。总之加入世贸组织为中国的经济发展提供了新的历史机遇,拓展了国际市场、改善了投资环境、扩大了对外投资、提高了资源配置效率、促进了国有企业改革、促进了私营企业的发展。

7. 多哈发展回合谈判的主要议题有哪些？

答：议题的涉及面十分广泛。《部长宣言》列出的谈判议题有：与实施有关的问题和关注，农业，服务，非农产品市场准入，与贸易有关的知识产权，贸易与投资的关系，贸易与竞争政策的相互作用，政府采购透明度，贸易便利化，世贸组织规则，争端解决谅解，贸易与环境，电子商务，小型经济体，贸易、债务和财政，贸易与技术转让，技术合作和能力建设，最不发达国家，特殊和差别待遇等。有些议题涉及的具体议题很多，如与实施有关的问题和关注的议题就包括了 10 多个具体内容。如 GATT 1994 第 18 条，农产品协议，卫生与检疫措施协议，纺织品与服装协议，贸易技术壁垒协议，与贸易有关的投资措施协议，反倾销协议，海关估价协议，原产地规则协议，补贴与反补贴协议，与贸易有关的知识产权协定等。

参 考 文 献

[1] 石广生.中国加入世贸组织谈判历程.商务部世界贸易组织司,2011.

[2] 对外贸易经济合作部世界贸易组织司译.中国加入世界贸易组织法律文件.北京:法律出版社,2002.

[3] 世界贸易组织秘书处.历年世界贸易报告.

[4] 中国世界贸易组织研究会.中国世界贸易组织年鉴.北京:中国商务出版社,历年.

[5] 中国WTO研究会编.WTO20年与中国.北京:中国商务出版社,2016.

[6] 薛荣久.世界贸易组织教程.北京:对外经贸大学出版社,2009.

[7] 薛荣久.关贸总协定/世贸组织卷:耕耘第二卷.北京:对外经济贸易大学出版社,2011.

[8] 薛荣久.中国恪守WTO规则与求进.北京:中国商务出版社,2017.

[9] 屠新泉.世界贸易组织发展报告.北京:高等教育出版社,2016.

[10] 尤里·达杜什.加入世界贸易组织和多边主义　世界贸易组织成立20年来的案例研究和经验总结.北京:对外经贸大学出版社,2016.

[11] Ricardo Melender-Ortiz Ricard Samans.加强21世纪的全球贸易和投资体系.

[12] WTO. The WTO at Twenty Challenges and Achievements.

附　　录

附录一　马拉喀什建立 WTO 的协定

本协定各方,认识到在发展贸易和经济方面它们的关系应着眼于提高生活水平、保证充分就业和大幅度稳步提高实际收入和有效需求,扩大货物与服务的生产和贸易,在按照可行的发展目标考虑对世界资源的最佳利用时,寻求对环境的保护和维护,并根据它们各自需要和不同经济发展水平的情况,加强各种相应的措施。

进一步认识到有必要作出积极努力,以确保发展中国家,尤其是最不发达国家在国际贸易的增长中获得与它们的经济发展需要相称的份额。

希望通过大幅度消减关税和其他贸易壁垒以及在国际贸易关系上消除歧视待遇的互惠互利安排对以上目标作出贡献。

因此决定,发展一个整体化的、更有活力和更持久的、包含关税与贸易总协定、过去在贸易自由化方面所作努力和乌拉圭回合多边贸易谈判所有成果的多边贸易体系。

决心保留各项基本原则并推进这个多边贸易体系的各种目标。

议定如下:

第 1 条　组织的建立

建立世界贸易组织(以下称"WTO")。

第 2 条　WTO 的范围

1. WTO 应对涉及本协定附件中各项协议以及与其有联系的法律文件的问题,为处理成员方之间的贸易关系提供普遍适用的体制框架。

2. 附件 1、2、3 中的各个协议以及与其有联系的法律文件,(以下称"多边贸易协议")为本协定不可分割的部分,对所有成员方具有约束力。

3. 附件 4 中的各个协议以及与其有联系的法律文件,(以下称"多种单项贸易协议")对于已接受这些协议的成员,也是本协定的组成部分,并对它们具有结束力。对于没有接受"多种单项贸易协议"的成员,该协议对它们不产生义务或权利。

4. 列入附件1A的1994关税与贸易总协定(以下称《1994GATT》),在法律上有别于1947年10月30日签订的被列为联合国贸易与就业会议筹备委员会第二次会议通过的,最后协议附件的关税与贸易总协定(以下称"1947GATT"),因为它后来已经修正、改动和更改。

第3条　WTO的职能

1. WTO应促进本协定和多边贸易协议的执行、管理和运作,推动各项目标的实现,并为对多种单项贸易协议的执行、管理和运作提供框架。

2. WTO应为各成员方在按本协定附件的各项协议处理问题中对有关多边贸易关系的谈判提供场所,WTO还应为各成员方对有关多边贸易关系的进一步谈判提供场所,并为部长级会议所决定的谈判结果的执行提供框架。

3. WTO应对本协定附件2关于争端解决的规则及程序的谅解(以下称"争端解决谅解"或称"DSV")进行管理。

4. WTO应对本协定附件3规定的贸易政策审议机制(以下称"TPRM")进行管理。

5. 为在全球性的经济决策方面达到更大的一致,WTO应与国际货币基金组织和国际复兴开发银行及其附属机构进行适当的合作。

第4条　WTO的机构

1. 应该有一个部长级会议,由所有成员方的代表组成,应至少每两年召开一次会议。部长级会议应履行WTO的职能,并为此采取必要的行动。

应成员方的请求,部长级会议应按照本协定和有关的多边贸易协议中对制定决策的具体要求,对各多边贸易协议的事项有权作出决定。

2. 应当设立一个由所有成员方代表组成的总理事会,它应在适当时候召开会议。在部长级会议休会期间,总理事会应当执行部长级会议的各项职能。总理事会还应当执行本协定交付的各项职能,总理事会应当制定自己的程序规则,并审批本条第7款各委员会的程序规则。

3. 总理事会应当在适当时间召开会议,以履行争端解决谅解中所规定设立的争端解决机构的职责,争端解决机构可设立自己的主席和建立必要的程序规则来履行这些职责。

4. 总理事会应当在适当时间召开会议,以履行贸易政策审议机制中所规定设立的贸易政策审议机构的职责。贸易政策审议机构可以有自己的主席和建立必要的程序规则来履行这些职责。

5. 应当设立一个货物贸易理事会、一个服务贸易理事会和一个与贸易有关的知识产权理事会(以下称"TRIPS理事会"),它们应当在总理事会的指导下进行工作。货物贸易理事会应监督附件1A多边贸易协议的执行情况,服务贸易理事会应监督服务贸易总协议(以下

称"GATS")的执行情况，TRIPS 理事会应监督与贸易有关的知识产权协议（以下称
"TRIPS"）的执行情况。这些理事会应执行由各自有关协议和由总理事会所赋予的职能，它
们还应当经总理事会的批准制定各自的程序规则。这些理事会的成员应当从所有成员方代
表中产生。这些理事会应当为执行各自的职能在必要时召开会议。

6. 货物贸易理事会、服务贸易理事会和与贸易有关的知识产权理事会可根据需要设立
辅助机构。这些辅助机构应经各自有关的理事会批准制定各自的程序规则。

7. 部长级会议应当设立一个贸易与发展委员会，一个国际收支限制委员会，一个预算、
财务和管理委员会。它们应当履行本协定和多边贸易协议所赋予的各种职能，以及总理事
会赋予它们的任何其他职能，如认为适当，可另设具有这类职能的其他委员会。作为其职能
的一部分，贸易与发展委员会应当定期检查多边贸易协议中有关对最不发达成员国优惠待
遇的特别规定，并向总理事会提出报告，以便采取适当行动。这些委员会的成员应当从所有
成员方的代表中产生。

8. 根据多种单项贸易协议规定设立的各个机构应当履行这些协议所赋予的职能，并且
应当在 WTO 机构框架的范围内进行运作，这些机构应定期向总理事会报告它们的活动。

第5条　与其他组织的关系

1. 总理事会应为与 WTO 职责有关系的其他政府间组织进行有效合作做出适当安排。

2. 总理事会应为与 WTO 事务有关的各非政府组织进行磋商与合作做出适当安排。

第6条　秘　书　处

1. 应当设立一个 WTO 秘书处（以下称"秘书处"），由总干事领导。

2. 部长级会议应任命总干事，并制定有关规定以确定总干事的权力、职责、服务条件和
任期。

3. 总干事应任命秘书处的工作人员，并根据部长级会议的规定确定他们的职责和服务
条件。

4. 总干事和秘书处工作人员的职责应是完全国际性的，在履行其职责方面，总干事和
秘书处工作人员不应寻求或接受来自任何政府或 WTO 以外的任何其他当局的指示，他们
应当戒除任何可能反映与他们作为国际官员地位相违背的行为。WTO 的成员方应当尊重
总干事和秘书处工作人员职责的国际性，不应谋求对他们所履行的职责施加影响。

第7条　预算与捐献

1. 总干事应当向预算、财政和管理委员会提出 WTO 的年度概算和财务报表。预算、财
政和管理委员会应当对总干事提出的年度概算和财务报表进行审查，并向总理事会提出建
议。年度概算须经总理事会批准。

2. 预算、财政和管理委员会应向总理事会提出财务规程,规程应包括如下的规定:

(1) 根据 WTO 的支出费用分配给各成员方的捐献规模。

(2) 对延期支付款项的成员应采取的措施。

财务规程,就实际可行而言,应以 1947 GATT 的规程和实践为基础。

3. 总理事会应以三分之二的多数通过财务规程和年度概算,且这一多数应超过 WTO 成员方的半数。

4. 各成员方应按照总理事会通过的财务规程及时向 WTO 提供其在 WTO 支出中所分摊的份额。

第 8 条 WTO 的地位

1. WTO 应具有法人资格,各成员方应给予 WTO 为执行其职能所必要的法律行为能力。

2. WTO 各成员方应当给予 WTO 为履行其职能所必要的特权和豁免。

3. WTO 各成员方应同样给予 WTO 的官员和各成员方代表在其独立执行与 WTO 有关职能时所必要的特权和豁免。

4. 每一 WTO 成员方给予 WTO 及其官员和成员方代表的特权和豁免应当与 1947 年 11 月 21 日联合国大会通过的专门机构特权和豁免公约所规定的特权和豁免相同。

5. WTO 可以订立一个建立总部的协议。

第 9 条 决 策 制 定

1. WTO 应当继续实行 1947 年关税与贸易总协定通过协商一致制定决策的做法。除另有规定外,当用协商一致不能做出决定时,该议题应由投票决定。在部长级会议和在总理事会会议上,每一 WTO 成员方具有一票表决权。

欧洲共同体行使其表决权时,其具有的表决权数应与欧共体成员国中已经是 WTO 成员方的数目相同。除非本协定和有关的多边贸易协议另有规定,部长级会议和总理事会的决定应以多数票的表决通过。

2. 部长级会议和总理事会对本协定和多边贸易协议应具独有的解释权。

至于对附件 1 中的多边贸易协议的解释,部长级会议和总理事会应在监督该协议执行情况的理事会建议的基础上行使此项权力。采纳一项解释的决定,应由成员方四分之三的多数通过。本款不应当被用为损坏本协定第 10 条关于修改的各项决定。

3. 在特殊情况下,部长级会议可以决定免除某成员方对本协定或任何多边贸易协议所承担的义务,除非本款另有规定外,这种决定必须获得成员方四分之三的批准。

(1) 涉及本协定的免除义务的请求应提交部长级会议考虑,并遵循制定决策协商一致的惯例。部长级会议应当确定一个为期不超过 90 天的限期考虑此项请求。如果在限期内不能获得一致意见,任何准予免除义务的决定必须经过成员方四分之三的同意。

(2)涉及附件 1A、1B 或 1C 中各项多边贸易协议及其附录的免除义务的请求,应先分别提请货物贸易理事会、服务贸易理事会或与贸易有关的知识产权理事会在一定限期内予以考虑,这个限期应当不超过 90 天。限期届满时,有关理事会应向部长级会议提出报告。

4. 部长级会议准予免除义务的决定,应当说明可以证明该决定正确的特殊情况、免除义务的条件和免除义务的终止日期。任何为期一年以上的免除义务,应在准予免除后不迟于一年时由部长级会议加以检查,此后每年一次,直至免除终止。在每次检查时,部长级会议应审查免除义务所据此的特殊情况是否仍然存在,以及对准予免除义务所附的条件是否已得到履行。部长级会议在每年检查的基础上对该项免除义务可以延长、修改或终止。

5. 对任一多种单项贸易协议下的决定,包括关于解释和免除义务的任何决定,应按照该协议所规定办理。

第 10 条　修　改

1. WTO 的任何成员方可以主动向部长级会议提出修改本协定或附件 1 多边贸易协议条款的建议。本协定第 4 条第 5 款所列的各理事会也可以向部长级会议提出修改附件 1 中由他们监督其运行的相应的多边贸易协议条款的建议。在建议正式提交给部长级会议的 90 天期间(除非部长级会议另决定更长的期限),部长级会议关于将建议的修正案提请成员方接受的任何决定须经全体一致同意。如果本条第 2、第 5 或第 6 款不适用,则该决定应当特别说明本条第 3 或第 4 款是否适用。如果达成全体意见一致,部长级会议应即将提出的修正案提交各成员方接受;如果在规定期间内,部长级会议在会议上没有达成意见一致,部长级会议应当根据成员方三分之二的多数决定是否将提出的修正案提交成员方接受。除本条第 2、第 5 和第 6 款的规定外,如果部长级会议以成员四分之三的多数决定本条第 4 款的规定不适用,则本条第 3 款的规定应适用于所提出的修正案。

2. 对本条款规定及下列各条规定的修改,须经所有成员方接受始能生效:

本协定第 9 条;

1994 关税与贸易总协定第 1 条和第 2 条;

服务贸易总协议第 2 条第 1 款;

与贸易有关的知识产权协议第 4 条。

3. 对本协定或对附件 1A 和附件 1C 多边贸易协议各条款的修改,除本条第 2 和第 6 款所列者外,其性质属改变成员方的权利义务者,应在三分之二成员方接受后对已经接受这些修改的成员方生效,在此之后对每一其他成员方,则在其接受时生效。部长级会议以成员方四分之三的多数可以决定,按本款生效的任何修改具有如下性质:在部长级会议规定的期间内没有接受此项修改的任何成员方,可以自由地退出 WTO,或经部长级会议同意继续作为成员方。

4. 对本协定或对附件 1A 和 1C 多边贸易协议各条款的修改,除本条第 2 和第 6 款所列者外,其性质属不改变成员方的权利义务者,应在三分之二成员方接受后对所有成员方生效。

5. 除以上第 2 款规定者外,对服务贸易总协议第Ⅰ、第Ⅱ、第Ⅲ部分及各自的附录的修改,应在三分之二成员方接受后对已经接受这些修改的成员方生效,在此之后对每一成员方,则在其接受时生效。部长级会议以成员方四分之三的多数可以决定,按上述规定生效的任何修改具有如下性质:在部长级会议规定的期间内没有接受此项修改的任何成员方,可以自由地退出 WTO,或经部长级会议同意继续作为成员方。对服务贸易总协议第Ⅳ、第Ⅴ、第Ⅵ部分及各自的附录的修改,应在三分之二成员方接受后对所有成员方生效。

6. 尽管有本条的其他规定,对与贸易有关的知识产权协议的修改,符合该协议第 71 条第 2 款的要求者,可以由部长级会议予以采纳,无须进一步经正式的接受手续。

7. 接受对本协定或附件 1 中某项多边贸易协议修改的任何成员方,应在部长级会议规定的接受期间内将接受文书交由 WTO 总干事保存。

8. WTO 的任何成员方可以主动向部长级会议提出修改附件 2 和附件 3 多边贸易协议条款的建议。批准附件 2 多边贸易协议修改的决定须由全体一致同意作出,这些修改应在部长级会议批准时对所有成员方生效。批准附件 3 多边贸易协议修改的决定应在部长级会议批准时对所有成员方生效。

9. 应某一贸易协议全体成员方的请求,部长级会议经全体一致同意可以决定将该协议增列于附件 4。应某一多种单项贸易协议全体成员方的请求,部长级会议可以决定将该协议从附件 4 中删除。

10. 对某一多种单项贸易协议的修改应按该协议的规定办理。

第 11 条　原始成员资格

1. 在本协定生效之日已是 1947 关税与贸易总协定的缔约方和接受本协定和多边贸易协议的欧共体,以及减让及承诺表已附列于 1994 关税与贸易总协定和特别承诺表已附列于服务贸易总协议者,应成为 WTO 的原始成员方。

2. 经联合国承认的最不发达国家,将只被要求承担符合于它们的各自发展、财政和贸易的需要或其行政和体制能力的承诺和减让。

第 12 条　加　　入

1. 任何国家或在对外商务关系和本协定及多边贸易协议规定的其他事项的处理方面拥有完全自主权的独立关税区,可以按照其与 WTO 议定的条件加入本协定。这种加入应适用于本协定及所附的多边贸易协议。

2. 加入的决定应由部长级会议作出。部长级会议应按照加入的条件经 WTO 成员方三分之二的多数通过予以批准。

3. 加入某一多种单项贸易协议,应按该协议的规定办理。

第 13 条　多边贸易协议在特殊成员方之间的不适用

1. 如果成员方之间任何一方在另一方成为成员方时不同意本协定和附件 1 与附件 2 中的多边贸易协议对其适用,本协定和附件 1 与附件 2 中的多边贸易协议则不适用于该两个成员方中的任何一方。

2. 在曾是 1947 关税与贸易总协定缔约方的 WTO 原始成员方之间,只有在该协定第 35 条先前已被援引过并曾在此协议生效时在那些缔约方之间有效的情况下,第 1 款方可被援引。

3. 只有在不同意适用的成员方在部长级会议批准关于加入条件的协议之前将其不同意一事向部长级会议作了通报的情况下,本条第 1 款方适用于一个成员方与根据第 12 条已加入本协定的另一成员方之间。

4. 在特殊情况下,部长级会议可以根据任何一成员方的请求,审查本条的运作并提出适当的建议。

5. 多种单项贸易协定在该协定成员方之间的不适用,应当按该协定的规定办理。

第 14 条　接受、生效和保存

1. 根据本协定第 11 条符合成为 WTO 原始成员国的 1947 关贸总协定缔约方和欧洲共同体以签署方式或其他方式自由接受本协定。这种接受应适用于本协定和附加于本协定的各项多边贸易协议。本协定和附加于本协定的各项多边贸易协议应由部长们根据乌拉圭回合多边贸易谈判结果的最后文书的第 3 款所决定的日期生效,并应在生效日后继续开放 2 年以便接受,除非部长们对此另有决定。本协定生效以后的接受应在该接受日之后的第 30 天生效。

2. 在本协定生效后接受本协定的成员方,应被视同它在本协定生效之日接受本协定一样,履行从本协定生效日开始已被履行一段时期的各项多边贸易协议中的减让和义务。

3. 至本协定生效为止,本协定和各项多边贸易协议的文本应由 1947 关贸总协定缔约方的总干事保存,总干事应迅速将本协定和各项多边贸易协议经"核证无误"的副本及每个申请方接受的通报提供给已接受本协定的每个政府和欧洲共同体。本协定和各项多边贸易协议及其任何修正案,应在本协定生效之时,交由世界贸易组织的总干事保存。

4. 一项多种单项贸易协议的接受和生效应按该协议的各项规定办理。此类协议应由 1947 关贸总协定缔约方的总干事保存。本协定生效之时,此类协议应由世界贸易组织总干事保存。

第 15 条　退　　出

1. 任何成员方均可退出本协定,此种退出应同时适用于本协定和各项多边贸易协议,并应于 WTO 总干事收到书面退出通知之日起 6 个月期满时生效。

2. 退出多边贸易协议应按该协议的规定办理。

第 16 条　其 他 规 定

1. 除非本协定或多边贸易协议另有规定外,WTO 应由 1947 关税与贸易总协定缔约方以及在该总协定框架内设立的各个机构所执行的决议、程序和惯例的指导。

2. 1947 关税与贸易总协定的秘书处在切实可行的范围内,应成为 WTO 的秘书处,1947 关税与贸易总协定缔约方的总干事,直到部长级会议根据本协定第 6 条第 2 款的规定已指派一名总干事时为止,应担任 WTO 的总干事。

3. 当本协定的某项规定与多边贸易协议的某项规定发生冲突时,在冲突范围内,本协定的规定应具有优先效力。

4. 每一成员方应保证其法律、规章和行政程序与附加于本协定的各项协议所规定的义务相一致。

5. 对本协定的任何条款不得有保留。对各项多边贸易协议的任何条款的保留只可在这些协议规定的范围内作出。对某项多种单项贸易协议的某项条款的保留,应按照该协议的规定办理。

6. 本协定应当按照联合国宪章第 102 条的规定予以登记。

完成于 1994 年 4 月 15 日,仅此一份,以英文、法文和西班牙文撰写,每种文本均为正式文本。

注释:在本协定和多边贸易协议中所用的术语"国家"或"各个国家",应理解为包括 WTO 的任何独立关税区成员方。

就 WTO 的独立关税区成员方而言,若本协定和多边贸易协议中的某个措辞是用术语"国家的"(national),则该措辞应被解释为与该关税区有关,另有具体规定者除外。

附件 1
附件 1A 货物贸易多边协议
1994 年关税与贸易总协定
农产品协议
关于卫生与植物检疫措施协议
纺织品与服装协议
贸易技术壁垒协议
与贸易有关的投资措施协议

关于 1994 年关税与贸易总协议第六条执行协议

关于 1994 年关税与贸易总协议第七条执行协议

装运前检验协议

原产地规则协议

进口许可证程序协议

补贴与反补贴措施协议

保障协议

附件 1B 服务贸易总协议

附件 1C 与贸易有关的知识产权协议

附件 2 关于争端解决的规则与程序的谅解

附件 3 贸易政策审议机制

附件 4 若干单项贸易协议

民用航空器贸易协议

政府采购协议

国际牛乳协议

关于牛肉协议

附件 1A

货物贸易的多边协议

对附件 1A 一般解释的注释

当 1994 关税与贸易总协定某一条款与建立世界贸易组织协定(以下称"WTO 协定")附件 1A 中的协议的某一条款发生冲突时,附件 1A 中协议的条款应当在冲突范围内具有优先效力。

附录二　中华人民共和国加入议定书

序　　言

世界贸易组织（"WTO"），按照 WTO 部长级会议根据《马拉喀什建立世界贸易组织协定》（《WTO 协定》）第 12 条所作出的批准，与中华人民共和国（"中国"），

忆及中国是《1947 年关税与贸易总协定》的创始缔约方，

注意到中国是《乌拉圭回合多边贸易谈判结果最后文件》的签署方，

注意到载于 WT/ACC/CHN/49 号文件的《中国加入工作组报告书》（《工作组报告书》），考虑关于中国 WTO 成员资格的谈判结果，协议如下：

第一部分　总　　则

第 1 条　总 体 情 况

1. 自加入时起，中国根据《WTO 协定》第 12 条加入该协定，并由此成为 WTO 成员。

2. 中国所加入的《WTO 协定》应为经在加入之日前已生效的法律文件所更正、修正或修改的《WTO 协定》。本议定书，包括工作组报告书第 342 段所指的承诺，应成为《WTO 协定》的组成部分。

3. 除本议定书另有规定外，中国应履行《WTO 协定》所附各多边贸易协定中的、应在自该协定生效之日起开始的一段时间内履行的义务，如同中国在该协定生效之日已接受该协定。

4. 中国可维持与《服务贸易总协定》（GATS）第 2 条第 1 款规定不一致的措施，只要此措施已记录在本议定书所附《第 2 条豁免清单》中，并符合 GATS《关于第 2 条豁免的附件》中的条件。

第 2 条　贸易制度的实施

（A）统一实施

1.《WTO 协定》和本议定书的规定应适用于中国的全部关税领土，包括边境贸易地区、

民族自治地方、经济特区、沿海开放城市、经济技术开发区以及其他在关税、国内税和法规方面已建立特殊制度的地区（统称为"特殊经济区"）。

2. 中国应以统一、公正和合理的方式适用和实施中央政府有关或影响货物贸易、服务贸易、与贸易有关的知识产权（TRIPS）或外汇管制的所有法律、法规及其他措施以及地方各级政府发布或适用的地方性法规、规章及其他措施（统称为"法律、法规及其他措施"）。

3. 中国地方各级政府的地方性法规、规章及其他措施应符合在《WTO 协定》和本议定书中所承担的义务。

4. 中国应建立一种机制，使个人和企业可据以提请国家主管机关注意贸易制度未统一适用的情况。

（B）特殊经济区

1. 中国应将所有与其特殊经济区有关的法律、法规及其他措施通知 WTO，列明这些地区的名称，并指明界定这些地区的地理界线。中国应迅速，且无论如何应在 60 天内，将特殊经济区的任何增加或改变通知 WTO，包括与此有关的法律、法规及其他措施。

2. 对于自特殊经济区输入中国关税领土其他部分的产品，包括物理结合的部件，中国应适用通常适用于输入中国关税领土其他部分的进口产品的所有影响进口产品的税费和措施，包括进口限制及海关税费。

3. 除本议定书另有规定外，在对此类特殊经济区内的企业提供优惠安排时，WTO 关于非歧视和国民待遇的规定应得到全面遵守。

（C）透明度

1. 中国承诺只执行已公布的，且其他 WTO 成员、个人和企业可容易获得的有关或影响货物贸易、服务贸易、TRIPS 或外汇管制的法律、法规及其他措施。此外，在所有有关或影响货物贸易、服务贸易、TRIPS 或外汇管制的法律、法规及其他措施实施或执行前，中国应使 WTO 成员可获得此类措施。在紧急情况下，应使法律、法规及其他措施最迟在实施或执行之时可获得。

2. 中国应设立或指定一官方刊物，用于公布所有有关或影响货物贸易、服务贸易、TRIPS 或外汇管制的法律、法规及其他措施，并且在其法律、法规或其他措施在该刊物上公布之后，应在此类措施实施之前提供一段可向有关主管机关提出意见的合理时间，但涉及国家安全的法律、法规及其他措施，确定外汇汇率或货币政策的特定措施，以及一旦公布则会妨碍法律实施的其他措施除外。中国应定期出版该刊物，并使个人和企业可容易获得该刊物各期。

3. 中国应设立或指定一咨询点，应任何个人、企业或 WTO 成员的请求，在咨询点可获得根据本议定书第 2 条（C）节第 1 款要求予以公布的措施有关的所有信息。对此类提供信息请求的答复一般应在收到请求后 30 天内作出。在例外情况下，可在收到请求后 45 天内作出答复。延迟的通知及其原因应以书面形式向有关当事人提供。向 WTO 成员作出的答

复应全面，并应代表中国政府的权威观点。应向个人和企业提供准确和可靠的信息。

（D）司法审查

1. 中国应设立或指定并维持审查庭、联络点和程序，以便迅速审查所有与《1994 年关税与贸易总协定》（GATT 1994）第 10 条第 1 款、GATS 第 6 条和《TRIPS 协定》相关规定所指的法律、法规、普遍适用的司法决定和行政决定的实施有关的所有行政行为。此类审查庭应是公正的，并独立于被授权进行行政执行的机关，且不应对审查事项的结果有任何实质利害关系。

2. 审查程序应包括给予受须经审查的任何行政行为影响的个人或企业进行上诉的机会，且不因上诉而受到处罚。如初始上诉权需向行政机关提出，则在所有情况下应有选择向司法机关对决定提出上诉的机会。关于上诉的决定应通知上诉人，作出该决定的理由应以书面形式提供。上诉人还应被告知可进一步上诉的任何权利。

第 3 条　非　歧　视

除本议定书另有规定外，在下列方面给予外国个人、企业和外商投资企业的待遇不得低于给予其他个人和企业的待遇：

（a）生产所需投入物、货物和服务的采购，及其货物据以在国内市场或供出口而生产、营销或销售的条件；

（b）国家和地方各级主管机关以及公有或国有企业在包括运输、能源、基础电信、其他生产设施和要素等领域所供应的货物和服务的价格和可用性。

第 4 条　特殊贸易安排

自加入时起，中国应取消与第三国和单独关税区之间的、与《WTO 协定》不符的所有特殊贸易安排，包括易货贸易安排，或使其符合《WTO 协定》。

第 5 条　贸　易　权

1. 在不损害中国以与符合《WTO 协定》的方式管理贸易的权利的情况下，中国应逐步放宽贸易权的获得及其范围，以便在加入后 3 年内，使所有在中国的企业均有权在中国的全部关税领土内从事所有货物的贸易，但附件 2A 所列依照本议定书继续实行国营贸易的货物除外。此种贸易权应为进口或出口货物的权利。对于所有此类货物，均应根据 GATT 1994 第 3 条，特别是其中第 4 款的规定，在国内销售、许诺销售、购买、运输、分销或使用方面，包括直接接触最终用户方面，给予国民待遇。对于附件 2B 所列货物，中国应根据该附件中所列时间表逐步取消在给予贸易权方面的限制。中国应在过渡期内完成执行这些规定所必需的立法程序。

2. 除本议定书另有规定外，对于所有外国个人和企业，包括未在中国投资或注册的外

国个人和企业,在贸易权方面应给予其不低于给予在中国的企业的待遇。

第 6 条　国营贸易

1. 中国应保证国营贸易企业的进口购买程序完全透明,并符合《WTO 协定》,且应避免采取任何措施对国营贸易企业购买或销售货物的数量、价值或原产国施加影响或指导,但依照《WTO 协定》进行的除外。

2. 作为根据 GATT 1994 和《关于解释 1994 年关税与贸易总协定第 17 条的谅解》所作通知的一部分,中国还应提供有关其国营贸易企业出口货物定价机制的全部信息。

第 7 条　非关税措施

1. 中国应执行附件 3 包含的非关税措施取消时间表。在附件 3 中所列期限内,对该附件中所列措施所提供的保护在规模、范围或期限方面不得增加或扩大,且不得实施任何新的措施,除非符合《WTO 协定》的规定。

2. 在实施 GATT 1994 第 3 条、第 11 条和《农业协定》的规定时,中国应取消且不得采取、重新采取或实施不能根据《WTO 协定》的规定证明为合理的非关税措施。对于在加入之日以后实施的、与本议定书或《WTO 协定》相一致的非关税措施,无论附件 3 是否提及,中国均应严格遵守《WTO 协定》的规定,包括 GATT 1994 及其第 13 条以及《进口许可程序协定》的规定,包括通知要求,对此类措施进行分配或管理。

3. 自加入时起,中国应遵守《TRIMs 协定》,但不援用《TRIMs 协定》第 5 条的规定。中国应取消并停止执行通过法律、法规或其他措施实施的贸易平衡要求和外汇平衡要求、当地含量要求和出口实绩要求。此外,中国将不执行设置此类要求的合同条款。在不损害本议定书有关规定的情况下,中国应保证国家和地方各级主管机关对进口许可证、配额、关税配额的分配或对进口、进口权或投资权的任何其他批准方式,不以下列内容为条件:此类产品是否存在与之竞争的国内供应者;任何类型的实绩要求,例如当地含量、补偿、技术转让、出口实绩或在中国进行研究与开发等。

4. 进出口禁止和限制以及影响进出口的许可程序要求只能由国家主管机关或由国家主管机关授权的地方各级主管机关实行和执行。不得实施或执行不属国家主管机关或由国家主管机关授权的地方各级主管机关实行的措施。

第 8 条　进出口许可程序

1. 在实施《WTO 协定》和《进口许可程序协议》的规定时,中国应采取以下措施,以便遵守这些协定:

(a) 中国应定期在本议定书第 2 条(C)节第 2 款所指的官方刊物中公布下列内容:按产品排列的所有负责授权或批准进出口的组织的清单,包括由国家主管机关授权的组织,无论是通过发放许可证还是其他批准；获得此类进出口许可证或其他批准的程序和标准，以及决定是否发放进出口许可证或其他批准的条件；按照《进口许可程序协定》，按税号排列的实行招标要求管理的全部产品清单，包括关于实行此类招标要求管理产品的信息及任何变更；限制或禁止进出口的所有货物和技术的清单；这些货物也应通知进口许可程序委员会；限制或禁止进出口的货物和技术清单的任何变更；用一种或多种 WTO 正式语文提交的这些文件的副本应在每次公布后 75 天内送交 WTO，供散发 WTO 成员并提交进口许可程序委员会。

（b）中国应将加入后仍然有效的所有许可程序和配额要求通知 WTO，这些要求应按协调制度税号分别排列，并附与此种限制有关的数量（如有数量），以及保留此种限制的理由或预定的终止日期。

（c）中国应向进口许可程序委员会提交其关于进口许可程序的通知。中国应每年向进口许可程序委员会报告其自动进口许可程序的情况，说明产生这些要求的情况，并证明继续实行的需要。该报告还应提供《进口许可程序协定》第 3 条中所列信息。

（d）中国发放的进口许可证的有效期至少应为 6 个月，除非例外情况使此点无法做到。在此类情况下，中国应将要求缩短许可证有效期的例外情况迅速通知进口许可程序委员会。

2. 除本议定书另有规定外，对于外国个人、企业和外商投资企业在进出口许可证和配额分配方面，应给予不低于给予其他个人和企业的待遇。

第 9 条　价　格　控　制

1. 在遵守以下第 2 款的前提下，中国应允许每一部门交易的货物和服务的价格由市场力量决定，且应取消对此类货物和服务的多重定价做法。

2. 在符合《WTO 协定》，特别是 GATT 1994 第 3 条和《农业协定》附件 2 第 3、4 款的情况下，可对附件 4 所列货物和服务实行价格控制。除非在特殊情况下，并须通知 WTO，否则不得对附件 4 所列货物或服务以外的货物或服务实行价格控制，且中国应尽最大努力减少和取消这些控制。

3. 中国应在官方刊物上公布实行国家定价的货物和服务的清单及其变更情况。

第 10 条　补　　　贴

1. 中国应通知 WTO 在其领土内给予或维持的、属《补贴与反补贴措施协议》（《SCM 协议》）第 1 条含义内的、按具体产品划分的任何补贴，包括《SCM 协议》第 3 条界定的补贴。所提供的信息应尽可能具体，并遵循《SCM 协议》第 25 条所提及的关于补贴问卷的要求。

2. 就实施《SCM 协议》第 1 条第 2 款和第 2 条而言，对国有企业提供的补贴将被视为专向性补贴，特别是在国有企业是此类补贴的主要接受者或国有企业接受此类补贴的数量异常之大的情况下。

3. 中国应自加入时起取消属《SCM 协议》第 3 条范围内的所有补贴。

第 11 条　对进出口产品征收的税费

1. 中国应保证国家主管机关或地方各级主管机关实施或管理的海关规费或费用符合 GATT 1994。

2. 中国应保证国家主管机关或地方各级主管机关实施或管理的国内税费,包括增值税,符合 GATT 1994。

3. 中国应取消适用于出口产品的全部税费,除非本议定书附件 6 中有明确规定或按照 GATT 1994 第 8 条的规定适用。

4. 在进行边境税的调整方面,对于外国个人、企业和外商投资企业,自加入时起应被给予不低于给予其他个人和企业的待遇。

第 12 条　农　　业

1. 中国应实施中国货物贸易承诺和减让表中包含的规定,以及本议定书具体规定的《农业协定》的条款。在这方面,中国不得对农产品维持或采取任何出口补贴。

2. 中国应在过渡性审议机制中,就农业领域的国营贸易企业(无论是国家还是地方)与在农业领域按国营贸易企业经营的其他企业之间或在上述任何企业之间进行的财政和其他转移作出通知。

第 13 条　技术性贸易壁垒

1. 中国应在官方刊物上公布作为技术法规、标准或合格评定程序依据的所有正式的或非正式的标准。

2. 中国应自加入时起,使所有技术法规、标准和合格评定程序符合《TBT 协定》。

3. 中国对进口产品实施合格评定程序的目的应仅为确定其是否符合与本议定书和《WTO 协定》规定相一致的技术法规和标准。只有在合同各方授权的情况下,合格评定机构方可对进口产品是否符合该合同的商业条款进行合格评定。中国应保证此种针对产品是否符合合同商业条款的检验不影响此类产品通关或进口许可证的发放。

4. (a)自加入时起,中国应保证对进口产品和国产品适用相同的技术法规、标准和合格评定程序。为保证从现行体制的顺利过渡,中国应保证自加入时起,所有认证、安全许可和质量许可机构和部门获得既对进口产品又对国产品进行此类活动的授权;加入 1 年后,所有合格评定机构和部门获得既对进口产品又对国产品进行合格评定的授权。对机构或部门的选择应由申请人决定。对于进口产品和国内产品,所有机构和部门应颁发相同的标志,收取相同的费用。他们还应提供相同的处理时间和申诉程序。对进口产品不得实行一种以上的合格评定程序。中国应公布并使其他 WTO 成员、个人和企业可获得有关其各合格评定机构和部门相应职责的全部信息。

(b) 不迟于加入后 18 个月,中国应仅依据工作范围和产品种类,指定其各合格评定机构的相应职责,而不考虑产品的原产地。指定给中国各合格评定机构的相应职责将在加入后 12 个月通知 TBT 委员会。

第 14 条　卫生与植物卫生措施

中国应在加入后 30 天内,向 WTO 通知其所有有关卫生与植物卫生措施的法律、法规及其他措施,包括产品范围及相关国际标准、指南和建议。

第 15 条　确定补贴和倾销时的价格可比性

GATT 1994 第 6 条、《关于实施 1994 年关税与贸易总协定第 6 条的协定》《反倾销协议》以及《SCM 协议》应适用于涉及原产于中国的进口产品进入一 WTO 成员的程序,并应符合下列规定:

(a) 在根据 GATT 1994 第 6 条和《反倾销协议》确定价格可比性时,该 WTO 进口成员应依据下列规则,使用接受调查产业的中国价格或成本,或者使用不依据与中国国内价格或成本进行严格比较的方法:

(i) 如受调查的生产者能够明确证明,生产该同类产品的产业在制造、生产和销售该产品方面具备市场经济条件,则该 WTO 进口成员在确定价格可比性时,应使用受调查产业的中国价格或成本。

(ii) 如受调查的生产者不能明确证明生产该同类产品的产业在制造、生产和销售该产品方面具备市场经济条件,则该 WTO 进口成员可使用不依据与中国国内价格或成本进行严格比较的方法。

(b) 在根据《SCM 协议》第二、三及第五部分规定进行的程序中,在处理第 14 条(a)项、(b)项、(c)项和(d)项所述补贴时,应适用《SCM 协议》的有关规定;但是,如此种适用遇有特殊困难,则该 WTO 进口成员可使用考虑中国国内现有情况和条件并非总能用作适当基准这一可能性的确定和衡量补贴利益的方法。在适用此类方法时,只要可行,该 WTO 进口成员在考虑使用中国以外的情况和条件之前,应对此类现有情况和条件进行调整。

(c) 该 WTO 进口成员应向反倾销措施委员会通知依照(a)项使用的方法,并应向补贴与反补贴措施委员会通知依照(b)项使用的方法。

(d) 一旦中国根据该 WTO 进口成员的国内法证实其是一个市场经济体,则(a)项的规定即应终止,但截至加入之日,该 WTO 进口成员的国内法中须包含有关市场经济的标准。无论如何,(a)项(ii)目的规定应在加入之日后 15 年终止。此外,如中国根据该 WTO 进口成员的国内法证实一特定产业或部门具备市场经济条件,则(a)项中的非市场经济条款不得再对该产业或部门适用。

第 16 条　特定产品过渡性保障机制

1. 如原产于中国的产品在进口至任何 WTO 成员领土时,其增长的数量或所依据的条件对生产同类产品或直接竞争产品的国内生产者造成或威胁造成市场扰乱,则受此影响的 WTO 成员可请求与中国进行磋商,以期寻求双方满意的解决办法,包括受影响的成员是否应根据《保障措施协定》采取措施。任何此种请求应立即通知保障措施委员会。

2. 如在这些双边磋商过程中,双方同意原产于中国的进口产品是造成此种情况的原因并有必要采取行动,则中国应采取行动以防止或补救此种市场扰乱。任何此类行动应立即通知保障措施委员会。

3. 如磋商未能使中国与有关 WTO 成员在收到磋商请求后 60 天内达成协议,则受影响的 WTO 成员有权在防止或补救此种市场扰乱所必需的限度内,对此类产品撤销减让或限制进口。任何此类行动应立即通知保障措施委员会。

4. 市场扰乱应在下列情况下存在:一项产品的进口快速增长,无论是绝对增长还是相对增长,从而构成对生产同类产品或直接竞争产品的国内产业造成实质损害或实质损害威胁的一个重要原因。在认定是否存在市场扰乱时,受影响的 WTO 成员应考虑客观因素,包括进口量、进口产品对同类产品或直接竞争产品价格的影响以及此类进口产品对生产同类产品或直接竞争产品的国内产业的影响。

5. 在根据第 3 款采取措施之前,采取此项行动的 WTO 成员应向所有利害关系方提供合理的公告,并应向进口商、出口商及其他利害关系方提供充分机会,供其就拟议措施的适当性及是否符合公众利益提出意见和证据。该 WTO 成员应提供关于采取措施的决定的书面通知,包括采取该措施的理由及其范围和期限。

6. 一 WTO 成员只能在防止和补救市场扰乱所必需的时限内根据本条采取措施。如一措施是由于进口水平的相对增长而采取的,而且如该项措施持续有效的期限超过 2 年,则中国有权针对实施该措施的 WTO 成员的贸易暂停实施 GATT 1994 项下实质相当的减让或义务。

但是,如一措施是由于进口的绝对增长而采取的,而且如该措施持续有效的期限超过 3 年,则中国有权针对实施该措施的 WTO 成员的贸易暂停实施 GATT 1994 项下实质相当的减让或义务。中国采取的任何此种行动应立即通知保障措施委员会。

7. 在迟延会造成难以补救的损害的紧急情况下,受影响的 WTO 成员可根据一项有关进口产品已经造成或威胁造成市场扰乱的初步认定,采取临时保障措施。在此种情况下,应在采取措施后立即向保障措施委员会作出有关所采取措施的通知,并提出进行双边磋商的请求。临时措施的期限不得超过 200 天,在此期间,应符合第 1 款、第 2 款和第 5 款的有关要求。任何临时措施的期限均应计入第 6 款下规定的期限。

8. 如一 WTO 成员认为根据第 2 款、第 3 款或第 7 款采取的行动造成或威胁造成进入其市场的重大贸易转移,则该成员可请求与中国和/或有关 WTO 成员进行磋商。此类磋商应在向保障措施委员会作出通知后 30 天内举行。如此类磋商未能在作出通知后 60 天内使中国与一个或多个有关 WTO 成员达成协议,则请求进行磋商的 WTO 成员在防止或补救此类贸易转移所必需的限度内,有权针对该产品撤销减让或限制自中国的进口。此种行动应立即通知保障措施委员会。

9. 本条的适用应在加入之日后 12 年终止。

第 17 条　WTO 成员的保留

WTO 成员以与《WTO 协定》不一致的方式针对自中国进口的产品维持的所有禁止、数量限制和其他措施列在附件 7 中。所有此类禁止、数量限制和其他措施应依照该附件所列共同议定的条件和时间表逐步取消或加以处理。

第 18 条　过渡性审议机制

1. 所获授权涵盖中国在《WTO 协定》或本议定书项下承诺的 WTO 下属机构[货物贸易理事会、与贸易有关的知识产权理事会、服务贸易理事会、国际收支限制委员会、市场准入委员会(包括《信息技术协定》)、农业委员会、卫生与植物卫生措施委员会、技术性贸易壁垒委员会、补贴与反补贴措施委员会、反倾销措施委员会、海关估价委员会、原产地规则委员会、进口许可程序委员会、与贸易有关的投资措施委员会、保障措施委员会和金融服务委员会],应在加入后 1 年内,并依照以下第 4 款,在符合其授权的情况下,审议中国实施《WTO 协定》和本议定书相关规定的情况。中国应在审议前向每一下属机构提供相关信息,包括附件 1A 所列信息。中国也可在具有相关授权的下属机构中提出与第 17 条下任何保留或其他 WTO 成员在本议定书中所作任何其他具体承诺有关的问题。每一下属机构应迅速向根据《WTO 协定》第 4 条第 5 款设立的有关理事会报告审议结果(如适用),有关理事会应随后迅速向总理事会报告。

2. 总理事会应在加入后 1 年内,依照以下第 4 款,审议中国实施《WTO 协定》和本议定书条款的情况。总理事会应依照附件 1B 所列框架,并按照根据第 1 款进行的任何审议的结果,进行此项审议。中国也可提出与第 17 条下任何保留或其他 WTO 成员在本议定书中所作任何其他具体承诺有关的问题。总理事会可在这些方面向中国或其他成员提出建议。

3. 根据本条审议问题不得损害包括中国在内的任何 WTO 成员在《WTO 协定》或任何诸边贸易协定项下的权利和义务,并不得排除或构成要求磋商或援用《WTO 协定》或本议定书中其他规定的先决条件。

4. 第 1 款和第 2 款规定的审议将在加入后 8 年内每年进行。此后,将在第 10 年或总理事会决定的较早日期进行最终审议。

第二部分　减　让　表

1. 本议定书所附减让表应成为与中国有关的、GATT 1994 所附减让和承诺表及 GATS 所附具体承诺表。减让表中所列减让和承诺的实施期应按有关减让表相关部分列明的时间执行。

2. 就 GATT 1994 第 2 条第 6 款(a)项所指的该协定日期而言,本议定书所附减让和承诺表的适用日期应为加入之日。

第三部分　最后条款

1. 本议定书应开放供中国在 2002 年 1 月 1 日前以签字或其他方式接受。

2. 本议定书应在接受之日后第 30 天生效。

3. 本议定书应交存 WTO 总干事。总干事应根据本议定书第三部分第 1 款的规定,迅速向每一 WTO 成员和中国提供一份本议定书经核证无误的副本和中国接受本议定书通知的副本。

4. 本议定书应依照《联合国宪章》第 102 条的规定予以登记。

附录三　WTO 成员一览表

（截至 2016 年 7 月 31 日）

WTO 成员一览表

序号	中文名称（简称）	英文名称（简称）	加入时间
1	阿富汗*	Afghanistan	2016-07-29
2	阿尔巴尼亚*	Albania	2000-09-08
3	安哥拉	Angola	1996-11-23
4	安提瓜和巴布达	Antigua and Barbuda	1995-01-01
5	阿根廷	Argentina	1995-01-01
6	亚美尼亚*	Armenia	2003-02-05
7	澳大利亚	Australia	1995-01-01
8	奥地利	Austria	1995-01-01
9	巴林	Bahrain	1995-01-01
10	孟加拉国	Bangladesh	1995-01-01
11	巴巴多斯	Barbados	1995-01-01
12	比利时	Belgium	1995-01-01
13	伯利兹	Belize	1995-01-01
14	贝宁	Benin	1996-02-22
15	玻利维亚	Bolivia	1995-09-12
16	博茨瓦纳	Botswana	1995-05-31
17	巴西	Brazil	1995-01-01
18	文莱	Brunei Darussalam	1995-01-01
19	保加利亚*	Bulgaria	1996-12-01
20	布基纳法索	Burkina Faso	1995-06-03
21	布隆迪	Burundi	1995-07-23
22	柬埔寨*	Cambodia	2004-10-13
23	喀麦隆	Cameroon	1995-12-13

序号	中文名称(简称)	英文名称(简称)	加入时间
24	加拿大	Canada	1995-01-01
25	佛得角*	Cape Verde	2008-07-23
26	中非	Central African Republic	1995-05-31
27	乍得	Chad	1996-10-19
28	智利	Chile	1995-01-01
29	中国*	China	2001-12-11
30	中国台北*	Chinese Taipei	2002-01-01
31	哥伦比亚	Colombia	1995-04-30
32	刚果(布)	Congo	1997-03-27
33	哥斯达黎加	Costa Rica	1995-01-01
34	科特迪瓦	Côte d'Ivoire	1995-01-01
35	克罗地亚*	Croatia	2000-11-30
36	古巴	Cuba	1995-04-20
37	塞浦路斯	Cyprus	1995-07-30
38	捷克	Czech Republic	1995-01-01
39	刚果(金)	Democratic Republic of the Congo	1997-01-01
40	丹麦	Denmark	1995-01-01
41	吉布提	Djibouti	1995-05-31
42	多米尼克	Dominica	1995-01-01
43	多米尼加	Dominican Republic	1995-03-09
44	厄瓜多尔*	Ecuador	1996-01-21
45	埃及	Egypt	1995-06-30
46	萨尔瓦多	El Salvador	1995-05-07
47	爱沙尼亚*	Estonia	1999-11-13
48	欧盟(前欧共体)	European Community	1995-01-01
49	斐济	Fiji	1996-01-14
50	芬兰	Finland	1995-01-01

序号	中文名称（简称）	英文名称（简称）	加入时间
51	法国	France	1995-01-01
52	加蓬	Gabon	1995-01-01
53	冈比亚	The Gambia	1996-10-23
54	格鲁吉亚*	Georgia	2000-06-14
55	德国	Germany	1995-01-01
56	加纳	Ghana	1995-01-01
57	希腊	Greece	1995-01-01
58	格林纳达	Grenada	1996-02-22
59	危地马拉	Guatemala	1995-07-21
60	几内亚	Guinea	1995-10-25
61	几内亚比绍	Guinea－Bissau	1995-05-31
62	圭亚那	Guyana	1995-01-01
63	海地	Haiti	1996-01-30
64	洪都拉斯	Honduras	1995-01-01
65	中国香港	Hong Kong,China	1995-01-01
66	匈牙利	Hungary	1995-01-01
67	冰岛	Iceland	1995-01-01
68	印度	India	1995-01-01
69	印度尼西亚	Indonesia	1995-01-01
70	爱尔兰	Ireland	1995-01-01
71	以色列	Israel	1995-04-21
72	意大利	Italy	1995-01-01
73	牙买加	Jamaica	1995-03-09
74	日本	Japan	1995-01-01
75	约旦*	Jordan	2000-04-11
76	哈萨克斯坦*	Kazakhstan	2015-11-30
77	肯尼亚	Kenya	1995-01-01

序号	中文名称(简称)	英文名称(简称)	加入时间
78	韩国	Korea, Republic of	1995-01-01
79	科威特	Kuwait	1995-01-01
80	吉尔吉斯斯坦 *	Kyrgyz Republic	1998-12-20
81	老挝 *	Lao People's Democratic Republic	2013-02-02
82	拉脱维亚 *	Latvia	1999-02-10
83	莱索托	Lesotho	1995-05-31
84	利比里亚 *	Liberia, Republic of	2016-07-14
85	列支敦士登	Liechtenstein	1995-09-01
86	立陶宛 *	Lithuania	2001-05-31
87	卢森堡	Luxembourg	1995-01-01
88	中国澳门	Macau, China	1995-01-01
89	马达加斯加	Madagascar	1995-11-17
90	马拉维	Malawi	1995-05-31
91	马来西亚	Malaysia	1995-01-01
92	马尔代夫	Maldives	1995-05-31
93	马里	Mali	1995-05-31
94	马耳他	Malta	1995-01-01
95	毛里塔尼亚	Mauritania	1995-05-31
96	毛里求斯	Mauritius	1995-01-01
97	墨西哥	Mexico	1995-01-01
98	摩尔多瓦 *	Moldova	2001-07-26
99	蒙古 *	Mongolia	1997-01-29
100	黑山 *	Montenegro	2012-04-29
101	摩洛哥	Morocco	1995-01-01
102	莫桑比克	Mozambique	1995-08-26
103	缅甸	Myanmar	1995-01-01
104	纳米比亚	Namibia	1995-01-01

续表

序号	中文名称（简称）	英文名称（简称）	加入时间
105	尼泊尔*	Nepal	2004-04-23
106	荷兰	Netherlands	1995-01-01
107	新西兰	New Zealand	1995-01-01
108	尼加拉瓜	Nicaragua	1995-09-03
109	尼日尔	Niger	1996-12-13
110	尼日利亚	Nigeria	1995-01-01
111	挪威	Norway	1995-01-01
112	阿曼*	Oman，Sultanate of	2000-11-09
113	巴基斯坦	Pakistan	1995-01-01
114	巴拿马*	Panama	1997-09-06
115	巴布亚新几内亚	Papua New Guinea	1996-06-09
116	巴拉圭	Paraguay	1995-01-01
117	秘鲁	Peru	1995-01-01
118	菲律宾	Philippines	1995-01-01
119	波兰	Poland	1995-07-01
120	葡萄牙	Portugal	1995-01-01
121	卡塔尔	Qatar	1996-01-13
122	罗马尼亚	Romania	1995-01-01
123	俄罗斯*	Russian Federation	2012-08-22
124	卢旺达	Rwanda	1996-05-22
125	圣塞茨和尼维斯	Saint Kitts and Nevis	1996-02-21
126	圣卢西亚	Saint Lucia	1995-01-01
127	圣文森特和格林纳丁斯	Saint Vincent and the Grenadines	1995-01-01
128	萨摩亚*	Samoa	2012-05-10
129	沙特阿拉伯*	Saudi Arabia	2005-12-11
130	塞内加尔	Senegal	1995-01-01
131	塞舌尔*	Seychelles	2015-04-26

续表

序号	中文名称（简称）	英文名称（简称）	加入时间
132	塞拉利昂	Sierra Leone	1995-07-23
133	新加坡	Singapore	1995-01-01
134	斯洛伐克	Slovakia Republic	1995-01-01
135	斯洛文尼亚	Slovenia	1995-07-30
136	所罗门群岛	Solomon Islands	1996-07-26
137	南非	South Africa	1995-01-01
138	西班牙	Spain	1995-01-01
139	斯里兰卡	Sri Lanka	1995-01-01
140	苏里南	Suriname	1995-01-01
141	斯威士兰	Swaziland	1995-01-01
142	瑞典	Sweden	1995-01-01
143	瑞士	Switzerland	1995-07-01
144	塔吉克斯坦*	Tajikistan	2013-03-02
145	坦桑尼亚	Tanzania	1995-01-01
146	泰国	Thailand	1995-01-01
147	马其顿*	The former Yugoslav Republic of Macedonia	2003-04-04
148	多哥	Togo	1995-05-31
149	汤加*	Tonga	2007-07-27
150	特立尼达和多巴哥	Trinidad and Tobago	1995-03-01
151	突尼斯	Tunisia	1995-03-29
152	土耳其	Turkey	1995-03-26
153	乌干达	Uganda	1995-01-01
154	乌克兰*	Ukraine	2008-05-16
155	阿联酋	United Arab Emirates	1996-04-10
156	英国	United Kingdom	1995-01-01
157	美国	United States	1995-01-01
158	乌拉圭	Uruguay	1995-01-01

序号	中文名称（简称）	英文名称（简称）	加入时间
159	瓦努阿图*	Vanuatu	2012-08-24
160	委内瑞拉	Venezuela, Bolivarian Republic of	1995-01-01
161	越南*	Viet Nam	2007-01-11
162	也门*	Yemen	2014-06-26
163	赞比亚	Zambia	1995-01-01
164	津巴布韦	Zimbabwe	1995-03-05

* 新加入成员。

WTO 政府观察员一览表

（截至 2016 年 7 月 31 日）

序号	中文名称	英文名称
1	阿尔及利亚	Algeria
2	安道尔	Andorra
3	阿塞拜疆	Azerbaijan
4	巴哈马群岛	Bahamas
5	白俄罗斯	Belarus
6	不丹	Bhutan
7	波斯尼亚和黑塞哥维那	Bosnia and Herzegovina
8	科摩罗	Comoros
9	赤道几内亚	Equatorial Guinea
10	埃塞俄比亚	Ethiopia
11	伊朗	Iran
12	伊拉克	Iraq
13	黎巴嫩共和国	Lebanese Republic
14	利比亚	Libya
15	圣多美和普林西比	Sao Tone and Principe
16	塞尔维亚	Serbia
17	索马里	Somalia
18	苏丹	Sudan

续表

序号	中文名称	英文名称
19	叙利亚	Syrian Arab Republic
20	东帝汶	Timor-Leste
21	乌兹别克斯坦	Uzbekistan

附录四 贸易便利化协定

修正《马拉喀什建立世界贸易组织协定》议定书
（中译本）

2014 年 11 月 27 日决定

总理事会：

　　注意到《马拉喀什建立世界贸易组织协定》（《WTO 协定》）第 10 条第 1 款；

　　根据《WTO 协定》第 4 条第 2 款，在部长级会议休会期间行使部长级会议职能；

　　忆及 2004 年 8 月 1 日通过的关于根据附件 D 所列谈判模式启动谈判的总理事会决定及 2013 年 12 月 7 日通过的关于起草将《贸易便利化协定》纳入《WTO 协定》附件 1A 的《修正议定书》（下称《议定书》）的部长决定；

　　忆及 2001 年 11 月 20 日多哈部长宣言第 47 段；

　　忆及多哈部长宣言第 2 段和第 3 段、2004 年 8 月总理事会决定附件 D 以及《贸易便利化协定》第 13.2 款关于提供能力建设和支持以帮助发展中和最不发达国家实施《贸易便利化协定》条款的重要性；

　　欢迎总干事关于在现有 WTO 机构内设立《贸易便利化协定》基金的声明，以用于管理各成员为增加在实施《贸易便利化协定》条款方面的补充援助而自愿向 WTO 提供的支持以及在援助方面与附件 D 所列机构保持一致；

　　虑及贸易便利化筹备委员会提交的《贸易便利化协定》（WT/L/931）；

　　注意到各方一致同意将拟议修正提交各成员供接受。

　　决定如下：

　　1. 特此通过本决定所附《修正〈WTO 协定〉议定书》并提交各成员供接受。

　　2.《议定书》特此开放供各成员接受。

　　3.《议定书》应根据《WTO 协定》第 10 条第 3 款生效。

修正《马拉喀什建立世界贸易组织协定》议定书

世界贸易组织各成员：

虑及《贸易便利化协定》；

注意到 WT/L/940 号文件所载总理事会决定已根据《马拉喀什建立世界贸易组织协定》（《WTO 协定》）第 10 条第 1 款获得通过；

特此协议如下：

1. 自本议定书根据第 4 款生效时起，《WTO 协定》附件 1A 应予以修正，其中纳入本议定书附件所列《贸易便利化协定》，位列《保障措施协定》之后。

2. 未经其他成员同意，不得对本议定书任何条款提出保留。

3. 本议定书特此开放供各成员接受。

4. 本议定书应依照《WTO 协定》第 10 条第 3 款生效。①

5. 本议定书应交存世界贸易组织总干事，总干事应及时向每一成员提供一份经核正无误的副本。

6. 本议定书应依照《联合国宪章》第 102 条予以登记。

2014 年 11 月 27 日订于日内瓦，正本一份用英文、法文和西班牙文写成，三种文本具有同等效力。

---

① 为计算《WTO 协定》第 10 条第 3 款项下的接受情况，欧洲联盟代表其自身及其成员国提交的接受书应计为与欧洲联盟中属 WTO 成员的成员国数量相同的成员接受协定。

修正《马拉喀什建立世界贸易组织协定》议定书的附件
贸易便利化协定

序　言

各成员：

虑及根据《多哈部长宣言》启动的谈判；

忆及并重申《多哈部长宣言》（WT/MIN(01)/DEC/1）第 27 段、总理事会于 2004 年 8 月 1 日通过的《关于多哈工作计划的决定》（WT/L/579）附件 D 以及《香港部长宣言》（WT/MIN(05)/DEC）第 33 段和附件 E 所含授权和原则；

期望澄清和改善 GATT 1994 第 5 条、第 8 条和第 10 条的相关方面，以期进一步加快货物、包括过境货物的流动、放行和结关；

认识到发展中特别是最不发达国家成员的特殊需要及期望增强在此领域能力建设方面的援助和支持；

认识到成员间需要在贸易便利和海关守法问题上的有效合作。

特此协议如下：

第　一　部　分

第 1 条　信息的公布与可获性

1　公布

1.1　每一成员应以非歧视和易获取的方式迅速公布下列信息，以便政府、贸易商和其他利益相关方能够知晓：

（a）进口、出口和过境程序（包括港口、机场和其他入境点的程序）及需要的表格和单证；

（b）对进口或出口征收的或与进口或出口相关的任何种类的关税和国内税适用税率；

（c）政府部门或代表政府部门对进口、出口或过境征收的或与之相关的规费和费用；

（d）用于海关目的的商品归类或估价规定；

（e）与原产地规则相关的普遍适用的法律、法规及行政裁决；

（f）进口、出口或过境的限制或禁止；

（g）针对违反进口、出口或过境程序行为的惩罚规定；

（h）申诉程序；

（i）与任何一国或多国缔结的与进口、出口或过境有关的协定或协定部分内容；及

（j）与关税配额管理有关的程序。

1.2　上述条款均不得解释为要求成员以本国语文之外的语文公布或提供信息，但第 2.2 款中的规定除外。

2　通过互联网提供的信息

2.1　每一成员应通过互联网提供并在可行的限度内酌情更新下列信息：

（a）关于其进口、出口和过境程序的说明①，包括申诉或审查程序，从而使政府、贸易商和其他利益相关方获悉进口、出口和过境所需的实际步骤；

（b）对该成员进口、自该成员出口和经该成员过境所需的表格和单证；

（c）咨询点的联络信息。

2.2　在可行的情况下，第 2.1(a) 项所指的说明还应以 WTO 正式语文之一提供。

2.3　鼓励各成员通过互联网提供更多与贸易有关的信息，包括与贸易有关的立法以及第 1.1 款所指的其他项目。

3　咨询点

3.1　每一成员应在其可获资源内，建立或设立一个或多个咨询点，以回答政府、贸易商和其他利益相关方就第 1.1 款所涵盖事项提出的合理咨询，并提供第 1.1(a) 项中所指需要的表格和单证。

3.2　一关税同盟的成员或参与区域一体化的成员可在区域一级建立或设立共同咨询点，以针对共同程序满足第 3.1 款的要求。

3.3　鼓励各成员不对答复咨询和提供所需表格和单证收取费用。如收费，成员应将其规费和费用限制在所提供服务的近似成本以内。

3.4　咨询点应在每一成员设定的合理时间范围内答复咨询和提供表格和单证，该时限可因请求的性质或复杂程度而不同。

4　通知

每一成员应向根据第 23 条第 1.1 款设立的贸易便利化委员会（本协定中称委员会）通知下列事项：

（a）公布第 1.1 (a) 至(j)项中各项目的官方地点；

（b）第 2.1 款所指的网站链接地址；及

（c）第 3.1 款所指的咨询点联络信息。

---

① 每一成员可决定在其网站上发布关于这一说明的法律限制。

第 2 条　评论机会、生效前信息及磋商

1　评论机会和生效前信息

1.1　每一成员应在可行的范围内并以与其国内法律和法律体系相一致的方式,向贸易商及其他利益相关方提供机会和适当时限,就与货物、包括过境货物的流动、放行和结关相关的拟议或修正的普遍适用的法律法规进行评论。

1.2　每一成员应在可行的范围内并以与其国内法律和法律体系相一致的方式,保证与货物,包括过境货物的流动、放行和结关相关的新立或修正的普遍适用的法律法规在生效前尽早公布或使相关信息可公开获得,以便贸易商和其他利益相关方能够知晓。

1.3　关税税率的变更、具有免除效力的措施、如遵守第 1.1 和 1.2 款则会影响其效力的措施、在紧急情况下适用的措施或国内法律和法律体系的微小变更均不在第 1.1 和 1.2 款适用范围内。

2　磋商

每一成员应酌情规定边境机构与其领土内的贸易商或其他利害关系方之间进行定期磋商。

第 3 条　预　裁　定

1. 每一成员应以合理的方式并在规定时限内向已提交包括所有必要信息的书面请求的申请人作出预裁定。如一成员拒绝作出预裁定,则应立即书面通知申请人,列出相关事实和作出决定的依据。

2. 如申请中所提出的问题出现下列情形,则一成员可拒绝对一申请人作出预裁定:

(a) 所提问题已包含在申请人提请任何政府部门、上诉法庭或法院审理的案件中;或

(b) 所提问题已由任何上诉法庭或法院作出裁决。

3. 预裁定在作出后应在一合理时间内有效,除非支持该预裁定的法律、事实或情形已变化。

4. 如一成员撤销、修改或废止该预裁定,应书面通知申请人,列出相关事实和作出决定的依据。对于具有追溯效力的预裁定,该成员仅可在该预裁定依据不完整、不正确、错误或误导性信息作出的情况下撤销、修改或废止该预裁定。

5. 对于寻求作出该裁定的申请人而言,一成员所作预裁定对该成员具有约束力。该成员可规定预裁定对申请人具有约束力。

6. 每一成员应至少公布:

(a) 申请预裁定的要求,包括应提供的信息和格式;

(b) 作出预裁定的时限;及

(c) 预裁定的有效期。

7. 应申请人书面请求，每一成员应提供对预裁定或对撤销、修改或废止预裁定的复审①。

8. 每一成员应努力公布其认为对其他利益相关方具有实质利益的预裁定的任何信息，同时考虑保护商业机密信息的需要。

9. 定义和范围：

（a）预裁定指一成员在申请所涵盖的货物进口之前向申请人提供的书面决定，其中规定该成员在货物进口时有关下列事项的待遇：

（ⅰ）货物的税则归类；及

（ⅱ）货物的原产地；②

（b）除第（a）项中所定义的预裁定外，鼓励各成员提供关于下列事项的预裁定：

（ⅰ）根据特定事实用于确定完税价格的适当方法或标准及其适用；

（ⅱ）成员对申请海关关税减免要求的适用性；

（ⅲ）成员关于配额要求的适用情况，包括关税配额；及

（ⅳ）成员认为适合作出预裁定的任何其他事项。

（c）申请人指出口商、进口商或任何具有合理理由的人员或其代表。

（d）一成员可要求申请人在其领土内拥有法人代表或进行注册。在可行的限度内，此类要求不得限制有权申请预裁定的人员类别，并应特别考虑中小企业具体需要。这些要求应明确、透明且不构成任意的或不合理的歧视。

第 4 条　上诉或审查程序

1. 每一成员应规定海关作出的行政决定③所针对的任何人在该成员领土内有权：

（a）向级别高于或独立于作出行政决定的官员或机构提出行政申诉或复查或由此类官员或机构进行政申诉或复查；及/或

（b）对该决定进行司法上诉或审查。

2. 一成员的立法可要求在司法上诉或审查前开始进行行政申诉或复查。

---

① 此款项下：（a）复审可在裁定执行前或执行后由作出裁定的官员、机构或主管机关进行或由上一级或独立的行政机关进行或由司法机关进行；（b）一成员无需向申请人提供对本协定第 4 条第 1 款的追索权。

② 各方理解，如对货物原产地的预裁定符合本协定和《原产地规则协定》的要求，则该预裁定可作为《原产地规则协定》意义内的对原产地的判定。同样，如预裁定满足两协定的要求，根据《原产地规则协定》作出的原产地的判定可作为本协定意义内的对原产地的预裁定。在满足本条要求的情况下，各成员无须针对原产地判定在已根据《原产地规则协定》所做安排之外根据本条规定另行作出安排。

③ 本条中的行政决定指影响一案件中特定人员权利和义务的具有法律效力的决定。各方理解，本条中的行政决定涵盖 GATT 1994 第 10 条范围内的行政行为或一成员国内法律和法律制度中所规定的行政行为或决定未予履行的情形。为处理此类未予履行的情形，各成员可设立替代性行政机制或司法权，指示海关迅速作出行政决定以代替第 1（a）项下的上诉权或审查权。

3. 每一成员应保证其上诉或审查程序以非歧视的方式进行。

4. 每一成员应保证,如根据第 1(a)项作出的上诉或审查决定:

(a) 未在其法律或法规所规定的期限内作出;或

(b) 未能避免不适当拖延,则申诉人有权向行政机关或司法机关进一步上诉或由此类机关进一步审查或向司法机关寻求任何其他救济。①

5. 每一成员应保证向第 1 款所指人员提供作出行政决定的理由,以便使其能够在必要时提出上诉或审查。

6. 应鼓励每一成员将本条规定适用于海关以外的相关边境机构所作出的行政决定。

第 5 条   增强公正性、非歧视性及透明度的其他措施

1　增强监管或检查的通知

如一成员采用或设立对其有关主管机关发布通知或指南的系统,旨在增强对通知或指南所涵盖食品、饮料或饲料的边境监管或检查水平以保护其领土内的人类、动物或植物的生命或健康,则通知或指南的发布、终止或中止的方式应适用以下纪律:

(a) 该成员可酌情根据风险评估发布通知或指南;

(b) 该成员可发布通知或指南,从而使通知或指南仅统一适用于据以作出通知或指南的卫生和植物卫生条件适用的入境地点;

(c) 如据以作出通知或指南的情形不复存在或变化后的情形可以具有较低贸易限制作用的方式处理,则该成员应迅速终止或中止该通知或指南;

(d) 如该成员决定终止或中止通知或指南,则应酌情以非歧视和易获取的方式迅速公布终止或中止声明,或通知出口成员或进口商。

2　扣留

如申报进口货物因海关或任何其他主管机关检查而予以扣留,则该成员应迅速通知承运商或进口商。

3　检验程序

3.1　在对取自申报进口货物的样品的首次检验为不利结果的情况下,一成员应请求可给予第二次检验的机会。

3.2　一成员应以非歧视和易获取的方式公布可以进行检验的实验室的名称和地址,或在其提供第 3.1 款所规定机会的情况下,向进口商提供这一信息。

3.3　一成员在货物放行和结关时应考虑根据第 3.1 款进行的第二次检验的结果(如有),如可行,可接受此次检验的结果。

---

① 本款中任何内容不得妨碍一成员依照其法律法规认为对上诉或审查保持行政沉默属赞同申请人的决定。

第 6 条　关于对进出口征收或与进出口和处罚相关的规费和费用的纪律

1　对进出口征收或与进出口相关的规费和费用的一般纪律

1.1　第 1 款的规定应适用于除进出口关税和 GATT 1994 第 3 条范围内的国内税外的、各成员对进出口征收或与进出口相关的所有规费和费用。

1.2　有关规费和费用的信息应依照第 1 条予以公布。该信息应包括将适用的规费和费用、征收此类规费和费用的原因、主管机关以及支付时间和方式。

1.3　新增或修订的规费和费用的公布与生效之间应给予足够的时间，但紧急情况除外。此类规费和费用在有关信息公布前不得适用。

1.4　每一成员应定期审查其规费和费用，以期在可行的范围内减少数量和种类。

2　对进出口征收或与进出口相关的海关业务办理规费和费用的特定纪律海关业务办理规费和费用：

（ⅰ）应限定在对所涉特定进口或出口操作提供服务或与之相关服务的近似成本内；且

（ⅱ）如规费和费用针对与办理货物海关业务密切相关的服务而收取，则无须与特定进口或出口作业相关联。

3　处罚纪律

3.1　就第 3 款而言，"处罚"应指一成员的海关针对违反其海关法律、法规或程序性要求而作出的处罚。

3.2　每一成员应保证对违反海关法律、法规或程序性要求行为的处罚仅针对其法律所规定的违法行为责任人实施。

3.3　处罚应根据案件的事实和情节实施，并应与违反程度和严重性相符。

3.4　每一成员应保证采取措施以避免：

（a）在处罚和关税的认定和收取方面发生利益冲突；及

（b）形成对认定或收取与第 3.3 款不符的处罚的一种激励。

3.5　每一成员应保证对违反海关法律、法规或程序性要求进行处罚时，应向被处罚人提供书面说明，列明违法性质和据以规定处罚金额或幅度所适用的法律、法规或程序。

3.6　如一当事人在一成员海关发现其违法行为前自愿向海关披露其违反海关法律、法规或程序性要求的行为，则鼓励该成员在确定对其的处罚时，适当考虑将此事实作为可能的减轻因素。

3.7　本款规定应适用于对第 3.1 款所指的对过境运输的处罚。

第 7 条　货物放行与结关

1　抵达前业务办理

1.1　每一成员都应采用或设立程序，允许提交包括舱单在内的进口单证和其他必要信

息,以便在货物抵达前开始办理业务,以期在货物抵达后加快放行。

1.2　每一成员应酌情规定以电子格式提交单证,以便在货物抵达前处理此类单证。

2　电子支付

每一成员应在可行的限度内,采用或设立程序,允许选择以电子方式支付海关对进口和出口收取的关税、国内税、规费及费用。

3　将货物放行与关税、国内税、规费及费用的最终确定相分离

3.1　每一成员应采用或设立程序,规定如关税、国内税、规费及费用的最终确定不在货物抵达前或抵达时作出或不能在货物抵达后尽可能快地作出,则可在最终确定作出前放行货物,条件是所有其他管理要求均符合。

3.2　作为此种放行的条件,一成员可要求:

(a) 支付在货物抵达前或抵达时确定的关税、国内税、规费及费用,对尚未确定的任何数额以保证金、押金等形式或其法律法规规定的另一适当形式提供担保;或

(b) 以保证金、押金等形式或其法律法规规定的另一种形式提供担保。

3.3　此类担保不得高于该成员所要求的担保所涵盖货物最终应支付的关税、国内税、规费及费用的金额。

3.4　如已发现应予以货币处罚或处以罚金的违法行为,则可要求对可能实施处罚和罚金提供担保。

3.5　第3.2和3.4款所列担保应在不再需要时予以退还。

3.6　本条规定不得影响一成员对货物进行检查、扣留、扣押或没收或以任何与其WTO权利和义务不相冲突的方式处理货物的权利。

4　风险管理

4.1　每一成员应尽可能采用或设立为海关监管目的的风险管理制度。

4.2　每一成员设计和运用风险管理时应以避免任意或不合理的歧视或形成对国际贸易变相限制的方式进行。

4.3　每一成员应将海关监管及在可能的限度内将其他相关边境监管集中在高风险货物上,对低风险货物加快放行。作为其风险管理的一部分,一成员还可随机选择货物进行此类监管。

4.4　每一成员应将通过选择性标准进行的风险评估作为风险管理的依据。此类选择性标准可特别包括协调制度编码、货物性质与描述、原产国、货物装运国、货值、贸易商守法记录以及运输工具类型。

5　后续稽查

5.1　为加快货物放行,每一成员应采用或设立后续稽查以保证海关及其他相关法律法规得以遵守。

5.2　每一成员应以风险为基础选择一当事人或货物进行后续稽查,可包括适当的选择

标准。每一成员应以透明的方式进行后续稽查。如该当事人参与稽查且已得出结果,则该成员应立即将稽查结论、当事人的权利和义务以及作出结论的理由告知被稽查人。

5.3 在后续稽查中获得的信息可用于进一步的行政或司法程序。

5.4 各成员在可行的情况下,应在实施风险管理时使用后续稽查结论。

6 确定和公布平均放行时间

6.1 鼓励各成员定期并以一致的方式测算和公布其货物平均放行时间,使用特别包括世界海关组织(本协定中称 WCO)《世界海关组织放行时间研究》等工具。①

6.2 鼓励各成员与委员会分享其在测算平均放行时间方面的经验,包括所使用的方法、发现的瓶颈问题及对效率产生的任何影响。

7 对经认证的经营者的贸易便利化措施

7.1 每一成员应根据第 7.3 款给予满足特定标准的经营者,下称经认证的经营者,提供与进口、出口或过境手续相关的额外的贸易便利化措施。或者,一成员可通过所有经营者均可获得的海关程序提供此类贸易便利化措施,而无须制订单独计划。

7.2 成为经认证的经营者的特定标准应与遵守一成员的法律、法规或程序所列要求或未遵守的风险相关。

(a)此类标准应予以公布,可包括:

(ⅰ)遵守海关和其他相关法律、法规的适当记录;

(ⅱ)允许进行必要内部控制的记录管理系统;

(ⅲ)财务偿付能力,在适当时,包括提供足够的担保/保证;

(ⅳ)供应链安全。

(b)此类标准不得:

(ⅰ)设计或实施从而在适用相同条件的经营者之间给予或造成任意或不合理的歧视;

(ⅱ)在可能的限度内,限制中小企业的参与。

7.3 根据第 7.1 款提供的贸易便利化措施应至少包括以下措施中的 3 条措施:②

(a)酌情降低单证和数据要求;

(b)酌情降低实际检查和审查比例;

(c)酌情加快放行时间;

(d)延迟支付关税、国内税、规费和费用;

(e)使用总担保或减少担保;

(f)在特定时间内对所有进口或出口进行一次性海关申报;及

(g)在经认证的经营者的场所或经海关批准的另外地点办理货物结关。

---

① 每一成员可依照其需要和能力确定此种平均放行时间测算的范围和方法。

② 第 7.3(a)至(g)项所列措施如可使所有经营者普遍获得,则将被视为已向经认证的经营者提供。

7.4 鼓励各成员根据国际标准制订经认证的经营者计划,如存在此类标准,除非此类标准对实现所追求的合法目标不适当或无效果。

7.5 为加强向经营者提供的贸易便利化措施,各成员应向其他成员提供通过谈判互经认证的经营者计划的可能性。

7.6 各成员应在委员会范围内就有效的经认证的经营者计划交流相关信息。

8 快运货物

8.1 每一成员应采用或设立程序,在维持海关监管的同时,应申请人申请,至少允许快速放行通过航空货运设施入境的货物。① 如一成员采用限制申请人的标准②,则该成员可在公布的标准中要求申请人作为其快运货物申请获得第 8.2 款所述待遇的条件,应:

(a) 提供与处理快运货物相关的充足基础设施并支付海关费用,如申请人满足该成员关于此类处理在一特定设施中进行的要求;

(b) 在快运货物抵达前,提交放行所需的信息;

(c) 所确定的费用限于为提供第 8.2 款所述待遇所提供服务的近似成本内;

(d) 通过使用内部安保、物流和自提取到送达的追踪技术,对快运货物保持高度控制;

(e) 提供自提取到送达的快速运输;

(f) 承担向海关支付货物全部关税、国内税、规费及费用的责任;

(g) 在遵守海关和其他有关法律法规方面拥有良好记录;

(h) 遵守与有效执行成员法律法规和程序性要求直接相关的,特别与第 8.2 款中所述待遇相关的其他条件。

8.2 在符合第 8.1 和 8.3 款的前提下,各成员应:

(a) 最大限度减少依照第 10 条第 1 款放行快运货物所需的单证,并在可能的情况下,规定对某些货物根据一次性提交的信息予以放行;

(b) 规定在正常情况下当快运货物抵达后尽快放行,但条件是放行所需信息已提交;

(c) 努力将(a)和(b)项中所述的待遇适用于任何重量或价值的货物,同时认可允许一成员要求额外入境程序,包括申报、证明单证及支付关税和国内税,并根据货物种类限制此种待遇,但条件是此种待遇不仅限于如文件等低值货物;

(d) 在可能的情况下,除某些特定货物外,规定免于征收关税和国内税的微量货值或应纳税额。与以 GATT 1994 第 3 条一致的方式适用于进口的国内税,如增值税和消费税等,不受本条约束。

8.3 第 8.1 和 8.2 款不得影响一成员对货物进行查验、扣留、扣押、没收或拒绝入境或实施后续稽查的权利,包括使用风险管理系统相关的权利。此外,第 8.1 和 8.2 款不得妨碍

---

① 如一成员已设立提供第 8.2 款中待遇的程序,则本规定不再要求成员采用单独的快速放行程序。

② 此类申请标准,如存在,应增至该成员关于所有通过航空运输设施入境货物的要求中。

一成员作为放行的条件,要求提交额外信息和满足非自动进口许可程序要求的权利。

9　易腐货物^①

9.1　为防止易腐货物可避免的损失或变质,在满足所有法规要求的前提下,每一成员应规定易腐货物:

(a) 在通常情况下在可能的最短时间内予以放行;

(b) 在适当的例外情况下,在海关和其他相关主管机关工作时间之外予以放行。

9.2　每一成员在安排任何可能要求的查验时,应适当优先考虑易腐货物。

9.3　每一成员安排或允许一进口商安排在易腐货物放行前予以正确储藏。该成员可要求进口商安排的任何储存设施均已经相关主管机关批准或指定。货物运至该储藏设施,包括经认证的经营者运输该货物,可能需获得相关主管机关的批准。应进口商请求,在可行并符合国内法律的情况下,该成员应规定在此类储藏设施中予以放行的任何必要程序。

9.4　如易腐货物的放行受到严重延迟,应书面请求,进口成员应尽可能提供关于延迟原因的信函。

第8条　边境机构合作

1.　每一成员应保证其负责边境管制和货物进口、出口及过境程序的主管机关和机构相互合作并协调行动,以便利贸易。

2.　每一成员应在可能和可行的范围内,与拥有共同边界的其他成员根据共同议定的条款进行合作,以期协调跨境程序,从而便利跨境贸易。此类合作和协调可包括:

(a) 工作日和工作时间的协调;

(b) 程序和手续的协调;

(c) 共用设施的建设与共享;

(d) 联合监管;

(e) 一站式边境监管站的设立。

第9条　受海关监管的进口货物的移动

每一成员应在可行的范围内,并在所有管理要求得到满足的前提下,允许进口货物在其领土内在海关的监管下进行移动,从入境地海关移至予以放行或结关的其领土内另一海关。

第10条　与进口、出口和过境相关的手续

1　手续和单证要求

1.1　为使进口、出口和过境手续的发生率和复杂度降到最低,并减少和简化进口、出口

---

① 就本款而言,易腐货物指由于其自然特点,特别是在缺乏适当的储藏条件下迅速变质的货物。

和过境的单证要求，同时考虑合法政策目标及情形变化、相关新信息和商业惯例、方法和技术的可获性、国际最佳实践及利益相关方的意见，每一成员应审议此类手续和单证要求，并根据审议结果，酌情保证此类手续和单证要求：

（a）以货物，特别是易腐货物的快速放行和结关为目的而通过和/或适用；

（b）以旨在减少贸易商和经营者的守法时间和成本的方式而通过和/或适用；

（c）如存在两种或两种以上为实现政策目标或有关目标的可合理获得的措施，则选择对贸易限制最小的措施；

（d）如不再要求，则不再维持，包括不再维持其中部分要求。

1.2 委员会应酌情制定各成员分享相关信息和最佳实践的程序。

2 副本的接受

2.1 每一成员应酌情努力接受进口、出口或过境手续所要求的证明单证的纸质或电子副本。

2.2 如一成员的政府机构已持有此单证的正本，则该成员的任何其他机构应接受来自持有单证正本部门的纸质或电子副本以替代正本。

2.3 一成员不得要求将提交出口成员海关的出口报关单正本或副本作为进口的一项要求。①

3 国际标准的使用

3.1 鼓励各成员使用或部分使用相关国际标准作为其进口、出口或过境手续和程序的依据，除非本协定另有规定。

3.2 鼓励各成员在其资源限度内，参加适当国际组织对相关国际标准的制定和定期审议。

3.3 委员会应酌情制定供各成员分享实施国际标准的相关信息和最佳实践的程序。委员会还可邀请相关国际组织讨论其关于国际标准的工作。委员会可酌情确定对成员具有特殊价值的特定标准。

4 单一窗口

4.1 各成员应努力建立或设立单一窗口，使贸易商能够通过一单一接入点向参与的主管机关或机构提交货物进口、出口或过境的单证和/或数据要求。待主管机关或机构审查单证和/或数据后，审查结果应通过该单一窗口及时通知申请人。

4.2 如单证和/或数据要求已通过单一窗口接收，参与的主管机关或机构不得提出提交相同单证和/或数据的要求，除非在紧急情况或其他已公开的有限例外情况下。

4.3 各成员应将单一窗口的运行细节通知委员会。

4.4 各成员应在可能和可行的限度内，使用信息技术支持单一窗口。

---

① 本款不妨碍一成员要求针对监管或管制货物的进口提供证书、许可或执照等文件。

5 装运前检验

5.1 成员不得要求使用与税则归类和海关估价有关的装运前检验。

5.2 在不损害各成员使用第 5.1 款所涵盖范围外的其他形式的装运前检验权利的前提下,鼓励各成员对装运前检验不再采用或适用新的要求。①

6 报关代理的使用

6.1 在不影响一些成员目前对报关代理维持特殊作用的重要政策关注的前提下,自本协定生效时起,各成员不得要求强制使用报关代理。

6.2 每一成员应将其关于使用报关代理的措施向委员会作出通知并予以公布。任何后续修改均应迅速作出通知并予以公布。

6.3 对于报关代理的许可程序,各成员应适用透明和客观的规定。

7 共同边境程序和统一单证要求

7.1 每一成员应在符合第 7.2 款的前提下,在其全部领土内对货物放行和结关适用共同海关程序和统一单证要求。

7.2 本条不得妨碍一成员:

(a) 根据货物的性质和类型或其运输方式区分程序和单证要求;

(b) 根据风险管理区分货物的程序和单证要求;

(c) 区分提供进口关税和国内税的全部或部分免除的程序和单证要求;

(d) 使用电子方式提交或办理业务;

(e) 以与《实施卫生与植物卫生措施协定》相一致的方式区分其程序和单证要求。

8 拒绝入境货物

8.1 如拟进境货物因未能满足规定的卫生或植物卫生法规或技术法规而被一成员主管机关拒绝,则该成员应在遵守和符合其法律法规的前提下,允许进口商将退运货物重新托运或退运至出口商或出口商指定的另一人。

8.2 如根据第 8.1 款给出此种选择权而进口商未能在合理时间内行使该权利,则主管机关可采取另一种方法处理此种违规货物。

9 货物暂准进口及进境和出境加工

9.1 货物暂准进口

如货物为特定目的运入关税区,并计划在特定期限内复出口,且除因该货物的用途所造成的正常折旧和磨损外未发生任何变化,则每一成员应按其法律法规规定,允许该货物运入其关税区,并有条件全部或部分免于支付进口关税和国内税。

9.2 进境和出境加工

(a) 每一成员应按其法律法规规定,允许货物进境和出境加工。允许出境加工的货物

---

① 本款指《装运前检验协定》所涵盖的装运前检验,且不排除为卫生与植物卫生目的所进行的装运前检验。

可依照该成员有效法律法规全部或部分免除进口关税和国内税后复进口。

（b）就本条而言，"进境加工"一词指用于制造、加工或修理并随后出口的货物据以有条件运入一关境并有条件全部或部分免于支付进口关税和国内税或有资格获得退税的海关程序。

（c）就本条而言，"出境加工"一词指在一关税区内自由流通的货物据以暂时出口至国外用于制造、加工或修理并随后复进口的海关程序。

第 11 条　过 境 自 由

1. 一成员实施的与过境运输有关的任何法规或程序：

（a）如导致其采用的情形或目标已不复存在或如情形或目标发生变化可使用贸易限制程度更低的其他可合理获得的方式处理，则不得维持；

（b）不得以对过境运输构成变相限制的方式适用。

2. 过境运输不得以收取对过境征收的规费或费用为条件，但运输费用或过境所产生的行政费用或与所提供服务的成本相当的费用除外。

3. 各成员不得寻求、采取或设立对过境运输的任何自愿限制或任何其他类似措施。此规定不妨碍与管理过境相关的且与 WTO 规则相一致的现行或未来国内法规、双边或多边安排。

4. 每一成员应给予自任何其他成员领土过境的产品不低于给予此类产品在不经其他成员领土而自原产地运输至目的地所应享受的待遇。

5. 鼓励各成员在可行的情况下为过境运输提供实际分开的基础设施（如通道、泊位及类似设施）。

6. 为实现以下目的的与过境运输相关的手续和单证要求及海关监管的复杂程度不得超过必要限度：

（a）确定货物；

（b）保证符合过境要求。

7. 一旦货物进入过境程序并获准自一成员领土内始发地启运，即不必支付任何海关费用或受到不必要的延迟或限制，直至其在该成员领土内的目的地结束过境过程。

8. 各成员不得对过境货物适用《技术性贸易壁垒协定》范围内的技术法规和合格评定程序。

9. 各成员应允许并规定货物抵达前提前提交和处理过境单证和数据。

10. 一旦过境运输抵达该成员领土内出境地点海关，如符合过境要求，则该海关应立即结束过境操作。

11. 如一成员对过境运输要求以保证金、押金或其他适当货币或非货币①手段提供担保,则此种担保应仅以保证过境运输所产生的要求得以满足为限。

12. 一旦该成员确定其过境要求已得到满足,应立即解除担保。

13. 每一成员应以符合其法律法规的形式允许为同一经营者的多笔交易提供总担保或将担保展期转为对后续货物的担保而不予解除。

14. 每一成员应使公众获得其用以设定担保的相关信息,包括单笔交易担保,以及在可行的情况下,包括多笔交易担保。

15. 在存在高风险的情况下或在使用担保不能保证海关法律法规得以遵守的情况下,成员可要求对过境运输使用海关押运或海关护送。适用于海关押运或海关护送的一般规定应依照第 1 条予以公布。

16. 各成员应努力相互合作和协调以增强过境自由。此类合作和协调可包括但不仅限于关于下列内容的谅解:

(a) 费用;

(b) 手续和法律要求;

(c) 过境体制的实际运行。

17. 每一成员应努力指定一国家级过境协调机构,其他成员提出的有关过境操作良好运行的所有咨询和建议均可向该机构提出。

第 12 条　海 关 合 作

1　促进守法和合作的措施

1.1　各成员同意保证下列事项具有重要意义,即贸易商知晓守法义务、鼓励自愿守法以允许进口商在适当情况下自我纠错而免予处罚以及对违法贸易商适用守法措施以实施更为严厉的措施。②

1.2　鼓励各成员通过委员会等方式分享保证海关规定得以遵守方面最佳做法的信息。鼓励各成员在能力建设的技术指导或援助和支持方面开展合作,以管理守法措施并提高此类措施的有效性。

2　信息交换

2.1　应请求,并在符合本条规定的前提下,各成员应交换第 6.1(b)项和/或(c)项所列信息,以便在有合理理由怀疑一进口或出口申报的真实性或准确性时,对该项申报进行核实。

2.2　每一成员应将其用于信息交换的联络点的详细信息通知委员会。

---

① 本规定不阻止一成员维持以运输方式作为过境运输担保的现行程序。

② 此种行为的总体目的在于降低违法行为的频率,从而减少为执法而交换信息的需要。

3　核实

一成员应仅在其已对一进口或出口申报采取适当核实程序后且已检查可获得的相关单证后，方可提出提供信息的请求。

4　请求

4.1　提出请求的成员应向被请求成员以纸质或电子形式以共同议定的 WTO 工作语文或其他语文提出书面请求，内容包括：

（a）所涉事项，在适当和可获得的情况下，包括与所涉进口申报相对应的出口申报的序列号；

（b）提出请求成员寻求信息或单证的目的，并附与该请求相关人员的姓名和联系方式，如可知；

（c）如被请求成员要求，在适当时提供对核实的确认[①]；

（d）请求提供的具体信息或单证；

（e）提出请求机构的身份认证；

（f）提出请求成员所援引的管辖保密信息和个人数据收集、保护、使用、披露、保留及处置的国内法律和法律制度相关条款。

4.2　如提出请求成员无法满足第 4.1 款的任何规定，则其应在请求中说明。

5　保护和机密性

5.1　在符合第 5.2 款的前提下，提出请求成员应：

（a）对被请求成员提供的所有信息或单证严格保密，并至少给予与被请求成员按第 6.1(b)和(c)项所描述的其国内法律和法律制度规定的同等水平的保护和机密性；

（b）仅向处理所涉事项的海关提供信息或单证，并仅为请求中所列明的目的而使用该信息或单证，除非被请求成员书面同意用于其他目的；

（c）未经被请求成员明确书面许可，不得披露信息或单证；

（d）不得将未经被请求成员验证的信息或单证用作在任何指定情况下减轻疑问的决定性因素；

（e）尊重被请求成员就特定案件提出的关于保留和处置保密信息或单证及个人数据的任何条件；

（f）应请求，将根据所提供的信息或单证就相关事项作出的任何决定或行动通知被请求成员。

5.2　如提出请求成员根据其国内法律和法律制度可能无法遵守第 5.1 款项下任何规定，则提出请求成员应在请求中对此予以说明。

5.3　被请求成员对于根据第 4 款收到的任何请求及核实信息，应给予至少与自身类似

---

①　可包括根据第 3 款进行核实的相关信息。此类信息应适用进行核实成员确定的保护和机密性水平。

信息相同的保护和机密性等级。

6　信息的提供

6.1　在遵守本条的前提下,被请求成员应迅速:

(a) 通过纸质或电子形式予以书面答复;

(b) 提供进口或出口申报中所列具体信息,或在可获得的情况下提供申报本身,并附要求提出请求成员给予的保护和保密性等级的描述;

(c) 如提出请求,提供下列用于证明进口或出口申报的单证中所列具体信息,或在可获得的情况下提供单证本身:商业发票、装箱单、原产地证书以及提单,以单证提交的形式提供,无论纸质或电子形式,并附要求提出请求成员给予的保护和保密性等级的描述;

(d) 确认所提供单证为真实副本;

(e) 在可能的情况下,在提出请求之日起 90 天内提供信息或对请求作出答复。

6.2　被请求成员可根据其国内法律和法律制度,在提供信息之前要求得到以下保证,即未经被请求成员明确书面许可,特定信息不被用作刑事调查或司法诉讼以及非海关诉讼的证据。如提出请求成员无法满足这一要求,则应向被请求成员予以说明。

7　对请求的迟复或拒绝

7.1　在下列情况下,被请求成员可对提供信息的请求予以迟复或全部或部分拒绝,并应通知提出请求成员迟复或拒绝的原因:

(a) 与被请求成员国内法律和法律制度所体现的公共利益相抵触;

(b) 其国内法律和法律制度禁止发布该信息,在此种情况下,应向提出请求成员提供相关具体引文的副本;

(c) 提供信息将妨碍执法或者干扰正在进行的行政或司法调查、起诉或诉讼;

(d) 管辖保密信息或个人数据的收集、保护、使用、披露、保留和处理的国内法律和法律制度要求必须获得进口商或出口商同意,而未获同意;

(e) 提供信息请求在被请求成员关于保留单证的法律规定失效后收到。

7.2　在第 4.2 款、第 5.2 款或第 6.2 款规定的情形下,是否执行此请求应由被请求成员自行决定。

8　对等

如提出请求成员认为,如被请求成员提出类似请求,其本身无法满足,或其尚未实施本条,则应在请求中说明该事实。是否执行此请求应由被请求成员自行决定。

9　行政负担

9.1　提出请求成员应考虑答复信息请求对被请求成员资源和成本的影响。提出请求成员应考虑寻求请求获得答复的财政利益与被请求成员为提供信息所付出努力之间的均衡性。

9.2　如一被请求成员自一个或多个提出请求成员处收到数量庞大的提供信息请求,或信息请求范围过大,无法在合理时间内满足此类请求,则该成员可要求一个或多个提出请求

成员列出优先顺序，以期在其资源限度内议定一可行的限额。如未能达成双方同意的方式，则此类请求的执行应由被请求成员根据其自身优先排序结果自行决定。

10　限制不得要求被请求成员：

（a）修改其进口或出口申报的格式或程序；

（b）要求提供第 6.1(c)项所列随进口或出口申请提交单证以外的单证；

（c）为获得信息而发起咨询；

（d）修改保留此类信息的期限；

（e）要求对已采用电子格式的单证提供纸质单证；

（f）翻译信息；

（g）核实信息的准确性；

（h）提供可能损害特定公私企业合法商业利益的信息。

11　未经授权的使用或披露

11.1　如发生任何违反本条项下关于交换信息的使用或披露条件的情形，则收到信息的提出请求成员应迅速将此类未经授权的使用或披露的详细情况通知提供信息的被请求成员，同时：

（a）采取必要措施弥补违反行为；

（b）采取必要措施防止未来的任何违反行为；

（c）将根据（a）和（b）项采取的措施通知被请求成员。

11.2　被请求成员可暂停履行本条项下对提出请求成员的义务，直至第 11.1 款中所列措施已采取。

12　双边和区域协定

12.1　本条任何规定不得阻止一成员达成或维持关于海关信息和数据共享或交换，包括自动或在货物抵达前等以安全快速为基础的共享或交换的双边、诸边或区域协定。

12.2　本条任何规定不得解释为改变或影响各成员在此类双边、诸边或区域协定项下的权利或义务，也不管辖根据其他此类协定项下的海关信息和数据交换。

第 二 部 分
给予发展中成员和最不发达成员的特殊和差别待遇条款

第 13 条　总　　则

1. 发展中成员和最不发达成员应依照本部分实施本协定第 1 条至第 12 条，本部分根据 2004 年 7 月框架协议（WT/L/579）附件 D 及《香港部长宣言》（WT/MIN(05)/DEC）第 33 段和附件 E 中议定的模式制定。

2. 应向发展中成员和最不发达成员提供能力建设援助和支持①以帮助其依照本协定条款的性质和范围实施这些条款。实施本协定条款的程度和时限应与发展中成员和最不发达成员的实施能力相关联。如一发展中成员或最不发达成员仍然缺乏必要能力,则在获得实施能力前,不要求实施相关条款。

3. 仅要求最不发达国家成员作出与其各自发展、财政和贸易需求或其管理和机构能力相一致的承诺。

4. 这些原则应适用于第二部分所列全部条款。

第 14 条　条 款 类 别

1. 条款共分 3 类:

(a) A 类包含一发展中成员或最不发达成员指定的自本协定生效时起立即实施的条款,或对于最不发达成员在生效后 1 年内实施的条款,如第 15 条所规定。

(b) B 类包含一发展中成员或最不发达成员指定的在本协定生效后的一过渡期结束后的日期起实施的条款,如第 16 条所规定。

(c) C 类包含一发展中成员或最不发达成员指定的在本协定生效后的一过渡期结束后的日期起实施的、同时要求通过提供能力建设援助和支持以获得实施能力的条款,如第 16 条所规定。

2. 每一发展中成员和最不发达成员应各自自行指定 A、B、C 类分别包含的条款。

第 15 条　关于 A 类条款的通知和实施

1. 自本协定生效时起,每一发展中成员应实施其 A 类条款。A 类项下所指定的承诺将因此成为本协定组成部分。

2. 一最不发达成员可在本协定生效后 1 年内向委员会通知其所指定的 A 类条款。每一最不发达成员在 A 类项下所指定的承诺将成为本协定组成部分。

第 16 条　关于 B 类和 C 类条款最终实施日期的通知

1. 对于一发展中成员未指定为 A 类条款的条款,该成员可依照本条所列程序推迟实施。

发展中成员 B 类条款:

(a) 自本协定生效时,每一发展中成员应将指定的 B 类条款及相应的指示性实施日期通知委员会。②

---

① 就本协定而言,"能力建设援助和支持"可采取技术、资金或其他双方议定的任何其他援助形式。

② 提交的通知还可包括作出通知成员认为适当的进一步信息。鼓励各成员提供关于负责实施的国内机构/实体的信息。

(b) 不迟于本协定生效后 1 年,每一发展中成员应将其实施 B 类条款的最终日期通知委员会。如一发展中成员在截止日期前,认为需要额外时间通知其最终日期,则该成员可请求委员会将期限延长至足以作出通知的长度。

发展中成员 C 类条款:

(c) 自本协定生效时起,每一发展中成员应将指定的 C 类条款及相应的指示性实施日期通知委员会。为透明度目的,提交的通知应包括该成员为实施目的而要求的能力建设援助和支持的信息。①

(d) 自本协定生效后 1 年内,发展中成员及相关捐助成员,应在考虑任何已达成的现行安排、根据第 22 条第 1 款作出的通知以及根据上述(c)项提供的信息的情况下,向委员会提供关于为使其能够实施 C 类条款而提供能力建设援助和支持所必需的现行或已达成安排的信息②。参与的发展中成员应将此类安排迅速通知委员会。委员会还应邀请非成员捐助方提供关于现行或已完成安排的信息。

(e) 在(d)项规定的提交信息日期起 18 个月内,捐助成员和相应发展中成员应将提供能力建设援助和支持方面的进展通知委员会。每一发展中成员应同时通知其最终实施日期清单。

2. 对于最不发达成员未指定为 A 类条款的条款,最不发达成员可依照本条所列程序推迟实施。

最不发达成员 B 类条款:

(a) 不迟于本协定生效后 1 年,一最不发达成员应将其 B 类条款通知委员会,还可通知这些条款相应的指示性实施日期,同时考虑给予最不发达成员的最大灵活性。

(b) 在不迟于(a)项规定的通知日期后 2 年,每一最不发达成员应向委员会作出通知,确认条款的指定情况,并通知其实施日期。如一最不发达成员在截止日期前,认为需要额外时间通知其最终日期,则该成员可请求委员会将期限延长至足以作出通知的长度。

最不发达成员 C 类条款:

(c) 为透明度目的并为便利与援助方订立安排,本协定生效 1 年后,每一最不发达成员应将其指定的 C 类条款通知委员会,同时考虑给予最不发达成员的最大灵活性。

(d) 在(c)项规定的日期后 1 年,最不发达成员应通知其为实施目的所要求的能力建设援助和支持的信息。③

(e) 在根据以上(d)项作出通知后 2 年内,最不发达成员及相关援助成员应在考虑根据

---

① 各成员还可包括关于国家贸易便利化实施计划或方案的信息、负责实施的国内机构/实体,以及已与该成员达成提供援助安排的援助方。

② 此类安排将依据双方议定的条件,通过双边或适当国际组织达成,并符合第 21 条第 3 款的规定。

③ 各成员还可包括关于国家贸易便利化实施计划或方案的信息、负责实施的国内机构/实体,以及已与该成员达成提供援助安排的援助方。

上述(d)项提供的信息的情况下,向委员会提供关于使其能够执行 C 类条款而提供能力建设援助和支持所必需的现行或已达成安排的信息①。参与的最不发达成员应将此类安排迅速通知委员会。委员会还应邀请非成员捐助方提供关于现行或已完成安排的信息。

(f) 在(e)项规定的提交信息日期起 18 个月内,相关捐助成员和相应发展中成员应将提供能力建设援助和支持方面的进展通知委员会。每一最不发达成员应同时将其最终实施日期清单通知委员会。

3. 发展中成员和最不发达成员如因缺乏捐助支持或在提供援助和支持方面缺乏进展,致使其在第 1 款和第 2 款规定的截止日期内提交最终实施日期方面遇到困难,则应在截止日期期满前尽早通知委员会。各成员同意开展合作以在处理此类困难方面提供协助,同时考虑有关成员所面临的具体情况和特殊问题。委员会应酌情采取行动处理此类困难,包括如必要,延长有关成员通知其最终实施日期的截止日期。

4. 在第 1(b)或(e)项或对于最不发达成员而言在第 2(b)或(f)项所规定的截止日期前 3 个月,秘书处应提醒尚未通知 B 类或 C 类条款最终实施日期的成员。如该成员未援引第 3 款或对于发展中成员而言第 1(b)项或对于最不发达成员而言第 2(b)项以延长其截止日期,且尚未通知最终实施日期,则该成员应在第 1(b)或(e)项或对于最不发达成员而言第 2(b)或(f)项所规定的截止日期后 1 年内实施该条款,或根据第 3 款予以延长。

5. 不迟于依照第 1、第 2 或第 3 款作出关于履行 B 类和 C 类条款的最终实施日期通知后 60 天,委员会应注意到包含每一成员 B 类和 C 类条款最终实施日期的附件,包括根据第 4 款设定的任何日期,并因此使这些附件成为本协定组成部分。

第 17 条　预警机制:B 类和 C 类条款实施日期的延长

1.

(a) 一发展中成员或最不发达成员认为根据第 16 条第 1(b)或(e)项或对于最不发达成员而言根据第 16 条 2(b)或(f)项确定的截止日期前,在实施其指定的 B 类和 C 类条款中一条款方面遇到困难,则应通知委员会。发展中成员应不迟于实施日期期满前 120 天通知委员会。最不发达成员应不迟于 90 天通知委员会。

(b) 向委员会作出的通知应列明发展中成员或最不发达成员预计能够实施有关规定的新日期。通知还应详细说明推迟实施的原因。此类原因可包含有助于增加和支持能力建设的事先未预计到的或额外的援助和支持需求。

2. 如一发展中成员请求的额外实施时间不超过 18 个月或一最不发达成员请求的额外实施时间不超过 3 年,则提出请求成员有权获得此额外时间而无须委员会采取任何进一步行动。

———————————

① 此类安排将依据双方议定的条件,通过双边或适当国际组织达成,并符合第 21 条第 3 款的规定。

3. 如一发展中成员或最不发达成员认为其所需第一次延期长于第 2 款所规定期限或需要第二次或后续延期,则该成员应向委员会提交包含 1(b)项所述信息的延期请求,发展中成员应不迟于原定最终实施日期或后续延长日期期满前 120 天提交,最不发达成员应不迟于 90 天提交。

4. 委员会应对延期请求给予同情考虑,同时考虑提交请求成员的具体情况。这些情况可包括获得能力建设支持的援助和支持方面的困难和延迟。

第 18 条　B 类和 C 类条款的实施

1. 依照第 13 条第 2 款,如一发展中成员或最不发达成员,在履行第 16 条第 1 款或第 2 款和第 17 条所列程序后,且如延期请求未获批准或如该发展中成员或最不发达成员遇到未预见的情况导致无法根据第 17 条获得延期,且自我评估认为自身仍然缺乏实施一 C 类条款的能力,则该成员应向委员会通知其无能力执行相关条款的情况。

2. 委员会应立即设立一专家小组,无论如何不迟于委员会自相关发展中成员或最不发达成员处收到通知后 60 天。专家小组将在组成后 120 天内,审查该事项并向委员会提出建议。

3. 专家小组应由 5 位在贸易便利化及能力建设援助和支持领域的资深独立人员组成。专家小组的组成应保证来自发展中成员和发达成员国民的平衡性。如涉及最不发达成员,则专家小组应至少包含一位来自最不发达成员的国民。如在专家小组设立后 20 天内无法就其组成达成一致,则总干事在与委员会主席磋商后,应依照本款所列条款决定专家小组的组成。

4. 专家小组应考虑该成员关于缺乏能力的自我评估,并应向委员会提出建议。在审议专家小组有关一最不发达成员的建议时,委员会应酌情采取行动,以便利可持续的实施能力的获得。

5. 自该发展中成员向委员会通知其无能力实施相关条款时起至委员会收到专家小组建议后的第一次会议时止,该成员在此事项上不受《争端解决谅解》诉讼的管辖。在第一次会议上,委员会应审议专家小组的建议。对于最不发达成员而言,自其向委员会通知无能力实施相关条款时起至委员会就此事项作出决定或在委员会上述会议后 24 个月内,以较早者为准,《争端解决谅解》诉讼不适用于相关条款。

6. 如一最不发达成员失去实施 C 类条款的能力,则应通知委员会,并遵循本条所列程序。

第 19 条　B 类和 C 类条款之间的转换

1. 已对 B 类和 C 类条款作出通知的发展中成员和最不发达成员,可通过向委员会提交通知在两类别之间对条款进行转换。如一成员提出将一条款自 B 类转换至 C 类,则该成员应提供关于能力建设所需的技术援助和支持的信息。

2. 如一条款自 B 类转换至 C 类而需要额外时间实施,则该成员可:

(a) 使用第 17 条的规定,包括自动延期的机会;

(b) 请求委员会审查该成员关于为实施该条款的额外时间请求,如必要,审查能力建设援助和支持请求,包括由第 18 条项下的专家小组进行审议并提出建议;

(c) 对于最不发达成员而言,在 B 类条款项下作出通知的原定日期后超过 4 年的新实施日期应获得委员会批准。此外,最不发达成员应可继续引用第 17 条。各方理解对于作出此类转换的最不发达成员需要能力建设援助和支持。

第 20 条　适用《关于争端解决规则与程序的谅解》的宽限期

1. 本协定生效后 2 年内,经《关于争端解决规则与程序的谅解》详述和适用的 GATT 1994 第 22 条和第 23 条的规定不得适用于针对发展中成员的、涉及该成员指定列入 A 类条款的任何条款的争端解决。

2. 本协定生效后 6 年内,经《关于争端解决规则与程序的谅解》详述和适用的 GATT 1994 第 22 条和第 23 条的规定不得适用于针对最不发达成员的、涉及该成员指定列入 A 类条款的任何条款的争端解决。

3. 最不发达成员实施 B 类或 C 类条款后 8 年内,经《关于争端解决规则与程序的谅解》详述和适用的 GATT 1994 第 22 条和第 23 条的规定不得适用于针对最不发达成员的、涉及此类条款的争端解决。

4. 尽管存在适用《关于争端解决规则与程序的谅解》的宽限期,但是针对最不发达成员的一措施,在按照 GATT 1994 第 22 条或第 23 条提出磋商请求前及在争端解决程序各阶段,一成员应对最不发达成员的特殊情况给予特别考虑。在此方面,各成员应在《关于争端解决的规则与程序的谅解》项下提出涉及最不发达成员的事项方面保持适当的克制。

5. 每一成员应请求,在本条允许的宽限期内,向其他成员提供充分机会,以讨论与实施本协定相关的任何问题。

第 21 条　能力建设援助的提供

1. 捐助成员同意依据共同议定的条款,通过双边或适当国际组织,便利向发展中成员和最不发达成员提供能力建设援助和支持。目标旨在援助发展中成员和最不发达成员实施本协定第一部分条款。

2. 考虑最不发达成员的特殊需要,应向最不发达成员提供定向援助和支持,以帮助其增强实施承诺的可持续能力。通过相关发展合作机制,并在与第 3 款所指的能力建设的技术援助和支持原则相一致的前提下,发展伙伴应努力以不妥协现有发展优先事项的方式对此领域提供能力建设援助和支持。

3. 各成员应努力在提供实施本协定的能力建设援助和支持方面适用下列原则：

（a）考虑接受国和地区的整体发展框架及在相关和适当时，考虑正在开展的改革和技术援助项目。

（b）在相关和适当时，包括用以处理区域和次区域挑战并促进区域和次区域一体化的活动。

（c）保证将正在开展的私营部门贸易便利化改革活动纳入援助活动。

（d）促进各成员间及与包括区域经济共同体在内的其他相关机构之间的合作，以保证自援助中获得最大效益和结果。为此：

（ⅰ）主要在提供援助的对象国家和地区中开展的、在合作伙伴成员和援助方之间及在双边和多边援助方之间的协调，应旨在通过技术援助与能力建设干预的紧密协调，避免援助项目的重叠和重复及改革中的不一致性；

（ⅱ）对于最不发达成员，给予最不发达成员贸易相关援助的增强一体化框架应成为该协调过程的一部分；

（ⅲ）各成员在实施本协定和技术援助时，还应促进其在首都和日内瓦的贸易和发展官员之间的内部协调。

（e）鼓励使用现有的如圆桌会议和协商小组等国内和区域协调构架，以协调和监督实施活动。

（f）在可能的情况下，鼓励发展中成员向其他发展中成员和最不发达成员提供能力建设，并考虑支持此类活动。

4. 委员会应至少每年举行一次专门会议：

（a）讨论关于实施本协定条款或条款某部分的任何问题；

（b）审议在为支持本协定实施所提供能力建设援助和支持方面的进展，包括任何未得到充足能力建设援助和支持的发展中成员或最不发达成员；

（c）分享关于正在开展的能力建设援助和支持及实施项目的经验和信息，包括挑战和成就；

（d）审议第 22 条所列捐助通知；

（e）审议第 2 款的运用情况。

第 22 条　向委员会提交的援助信息

1. 为向发展中成员和最不发达成员提供关于实施第一部分的能力建设援助和支持的透明度，援助发展中成员和最不发达成员实施本协定的每一捐助成员应在本协定生效时及随后每年，向委员会提交其此前 12 个月中支付的能力建设援助和支持的信息及在可获得的

情况下提交未来 12 个月中承诺提供的能力建设援助和支持的信息①：

（a）能力建设援助和支持的描述；

（b）承诺/支付状态和金额；

（c）援助和支持支付的程序；

（d）受惠国，或在必要的情况下，受惠地区；

（e）提供援助和支持成员的实施机构。

信息应按附件 1 规定的格式提供。对于经济合作与发展组织（本协定中称 OECD）成员，提交的信息可根据《OECD 债权人报告系统》中的相关信息。鼓励宣布有能力提供能力建设援助和支持的发展中成员提供上述信息。

2. 援助发展中成员和最不发达成员的捐助成员应向委员会提交：

（a）负责提供与实施本协定第一部分相关的能力建设援助和支持的机构的联络点，如可行，其国内或区域内提供此类援助和支持的联络点的信息；及

（b）关于请求获得能力建设援助和支持的程序和机制的信息。鼓励宣布有能力提供援助和支持的发展中成员提供上述信息。

3. 旨在获得与贸易便利化相关的援助和支持的发展中成员和最不发达成员，应向委员会提交关于负责协调和确定能力建设援助和支持优先次序机构的联络点信息。

4. 各成员可通过互联网提交第 2 款和第 3 款中所指的信息，并应在必要时更新信息。秘书处应使所有此类信息可公开获得。

5. 委员会应邀请相关国际和区域组织（如国际货币基金组织、OECD、联合国贸易与发展会议、WCO、联合国各区域委员会、世界银行及其附属机构以及各区域开发银行）及其他合作机构提供第 1、第 2 和第 4 款中提及的信息。

第 三 部 分
机构安排和最终条款

第 23 条　机 构 安 排

1. 贸易便利化委员会

1.1　特此设立贸易便利化委员会。

1.2　委员会应向所有成员开放参加，并选举自己的主席。委员会应根据本协定有关条款的需要或设想举行会议，但每年不能少于一次，以给予成员机会就有关本协定的运用或促进其目标实现的任何事项进行磋商。委员会应承担由本协定或成员赋予其的各项职责。委

---

① 提供的信息将反映提供能力建设援助和支持方面的需求驱动性质。

员会应制定自己的议事规则。

1.3 委员会可按要求设立附属机构。所有此类机构应向委员会报告。

1.4 委员会应制定供成员酌情分享相关信息和最佳做法的程序。

1.5 委员会应与贸易便利化领域中的其他国际组织,如 WCO,保持密切联系,旨在获得关于实施和管理本协定的最佳建议,并保证避免不必要的重复工作。为此,委员会可邀请此类组织或其附属机构的代表:

(a) 出席委员会会议;

(b) 讨论与本协定实施相关的具体事项。

1.6 委员会应自本协定生效起 4 年内并在此后定期审议本协定的运用和实施情况。

1.7 鼓励各成员向委员会提出与本协定实施和适用相关的问题。

1.8 委员会应鼓励和协助成员之间就本协定项下的特定问题进行专门讨论,以期尽快达成双方满意的解决方案。

2 国家贸易便利化委员会

每一成员应建立并/或设立一国家贸易便利化委员会或指定一现有机制以促进国内协调和本协定条款的实施。

第 24 条 最 后 条 款

1. 就本协定而言,"成员"一词应理解为包含该成员有关主管机关。

2. 本协定全部条款对所有成员具有约束力。

3. 各成员应自本协定生效之日起实施本协定。选择使用第二部分规定的发展中成员和最不发达成员应依照第二部分实施本协定。

4. 在本协定生效后接受本协定的成员应在实施其 B 类和 C 类承诺时计入自本协定生效之日起的时间。

5. 关税同盟或区域经济安排的成员可采用区域方式支持其实施本协定项下义务,包括通过建立和使用区域机构。

6. 尽管有《马拉喀什建立世界贸易组织协定》附件 1A 的总体解释性说明,但是本协定任何条款不得解释为减损各成员在 GATT 1994 项下的义务。此外,本协定任何条款不得解释为减损各成员在《技术性贸易壁垒协定》和《实施卫生与植物卫生措施协定》项下的权利和义务。

7. GATT 1994 项下所有例外和免除①应适用于本协定。根据《马拉喀什建立世界贸易组织协定》第 9.3 款和第 9.4 款及截止本协定生效之日的任何修正给予的、适用于 GATT 1994 或其一部分的豁免,应适用于本协定的规定。

_____

① 包括 GATT 1994 第 5 条第 7 款和第 10 条第 1 款及对 GATT 1994 第 8 条的补充注释。

8. 经《关于争端解决规则与程序的谅解》详述和适用的 GATT 1994 第 22 条和第 23 条的规定应适用于本协定项下的磋商和争端解决,除非本协定另有具体规定。

9. 未经其他成员同意不可对本协定的任何条款提出保留。

10. 依照第二部分第 15 条第 1 款和第 2 款附在本协定之后的发展中成员和最不发达成员的 A 类承诺应构成本协定组成部分。

11. 经委员会记录在案的、依照第二部分第 16 条第 5 款附在本协定之后的发展中成员和最不发达成员的 B 类和 C 类承诺应构成本协定组成部分。

附件 1

第 22 条项下的通知样式

捐助成员:

通知涵盖期限:

技术和财政援助及能力建设资源描述	承诺/支付状态和金额	受惠国/地区（如必要）	提供援助成员的实施机构	援助支付程序

附录五　WTO术语中英文对照

WTO术语中英文对照

A	
Accession	加入（世界贸易组织）
Acceptable risk level	可接受的风险水平
Actionable subsidy	可诉补贴
Ad valorem tariff	从价税
Aggregate measurement of support(AMS)	（农业国内支持）综合支持量
Agreement on Textiles and Clothing(ATC)	《纺织品与服装协议》
Air transport services	空运服务
Amber box measures	（农业国内支持）"黄箱"措施
Aggregate Measure of Support(AMS)	（《农业协议》）综合支持量
Annex	附件
Annual bound commitment	（农业国内支持）年度约束水平
Anti-circumvention	反规避
Anti-competitive practices	反竞争行为
Anti-dumping duty	反倾销税
Audiovisual services	视听服务
Automatic licensing	自动许可
Appendix	附录
Appeal	（争端解决）上诉
Appellate body	（争端解决）上诉机构
Appropriate level of sanitary or phytosanitary protection	适当的动植物卫生保护水平
Acquisition of intellectual property rights	知识产权的获得
Arbitration	仲裁
Areas of low pest or disease prevalence	病虫害低度流行区

Assessment of risk	风险评估
Association of Southeast Asian Nations(ASEAN)	东南亚国家联盟(东盟)
Australia-New Zealand Closer Economic Relations(ANCER)	《澳大利亚新西兰紧密经济关系协定》

B

Berne Convention	《伯尔尼公约》
Base tariff level	基础税率
Basic Instruments and Selected Documents(BISD)	《基本文件和资料选编》
Basic telecommunication services	基础电信服务
Best information available	(反倾销)可获得的最佳信息
Blue box measures	(农业国内支持)"蓝箱"措施
Balance-of-payments(BOP) provisions	国际收支条款
Built-in agenda	(世界贸易组织)既定议程
Business services	商务服务
Bound level	约束水平

C

Cairns Group	凯恩斯集团
Causal link	因果联系
Ceiling bindings	(关税)上限约束
Central Product Classification(CPC)	《(联合国)产品总分类》
Challenge procedures	(政府采购)质疑程序
Clean report of findings	检验结果清洁报告书
Codex Alimentarius Commission(CAC)	食品法典委员会
Common Agriculture Policy(CAP)	(欧洲共同体)共同农业政策
Communication services	通信服务
Conciliation	调解
Confidential information	机密信息
Conformity assessment procedures	合格评定程序
Circumvention	规避
Combined tariff	复合税

续表

Commercial presence	(服务贸易)商业存在
Committee on Trade and Development(CTD)	贸易与发展委员会
Committee on Trade and Environment(CTE)	贸易与环境委员会
Compensation	补偿
Competition policy	竞争政策
Complaining party	(争端解决)申诉方
Computed value	计算价格
Consensus	协商一致
Constructed value	(反倾销)结构价格
Consultation	磋商
Consumption abroad	(服务贸易)境外消费
Copyright	版权
Council for Trade in Goods(CTG)	货物贸易理事会
Counterfeit trademark goods	冒牌货
Counter-notification	反向通知
Countervailing duty	反补贴税
Contraction parties	关税与贸易总协定缔约方
Cross border supply	(服务贸易)跨境交付
Cross retaliation	交叉报复
Currency retention scheme	货币留成制度
Current market access(CMA)	现行市场准入
Current total AMS	(农业国内支持)现行综合支持总量
Customs value	海关完税价值
Customs valuation	海关估价
Customs union	关税同盟

D

de minimus	微量
Developed member	发达成员

Developing member	发展中成员
Direct payment	（农业国内支持）直接支付
Distribution services	分销服务
Domestic industry	国内产业
Domestic production	国内生产
Domestic sales requirement	国内销售要求
Domestic subsidy	国内补贴
Domestic support	（农业）国内支持
Dispute Settlement Body(DSB)	争端解决机构
Dispute Settlement Mechanism(DSM)	争端解决机制
Understanding on Rules and Procedures Governing the Settlement of Disputes(DSU)	《关于争端解决规则与程序的谅解》
Due restraint	（对农产品反补贴）适当克制
Dumping	倾销
Dumping margin	倾销幅度
E	
Environmental Goods Agreement (EGA)	环境产品谈判
Economies in transition	转型经济体
Enabling clause	授权条款
Enforcement of intellectual property rights	知识产权执法
Equivalence	（检验检疫标准）等效性
European Communities(EC)	欧洲共同体
European Free Trade Association(EFTA)	欧洲自由贸易联盟
Electronic commerce	电子商务
Enquiry point	咨询点
European Union(EU)	欧洲联盟（欧盟）
Exhaustion of intellectual property rights	知识产权权利用尽
Existing subject matter	（知识产权）现有客体
ex officio	依职权

Export credit	出口信贷
Export credit guarantee	出口信贷担保
Export performance	出口实绩
Export subsidy	出口补贴

F	
Fall-back method	(海关估价)"回顾"方法
Findings	争端解决调查结果
First-come first served	先来先得
Food and Agriculture Organization of the United Nations(FAO)	联合国粮农组织
Food security	粮食安全
Foreign direct investment(FDI)	外国直接投资
Foreign exchange balancing requirement	外汇平衡要求
Free-rider	搭便车者(指根据最惠国待遇享受其他成员贸易减让而不进行相应减让的成员)
Free trade area	自由贸易区

G	
GATT 1947	《1947年关税与贸易总协定》
GATT 1994	《1994年关税与贸易总协定》
General Agreement on Trade in Services(GATS)	《服务贸易总协定》
General Agreement on Tariffs and Trade(GATT)	《关税与贸易总协定》
General Council	总理事会
General exceptions	一般例外
Geographical indications	(知识产权)地理标识
Genetically Modified Organisms(GMO)	转基因生物
Good offices	斡旋
Government procurement	政府采购
Green box measures	(农业国内支持)"绿箱"措施
Grey area measures	灰色区域措施

Generalized System of Preferences	普遍优惠制(普惠制)
H	
Harmonized Commodity Description and Coding System(HS)	《商品名称及编码协调制度》(简称《协调制度》)
Havana Charter	《哈瓦那宪章》
Horizontal commitments	(服务贸易)水平承诺
I	
Identical product	相同产品
Illustrative list	例示清单
Import deposits	进口押金
Import licensing	进口许可
Import substitution	进口替代
Import surcharge	进口附加税
Import variable duties	进口差价税
Industrial designs	工业设计
Infant industry	幼稚产业
Information Technology Agreement(ITA)	《信息技术协议》
Injunctions	禁令
Initial negotiating rights(INRs)	最初谈判权(初谈权)
Integration process	一体化进程
Intellectual property rights(IPRs)	知识产权
International Labor Organization(ILO)	国际劳工组织
International Monetary Fund(IMF)	国际货币基金组织
International Office of Epizootics(OIE)	国际兽疫组织
International Organization for Standardization(ISO)	国际标准化组织
International Plant Protection Convention	《国际植物保护公约》
International Textile and Clothing Bureau(ITCB)	国际纺织品与服装局
International Trade Organization(ITO)	国际贸易组织
International Trade Centre(ITC)	国际贸易中心

J	
Judicial review	司法审议
Juridical person	（服务贸易）法人

L	
Layout-designs(Topographies) of integrated circuits	集成电路外观设计（拓扑图）
Least-developed countries(LDCs)	最不发达国家
License fee	（知识产权）许可费
Like product	同类产品
Limited tendering	（政府采购）有限招标
Local content requirement	当地含量要求
Local equity requirement	当地股份要求

M	
Mad-cow disease	疯牛病
Maintenance of intellectual property rights	知识产权的维护
Maritime transport services	海运服务
Market access	市场准入
Market boards	市场营销机构
Market price support	市场价格支持
Marrakesh Agreement Establishing the World Trade Organization	《马拉喀什建立世界贸易组织协定》
Marrakesh Protocol	《马拉喀什议定书》
Material injury	实质损害
Mediation	调停
Minimum market access(MMA)	最低市场准入
Minimum values	（海关估价）最低限价
Most-favoured-nation treatment(MFN)	最惠国待遇
MFN exemptions	（服务贸易）最惠国待遇例外
Ministerial conference	部长级会议
Modalities	模式

Modulation of quota clause	(保障措施)配额调整条款
Movement of natural persons	自然人流动
Multi-Fiber Arrangement(MFA)	《多种纤维协定》
Multilateral trade negotiations(MTNs)	多边贸易谈判
Multifunctionality	(农业)多功能性
Mutual recognition agreement	相互承认协议

N	
National treatment	国民待遇
Natural person	自然人
Negative standard	(原产地)否定标准
Neighbouring rights	(版权)邻接权
New issues	(世界贸易组织)新议题
Non-actionable subsidy	不可诉补贴
Non-automatic licensing	非自动许可
Non-discrimination	非歧视
Non-violation complaints	非违规之诉
North American Free Trade Agreement(NAFTA)	《北美自由贸易协定》
Notification obligation	通知义务
Non-tariff measures(NTMs)	非关税措施
Non-trade concern	非贸易关切
Nullification or impairment	(利益)丧失或减损

O	
Offer	(谈判)出价
Open tendering	(政府采购)公开招标
Orderly marketing arrangements(OMA)	有序销售安排
Organization for Economic Cooperation and Development(OECD)	经济合作与发展组织(经合组织)
Original member	(世界贸易组织)创始成员

续表

P	
Panel	争端解决专家组
Paris Convention	《巴黎公约》
Patents	专利
Peace clause	关于农产品反补贴的和平条款
Pest or disease-free area	病虫害非疫区
Pirated copyright goods	盗版货
Plurilateral agreement	诸边协议
Positive standard	(原产地)肯定标准
Presence of natural person	自然人存在
Pre-shipment Inspection(PSI)	装运前检验
Price verification	(装运前检验)价格核实
Price undertaking	(反倾销)价格承诺
Principal supplying interest	主要供应利益
Product mandating requirement	产品授权要求
Product-to-product method	产品对产品(谈判)方法
Production subsidy	生产补贴
Professional services	专业服务
Prohibited subsidy	被禁止的补贴
Protocol accession	加入议定书
Provisional application	临时适用
Prudential measures	审慎措施
Q	
Quads	四方集团(指美国、欧盟、日本和加拿大)
Quantitative restrictions	数量限制
Quantity trigger level	(农业特殊保障措施)数量触发水平
R	
Reciprocity	对等

Recommendations	(争端解决)建议
Reference years	参照年
Regional trade agreements	区域贸易协议
Request	(谈判)要价
Responding Party	(争端解决)应诉方
Restrictive business practices	限制性商业惯例
Risk analysis	风险分析
Risk assessment	风险评估
Roll-back	逐步回退
Rome Convention	《罗马公约》
Round	(多边贸易谈判)回合
Royalty	(知识产权)使用费
Rules of origin	原产地规则
S	
Safeguards	保障措施
Sanitary and phytosanitary(SPS)measures	卫生与植物卫生措施
Schedule of commitments	(服务贸易)承诺表
Schedule of concessions	(货物贸易)减让表
sectoral negotiations	部门谈判
Security exceptions	安全例外
Selective tendering	(政府采购)选择性招标
Separate customs territory	单独关税区
Serious injury	严重损害
Serious prejudice	严重侵害
Simple average tariff	简单平均关税
Similar product	类似产品
Special and differential(S&D)treatment provisions	特殊与差别待遇条款
Special Drawing Rights(SDRs)	(国际货币基金组织)特别提款权

Special safeguard(SSG)measures	(农产品)特殊保障措施
Specific commitments	(服务贸易)具体承诺
Specific tariff	从量税
Specificity	(补贴)专向性
SSG	(《农业协议》)特殊保障
Standardizing bodies	标准化机构
Standards	标准
Standstill	维持现状
State trading enterprises(STEs)	国营贸易企业
Subsidy	补贴
Substantial supplying interest	实质供应利益
Substantial transformation	(产品)实质改变
Suspend concessions	暂停减让

T

Tariffs	关税
Tariff bindings	关税约束
Tariff classification	税则归类
Tariff concessions	关税减让
Tariff equivalent	关税等值
Tariff escalation	关税升级
Tariff headings	税目
Tariffication	关税化
Tariff line	税号
Tariff peaks	关税高峰
Tariff rate quotas/Tariff quotas(TRQ)	关税配额
Technical assistance	技术援助
Technical barriers to trade(TBT)	技术性贸易壁垒
Trade Facilitation Agreement (TFA)	贸易便利化协定

续表

Technical regulations	技术法规
Telecommunication services	电信服务
Terms of reference(TOR)	(争端解决专家组)职责范围
Textile Monitoring Body(TMB)	(世界贸易组织)纺织品监督机构
Textile Surveillance Body(TSB)	(关税与贸易总协定)纺织品监督机构
Tokyo Round Codes	东京回合守则
Trade-balancing requirement	贸易平衡要求
Trade facilitation	贸易便利化
Trade in civil aircraft	民用航空器贸易
Trade in goods	货物贸易
Trade in services	服务贸易
Trade in Services Agreement (TiSA)	国际服务贸易协定
Trademarks	商标
Trade Policy Review Body(TPRB)	贸易政策审议机构
Trade Policy Review Mechanism(TPRM)	贸易政策审议机制
Trade-related intellectual property rights(TRIPS)	与贸易有关的知识产权
Trade-related investment measures(TRIMs)	与贸易有关的投资措施
Trade remedies	贸易救济(措施)
Trade-weighted average tariff	贸易加权平均关税
Transaction Value	成交价格
Transition economies	转型经济体
Transitional safeguard measures	(纺织品)过渡性保障措施
Transparency	透明度
Transport services	运输服务
Trigger price	(农产品特殊保障措施)触发价格
U	
Undisclosed information	(知识产权)未公开信息
United Nations Conference on Trade and Development (UNCTAD)	联合国贸易与发展会议

续表

Uruguay Round	乌拉圭回合
V	
Variable duties	差价税
Value-added telecommunication services	增值电信服务
Voluntary export restraints(VERs)	自愿出口限制
W	
Waiver	(义务)豁免
Washington Treaty	《华盛顿条约》
Withdraw concessions	撤回减让
World Customs Organization(WCO)	世界海关组织
World Intellectual Property Organization(WIPO)	世界知识产权组织
World Trade Organization(WTO)	世界贸易组织
WTO Members	世界贸易组织全体成员
WTO Secretariat	世界贸易组织秘书处